Die Interventionswirkung – Ausprägung
eines einheitlichen Konzepts
zivilprozessualer Bindungswirkung

Saarbrücker Studien
zum Privat- und Wirtschaftsrecht

Herausgegeben von Johann Paul Bauer,
Michael Martinek (geschäftsführender Herausgeber)
und Helmut Rüßmann

Band 22

PETER LANG
Frankfurt am Main · Berlin · Bern · Bruxelles · New York · Oxford · Wien

Kay Diedrich

Die Interventionswirkung – Ausprägung eines einheitlichen Konzepts zivilprozessualer Bindungswirkung

PETER LANG
Europäischer Verlag der Wissenschaften

Die Deutsche Bibliothek - CIP-Einheitsaufnahme

Diedrich, Kay:

Die Interventionswirkung – Ausprägung eines einheitlichen Konzepts zivilprozessualer Bindungswirkung / Kay Diedrich. - Frankfurt am Main ; Berlin ; Bern ; Bruxelles ; New York ; Oxford ; Wien : Lang, 2001
(Saarbrücker Studien zum Privat- und Wirtschaftsrecht ; Bd. 22)
Zugl.: Saarbrücken, Univ., Diss., 2000
ISBN 3-631-36512-8

D 291
ISSN 1433-8866
ISBN 3-631-36512-8

Saarbrücker Studien zum Privat- und Wirtschaftsrecht

herausgegeben von
Prof. Dr. Johann Paul Bauer
Prof. Dr. Dr. Michael Martinek
Prof. Dr. Helmut Rüßmann

Die Schriftenreihe "Saarbrücker Studien zum Privat- und Wirtschaftsrecht" bildet in erster Linie ein Forum für rechtswissenschaftliche Doktorarbeiten der Universität des Saarlandes auf zwei juristischen Schwerpunktgebieten. Zum einen sollen Dissertationen im klassischen Privatrecht, vor allem im bürgerlichen Vermögensrecht der ersten drei Bücher des BGB und ihrer Nebengesetze vorgestellt werden. Zum anderen findet das Wirtschaftsrecht im Sinne des Wirtschaftsprivatrechts besondere Berücksichtigung, womit namentlich die Gebiete des Handelsrechts einschließlich des Bilanzrechts, des Personen- und Kapitalgesellschaftsrechts einschließlich des Konzernrechts, des Gewerblichen Rechtsschutzes sowie des Wettbewerbs- und Kartellrechts bezeichnet sind. Es versteht sich, daß nicht nur rechtsdogmatische Studien, sondern auch rechtstatsächlich, rechtspolitisch oder interdisziplinär angelegte Arbeiten in die Schriftenreihe Aufnahme finden. Denn die Rechts- und Wirtschaftswissenschaftliche Fakultät der Universität des Saarlandes vereinigt unter *einem* Dach die Fachbereiche Rechtswissenschaft und Wirtschaftswissenschaft und regt damit Studenten und Hochschullehrer in besonderer Weise zu fachübergreifender Lehre und Forschung an. Die Schriftenreihe steht aber nicht nur sehr guten und ausgezeichneten Dissertationen, sondern auch anderen "Studien" zu privat- und wirtschaftsrechtlichen Themen offen, bis hin zu Materialien und Skripten des akademischen Unterrichts. Die drei Herausgeber, die zugleich stellvertretend für ihre anderen Saarbrücker Fakultätskollegen des Privat- und Wirtschaftsrechts handeln, verbinden mit den "Saarbrücker Studien zum Privat- und Wirtschaftsrecht" den Wunsch, daß die hier veröffentlichten Arbeiten die verdiente Resonanz in der breiteren juristischen Fachöffentlichkeit finden.

Meinen Eltern

Vorwort

Die Reichweite und dogmatische Einordnung zivilprozessualer Bindungswirkungen wurden bereits vor Inkrafttreten der ZPO umfangreich diskutiert. Trotz intensiver Bemühungen konnten die Zweifelsfragen bis heute nicht geklärt werden. Die bedeutendsten Formen zivilprozessualer Bindungswirkungen sind die materielle Rechtskraft und die Interventionswirkung. Die Ausgestaltung der materiellen Rechtskraftbindung gehört mit den daran anschließenden Einzelproblemen zu einem Komplexen Bereich des Zivilprozessrechts. Das belegt nicht zuletzt die beeindruckende Anzahl an Monographien, die sich mit diesem Problemfeld befassen. Auch im Sinne einer praxistauglichen Aufbereitung erscheint es deshalb sinnvoll, nach einem klaren systematischen Konzept zu suchen, aus dem sich Hinweise für die Lösung von Einzelproblemen ableiten lassen.

Im Gegensatz zu der aufwendig geführten Diskussion über die materielle Rechtskraft führt die Interventionswirkung ein Schattendasein. Das verwundert angesichts der zahlreichen Auslegungsschwierigkeiten, die in Fällen von Nebenintervention und Streitverkündung auftreten können. Zudem handelt es sich zumindest bei der Streitverkündung um ein wertvolles prozessuales Instrument, um das Risiko einer Partei erheblich zu reduzieren. Systematische Klarheit bei der Lösung der Anwendungsprobleme der Interventionsvorschriften könnte den Umgang der Zivilrechtspraxis mit den Interventionsvorschriften erheblich vereinfachen und damit zu effizienterer Prozeßführung beitragen. Darüber hinaus könnten sich aus dem Verständnis der Interventionsvorschriften systematische Auslegungskriterien ergeben, die zu einer dogmatisch geschlossenen Behandlung der materiellen Rechtskraftbindung beitragen. Der systematische Zusammenhang wird vor allem am Beispiel von Bindungswirkungen bei Teilklagen deutlich.

Der Zusammenhang zwischen materieller Rechtskraft und Interventionswirkung ist bislang nur andeutungsweise aufgearbeitet. Die vorliegende Untersuchung soll diese Lücke schließen, indem die Grundlagen der Interventionsvorschriften aufgearbeitet und ins Verhältnis zu den wesentlichen Wertungen der materiellen Rechtskraft gesetzt werden. Am Beispiel dieser Bindungswirkungen soll ein Gesamtkonzept entworfen werden. Daraus ergeben sich systematische und teleologische Auslegungskriterien als Basis für die Entscheidung von Einzelproblemen, z.B. im Zusammenhang mit den Interventionsregeln, mit Teilklagen und nicht zuletzt mit der Bestimmung der Reichweite der materiellen Rechtskraft.

Im Bereich der Interventionsvorschriften sieht sich die heute h.M. in einigen Fragen in einem kaum verständlichen Widerspruch zu Wertungen, die der Gesetzgeber mit den Vorschriften verbunden hat. Es wäre schön, wenn diese Arbeit zur systematischen Geschlossenheit der Auslegung der Vorschriften über zivilprozessuale Bindungswirkungen beitragen könnte.

Die vorliegende Untersuchung wurde im Wintersemester 1999/2000 von der Universität des Saarlandes als Dissertation angenommen. Besonders danke ich Herrn Prof. Dr. Helmut Rüßmann für seine – trotz umfangreicher Arbeitsbelastung bestehende - stetige Bereitschaft zur offenen und kritischen Diskussion. Herrn Prof. Dr. Dr. h.c. Gerhard Lüke danke ich für die ungewöhnlich zügige und eingehende Zweitbegutachtung und für seine wertvollen Anmerkungen zum Manuskript.

Saarbrücken, im April 2000 Kay Diedrich

Inhaltsverzeichnis

A. Einleitung 18

I. Problemdarstellung 21

II. Definitionen 21

III. Beispiel 22

IV. Methodisches Konzept der Untersuchung 22

1. Maßgebliche Rechtsquellen 22

2. Gang der Untersuchung 24

B. Charakterisierung der Interventionswirkung 28

I. Untersuchung des Wortlauts des § 68 ZPO 28

II. Historische Entwicklung der Interventionswirkung 35

1. Klassisches römisches Recht 36

a) Nebenintervention 37

b) Streitverkündung 40

c) Historische Erklärung der Interventionswirkung 45

d) Zwischenergebnis: Aufgabe der Interventionsvorschriften nach antikem römischen Recht 47

2. Germanisches Recht 48

3. Gemeines Recht (bis etwa 1800) 49

a) Nebenintervention 49

b) Streitverkündung 50

c) Zwischenergebnis: Veränderungen durch das gemeine Recht bis 1800 51

4. Rechtsentwicklung zur CPO von 1877 51

a) Rechtsentwicklung bis zu den Beratungen über eine gesamtdeutsche Zivilprozessordnung 52

b) Beratungen zum Erlass der CPO 54

(1) Entstehung des Norddeutschen Entwurfs 54

(2) Begründung der Reichstagsvorlage 58

5. Entwicklung nach Inkrafttreten der CPO 1877 63

6. Zusammenfassung: historische Entwicklung 64

III. Systematische Gesichtspunkte 66

1. Aufbau des Vorschriftenkomplexes der §§ 66 bis 74 ZPO 66

2. Rückschlüsse aus dem Prätendentenstreit, §§ 75 bis 77 ZPO 68

3. Verhältnis zur Hauptintervention 68

4. Rückschlüsse aus der Praxis der Anerkennung ausländischer Interventionswirkungen 69

5. Verständnis des § 841 ZPO 70

IV. Teleologische Auslegung der Interventionsvorschriften 71

1. Aussagen des *RG* 71

2. Aussagen des *BGH* 74

3. Zusammenfassung: Aussagen der höchstrichterlichen Rechtsprechung 76

4. Die möglichen Ziele der Interventionsvorschriften 77

a) Zwang zur Unterstützung der Hauptpartei 78

b) Schaffung von Rechtsgewissheit 80

c) Verhütung bzw. Verkürzung von Prozessen 83

d) Vermeidung widersprüchlich begründeter Entscheidungen 86

e) Schutz materiellrechtlicher Positionen der Hauptpartei 93

(1) Einheitliche Zielbestimmung aus den Voraussetzungen der Streitverkündung 93

(2) Differenzierung nach Nebenintervention und Streitverkündung 97

(a) Interventionswirkung als Folge der Nebenintervention 98

(b) Interventionswirkung als Folge der Streitverkündung 102

(c) Unterschiedliche Erklärung der Interventionswirkung abhängig vom auslösenden Institut? 103

f) Schutz des Dritten vor den faktischen Präjudizwirkungen einer rechtskräftigen Erstentscheidung 106

(1) Vorliegen einer faktischen Präjudizwirkung durch rechtskräftige Entscheidungen 109

(a) Gesetzliche Wertung im Sinne einer faktischen Präjudizwirkung 110

(b) Aktualität der Annahme einer faktischen Präjudizwirkung 112

(2) Interventionsregeln zum Schutz vor faktischer Präjudizwirkung 113

g) Zusammenfassung des Diskussionsstandes 116

5. Auswirkungen auf Problembereiche des Rechts der Nebenintervention 117

a) Verhältnis zur Parteistellung 118

b) Verhältnis zur Streitgenossenschaft 118

c) Verhältnis zur streitgenössischen Nebenintervention 123

d) Objektive Beschränkung der Interventionswirkung 126

(1) Beschränkung auf tragende Entscheidungselemente 126

(2) Bindung an Mehrfachbegründungen 127

(3) Wirkung auf sachlich vergleichbare Sachverhalte 128

(4) Beschränkung der Bindungswirkung auf alternierende Voraussetzungen 129

e) Möglichkeit bzw. Folgen der Rücknahme eines erfolgten Beitritts 131

f) Beachtung von Amts wegen 134

g) Interventionsverhältnis zu beiden Parteien des Erstverfahrens 138

h) Analogie im Verhältnis zur Gegenpartei 141

i) Analogie zugunsten des Dritten 142

(1) Günstige Teilwirkungen für den Dritten 143

(2) Positive Wirkungen für beigetretene Dritte 144

(3) Grundsätzliche Anerkennung der Interventionswirkung zugunsten des Dritten 145

j) Reichweite bei Teilklagen im Erstverfahren 149

V. Zwischenergebnis 157

C. Die Ausgestaltung der materiellen Rechtskraft 158

I. Wortlautbetrachtung 158

II. Historische Wurzeln der Rechtskraft 159

III. Systematische Stellung 166

IV. Teleologische Betrachtung 167

1. Erkenntnismöglichkeiten aus den Rechtskrafttheorien 167

a) Prozessuale Rechtskrafttheorie 167

b) Materielle Rechtskrafttheorie 168

c) Stellungnahme 168

2. Ziele der Rechtskraftbindung aus Sicht der Literatur 169

3. Ziele der Rechtskraftbindung aus Sicht der Rechtsprechung 171

4. Zusammenfassende Stellungnahme 172

V. Begrenzung/Erweiterung der materiellen Rechtskraft an Beispielen 173

1. Rechtskraftdurchbrechungen 173

a) Gesetzliche Rechtskraftdurchbrechungen 174

b) Rechtskraftdurchbrechungen der Praxis 174

c) Folgerung im vorliegenden Zusammenhang 175

2. Rechtskraftwirkung bei Teilklagen 175

a) Streitstand zur Teilklagenbehandlung 176

b) Stellungnahme 178

(1) Funktion der Teilklagemöglichkeit 179

(a) Begründungen der Zulässigkeit quantitativ beschränkter Teilklagen 179

(b) Kritik 181

(2) (Teil-)abgewiesene Teilklagen 183

(3) Stattgegebene Teilklage 188

(4) Behandlung verdeckter Teilklagen 193

c) Die Behandlung von Grundurteilen 194

d) Zwischenergebnis 195

D. Vergleich von Rechtskraft- und Interventionswirkung 196

1. Stand bisheriger Betrachtungen 196

2. Stellungnahme 197

3. Zwischenergebnis 200

4. Beispiel: Auswirkungen der systematischen Verbundenheit auf die Teilklageproblematik 201

E. Zusammenfassung in Thesen 203

Literaturverzeichnis 209

Abkürzungsverzeichnis

a.A.	andere Ansicht
a.E.	am Ende
Abs.	Absatz
AK	Alternativkommentar
Anm.	Anmerkung(en) = Fußnote(n)
Art.	Artikel (Singular)
Artt.	Artikel (Plural)
BB	Betriebsberater
BGB	Bürgerliches Gesetzbuch
BGBl.	Bundesgesetzblatt
BGH	Bundesgerichtshof
BGHZ	Entscheidungen des Bundesgerichtshofs in Zivilsachen (amtliche Sammlung)
BRAGO	Bundesrechtsanwaltsgebührenordnung
BRAO	Bundesrechtsanwaltsordnung
BVerfG	Bundesverfassungsgericht
BVerfGE	Entscheidungen des Bundesverfassungsgerichts (amtliche Sammlung)
BVerfGG	Gesetz über das Bundesverfassungsgericht
bzgl.	Bezüglich
bzw.	Beziehungsweise

CPO	Civilprozeßordnung
d.h.	das heißt
Diss.	Dissertation
DB	Der Betrieb
DriZ	Deutsche Richterzeitung
EGZPO	Gesetz, betreffend die Einführung der Zivilprozessordnung
Etc.	et cetera
EuZW	Europäische Zeitschrift für Wirtschaftsrecht
f.	folgende (Seite, Randnummer, Anmerkung)
ff.	fortfolgende (Seite, Randnummer, Anmerkung)
FS	Festschrift
GVG	Gerichtsverfassungsgesetz
Hann. ABPO 1847	Allgemeine bürgerliche Prozessordnung für das Königreich Hannover von 1847 (Neudruck bei Dahlmanns, Band. 1, Ahlen 1975)
Hann. BPO 1850	Bürgerliche Prozeßordnung für das Königreich Hannover 1850 (Neudruck bei Dahlmanns, Band 1, Aalen 1975)
h.M.	herrschende Meinung
Hs.	Halbsatz
IPRax	Praxis des Internationalen Privat- und Verfahrensrechts
JA	Juristische Arbeitsblätter
JR	Juristische Rundschau

JuS	Juristische Schulung
JW	Juristische Wochenschrift
JZ	Juristen-Zeitung
KG	Kammergericht
Mag.	Magisterarbeit
m.M.	Mindermeinung
m.w.N.	mit weiteren Nachweisen
MDR	Monatsschrift für Deutsches Recht
MünchKommBGB	Münchener Kommentar zum Bürgerlichen Gesetzbuch
MünchKommZPO	Münchener Kommentar zur Zivilprozess-ordnung
NJW	Neue Juristische Wochenschrift
NJW-RR	Neue Juristische Wochenschrift – Rechtsprechungs-Report Zivilrecht
Nr.	Nummer
OLG	Oberlandesgericht
Preuß. A.L.R.	Preußisches Allgemeines Landrecht
Preuß. AGO	Preußische Allgemeine Gerichtsordnung
RG	Reichsgericht
RGZ	Entscheidungen des Reichsgerichts in Zivilsachen (amtliche Sammlung)
Rn.	Randnummer
S.	Seite
sog.	sogenannte

u.a.	unter anderem
u.ä.	und ähnliches
u.U.	unter Umständen
Vgl.	vergleiche
VO	Verordnung
Vorbem.	Vorbemerkung
VwGO	Verwaltungsgerichtsordnung
VwVfG	Verwaltungsverfahrensgesetz
z.B.	zum Beispiel
z.T.	zum Teil
ZPO	Zivilprozessordnung
ZZP	Zeitschrift für Zivilprozess

A. Einleitung

Im Vergleich von Interventions- und Rechtskraftwirkung zeigen sich gravierende Unterschiede. Die Bindung der materiellen Rechtskraft beschränkt sich auf den Subsumtionsschluss betreffend den prozessualen Streitgegenstand. Rechtliche wie tatsächliche Vorfragen werden von der Bindungswirkung nicht erfasst.[1] Im Gegensatz zu dieser eng beschränkten Bindungswirkung erfasst die Interventionswirkung sämtliche Vorfragen einer rechtskräftigen Entscheidung.

Gleichwohl fallen die Ähnlichkeiten der beiden Institute auf. Zwar richtet sich die Rechtskraftwirkung an die Parteien eines Rechtsstreits, wohingegen die Interventionswirkung einen Dritten betrifft, der die Beteiligungsmöglichkeit an einem Rechtsstreit hatte, ohne Partei gewesen zu sein. In beiden Fällen geht es jedoch darum, die Beteiligten eines Rechtsstreits für Folgeverfahren an Ergebnisse eines Streitverfahrens zu binden.

Methodengerechte Auslegung verlangt, wesentlich gleiche Sachverhalte nur dann unterschiedlich zu behandeln, wenn dafür triftige Gründe vorliegen.[2] Bezogen auf das Verhältnis von Rechtskraft- und Interventionswirkung ergibt sich daraus die Frage nach dem systematischen Zusammenhang beider Institute. Ein solcher Zusammenhang könnte wertvolle Hinweise für die Lösung von Auslegungsproblemen geben, die im Zusammenhang mit beiden Instituten bestehen.

Literatur und Rechtsprechung behandeln den systematischen Zusammenhang zwischen Interventions- und Rechtskraftwirkung in verblüffender Weise uneinheitlich, ohne dies zu problematisieren: Einerseits wird darüber gesprochen, ob der Intervenient als „Nebenpartei" bezeichnet werden darf.[3] Das wird jedoch wegen dessen Stellung im Erstverfahren regelmäßig abgelehnt.[4] Allgemein anerkannt ist nur die Qualifizierung als prozessuale Bindungswirkung.[5] Die Rechtsprechung des *RG* behandelt die Interventionswirkung regelmäßig ohne weiteres als

---

[1] Siehe z.B. *Gottwald* in MünchKomm, § 322 Rn. 48; *Leipold* in Stein-Jonas, § 322 Rn. 74 ff. , 212 ff.; *Vollkommer* in Zöller, Vor § 322 Rn. 34 m.w.N.

[2] Vgl. zum Zusammenhang der tradierten Auslegungsregeln *Koch/Rüßmann*, S. 166 ff.; *Larenz/Canaris*, S. 145 ff.; *Bydlinski*, S. 442 ff.; zuletzt *Pawlowski*, Rn. 362 f.

[3] Hinweis bei *Hartmann* in Baumbach/Lauterbach, § 66 Rn. 1; *Hellwig* bezeichnet den Dritten als Nebenpartei, weil dieser an einem fremden Rechtsstreit beteiligt sei, System, S. 219; *Koch* in AK-ZPO § 66 Rn. 1, nennt den Dritten auch in neuerer Zeit noch „Nebenpartei ohne Parteirolle".

[4] Vgl. Überblick bei *Bork* in Stein/Jonas, § 68 Rn. 2 m.w.N.

[5] Vgl. *Mansel* in Wieczorek, § 68 Rn. 9; *Putzo* in Thomas/Putzo, § 68 Rn. 1; *Schilken* in MünchKommZPO, § 68 Rn. 1 jeweils m.w.N.

eine Ausdehnung der Rechtskraft auf eine dritte Person.[6] Diese Auffassung hält sich im Einklang mit maßgeblichen Literaturstimmen der Zeit unmittelbar nach Inkrafttreten der ZPO.[7]

Andererseits herrscht in der Rechtsprechung des *BGH* die Auffassung vor, es handele sich schon wegen der verschiedenartigen Rechtsfolgen um nicht vergleichbare prozessuale Phänomene.[8] Anstelle einer eingehenden Begründung verweist der *BGH* auf die Rechtsprechung des *RG*. Prominente Literaturstimmen schneiden den Gedanken an einen systematischen Zusammenhang beider Institute mit dem stets wiederkehrenden Verweis auf die verschiedenartigen Rechtsfolgen von Interventionswirkung und materieller Rechtskraft ab.[9] Nur vereinzelt versuchen Autoren, Interventions- und Rechtskraftwirkung als Ausprägungen prozessualer Bindungswirkung systematisch einzuordnen.[10]

Monographisch haben den Zusammenhang zwischen Interventions- und Rechtskraftwirkung bislang die Arbeiten von *Elmar Schäfer*[11] und *Hans-Joachim Schwanecke*[12] untersucht. Kernfragen der Problematik sind dennoch offen geblieben. *Elmar Schäfer* beschränkt sich darauf, Einzelkomponenten beider Institute zu vergleichen, ohne die Frage nach möglichen systematischen Wechselwirkungen näher ins Auge zu fassen. Seine Untersuchung setzt den nach h.M. anerkannten Zweck[13] der Interventionswirkung ebenso voraus wie deren Wesensverschiedenheit von der Rechtskraftwirkung.

Schwanecke kommt, im wesentlichen gestützt auf den Wortlaut des § 68 ZPO, zu einer unterschiedlichen Charakterisierung der Interventionswirkung im Verhältnis zur materiellen Rechtskraft.

Beide Autoren verzichten auf historische Auslegungskriterien. Hier setzt die vorliegende Arbeit an. Die historische Entwicklung der Interventionsvorschriften erlaubt Rückschlüsse auf

---

[6] Vgl. z.B. die sehr deutliche Entscheidung RGZ 130, 297, 300, in der es wörtlich heißt: „Danach sind zur Bemessung der Rechtskraft nach § 68 ZPO für das im Vorprozeß ergangene Reichsgerichtsurteil der Tathbestand und die Entscheidungsgründe dieses Urteils heranzuziehen. Seine Rechtskraft erstreckt sich gegenüber der jetzigen Beklagten als der Streitverkündeten des Vorprozesses auf die tatsächlichen und rechtlichen Grundlagen jener Entscheidung (RGZ. Bd. 123 S. 96, 210).“; ähnlich auch RGZ 77, 360, 363.
[7] Vgl. z.B. *Mendelssohn-Bartholdy*, S. 377 ff.; *Schultze*, ZZP 2 (1880), 20, 93; mit Einschränkungen bzgl. der Einwendungen *Wach*, S. 645; *Wetzell*, S. 597; a.A. *Hellwig*, Rechtskraft, S. 32.
[8] Vgl. BGHZ 36, 212, 214; 8, 72, 82.
[9] Vgl. *Bork* in Stein/Jonas, § 68 Rn. 5; *Martens*, ZZP 85 (1972), 77; *Eibner*, S. 9 f., der wegen unterschiedlicher Zielsetzungen jede Ähnlichkeit bestreitet; *Hartmann* in Baumbach/Lauterbach, § 68 Rn. 1; Rosenberg/Schwab/*Gottwald*, S. 270 unter Verweis auf die fehlende Endgültigkeit der Entscheidung im Falle der Interventionswirkung; *Peter Schäfer*, S. 131 und 128; *Schneider*, MDR 1961, 3, 4; *Schwab*, ZZP 77 (1964), 124, 144 f.; *Vollkommer* in Zöller, § 68 Rn. 9; *Weth* in Musielak, § 68 Rn. 3; offen bzgl. der Wechselwirkungen zwischen Rechtskraft und Interventionswirkung *Werres* 1984, 208, 209 Fn. 26.
[10] Vgl. in diesem Sinne *Mansel* in Wieczorek, § 68 Rn. 9 und 83a; Anklänge finden sich bei *Häsemeyer*, ZZP 107 (1994), 228, 234; *Wolfgang Lüke*, S. 347; *Putzo* in Thomas/Putzo, § 68 Rn. 1; *Zeuner*, S. 50 f.
[11] Nebeninterventionswirkung und materielle Rechtskraft, 1959.
[12] Nebenintervention und Rechtskraftwirkung, 1975.
[13] Vgl. *Elmar Schäfer*, S. 9.

die in den heutigen Vorschriften ausgedrückten gesetzgeberischen Wertungen.[14] Ausgehend von der Gesamtschau der Ergebnisse der historischen, grammatikalischen, systematischen und teleologischen Auslegung stellt die Untersuchung den Vergleich zur Bindungswirkung der materiellen Rechtskraft an.

Um einen Vergleich mit der Konzeption der Interventionswirkung zu ermöglichen, werden die bestimmenden Vergleichskriterien der materiellen Rechtskraft herausgearbeitet. Die Diskussion um Ausgestaltung, Reichweite und Einzelprobleme der Rechtskraftwirkung wird bereits seit längerer Zeit mit beeindruckendem Aufwand geführt.[15] Für die vorliegende Untersuchung braucht die Diskussion um die Probleme der materiellen Rechtskraft nicht umfassend geführt zu werden. Die hier aufgeworfene Fragestellung betrifft den bislang in der Diskussion nur unvollständig behandelten Zusammenhang zwischen Interventions- und Rechtskraftwirkung. Gesucht ist eine Antwort auf die Frage, ob die Ausgestaltung der materiellen Rechtskraftwirkung unabhängig von der Interventionswirkung zu sehen ist oder ob es sich um Ausgestaltungen eines einheitlichen Konzepts zivilprozessualer Bindungswirkungen handelt. Im letzteren Falle wären systematische Argumente zumindest in die Betrachtung der einzelnen Auslegungsprobleme einzubeziehen, die sich im Rahmen der Diskussion um Rechtskraft- bzw. Interventionswirkung stellen.

Die Aktualität und praktische Bedeutung des systematischen Zusammenhangs von Interventions- und Rechtskraftwirkung wird exemplarisch an der Diskussion um die Bindungswirkung im Falle von Teilklagen[16] deutlich. Die Teilklagenproblematik wird umfassender andiskutiert, weil Interventions- und Rechtskraftwirkung dort in ihren Wertungen aufeinandertreffen. Dabei drohen Wertungswidersprüche, wenn die Regelungskonzepte nicht abgestimmt werden. Die vorliegende Untersuchung bezieht nicht alle im Zusammenhang der Teilklagenproblematik relevanten Gesichtspunkte ein und beansprucht keine abschließende Beurteilung. Für das Thema dieser Arbeit genügt es, die systematischen Wechselwirkungen beider Institute aufzuzeigen.

Die behandelten Einzelprobleme sind beispielhaft ausgewählt. Lösungen werden nur insoweit entwickelt, als sie das Verständnis der systematischen Zusammenhänge erleichtern oder der Konsistenzprüfung dienen.

---

[14] Vgl. grundlegend zur Bedeutung der historischen Auslegung im Rahmen des Auslegungscanons *Koch/Rüßmann*, S. 167 f. und insbesondere S. 182; *Pawlowski*, Rn. 367 ff.; *Larenz/Canaris*, S. 149 ff.

[15] Bereits zu Zeiten der Entstehung der ZPO gab es eine Vielzahl literarischer Auseinandersetzungen mit der *res iudicata* in ihren unterschiedlichen Funktionen. Auch im Anschluß an die Normierung der deutschen CPO sind die Diskussionen um diese Probleme niemals verstummt. Ein Überblick über die unüberschaubare Literaturfülle findet sich z.B. bei *Leipold* in Stein/Jonas, § 322 Rn. 1; ebenso bei *Gottwald* in MünchKommZPO, § 322 Rn. 1.

[16] Vgl. zur Diskussion um die Begriffsbildung *Batsch*, ZZP 86 (1973), 254, 257 f.; zusammenfassend *Kuschmann*, FS für Schiedermair, S. 354 m.w.N.

I. Problemdarstellung

Die Interventionswirkung ist in § 68 ZPO geregelt. Die Vorschrift gehört zu den Regeln über die Beteiligung Dritter an einem Zivilprozess, §§ 66 bis 74 ZPO. Es geht um ein Verhältnis zwischen mindestens drei Personen, das sich über mindestens zwei zeitlich nacheinander liegende Verfahren erstreckt.

II. Definitionen

Die Interventionsvorschriften behandeln die Situation, in der es zu einer prozessualen Auseinandersetzung zwischen zwei Rechtssubjekten in einem *Erstverfahren*[17] kommt. Dem *Dritten* wird aus einem näher zu bestimmenden Interesse in diesem Erstverfahren die Möglichkeit der Beteiligung oder die Beteiligung selbst zugestanden. Die Beteiligungsmöglichkeit besteht bezogen auf einen Streitgegenstand jeweils auf Seiten einer der Parteien beschränkt auf deren Unterstützung. Die vom Dritten unterstützte Partei wird ebenso wie diejenige, die den Dritten zur Unterstützung auffordert, als *Hauptpartei* bezeichnet.[18] Die andere Partei, die der Hauptpartei im Erstverfahren als Gegner gegenübersteht, wird *Gegenpartei* genannt. Nach rechtskräftigem Abschluss des Erstverfahrens kommt die Interventionswirkung des § 68 ZPO im *Folgeverfahren* zum Tragen. *Interventionswirkung* bezeichnet die Rechtsfolge des § 68 ZPO. Ob es sich um eine direkte Anwendung oder um einen Verweis aus § 74 Abs. 3 ZPO für Fälle der Streitverkündung handelt, spielt keine Rolle. In dem Prozessrechtsverhältnis des Folgeverfahrens stehen sich die Hauptpartei des Erstverfahrens und der Dritte als Parteien gegenüber.

Beziehen sich die Ausführungen auf das Prozessverhältnis, das einen Sachverhalt erstmalig behandelt, oder auf die prozessual beteiligten Personen, so wird das durch Bezeichnungen wie z.B. *Erstgericht* oder *Erstrichter* deutlich gemacht. Geht es um ein nachfolgendes Prozessverhältnis, in dem sich Bindungswirkungen aus vorangehenden Verfahren auswirken können, so wird z.B. von *Folgeverfahren* oder *Folgerichtern* gesprochen.

---

[17] Die Darstellung folgt im wesentlichen der Terminologie von *Mansel* in dessen Kommentierung der Interventionsvorschriften in Wieczorek, §§ 66 ff. ZPO. Die dort gewählten Begriffen entsprechen mit wenigen Abweichungen den weithin geläufigen. Aus Gründen erhöhter Transparenz der Diskussion wird auf Kritik an dieser Begriffsbildung und eigene Vorschläge verzichtet.

[18] Bereits hier sei angemerkt, dass ein Drittbeteiligungsverhältnis auch in Beziehung zu beiden Parteien denkbar ist, beispielsweise bei Streitverkündung durch die eine und Beitritt zur anderen Partei. Dieser Sonderfall spielt jedoch für die Begriffsbildung und die Betrachtung des Regelfalls zunächst keine Rolle; siehe dazu die ausführliche Darstellung auf den S. 139 ff.

III. Beispiel

Die Hauptpartei klagt im Erstverfahren eine Teilforderung gegen die Gegenpartei ein. Der Dritte tritt dem Rechtsstreit auf Seiten der Hauptpartei bei, weil ihm im Falle des Unterliegens der Hauptpartei ein Regressanspruch droht. Im Anschluss an die rechtskräftige Klageabweisung im Erstverfahren nimmt die Hauptpartei erwartungsgemäß den Dritten im Folgeverfahren in Anspruch. Die Klage im Folgeverfahren ist nicht auf die Teilforderung des Erstverfahrens beschränkt, sondern umfasst die gesamte Forderung. Das Folgegericht verurteilt den Dritten wie beantragt, weil es sich durch die Interventionswirkung im wesentlichen gebunden sieht. Unabhängig von dem Folgeverfahren gegen den Dritten macht die Hauptpartei den im Erstverfahren nicht behandelten Teil der Forderung gegen die Gegenpartei geltend. Dieser erneute Versuch verläuft für die Hauptpartei glücklicher, d.h. es gelingt ihr, ein stattgebendes Urteil zu erstreiten.

Das Beispiel verdeutlicht die Notwendigkeit eines Ausgleichs. Es drängt sich die Frage auf, warum die Hauptpartei am Ende, gestützt auf die Segnungen prozessualer Bindungswirkung, womöglich ihren Anspruch mehrfach soll durchsetzen können, jedenfalls aber die prozessuale Chance mehrfacher Durchsetzung erhält.

IV. Methodisches Konzept der Untersuchung

1. Maßgebliche Rechtsquellen

Aus dem Völkerrecht oder dem Recht der Europäischen Gemeinschaften lässt sich für die Konzeption der ZPO nichts herleiten. Für die Vorfrage, welchen Gestaltungsspielraum verfassungsrechtliche Vorgaben lassen, soll der weitgehende, auch in der Verfassungsrechtsprechung betonte Freiraum des Gesetzgebers im Vordergrund stehen.[19] Gerade in der neueren Rechtsentwicklung zeigt sich die zunehmende Tendenz, politische und fachgerichtliche Fragestellungen auf die verfassungsrechtliche Ebene zu ziehen, um derart - unabhängig von den politischen Willensbildungsorganen - eine opportune Entscheidung zu erzwingen. Die gesetzgeberische Bewegungsfreiheit könnte bzgl. des Rechtsstaatsprinzips, Art. 20 Abs. 3 GG, des Anspruchs auf rechtliches Gehör, Art. 103 Abs. 1 GG, der Rechtsschutzgarantie, Art. 19 Abs. 3 GG, sowie des Willkürverbots, Art. 3 Abs. 1 GG, an Grenzen stoßen. Die verfassungsrechtliche Vorgaben sollen vorliegend nur im Sinne eines äußeren Rahmens verstanden werden, der dem Gesetzgeber ebenso wie dem Rechtsanwender äußerste Schranken setzt.

---

[19] Vgl. zum Gestaltungsspielraum des Gesetzgebers in den durch das Bundesverfassungsgericht (BVerfG) gezogenen äußeren Grenzen, *Starck* in Mangoldt/Klein/Starck, Art. 3 Rn. 44 ff.; *Schmidt-Bleibtreu/Klein*, Art. 3 Rn. 16, insbesondere Rn. 16a zur Indizwirkung von Systemverstößen durch eine Regelung auf deren Willkürlichkeit im Sinne von Art. 3 Abs. 1 GG mit einem Überblick über die einschlägige Verfassungsrechtsprechung.

Die aufgeworfene Problematik liegt auf bundesgesetzlicher Ebene. Die wesentlichen Wertungen sind aus den Vorschriften der ZPO zu gewinnen.[20]

Wegen seiner grundsätzlichen Bedeutung für den Ansatz dieser Arbeit soll jedoch die Bedeutung der Verfassung für die systematische Geschlossenheit gesetzgeberischer Systeme, mithin die dogmatische Konsistenz des Rechts, kurz angesprochen werden. Als zentrales Grundrecht schreibt Art. 3 Abs. 1 GG das Willkürverbot in den durch die Ewigkeitsklausel versiegelten Teil der Verfassung.[21] Dadurch ist jedes staatliche Verhalten gezwungen, wesentlich Gleiches gleich und wesentlich Ungleiches ungleich zu behandeln. Abweichungen von dieser Regel sind nur zulässig, wenn dafür sachliche Gründe aufgezeigt werden können. Dabei steht gerade dem Gesetzgeber ein weiter Einschätzungsspielraum zu.

Das Rechtsstaatsprinzip fordert dem Gesetzgeber auch in verfahrensrechtlicher Hinsicht einen Mindeststandard ab.[22] Dabei ist Rücksicht auf die Übereinstimmung von Entscheidungen mit der materiellen Rechtslage zu nehmen, was üblicherweise als „materielle Gerechtigkeit" in die Diskussion gebracht wird.[23]

Neben dieser Kongruenz von materieller Rechtslage und richterlicher Entscheidung kommt es für die Parteien entscheidend darauf an, in absehbarer Zeit zu einer umsetzbaren Entscheidung zu kommen. Wie u.a. die Praxis der Schiedsgerichtsbarkeit belegt, sind Parteien häufig eher bereit, auf die Garantien eines staatlichen Rechtsschutzverfahrens[24] zu verzichten, wenn sie dafür in einer den Erfordernissen des Geschäftsverkehrs angepassten Zeitspanne eine verbindliche Entscheidung geliefert bekommen.[25] Zusätzlich macht der Blick auf die im heutigen

---

[20] Vgl. allgemein zu verfassungsrechtlichen Grundsatz des rechtlichen Gehörs im gerichtlichen Verfahren *Schmidt-Bleibtreu/Klein*, Art. 103 Rn. 3 ff. m.w.N.; *Lüke* in MünchKommZPO, Einleitung Rn. 114 ff.

[21] Zwar bezieht sich der Wortlaut des Art. 79 Abs. 3 GG, in dem die Ewigkeitsklausel festgeschrieben ist, nicht ausdrücklich auf Art. 3 Abs. 1 GG. Man es entspricht jedoch allgemeiner Auffassung, dass das Willkürverbot zu den elementaren Verfassungsgrundsätzen zählt, die über Art. 1 GG an dem unveräußerlichen Schutz der Verfassung teilhaben. Vgl. dazu *Schmidt-Bleibtreu/Klein*, Art. 79 Rn. 47 m.w.N.; siehe auch BVerfGE 1, 208, 233; 23, 98, 106 f.

[22] Vgl. z.B. zur Vermögenssteuer BVerfGE 93, 121; 41, 121 ff.

[23] Die undifferenzierte Großzügigkeit, mit der die „Gerechtigkeit" für die eine oder andere Argumentation beansprucht wird, verwundert mit Blick auf die im Zusammenhang mit der Gerechtigkeitsfrage bereits seit langem festgestellten Definitionsprobleme. Der Versuch, konkrete Einzelfragen des Rechts mit der Kategorie „gerecht" oder „ungerecht" zu lösen, sind m.E. nie erfolgreich gewesen. M. E. läßt sich der häufig emotional belegte und stets unterschiedlich ausgefüllte Begriff der Gerechtigkeit nur durch eine enge gedankliche Verbindung zum Gleichbehandlungsgebot mit etwas Leben füllen. Diesem Gedanken kann jedoch im vorliegenden Rahmen nicht näher nachgegangen werden. Festzuhalten bleibt nur, dass der Verweis auf die „Gerechtigkeit" als solches keinen materiellen Beitrag leistet. Vgl. weiterführend zu dieser Frage aus jüngerer Zeit *Oechsler*, S. 23 f. m.w.N:

[24] Damit steht den Parteien nur noch in sehr eng begrenzten Fällen die Möglichkeit der Anrufung einer Rechtsmittelinstanz offen, vgl. § 1059 ZPO. Den beschränkten Prüfungsmaßstab des *ordre public* veranschaulicht jüngst *BGH* ZIP 1999, 1575.

[25] Das System der Privatautonomie beruht ebenso wie der sachenrechtliche Bereich des Redlichkeitsschutzes maßgeblich auf der Erwägung, dass ein effektives Wirtschaftsystem mit minimierten Transaktionskosten nur bei hinreichendem Vertrauensschutz bestehen kann. Diese Anlagen bedürfen der prozessualen Umsetzung, wenn sie nicht leerlaufen sollen.

Geschäftsverkehr übliche Eigenkapitalausstattung von Unternehmen deutlich, dass die schnelle Zuführung von Liquidität durch Umsetzung von Forderungen existentiellen Bezug haben kann.[26]

Aus Art. 20 Abs. 3 GG ist dem Gesetzgeber aufgegeben, den Rahmen des richterlichen Ermessens abzustecken.[27] Entsprechend garantiert Art. 19 Abs. 3 GG nur das „ob" der möglichen Durchsetzbarkeit von Rechten und überlässt die Ausgestaltung des Rechtsschutzes dem Gesetzgeber.[28]

Die Bestimmung von Ausschlusstatbeständen, die wie die Rechtskraft den Richter daran hindern, nach der materiell richtigen Entscheidung zu suchen, greifen in den Anspruch des Betroffenen auf rechtliches Gehör im Sinne des Art. 103 Abs. 1 GG ein. Jedoch wirken auch hier die oben bezeichneten praktischen Notwendigkeiten rechtfertigend.[29] Anerkanntermaßen ist dem Betroffenen ausreichend rechtliches Gehör gewährt worden, soweit er (mindestens einmalig) die zumutbare Möglichkeit hatte, seine Interessen zu verteidigen.[30] Es nimmt nicht viel vorweg, bereits hier festzustellen, dass durch den Rechtskrafteinwand nur die erneute Entscheidung über diejenigen Fragen ausgeschlossen werden soll, über die bereits einmal gerichtlich befunden worden ist. Mit diesem Einwand wird also nie das „ob" des Rechtsschutzes beeinträchtigt. Stets geht es um den Umfang, in dem sich ein weiteres Mal ein Gericht einer Frage zuzuwenden hat. Insoweit bleibt der Gesetzgeber aber nach den Grundsätzen des Rechtsstaatsprinzips ebenso wie nach den Artt. 19 Abs. 4 wie 103 Abs. 1 GG frei.

Soweit jedem Rechtssubjekt mindestens einmalig die Möglichkeit verbleibt, seine Sache vor einem Gericht zu vertreten, sind die Anforderungen nach staatlichem Rechtsschutz und rechtlichem Gehör erfüllt. Für die weitere Untersuchung ist damit festzuhalten, dass der Gestaltungsspielraum des Gesetzgebers ausschließlich durch das Willkürverbot des Art. 3 Abs. 1 GG begrenzt wird.

2. Gang der Untersuchung

Dem Gesetzgeber ist unbenommen, gänzlich gegensätzliche Wertungen ins Gesetz zu schreiben, wenn dem nach den angesprochenen Grundsätzen legitime Begründungen zugrunde lie-

---

[26] Vgl. dazu die deutlichen Bezüge von *Prütting/Weth*, Rn. 82.
[27] Hierbei spielen auch volkswirtschaftliche Gesichtspunkte eine Rolle. Es obliegt dem Gesetzgeber im Rahmen seiner Haushaltshoheit vorzugeben, wieviel sich der Staat die Umsetzung des materiellen Rechts kosten lässt bzw. als Kehrseite dieser Entscheidung, wie hoch die „Ausschussquote" materiellrechtlich falscher Entscheidungen liegen darf.
[28] Vgl. *Schmidt-Bleibtreu/Klein*, Art. 103 Rn. 2 f.; *Huber* in Mangoldt/Klein/Starck, Art. 19 Abs. 4 Rn. 358 ff., jeweils m.w.N.
[29] Vgl. *Prütting/Weth,* Rn. 76 ff. insb. Rn. 84.
[30] Vgl. *Schmidt-Bleibtreu/Klein*, Art. 103 Rn. 2 f.

gen.[31] Ob es sich bei Rechtskraft- und Interventionswirkung um vergleichbare prozessuale Phänomene handelt, die aus diesem Grunde in einen systematischen Zusammenhang gebracht werden müssen, kann nicht nach der gesetzlichen Ausgestaltung ihrer Rechtsfolgen entschieden werden. Es geht vielmehr um die gedanklich vorgelagerte Frage, welchen Zweck der Gesetzgeber mit diesen Instituten verfolgte und wie sich anhand dieser Aufgabenstellung der Bindungswirkungen ihre unterschiedliche Ausgestaltung erklärt. Eine konzeptionelle Unabhängigkeit der unterschiedlich ausgestalteten Rechtsinstitute ist ebenso vorstellbar wie ein einheitlicher Ausgangspunkt, aus dem sich wegen konkreter Unterscheidungskriterien dennoch abweichende Einzelgestaltungen für Interventions- und Rechtskraftwirkung entwickelt haben.

Die Erkenntnisse über das jeweilige Konzept der Bindungswirkungen müssen in die Entscheidung konkreter Einzelprobleme einbezogen werden. Nur wenn unterschiedliche Zielsetzungen der Regeln über die Interventions- und Rechtskraftwirkung eine Differenzierung geboten erscheinen lassen, wäre es aus systematischen Gründen vertretbar, beide Formen prozessualer Bindungswirkung unabhängig voneinander auszulegen. Finden sich jedoch bezogen auf die Ziele der Vorschriften keine plausiblen Differenzierungskriterien, so ist der systematische Zusammenhang herzustellen und im Rahmen einer methodengerechten Auslegung zur Geltung zu bringen. Dogmatisch geschlossene Rechtsanwendung erfordert die bestmögliche Abstimmung von Rechtsinstituten, die, aus welchen Gründen auch immer, mit unterschiedlich gestalteten Rechtsfolgen normiert wurden.

Für die denkbaren Rechtsquellen ist zu unterscheiden: Zunächst muss es darum gehen, die positivrechtlich niedergelegten Wertungen aus den §§ 68 und 322 ZPO herauszuarbeiten. Dabei soll auf die weitgehend diskutierten Ergebnisse zur Rechtskraftwirkung zurückgegriffen werden. Der Schwerpunkt liegt bei der weniger erschlossenen Charakterisierung der Interventionswirkung.

Für die Diskussion ist der Zweck der Interventions<u>wirkung</u> von demjenigen der Nebenintervention und Streitverkündung zu unterscheiden, die dem Dritten die Intervention in einem fremden Rechtsstreit erlauben, §§ 66 ff. ZPO.[32] Allerdings sind mögliche Rückschlüsse zu betrachten, die sich für den Zweck der Interventionswirkung aus den Vorschriften ergeben können, die ihr Eingreifen anordnen. Allgemein geht man davon aus, die Ausgestaltung der Interventionswirkung müsse mit Rücksicht auf ihre Funktion erfolgen. Häufig wird die Funktion der Interventionswirkung unmittelbar aus der Streitverkündung abgeleitet. Im Zusammenhang mit der Funktionsbestimmung im Beziehungsgeflecht zwischen Nebenintervention, Streitverkündung und Interventionswirkung ergeben sich in der aktuellen Diskussion in Lite-

---

[31] Vgl. *Starck* in Mangoldt/Klein/Starck, Art. 3 Rn. 44 ff.; *Schmidt-Bleibtreu/Klein*, Art. 3 Rn. 16 f.
[32] Vgl. *Wolfgang Lüke*, S. 323.

ratur und Rechtsprechung wesentliche Unstimmigkeiten. Zur Einordnung der Interventionswirkung in ein mögliches Konzept prozessualer Bindungswirkungen kommt es entscheidend darauf an, ob sie sich in Anlehnung an die Wertungen von Nebenintervention und/oder Streitverkündung definiert. Um diese systematischen Gesichtspunkte zu erschließen, werden sowohl für die auslösenden Aktivrechte als auch für die Interventionswirkung die wesentlichen Wertungskriterien herausgearbeitet.

Als Ausgangspunkt dient die Frage, welche Auslegungsmöglichkeiten der Wortlaut des § 68 ZPO für die Ausgestaltung der Interventionswirkung lässt. Die nähere Bestimmung der Wortbedeutung im Sinne einer Festlegung gesetzgeberischer Wertungen verlangt die Aufarbeitung des historischen Kontextes.[33] Nur vor diesem Hintergrund kann sicher erfasst werden, welche Probleme der Gesetzgeber mit seinen Regelungen lösen wollte. Besonders wichtig erscheinen insoweit die Erkenntnisse, die sich aus den Materialien zur CPO entnehmen lassen. Die Bedeutung der Vorschriften wird erst klar, wenn sie als Antwort auf die konkrete Problemstellung verstanden werden, die der Gesetzgeber zu lösen beabsichtigte. Auf dieser Grundlage lassen sich die systematischen Zusammenhänge der Vorschriften über die Beteiligung Dritter am Rechtsstreit würdigen. Die so gewonnenen Erkenntnisse sind in die heute geführte Diskussion über die Zielsetzung der Interventionsvorschriften einzubeziehen. Schließlich ist die Möglichkeit nachträglicher Umgestaltung zu berücksichtigen.

Im zweiten Teil der Untersuchung wird die Aufgabenstellung und rechtliche Ausgestaltung der Rechtskraftwirkung herausgearbeitet. Vor allem die objektive Reichweite der Rechtskraftbindung erscheint für den Vergleich zur Interventionswirkung erheblich. Um eine zuverlässige Einordnung zu erlauben, werden auch Rechtskraftdurchbrechungen behandelt, die als ausgleichendes Korrektiv im System der Rechtskraftbindung heute weitgehend anerkannt sind.

Schließlich werden im dritten Teil die Erkenntnisse über die durch ihre prozessualen Aufgaben charakterisierten prozessualen Bindungswirkungen ins Verhältnis zueinander gesetzt. Davon muss abhängen, ob die methodengerechte Auslegung bei Einzelproblemen von Interventions- und Rechtskraftwirkung einen systematischen Zusammenhang zu beachten hat.

Unabhängig von den systematischen Erkenntnissen, die aus dem Vergleich von Interventions- und Rechtskraftwirkung gewonnen werden sollen, wird beispielhaft die bereits angedeutete Teilklagenproblematik wieder aufgegriffen. Im Zusammenhang mit Teilklagen ergeben sich interessante Abgrenzungsprobleme. Es sind Konstellationen vorstellbar, bei denen unmittelbare Konflikte zwischen Interventions- und Rechtskraftwirkung drohen. Die Entwicklung der

---

[33] Zur Bedeutung der historischen Auslegung für das Verständnis des Wortlauts vgl. *Koch/Rüßmann*, S. 176 ff., 214 und 221; *Larenz/Canaris*, S. 149 ff.

Teilklagemöglichkeit und deren Einbindung in die heutige Diskussion veranschaulicht den Wert systematischer Auslegungskriterien für die Bewältigung aktueller Auslegungsprobleme im Bereich zivilprozessualer Bindungswirkungen.

B. Charakterisierung der Interventionswirkung

I. Untersuchung des Wortlauts des § 68 ZPO

Der Wortlaut der gesetzlichen Vorschriften steckt den äußeren Rahmen ab, in dem die gesetzlichen Wertungen gesucht werden müssen. Die Wortlautauslegung ergibt die Verständnisalternativen, die aufgrund des übrigen Auslegungskanons verworfen oder bestärkt werden müssen.[34]

Nähert man sich § 68 ZPO aus formaler Sicht, so fällt zunächst die Zweiteilung ins Auge. Der erste Teil regelt den gänzlichen Ausschluss mit einer Behauptung. Der zweite Teil behandelt dagegen Behauptungen, die unter näher bezeichneten weiteren Voraussetzungen erhoben werden dürfen. Das lässt zwei unabhängige Regelungen vermuten, die gleichwohl in Halbsätzen ausgedrückt, eine thematische Verbundenheit aufweisen.[35] Andere Literaturstimmen gehen davon aus, es handele sich um eine einheitliche Regelung, bei der im ersten Halbsatz die generelle Festlegung und im zweiten Halbsatz deren Einschränkungen normiert seien.[36] Als dritte Möglichkeit könnte der Gesetzgeber durch die gewählte Formulierung eine allgemeine Regel zur Bindungswirkung zum Ausdruck gebracht haben.

Für sich genommen sind die Bestimmungen des § 68 ZPO nicht hinreichend verständlich. Nur ihr Zusammenhang mit den übrigen Interventionsvorschriften zeigt, dass es um eine Regelung für den Folgeprozess gehen muss, in dem sich Dritter und Hauptpartei als Parteien gegenüber stehen. Nur § 68 Hs. 2 ZPO bezieht sich mit seinen Ausschlusstatbeständen auf das Erstverfahren.[37] Der Blick auf diesen thematischen Zusammenhang gibt Auskunft über die Bedeutung des Anfangs der Vorschrift: Der Dritte soll im Verhältnis zur Hauptpartei mit einer Behauptung nicht gehört werden. Probleme stellen sich erst bei der Qualifikation des Inhalts dieser Behauptung. Das Gesetz schließt solche Behauptungen aus, die besagen, der Rechtsstreit, so wie er dem Richter vorgelegen habe, sei „unrichtig entschieden" worden. Unklar ist also, welche Bedeutung dieser Aussage zukommt.

Die Feststellung der Unrichtigkeit einer Entscheidung kann verschiedene Ursachen und Bedeutungen haben:

---

[34] Vgl. eingehend zur Auslegung des Wortlauts *Koch/Rüßmann*, S. 188 ff.; *Larenz/Canaris*, S. 141 ff.

[35] So sehen es auch Rechtsprechung und die h.M. in der Literatur, vgl. *Stahl*, S. 122; *Wieser*, ZZP 79 (1966), 246, 283 f.; *Mendelssohn-Bartholdy*, S. 398; BGHZ 8, 72, 82; 16, 217, 229; RGZ 130, 297.

[36] In diesem Sinne *Schwanecke*, S. 22, wohl auch *Koch* in AK-ZPO, § 68 Rn. 4 f., der jedoch keine nähere Auseinandersetzung mit den unterschiedlichen Möglichkeiten erkennen läßt.

[37] In diesem Sinne auch die allgemeine Meinung, vgl. z.B. *Schwanecke*, S. 24 f.

Eine Entscheidung im Sinne des § 68 ZPO könnte als unrichtig anzusehen sein, wenn sie nicht im Einklang mit der maßgeblichen Rechtslage steht, die bei zutreffender Rechtsanwendung auf den Sachverhalt zu einer bestimmten Erkenntnis hätte führen müssen. Gemeint ist die Übereinstimmung zwischen dem Ergebnis des Erstverfahrens und dem Ergebnis, zu dem ein hypothetisches Erstverfahren hätte führen müssen, das unter optimalen Bedingungen für die Ermittlung der tatsächlich vorgefallenen Geschehnisse und perfekter Anwendung des materiellen Rechts auf den derart festgestellten Sachverhalt abgelaufen ist. Unrichtig ist demnach jede Abweichung vom „optimalen" Prozessergebnis. Deshalb, so könnte man folgern, kann es sich bei den Halbsätzen des § 68 ZPO nur um eine einheitliche Regelung handeln, die durch den Ausdruck „wie er dem Richter vorgelegen habe" und den Hs. 2 seine Einschränkung erfährt. Dabei bilde § 68 Hs. 2 ZPO die nähere Ausformung der im Hs. 1 in der Bezugnahme auf den Sachverhalt angelegten Einschränkung. Danach soll der Dritte im Folgeverfahren nur dann eine veränderte Darstellung des Sachverhaltes geben können, wenn dieser objektiv unrichtig ist, d.h. nicht dem Sachverhalt entspricht, der bei perfekter Aufklärung hätte festgestellt werden müssen. Das bedeutet, die Einwendungen sind auf Fälle beschränkt, in denen bei optimalem Verlauf des Erstverfahrens ein anderes Ergebnis erzielt worden wäre und der Nebenintervenient selbst aus den in § 68 Hs. 2 ZPO genannten Gründen auf die Darstellung des Sachverhaltes keinen Einfluss nehmen konnte.[38]

Für diese Deutung spreche auch die in der Vorschrift gewählte Interpunktion.[39] Jedenfalls liege in einer Behauptung im Sinne des § 68 Hs. 2 ZPO, nämlich der mangelhaften Prozessführung, nur dann eine erhebliche Einwendung für das Folgeverfahren, wenn sie kausal für die Entscheidungsfindung im Erstverfahren wirkte und damit auch eine Unrichtigkeit dieser Entscheidung bedeuten muss.[40] Die Interventionswirkung werde also durch § 68 Hs. 1 ZPO normiert. In Hs. 2 des § 68 ZPO fänden sich Beschränkungen dieser Wirkungen.

Andererseits nimmt man für die getrennte Betrachtung der beiden Halbsätze eine qualitative Unterscheidung vor. In § 68 Hs. 1 ZPO gehe es um mögliche Fehler des Gerichts. Dieses habe von den Parteien im Erstverfahren einen Sachverhalt zur Entscheidung vorgelegt bekommen, dessen Übereinstimmung mit den tatsächlichen Geschehnissen es in aller Regel nicht zu überprüfen habe. Dann bedeute es keinen Fehler des Gerichts, wenn eine Entscheidung auf dieser Grundlage gefällt werde.

---

[38] So *Schwanecke,* S. 9.
[39] Vgl. *Schwanecke,* S. 10.
[40] Vgl. *Schwanecke*, S. 10.

Gerichtliche Fehler sind grundsätzlich in den folgenden Arten denkbar:

1. Fehler in der Deduktion (logische Fehler)
2. Fehler in den Prämissen
    a) Gesetz
    b) Auslegung
    c) Sachverhaltsfeststellungen

Demgegenüber liegen keine Fehler des Gerichts vor, wenn der prozessual zutreffend ermittelte Sachverhalt mittels methodengerechter Auslegung der geltenden Gesetze logisch korrekt erschlossen worden ist.

Deshalb dürfe eine Entscheidung nicht allein deshalb als „unrichtig" angesehen werden, weil sie von derjenigen abweicht, die bei zutreffender Rechtsanwendung auf den tatsächlich vorgefallenen Sachverhalt hätte getroffen werden müssen.[41] Die Vorschrift des § 68 Hs. 2 ZPO betreffe die Möglichkeit des Dritten, sich gegen die Prozessführung der Hauptpartei zu wenden, die eine aus Sicht des Erstgerichts „richtige", weil in korrektem Zusammenspiel aller einschlägigen materiellen und prozessualen Vorschriften entstandene, Entscheidung herbeigeführt hat, die dennoch nicht derjenigen entspricht, die bei Geltendmachung aller gebotenen Angriffs- und Verteidigungsmittel durch die Hauptpartei nach materiellem Recht hätte getroffen werden müssen. Danach geht es in § 68 Hs. 1 ZPO um fehlerhafte Rechtsanwendung des Gerichts. Demgegenüber betreffe § 68 Hs. 2 ZPO den Fall mangelhafter Prozessführung, die trotz korrekter Rechtsanwendung durch das Gericht zu einer Entscheidung führt, die bei optimaler Prozessführung durch die Parteien nicht ergangen wäre.[42]

Der Unterschied reduziert sich auf die Frage, ob der Richter des Erstverfahrens einen Fehler gemacht hat oder ob er aufgrund von Umständen, die außerhalb seines Einflussbereichs lagen, nach materiellem Recht eine andere Entscheidung hätte treffen müssen. In beiden Alternativen geht es darum, die im Erstverfahren gewonnenen Ergebnisse grundsätzlich ins Folgeverfahren zu übertragen. Die Begründung macht aus Sicht des Dritten keinen Unterschied. Entscheidend für Reichweite und Charakter der Interventionswirkung ist die Möglichkeit des

---

[41] Prozessuale und materiellrechtliche Vorschriften stehen gleichberechtigt nebeneinander. Prozessuale Vorschriften enthalten Wertungen, die besagen, dass auch eine Entscheidung im Widerspruch zu den materiellrechtlichen Festlegungen im Einzelfall getroffen werden soll, wenn dies zugunsten höher bewerteter anderer Ziele erforderlich erscheint. Wieso aber sollten diese vollständig im Einklang mit den Vorschriften des Erkenntnisverfahrens getroffenen Entscheidungen falsch sein? Auch ein perfekt handelnder Richter könnte keine richtigere Entscheidung treffen. Auch der Grundsatz der Einheit der Rechtsordnung verbietet, eine einseitig, materiellrechtlich fixierte Sicht.

[42] Vgl. dazu *Wieser*, ZZP 79 (1966), 246, 283 f.

Dritten, Einfluss auf die Rechtsfindung im Erstverfahren zu nehmen. Dann aber trifft ihn zumindest eine Teilverantwortung für die in der Entscheidung wirkenden Fehler. Entweder hätte er darauf hinwirken können, dem Erstrichter den korrekten Streitstoff vorzulegen, oder er hätte durch seinen Vortrag die ordnungsgemäße Verarbeitung des Streitstoffs bewirken können. Insoweit sind jedenfalls keine Unterschiede ersichtlich, die irgendwelche Rückschlüsse mit Blick auf den Charakter der Interventionswirkung zulassen könnten.

Die Aussage des § 68 Hs. 1 ZPO kommt erst im Folgeverfahren zum Tragen: Hauptpartei und Dritter des Erstverfahrens stehen sich als Parteien im Folgeverfahren gegenüber. Ausgehend von einem typischen Beispiel der Nebenintervention[43] indiziert das Unterliegen der Hauptpartei im Erstverfahren die Verpflichtung des Dritten im Verhältnis zur Hauptpartei. Der Dritte wird also im Folgeverfahren das Ergebnis des Erstverfahrens in Frage stellen müssen, um seinen Antrag substantiiert zu belegen. Demgegenüber stellt Hs. 1 des § 68 ZPO grundsätzlich fest, dass der Dritte mit dieser Behauptung nicht gehört wird. Hs. 1 besagt also, der Dritte werde für seine Verteidigung im Zweitverfahren grundsätzlich an das Ergebnis des Erstverfahrens gebunden.

Daran anschließend geht es in § 68 Hs. 2 ZPO um die Behauptung des Dritten, das Erstverfahren sei durch die Hauptpartei mangelhaft geführt worden. Damit wird zunächst der Standpunkt des Gesetzgebers deutlich, dass eine mangelhafte Prozessführung ohnehin nur relevant sein kann, wenn der Dritte sie nicht zu verantworten hat. Der Dritte soll nur in genau bezeichneten Fällen behaupten dürfen, das Erstverfahren sei von der Hauptpartei mangelhaft geführt worden. Diese Möglichkeit ist gegeben, wenn der Dritte zu einer Zeit beitritt, zu der er mit Blick auf den gerügten Mangel keinen Einfluss mehr nehmen konnte. Ebenso soll die Situation behandelt werden, wenn der Dritte zwar rechtzeitig am Erstverfahren beteiligt war, aber durch das prozessuale Verhalten der Hauptpartei den Mangel nicht beheben konnte. Schließlich gilt dasselbe für mangelhafte Prozessführung, die darauf beruht, dass die Hauptpartei vorsätzlich oder grob fahrlässig gebotene Angriffs- oder Verteidigungsmittel ungenutzt gelassen hat und dem Dritten insoweit keine Möglichkeit der Einflussnahme blieb, weil ihm die erforderliche Kenntnis fehlte.

Gemeinsames Merkmal dieser Fallgestaltungen ist die fehlende Möglichkeit der Einflussnahme für den Dritten. Betrachtet man die Formulierung des § 68 Hs. 2 ZPO („..., nur insoweit gehört,..."), so versteht sich die Aussage als Beschränkung der Einwendung mangelhafter

---

[43] Gemeint ist die Situation, in der die Hauptpartei entweder der Gegenpartei gegenüber nicht verpflichtet ist oder einen Regressanspruch gegen den Dritten hat. Die Situation ergibt sich z.B. bei der Klage des Käufers gegen seinen Händler wegen Mängeln der Kaufsache, wenn der Händler die vom Dritten erworbene Sache unverändert weiterveräußert hat.

Prozessführung durch die Hauptpartei auf diejenigen Fälle, in denen dem Dritten die Möglichkeit der Einflussnahme im Erstverfahren genommen war.

Dieses Ergebnis spricht auf den ersten Blick dafür, § 68 ZPO als einheitliche Regelung zu verstehen, ohne den Teilsätzen eine eigenständige Bedeutung zuzumessen. Damit wäre dem oben genannten einheitlichen Ansatz zu folgen.

Eine verbreitete Regelungstechnik besteht darin, zunächst eine Grundregel zu statuieren, um anschließend vereinzelte Ausnahmen zu benennen. Dem könnte man eine Trennung im oben angedeuteten Sinne entgegenhalten: § 68 ZPO verbietet dem Folgegericht in Hs. 1 anzunehmen, das Erstgericht habe einen vermeidbaren Fehler gemacht.[44] Hs. 2 verbietet demgegenüber anzunehmen, die Hauptpartei habe durch Tun oder Unterlassen möglicherweise einen Sieg in der Hauptfrage verpasst.[45] Als Hinweis in diesem Sinne ließe sich deuten, dass Hs. 1 an die unrichtige Entscheidung des Gerichts, Hs. 2 hingegen an mangelhaftes Verhalten der Hauptpartei anknüpft. Diesem Gedanken ist nicht entgegenzuhalten, es müsste sich um eine Gegenüberstellung der Verantwortlichkeit des Gerichts im Verhältnis zu derjenigen der Parteien des Erstverfahrens handeln, die nicht konsequent durchgehalten werde, weil nur von der Hauptpartei die Rede sei. Das kontradiktorische Konzept des Zivilprozesses ist darauf angelegt, dass die Parteien versuchen, ihre Interessen bestmöglich zu verteidigen. Von der Gegenpartei wird nur ein Verhalten nach ihrer Wahrheitspflicht verlangt. Sie ist im Regelfall gerade nicht gehalten, beispielsweise durch Beibringung von Urkunden oder sonstigen Beweismitteln, die Interessen ihres Gegners wahrzunehmen. Danach wäre es widersinnig eine „mangelhafte Prozessführung" anzunehmen, wenn das Erstverfahren zugunsten der Gegenpartei entschieden wird, weil bestimmte Angriffs- und Verteidigungsmittel nicht eingeführt werden. Im Gegenteil erscheint es naheliegend, dem Dritten, der seine Interessen verspielt, den Einwand abzuschneiden, die Erstentscheidung solle wegen eigener Versäumnisse unbeachtlich bleiben.

Naheliegend erscheint diese Eigenverantwortlichkeit des Dritten zudem im Vergleich mit den zwischen den Parteien des Streitverfahrens geltenden Bindungswirkungen. Die Parteien eines Zivilprozesses sind an die rechtskräftig abschließende Entscheidung gebunden. Sie hatten ihre Chance zur Rechtsverteidigung. Nach Abschluss des Erkenntnisverfahrens tritt das Interesse an Rechtssicherheit in den Vordergrund. Vergleichbare Wertungen könnten auch im Verhältnis zum Dritten entscheidend wirken. Der Dritte hatte im Erstverfahren die Möglichkeit, den Prozess in seinem Sinne zu führen. Fehler hätte er jederzeit überprüfen lassen können, § 66 Abs. 2 ZPO. Das Risiko eines letztinstanzlichen Rechtsirrtums hat jeder Rechtsschutzsuchende zu tragen. Es sind keine Gründe dafür erkennbar, warum dem Dritten im Gegensatz zu den

---

[44] So *Wieser*, ZZP 79 (1966), 246, 250.
[45] So *Wieser*, ZZP 79 (1966), 246, 250.

Parteien die Chance eingeräumt werden sollte, in zwei Verfahren um die Anerkennung seiner Rechtsansichten zu streiten.

Die Bindung des Dritten an die Rechtsauffassungen des Erstgerichts hält sich im naheliegenden Einklang mit der zwischen den Parteien wirkenden Bindung. § 68 Hs. 2 ZPO lässt erkennen, dass der Dritte entsprechend seiner Möglichkeit zur Einflussnahme auf das Erstverfahren grundsätzlich an dessen Ergebnis gebunden sein soll. Mit Blick auf Möglichkeiten zu Rechtsausführungen und der Einflussnahme auf das Erstgericht steht der Dritte der Hauptpartei nämlich in nichts nach. Die Rechtsfindung selbst ist Sache des Gerichts. Der Dritte kann nur im Vorbringen von Angriffs- und Verteidigungsmitteln besonderen Beschränkungen unterliegen.[46]

Eine weitere Verständnismöglichkeit für einen zweigeteilten Gehalt des § 68 ZPO erscheint denkbar:

In § 68 Hs. 1 ZPO erfolgt die Klarstellung, dass die rechtskräftige Entscheidung eines präjudizielle Fragen behandelnden Rechtsstreits zwischen sonstigen Personen ausschließlich dann Wirkung auf weitere Rechtsstreitigkeiten entfaltet, wenn der Dritte vormals als Nebenintervenient die Möglichkeit der Einflussnahme auf den fremden Rechtsstreit hatte. Diese Feststellung wirkt nur dann trivial, wenn man einerseits das Zweiparteiensystem im Zivilprozess als selbstverständlich ansieht und zum anderen davon ausgeht, die rechtliche Trennung der Prozessrechtsverhältnisse werde ebenso vollständig in einer faktisch/gedanklichen Trennung der Beteiligten an nachfolgenden Erkenntnisverfahren durchgehalten. Beide Feststellungen sind keineswegs selbstverständlich: Auch auf dem Boden eines Zweiparteiensystems sind Drittwirkungen der Rechtskraft in unterschiedlichen Ausprägungen festzustellen.[47]

Davon unabhängig sind einschlägige Entscheidungen geeignet, gerade in erstinstanzlichen Verfahren auf einen bestimmten Verlauf der Entscheidungsfindung hinzuwirken.[48] Gerade Entscheidungen von übergeordneten Rechtsmittelgerichten entfalten hier ihre Wirkung.[49] Das Bestreben des Richters, nicht widersprüchlich zu entscheiden, verstärkt sich wesentlich, wenn dem Richter im Folgeprozess nicht nur ein vergleichbarer, sondern derselbe Lebenssachverhalt vorgetragen wird.[50] Das gilt insbesondere, wenn derselbe Richter erneut mit dem

---

[46] Diese Zusammenhänge werden unten auf den S. 114 ff. in konkreter Form angesprochen. Für die Verständnismöglichkeit des Wortlauts soll zunächst der abstrakte Überblick genügen.

[47] Vgl. allgemein zu Drittwirkungen der Rechtskraft aus neuerer Zeit *Schack*, NJW 1988, 865 ff. m.w.N.

[48] Vgl. die deutlichen Aussagen von *Gottwald* in MünchKommZPO, § 322 Rn. 4.

[49] Vgl. zur Abgrenzung dieser Präjudizwirkung obergerichtlicher Entscheidungen im Zivilprozess von formellen Bindungswirkungen *Gottwald* in MünchKommZPO, § 322 Rn. 23.

[50] Vgl. in diesem Zusammenhang die zutreffenden Ausführungen von *Rüßmann*, ZZP 111 (1998), 399, 423, wo es wörtlich heißt: „Kein Gericht wird leichten Herzens sich selbst oder einem anderen Gericht die fehlerhafte Entscheidung einer Rechtsfrage vorhalten. Ist die Rechtsfrage durch das Erstgereicht vertretbar entschieden, so übernimmt man im Zweitgericht die Entscheidung, ohne durch die Rechtskraft dazu eigens angehalten werden

Sachverhalt befasst wird. In diesem Fall müsste der erneut mit der Sache befasste Richter durch eine abweichende Entscheidung mindestens eingestehen, seine vormals getroffene Entscheidung habe nicht im Einklang mit dem materiellen Recht gestanden – ein Schritt der nach Möglichkeit vermieden wird.[51] Wegen dieser tatsächlichen Wirkungen wäre aus Sicht des Dritten für eine klarstellende Vorschrift Bedarf, die dem Richter vorgibt, nur unter genau bezeichneten Voraussetzungen eine Vorentscheidung überwirken zu lassen.

Im Einklang damit könnte § 68 Hs. 2 ZPO als Klarstellung verstanden werden, unter welchen Voraussetzungen der Dritte die Möglichkeit haben soll, die Unbeachtlichkeit der Erstentscheidung zu verlangen. Wiederum ist es hilfreich, sich in die Prozesssituation im Folgeverfahren zu versetzen. Gebunden ist der Dritte nach § 68 Hs. 1 ZPO nur, wenn er die Möglichkeit der Rechtswahrnehmung im Erstverfahren hatte. Ohne diese Teilnahme soll er die unvoreingenommene Neuverhandlung des Tatsachenstoffs verlangen können, ohne sich prozesshinderndes Vorgehen vorwerfen lassen zu müssen, weil er vermeintlich gesicherte Erkenntnisse erneut in Frage stellt.

Hatte der Dritte die Möglichkeit zur Intervention, so wird er dennoch versuchen, sich gegen die im Erstverfahren erfolgten Erkenntnisse zu wehren. Die Unrichtigkeit der gerichtlichen Entscheidungsfindung kann der Dritte nicht einwenden, weil er seine Chance nicht genutzt hat, auf eine ordnungsgemäße Rechtsfindung hinzuwirken. Es bleibt also nur der Einwand, die Hauptpartei habe Verteidigungsmaßnahmen versäumt, die der Dritte selbst nicht habe ergreifen können, also mangelhaftes Verhalten der Hauptpartei im Erstverfahren, das dem Dritten nicht zugerechnet werden könne. Wiederum erscheint denkbar, die Formulierung des § 68 Hs. 2 ZPO als Klarstellung aufzufassen. Regelmäßig wird man im Sinne des oben Gesagten in einer Erstentscheidung zumindest ein Indiz für den Lösungsweg der Erstentscheidung sehen können. Naturgemäß hat der Dritte es demnach schwer, eine Entscheidung, an der er womöglich zudem noch persönlich mitgewirkt hat, als mangelhaft zustande gekommen und deshalb falsch darzustellen.[52] Diese Unsicherheit wird bereinigt, wenn man dem Dritten klar definierte Fallgestaltungen an die Hand gibt, bei deren Eintritt er sich von seiner Bindung lösen kann.

Legte man dieses Verständnis zugrunde, so wären den verschiedenen Halbsätzen ebenfalls getrennte Aussagen zu entnehmen: § 68 Hs. 1 ZPO stellte klar, dass eine zwischen sonstigen Personen erstrittene Entscheidung, die potentiell präjudiziell wirkt, ausschließlich dann

---

zu müssen. Auch der Begründungsaufwand hält sich in Grenzen. Und selbst die Prozeßergebnisse einer etwa umfangreichen Beweisaufnahme kann das Zweitgericht durch Beiziehung der Akten in weitem Umfang für das Zweitverfahren verwerten.".

[51] Vgl. die entsprechenden Aussagen bei *Eagly/Chaiken*, S. 476 f. mit umfangreichen Verweisen auf empirische Untersuchungen; *Stahlberg/Frey* in Sozialpsychologie, S. 159.

[52] Vgl. dazu *Gottwald* in MünchKommZPO, § 322 Rn. 4; siehe umfassend zur Einstellungsbildung im sozialen Kontext *Eagley/Chaiken*, S. 627 ff. m.w.N.; *Rüßmann*, ZZP 111 (1998), 399, 423.

bindend für einen Folgeprozess gegen einen Dritten wirken darf, wenn dieser die Möglichkeiten zur Einflussnahme hatte. Ergänzend klärt § 68 Hs. 2 ZPO, in welchen Fällen der Dritte ausnahmsweise trotz seiner Teilnahme am Erstverfahren nicht an deren Ergebnisse gebunden werden darf.

Der Vergleich der vorgestellten Interpretationsmöglichkeiten belegt, dass die wesentlichen Wertungen nicht allein anhand des Wortlauts des § 68 ZPO erschlossen werden können.[53] Gemeinhin wird abseits von einer tiefgehenden sprachlichen Analyse versucht, die offene Formulierung der Vorschrift durch teleologische Auslegungskriterien zu beschränken.[54] Auch hier soll darauf verzichtet werden, den zum Teil allzu spitzfindig anmutenden Schlussfolgerungen aus Interpunktion und Einzelwortbedeutung weiter nachzugehen. Für das Ziel der Arbeit lassen sich daraus keine tragfähigen Schlüsse ziehen. Vielmehr sollen die gesetzgeberischen Wertungen, die durch den offenen Wortlaut normiert werden sollten, mit Hilfe der übrigen Auslegungsmethoden näher bestimmt werden.

II. Historische Entwicklung der Interventionswirkung

Die methodische Einordnung der Interventionswirkung verlangt eine Auseinandersetzung mit den historischen Wurzeln dieses Instituts.[55] Der historische Zusammenhang, in dem die Formulierungen gewählt wurden, gibt erhebliche Hinweise auf die Wertungen, die damit gesetzlich normiert werden sollten. Erst vor diesem Hintergrund lassen sich die vom Gesetzgeber gewählten Formulierungen verstehen. Das gilt in besonderem Maße für die Interventionsregeln der ZPO, weil ausweislich der Gesetzgebungsmaterialien für den Gesetzgeber die Wertungen des römischen Rechts leitend wirkten.[56] Auch im Rahmen der durch die grammatikalische Auslegung gezogenen Grenzen ergeben sich aus der Analyse des vom Gesetzgeber verfolgten Konzepts wertvolle Hinweise auf die Probleme, die ein Rechtsinstitut zu lösen bestimmt ist. Jedenfalls lassen sich zusätzliche Informationen über die Bedeutung gewinnen, die der Gesetzgeber mit dem gewählten Wortlaut verbunden hat.[57]

---

[53] In diesem Sinne auch *Schwanecke*, S. 30 m.w.N.

[54] Vgl. zu den unterschiedlichen Begründungsansätzen *Mansel* in Wieczorek, § 68 Rn. 3 ff.; *Schilken* in MünchKommZPO, § 68 Rn. 1; *Hartmann* in Baumbach/Lauterbach, § 68 Rn. 1; *Bork* in Stein/Jonas, § 68 Rn. 1 f.; *Weth* in Musielak, § 68 Rn. 1.

[55] Vgl. dazu Larenz/*Canaris*, Methodenlehre, 149 ff.; *Koch/Rüßmann*, S. 211 ff.

[56] Siehe dazu eingehend unten auf den S. 52 ff.

[57] Einen anderen Weg geht *Schwanecke*, der die historische Dimension der Problematik völlig außer Acht läßt und sich direkt der Frage zuwendet, welchen Zielen die Interventionswirkung zu dienen bestimmt ist. Gleichwohl versucht *Schwanecke* mit erheblichem Aufwand, zunächst Anhaltspunkte aus der Untersuchung des Wortlauts des § 68 ZPO zu gewinnen und die gewonnenen Ergebnisse zur Lösung von Einzelfragen fruchtbar zu machen. Die vom historischen Kontext unabhängige Wortlautauslegung gelangt zu Schlussfolgerungen, die sich kaum halten lassen, wenn man bedenkt, von wem und in welchem Kontext die gesetzgeberischen Wertungen formuliert wurden. Auch die gründlichen Auseinandersetzungen von *Häsemeyer*, ZZP 84 (1971), 179 ff. und *Wieser*, ZZP 79 (1966), 246 ff. lassen den historischen Aspekt aus. Bedenklich erscheint in diesem Zusammen-

Die Ursprünge der Interventionsregeln reichen bis ins antike römische Recht zurück. Eine umfassende Aufarbeitung der antiken römischen Quellen zu Nebenintervention und Streitverkündung hat *Peter Schäfer* in seiner Arbeit aus dem Jahre 1990 geleistet.[58] Die dort gewonnenen Ergebnisse bieten in tatsächlicher Hinsicht eine wertvolle Grundlage, auf der die vorliegende Arbeit aufbaut.[59] Davon abgesehen findet sich eine Vielzahl von Aussagen über das römische und gemeine Recht im älteren Schrifttum.[60]

1. Klassisches römisches Recht

Die Wurzeln des prozessrechtlichen Instituts der Interventionswirkung liegen im römischen Recht.[61] In den Digesten finden sich erste Hinweise auf die Besonderheiten, die mit der Beteiligung Dritter am Prozess verbunden sein können. Grundsätzlich galt auch im römischen Recht, dass ein Verfahren in seinen Wirkungen auf das Verhältnis zwischen den Parteien beschränkt sein muss.[62] In diesem Zusammenhang kannte man eine weniger formalisierte, jedoch für mögliche Folgerechtsstreitigkeiten verbindliche Rechtskraftwirkung – die *res iudicata* - zwischen den Parteien eines Zivilprozesses.[63]

Die mit der CPO im Jahre 1877 gesetzlich normierten und dort bis heute im wesentlichen unverändert geltenden Regeln über Nebenintervention und Streitverkündung haben sich nicht einheitlich entwickelt, wie es nach ihrer systematischen Anordnung in den §§ 66 ff. ZPO zu vermuten wäre. Vielmehr hat sich der besondere Zusammenhang dieser Institute erst im Laufe der Rechtsentwicklung herausgebildet.[64] Der ursprünglichen Trennung trägt die nachfolgende Darstellung durch eine separate Behandlung Rechnung.

---

hang auch das methodische Konzept von *Martens,* ZZP 85 (1972), 77, 89 f., der offensichtlich die Bedeutung der historischen Auslegungsmomente für den Zusammenhang erkennt, es aber mit – unzutreffenden - Vermutungen über die gesetzgeberischen Intentionen bewenden lässt.

[58] *Peter Schäfer*, Nebenintervention und Streitverkündung, Von den römischen Quellen bis zum modernen Zivilprozeßrecht.

[59] Die Ergebnisse von *Peter Schäfer* stimmen in tatsächlicher Hinsicht mit den ausgewerteten stark römischrechtlich geprägten Arbeiten der deutschen Rechtslehre des 19. Jahrhunderts überein. Sie bieten eine verlässliche Grundlage für die hier angestellten Überlegungen. Die Untersuchung stützt sich deshalb in tatsächlicher Hinsicht auf die bereits vorliegenden Ergebnisse, wohingegen die von *Peter Schäfer* gezogenen Schlussfolgerungen vor dem Hintergrund der Gesamtproblematik überdacht werden.

[60] Vgl. *Hellwig*, Rechtskraft; *Maxen*, S. 5; *Schultze*, ZZP 2 (1880), 20, 28 f.; *Walsmann,* S. 3 f., jeweils m.w.N.

[61] Vgl. *Peter Schäfer*, S. 34 ff.; *Eibner*, S. 3; *Hellwig*, Rechtskraft, Vorwort S. IV, verleiht eindrucksvoll dem Gefühl Ausdruck, mit dem sich die damalige Rechtswissenschaft den römischen Quellen verbunden sah; *Maxen*, S. 5; *Schultze*, ZZP 2 (1880), 20, 28 f.; *Walsmann,* S. 3 f. und 46.

[62] So *Peter Schäfer*, S. 29 unter Verweis auf *Macer* in D. 42, 1, 63 und w.N.; *Walsmann*, S. 4; *Maxen*, S. 28 f.

[63] Vgl. *Walsmann*, S. 10; *Maxen*, S. 28 f.; *Wach*, S. 626.

[64] Vgl. *Walsmann*, S. 4; *Peter Schäfer*, S. 35 ff m.w.N.

a) Nebenintervention

Die Rechtsgelehrten des klassischen römischen Rechts hielten die faktischen Auswirkungen eines Verfahrens auf potentielle Folgeverfahren Dritter für so erheblich, dass sie den Dritten eine besondere Rechtsstellung im Erstverfahren zuerkannte.[65] Unterschieden wurde nach den Auswirkungen, die von einem Prozess auf den Dritten ausgehen konnten. Einerseits kannte man Fälle, in denen sich die Rechtskraft eines Verfahrensergebnisses auch auf Dritte erstreckte.[66] Andererseits betrachtete man Fälle, in denen der Dritte nur die rein faktischen Auswirkungen des ersten Verfahrens zu fürchten hatte.[67] Man war sich der besonderen Schwierigkeiten bewusst, mit denen der Dritte im zweiten Verfahren zu kämpfen hat, wenn sich ein Gericht bereits in eine Richtung festgelegt hatte, insbesondere, wenn derselbe Richter einzugestehen hätte, im ersten Verfahren an der Rechtslage vorbei entschieden zu haben.[68] Ein Grund für diese als problematisch erkannte faktische Präjudizwirkung war der Umstand, dass die Gerichte zum Teil von einfachen Bürgern besetzt waren, die dazu neigten, sich an vorherigen Entscheidungen zu orientieren.[69] Als weitere Gesichtspunkte wurden die Scheu vor der Autorität des Erstrichters, Rücksicht auf die Notwendigkeit übereinstimmender Rechtspflege und nicht zuletzt Bequemlichkeit der Richter erwogen.[70]

Zudem spielten Gefahren kollusiven Zusammenwirkens eine Rolle, bei denen sich die Parteien des ersten Verfahrens zum Nachteil des Dritten auf ein Prozessergebnis verständigten, um den Dritten anschließend in Regress zu nehmen. Die Beweisführung im Falle einer solchen Kollusion wurde als schwerwiegende Belastung für den Dritten bewertet.[71] Darin zeigt sich die erhebliche tatsächliche Bedeutung, die der Vorentscheidung im ersten Verfahren zukam: Für die Parteien des ersten Verfahrens konnten kollusive Absprachen lohnend erscheinen, weil man sich hinreichend sicher sein konnte, die Entscheidung des ersten Verfahrens im Folgeverfahren in eine Entscheidung zu Lasten des Dritten ummünzen zu können.[72] Ausgehend von dem eklatanten Beispiel der Kollusion zu Lasten des Dritten entwickelte sich die Nebenintervention als Schutz gegen jede Form der Nachlässigkeit der Hauptpartei im Erstverfahren.[73]

---

[65] Vgl. *Peter Schäfer*, S. 30.
[66] *Vgl. Maxen*, S. 28 f.
[67] Peter Schäfer, S. 30.
[68] Deutlich in diesem Sinne *Maxen*, ZCP 21 (1864), 404, Fn. 25, der ausdrücklich benennt, dass es dem Dritten nicht darum gehe zu intervenieren, um zu bewirken, dass das Urteil auch mit Bezug auf ihn entscheide, sondern er interveniere, weil das Urteil mit Bezug auf ihn eine Entscheidung gebe, einerlei, ob er interveniere oder nicht; vgl. auch *Peter Schäfer*, S. 30.
[69] Vgl. *Maxen*, S. 28 unter Verweis auf *Planck* und *Marcian.*
[70] Vgl. *Maxen*, S. 28 f., 31 f.; *Walsmann*, S. 5.
[71] Vgl. *Schultze*, ZZP 2 (1880), 20, 37; *Walsmann*, S. 9.
[72] Vgl. in diesem Sinne *Peter Schäfer*, S. 31, der *collusio*, *contumacia* und Nachlässigkeit als häufige Auslöser und Wegbereiter des Instituts der Intervention sieht.
[73] Vgl. *Peter Schäfer*, S. 31 f.

Die historische Aufgabenstellung der Nebenintervention bestand im antiken römischen Recht also darin, den Dritten vor den unzumutbaren Folgen einer präjudiziell wirkenden Erstentscheidung zwischen fremden Personen zu bewahren.[74] Im Zusammenhang mit dem Schutz des Dritten vor den faktischen Auswirkungen des Erstverfahrens wird zu bedenken gegeben, seine Beteiligung und gleichbedeutend damit seine Bindung an die Ergebnisse des Erstverfahrens biete den Vorteil der Vermeidung widersprüchlicher Entscheidungen. Zudem sei es widersinnig, dieselben Sachfragen zu Lasten der Allgemeinheit zweifach zu verhandeln. Diese Gesichtspunkte hätten bereits im römischen Recht eine Rolle gespielt.[75]

Allerdings trat dieser Aspekt nicht im heutigen Maße in den Vordergrund. Die antike römische Nebenintervention sollte vorrangig den Schutz des Dritten vor faktischen Präjudizwirkungen fremder Rechtsstreitigkeiten leisten. In der Vermeidung widersprechender Entscheidungen einerseits und der wiederholten Behandlung identischen Streitstoffs andererseits sah man willkommene Nebeneffekte.

Die Stellung des Intervenienten war im Prozess derjenigen eines Vertreters der Hauptpartei ähnlich.[76] Er konnte grundsätzlich alle Handlungen vornehmen, die auch eine Partei vornehmen konnte, wurde jedoch selbst nie Partei.[77] Vom Vertreter wurde er unterschieden, weil er in eigenem Interesse handelte.[78] Der Nebenintervenient hatte also gegenüber der Hauptpartei eine grundsätzlich selbständige Stellung inne, die ihn hinsichtlich des Beitritts und seines Verhaltens im Prozess in der Regel unabhängig vom Willen der Hauptpartei machte.[79] Teils hielt man in der späten gemeinrechtlichen Lehre für möglich, dass sich der Dritte in einer der heutigen Regelung vergleichbaren Beschränkung durch den Widerspruch der Hauptpartei befand.[80] Eine eindeutige Quelleninterpretation setzte sich insoweit in der damaligen Diskussion nicht durch.[81] Allerdings finden sich Hinweise, dass zumindest in bestimmten Fällen der Wille der Hauptpartei über den Fortgang des Verfahrens entscheiden sollte, die Hauptpartei

---

[74] So *Walsmann*, S. 6; *Maxen*, S. 32; *Wach*, S. 630; besonders deutlich *Wetzell*, S. 863 f., mit allgemeinen Ausführungen über das „praejudicium" im römischen Recht und dessen bindenden Einfluss auf nachfolgende Verfahren unter umfangreichen Verweisen auf die römischen Quellen.

[75] Vgl. *Brauer*, S. 448; *Walsmann*, S. 5 f.

[76] Vgl. die eine unabhängige Stellung betonende Darstellung bei *Brauer*, AcP 24 (1841), 423, 456.

[77] Vgl. *Maxen*, S. 3; *Walsmann*, S. 4.

[78] Vgl. *Peter Schäfer*, S. 32.

[79] Vgl. *Peter Schäfer*, S. 35; *Walsmann*, S. 20.

[80] Vgl. dazu *Peter Schäfer*, S. 32 f., der auf die differenzierende Auffassung von *Maxen* verweist, der eine gebundenere Stellung des Nebenintervenienten in Fällen annehmen will, in denen der Dritte nicht durch Rechtskrafterstreckung, sondern rein faktisch gebunden wird. Bei *Maxen*, S. 32 ff., finden sich jedoch, neben dem insoweit nicht widersprechenden Befund der Verhältnisse im römischen Recht, Vorschläge einer Anpassung an zwischenzeitliche Veränderungen, die eine derart gebundenere Position des Dritten beinhalten. *Brauer*, AcP 24 (1841), 423, 467 f. unterscheidet danach, ob der Dritte unaufgefordert oder im Wege der Streitverkündung in die Beteiligung am Erstverfahren gekommen ist.

[81] Vgl. *Peter Schäfer*, S. 33 m.w.N.

sich aber anschließend entgegenhalten lassen musste, gegen den guten Rat des Dritten gehandelt zu haben.[82]

Den Kernpunkt der Überlegungen um die Intervention Dritter in einem Verfahren bildeten Verhaltensweisen der Hauptpartei, die ein optimales Erkenntnisverfahren gefährdeten.[83] Eine Lösung sollte in der Möglichkeit des Dritten liegen, in diesem für ihn fremden Prozess eine Rechtsfindung zu bewirken, die nicht durch Kollusion oder mangelnde Sorgfalt der Parteien manipuliert ist.[84] Diese Möglichkeit wurde zum Teil für so wichtig gehalten, dass man sie zum Gegenstand vertraglicher Abreden machte. Derart konnte der Dritte schuldvertraglich verlangen, über mögliche Streitigkeiten, die ihn betreffen konnten, informiert zu werden, um rechtzeitig eine ihm ungünstige Festlegung des Gerichts in seiner Meinung zu verhindern.[85] Die Wirkungen der Intervention entfielen deshalb, wenn sich die Hauptpartei den guten Ratschlägen des Dritten widersetzte und damit unterlag.[86] In einem späteren Verfahren konnte der Dritte stets die schuldhafte oder arglistige Verfahrensführung entgegenhalten und damit die Wirkungen der Intervention abwenden. In diesem Zusammenhang ging es um *culpa* der Hauptpartei.[87]

Zulässigkeitserfordernis für die Intervention war bereits nach römischem Recht ein schutzwürdiges Interesse („*cuius interest*“) an dem Erstverfahren.[88] Im römischen Recht finden sich keine Hinweise auf die Ausnahmeregelungen, wie sie in § 68 ZPO normiert sind. Für Ausnahmevorschriften sah man keinen Anlass, weil die Position des Dritten insgesamt derjenigen einer Partei weitgehend angenähert war. Die ungebrochene Bindung des Dritten konnte als selbstverständlich gelten, weil die im Folgeverfahren gerügten Mängel nur auf „objektiver Gerechtigkeit“ oder aber auf eigener Säumnis beruhen mussten; solche Nachteile waren nach damaliger Überzeugung jedenfalls hinzunehmen.[89] Die starke Bindung an die Hauptpartei, insbesondere das Verbot, sich in Widerspruch zu Prozesshandlungen derselben zu setzen, ist erst im Laufe der späteren Entwicklung entstanden.[90]

---

[82] Vgl. *Peter Schäfer*, S. 34.
[83] Vgl. *Walsmann*, S. 9.
[84] Vgl. *Maxen*, S. 32; dazu auch *Wach*, S. 656.
[85] Siehe dazu eingehend unten auf den S. 41 ff.
[86] Vgl. *Peter Schäfer*, S. 34.
[87] Diese Gedanken führen bereits zu den Entwicklungen der Streitverkündung aus der *stipulatio duplae*, worauf nachfolgend noch einzugehen sein wird.
[88] Vgl. *Schultze*, ZZP 2 (1880), 20, 47 f.; *Walsmann*, S. 3 m.w.N.; *Brauer*, AcP 24 (1841), 423, 447 m.w.N.; *Peter Schäfer*, S. 30.
[89] Vgl. insoweit sehr deutlich *Schultze*, ZZP 2 (1880), 20, 93.
[90] Vgl. *Peter Schäfer*, S. 35.

b) Streitverkündung

Besondere Bedeutung kommt der Funktion der Streitverkündung zu, weil wesentliche Stimmen in der heutigen Diskussion den Zweck der Interventionswirkung unmittelbar auf die Ziele der Streitverkündung zurückführen wollen.[91] Dabei werden die Ziele der Streitverkündung häufig in unvereinbarem Gegensatz zu deren historischer Konzeption beurteilt.

Ähnlich weit wie die der Nebenintervention gehen die Wurzeln der Streitverkündung („*litis denuntiatio*") zurück. Allerdings kannte das antike römische Recht noch kein allgemein entwickeltes prozessuales Institut der Streitverkündung.[92] Vielmehr beschränkte sich diese Figur ursprünglich auf die Fälle der Eviktion[93], in denen der Käufer eines Gegenstandes sich dem Herausgabeverlangen eines Dritten gegenüber sah.[94] Es handelte sich um einen Spezialfall einer formellen, rechtlich bedeutsamen Erklärung.[95] Aus dieser Begrenzung löste sich die Streitverkündung erst im Laufe einer längeren Entwicklung im gemeinen Recht in eine gewisse Eigenständigkeit ab.[96]

Die Ursprünge der Streitverkündung liegen in häufig verwendeten Klauseln, die bei Eviktionsfällen zunächst vereinbart wurden.[97] Vorrangig ging es um Verträge, mit denen man Sachen veräußerte.[98] In diesen Klauseln versprachen die Erwerber, im Falle eines Eviktionsprozesses den Veräußerer zur Verteidigung der Sache zum Rechtsstreit beizuziehen.[99] Gleichzeitig war es üblich, eine Vertragsstrafe zu vereinbaren, die sog. *stipulatio duplae*. Für den Fall eines erfolgreichen Herausgabeverlangens durch einen Dritten versprach der Verkäufer dem Erwerber Schadensersatz in Höhe des doppelten Kaufpreises.[100] In späteren Zeiten konnte der Erwerber unter Verweis auf die *bona fides* nachträglich den Abschluss einer entsprechenden Abrede verlangen oder sich unabhängig von einer Vereinbarung auf vergleichbare Rechte berufen.[101]

Die aus dieser Praxis resultierenden Gefahren liegen auf der Hand: Sollte der Erwerber auf Grundlage eines solchen Versprechens einen Vermögensausgleich in doppelter Höhe für vor-

---

[91] Siehe dazu unten ausführlich auf den S. 72 ff.
[92] Vgl. *Maxen*, S. 14; *Peter Schäfer*, S. 37.
[93] Bei der Eviktion handelt es sich um die definitive Entreißung einer Sache mit rechtlichen Mitteln, die sich darin äußert, dass der Inhaber einer Sache diese an den wahren Berechtigten verliert – sei es, dass der wahre Berechtigte mit einem Rechtsmittel gegen den vermeintlich Berechtigten durchdringt, sei es, dass der vermeintlich Berechtigte mit einem von ihm geltend gemachten Rechtsmittel gegenüber dem wahren Berechtigten nicht durchdringt, *Peter Schäfer*, S. 38 f. m.w.N.
[94] Vgl. *Wach*, S. 655 f.
[95] Vgl. *Peter Schäfer*, S. 37; ebenso *Wach*, S. 653.
[96] Vgl. *Peter Schäfer*, S. 38.
[97] Vgl. *Peter Schäfer*, S. 43; *Maxen*, S. 14.
[98] Vgl. *Peter Schäfer*, S. 37.
[99] Vgl. *Wach*, S. 653; ausführlich *Peter Schäfer*, S. 40 f.
[100] Zum Teil wurde auch der drei- und vierfache Kaufpreis versprochen, so *Peter Schäfer*, S. 37.
[101] Vgl. *Peter Schäfer*, S. 37 m.w.N.

teilhafter als den Besitz des erworbenen Gegenstandes halten, so kann er die Sache hinter dem Rücken des Veräußerers von einer Person seines Vertrauens nach Absprache herausklagen lassen. Diese Problematik offenbart die klassische Sicht der Drittbeteiligung, die derjenigen im Zusammenhang mit der Nebenintervention ähnelt, soweit es um den Schutz des Dritten vor Nachlässigkeiten im Erstverfahren geht.[102] Es wurde als regelmäßig arglistig betrachtet, wenn die Hauptpartei abredewidrig von einer möglichen Streitverkündung absah.[103] Verstärkend wirkt in diesem Sinne, dass die Unterstützung durch den Dritten einer mit redlichen Absichten prozessierenden Hauptpartei kaum zum Nachteil gereichen kann.[104]

Ob man mit Unterlassen der Streitverkündung nur die Klage auf das *duplae* als ausgeschlossen ansah oder der Erwerber zugleich sämtliche Regressansprüche einbüßte, wird unterschiedlich beurteilt.[105] Wesentliche spätere Quellen deuten aber darauf hin, die Verletzung der Streitverkündungsobliegenheit habe einen vollständigen Verlust sämtlicher Regressansprüche nach sich gezogen.[106] Man leitete die negativen Folgen einer unterlassenen Streitverkündung aus den allgemeinen Lehren von *dolus* und *culpa* her.[107] Hatte der Erwerber jedoch absprachegemäß den Streit verkündet, so konnte der Dritte ihm keine arglistige Prozessführung mehr vorhalten, wenn jener nicht untätig blieb und den Prozess auch nach Streitverkündung gewissenhaft führte.[108] Man geht davon aus, die Streitverkündung habe jedenfalls vordergründig dazu gedient, dem Dritten die Kenntnis vom Ablauf des Erstverfahrens zu verschaffen.[109]

Auf dieser tatsächlichen Grundlage werden unterschiedliche Schlussfolgerungen bezüglich der Ziele der Streitverkündung gezogen: Einerseits wird bereits für das antike römische Recht das Interesse am Ausschluss widersprüchlicher Entscheidungen hervorgehoben.[110] Andererseits wird das vorrangige Ziel der Streitverkündung darin gesehen, den Dritten daran zu hindern, sich dem Regress der Hauptpartei unter Verweis auf die schlechte Prozessführung im ersten Verfahren zu entziehen.[111] Der Anreiz für die Streitverkündung habe darin bestanden, zumindest im Regelfall nicht dem Vorwurf ausgesetzt zu sein, man habe arglistig den Erstprozess mangelhaft geführt.[112] Damit habe die Streitverkündung vorrangig dem Individualin-

---

[102] Vgl. in diesem Sinne auch *Wach*, S. 653.
[103] Vgl. *Peter Schäfer,* S. 41 m.w.N.
[104] Vgl. *Walsmann*, S. 11; *Peter Schäfer*, S. 40 f.
[105] Vgl. Nachweise bei *Peter Schäfer,* S. 40 f.
[106] Vgl. *Peter Schäfer,* S. 41. Diese Folge lässt sich mit dem Interesse der Hauptpartei an der Interventionswirkung nicht erklären. Vielmehr wird allzu deutlich, dass es um Belange des Dritten gehen muss, dem eine Interventionsmöglichkeit eingeräumt werden soll.
[107] So *Peter Schäfer*, S. 47.
[108] Vgl. *Peter Schäfer*, S. 46.
[109] So *Peter Schäfer*, S. 42.
[110] Vgl. *Brauer*, AcP 24 (1841), 423, 448 f. m.w.N.
[111] Vgl. *Peter Schäfer,* S. 42 f.; ähnlich *Wach*, S. 655.
[112] So *Peter Schäfer*, S. 47.

teresse des Streitverkünders gedient und mittelbar – ebenso wie die Nebenintervention – auch zur Vermeidung mehrfachen Prozessierens über dieselbe Frage beigetragen.[113]

Welche Schlussfolgerungen aus den vorliegenden Informationen über die tatsächlichen Zustände im antiken römischen Recht zu ziehen sind, bedarf sorgfältiger Untersuchung. Da die Hinweise aus den historischen Quellen nur bruchstückhaft vorliegen, müssen die gesicherten Erkenntnisse zueinander ins Verhältnis gesetzt werden.

Nach dem Gesamtkonzept traf die Hauptpartei eine Obliegenheit zur Streitverkündung, wenn sie keine Nachteile im Folgeverfahren hinnehmen wollte. Diese Obliegenheit gründet sich auf eine Klausel, die vormals zum Schutz des Dritten in den Veräußerungsvertrag zwischen Hauptpartei und Drittem aufgenommen wurde.

Die Wirkung der Streitverkündung und damit verbunden auch ihr Hauptzweck nach römischem Recht wird deutlich, wenn man den Fall betrachtet, in dem der Käufer, dem die Eviktion drohte, den Streit seinem Verkäufer nicht verkündete.[114] Verliert der Käufer den Eviktionsprozess, so ergeben sich für das Verhältnis zwischen Hauptpartei (Käufer) und Drittem (Verkäufer) zwei Probleme: Zum einen sieht sich der Dritte durch die präjudizierende Wirkung des Erstverfahrens beeinträchtigt. Andererseits wird man der Hauptpartei stets arglistiges Verhalten vorwerfen bzw. mindestens mangelhafte Prozessführung einwenden, um das Ergebnis der ersten Verhandlung erneut überprüfen zu lassen.[115] Also gewinnt die Hauptpartei mit der Streitverkündung ein anerkanntes Indiz, das gegen den Verdacht spricht, sie habe arglistig gehandelt. Demgegenüber erhält der Dritte die Möglichkeit zur Intervention und steht für den Fall, dass er sich gegen eine Teilnahme am Erstverfahren entscheidet, nicht wesentlich schlechter, als er stünde, wenn es das Institut der Streitverkündung und ihre Rechtsfolgen nicht gäbe.

Durch die tatsächliche Präjudizwirkung der Erstentscheidung hat der Dritte regelmäßig das Problem, unsorgfältige Prozessführung aufzuzeigen, um die Erstentscheidung zu erschüttern.[116] Diese Möglichkeit wird ihm auch nach erfolgter Streitverkündung belassen. Nur Einwände, die auf arglistiges Verhalten der Hauptpartei abzielen, sind ihm regelmäßig abgeschnitten, weil die Hauptpartei durch die Streitverkündung *prima facie* die Lauterkeit ihrer Motive dokumentiert hat.

Damit wird eine plausible Erklärung des historischen Ursprungs des Instituts der Streitverkündung erkennbar: Die Streitverkündung sollte den Dritten vor den nachteiligen Präju-

---

[113] Vgl. *Peter Schäfer*, S. 43.
[114] So auch *Peter Schäfer*, S. 46.
[115] Vgl. *Peter Schäfer*, S. 47.
[116] Siehe dazu ausführlich oben auf den S. 38 ff.

dizwirkungen schützen, die ihm aus Erstentscheidungen drohten, von denen er nur zufällig oder durch Mithilfe der Hauptpartei Kenntnis erhalten konnte.

Im Einklang mit dieser Zieldefinition entsprach die Stellung des Dritten nach seinem Beitritt derjenigen eines Nebenintervenienten.[117] Es machte keinen Unterschied, auf welchem Wege die Kenntnis des Erstverfahrens hergestellt worden war, d.h. ob der Dritte auf eigene Initiative oder auf die Aufforderung hin intervenierte. Hinreichender *cuius interest,* das zur Nebenintervention berechtigte, ist in den Fällen der Streitverkündung ebenfalls festzustellen. Es hing vom Zufall ab, ob die Interventionswirkung durch (freiwillige) Nebenintervention oder durch Streitverkündung ausgelöst wurde.

Hinweise auf den Zweck der Streitverkündung im antiken römischen Recht ergeben sich auch aus folgenden Überlegungen: Die Besonderheit der Eviktionsfälle lag in der *stipulatio duplae*, die allgemein anerkannt den Ursprung der Streitverkündung bildete. Klammert man die Möglichkeit einer Streitverkündung gedanklich aus, so beschränkte sich das Risiko der Hauptpartei darauf, wegen des Verdachts kollusiver Führung des Erstprozesses im Folgeprozess zu unterliegen. Davon abgesehen hätte es keines Schutzinstruments bedurft, um der Hauptpartei die Information des Dritten zu ermöglichen, bzw. dessen Mitwirkung oder Unterstützung zu sichern. Zwar hätte die Hauptpartei den Dritten vertraglich zu ihrer Unterstützung verpflichten können. Diese Unterstützung hätte sich die Hauptpartei jedoch unproblematisch auf informellem Wege unter Verweis auf den drohenden Regress sichern können, soweit sie darauf Wert legte. Ihr drohte im Folgeverfahren keine erhebliche Gefahr. Insoweit kommen die Gesichtspunkte zum Tragen, die im Rahmen der historischen Begründung der Nebenintervention anerkannt sind: Mit rechtskräftiger Entscheidung des Erstverfahrens war der Regress der Hauptpartei weitgehend abgesichert.[118] Von den Interessen der Hauptpartei aus betrachtet bestand demnach keine Veranlassung, zu ihrer Sicherheit ein vertragliches Schutzinstrument durchzusetzen.

Anders formuliert weisen bereits Existenz und Ausgestaltung der *litis denuntiatio* als solche in ihrer Beziehung zur *stipulatio duplae* auf einen Schutzzweck zugunsten des Dritten hin: Es kann nicht unterstellt werden, es hätte dem Schutz der Hauptpartei gedient, bei Verlust ihrer Rechte zu versprechen, den Streit zu verkünden.

Zusätzlich offenbart ein Vergleich mit den Erkenntnissen, die oben im Zusammenhang mit der Nebenintervention gewonnen wurden[119], die Schwächen einer Zielbestimmung für die Streitverkündung, die von den Interessen der Hauptpartei ausgeht: Allgemein ging man davon

---

[117] Vgl. *Peter Schäfer*, S. 45.
[118] Siehe dazu oben ausführlich auf den S. 38 ff.
[119] Siehe oben S. 38 ff.

aus, eine rechtskräftige Entscheidung übe als faktisches Präjudiz erhebliche Wirkung auf nachfolgende Rechtsstreitigkeiten aus. Danach waren die Interessen der Hauptpartei bestens gewahrt. Von dieser Situation unterscheiden sich die Fälle der Streitverkündung durch die in der *stipulatio duplae* liegende Gewinnaussicht. Wollte man daran den grundsätzlichen Wandel hin zur Schutzbedürftigkeit der Hauptpartei festmachen, so hieße das verallgemeinernd, sobald ein besonderes wirtschaftliches Interesse der Hauptpartei am Verlust des Erstverfahrens feststellbar gewesen wäre, hätte sich das Vertrauen in das Präjudiz der Erstentscheidung in ein grundsätzliches Misstrauen zu Lasten der Hauptpartei umwandeln müssen. Das Präjudiz hätte abhängig von der Intensität des Interesses der Hauptpartei gegensätzliche Wirkungen entfalten müssen. Für die Nebenintervention ging es um die Gefahr für den Dritten, durch die Autorität einer Erstentscheidung gebunden zu werden, auf die er keinen Einfluss hat nehmen können. Eine Umkehrung dieses Zusammenhangs ist nach dem zur Begründung der Präjudizwirkung benannten Gründen nicht nachvollziehbar.

Eine plausible Erklärung liegt demgegenüber in der Vorstellung, die Streitverkündung habe sich aus der anfänglich vertraglich bestimmten Obliegenheit zur Nachricht an den Dritten entwickelt. Es bereitet keine Probleme, sich vorzustellen, solche Klauseln seien in der Rechtspraxis nur für bestimmte Fälle, nämlich der Sachveräußerung in Form der *stipulatio duplae*, üblich gewesen. Es war also nicht notwendig zu erwarten, dass in allen potentiellen Regresslagen eine entsprechende Klausel durchgesetzt werden würde.

Vor dem Hintergrund der zufälligen Austauschbarkeit von Nebenintervention und Streitverkündung als Auslöser der Interventionswirkung sind weiter folgende Umstände bei der historischen Würdigung des Zusammenhangs zu berücksichtigen: Aus dem zunächst eingeschränkten Anwendungsbereich der Streitverkündung lassen sich keine Hinweise entnehmen, die eine veränderte Sicht der Nebenintervention erlauben könnten. Demgegenüber fügt sich der Kontext der Streitverkündung sehr wohl in die für die Nebenintervention als maßgeblich erkannte Sicht ein. Die typische Situation, in der dem Dritten ein Regress auf Grundlage eines Vertragsstrafeversprechens droht, bedeutet nur eine Steigerung des rechtlichen Interesses, das den Ausgangspunkt der Nebenintervention bildet. Dieses gesteigerte Interesse bildet einerseits ein plausibles Motiv für den Dritten, im Veräußerungsvertrag eine Klausel durchzusetzen, mit der der Hauptpartei bei Verlust ihrer Rechte die Streitverkündung aufgegeben wird. Andererseits erklärt es die singuläre Ausprägung der frühen Streitverkündung in Abhängigkeit von diesem Vertrag.

In diesem Konzept liegt schließlich eine Erklärung für die Freiwilligkeit der Streitverkündung. Die Vornahme der Streitverkündung stand ursprünglich nur vordergründig im Belieben der Hauptpartei. Zwar konnte sie auf die Streitverkündung verzichten. Allerdings verlor sie damit ihre Rechte gegenüber dem Dritten. Aus der Konstruktion als Obliegenheit kann man nicht schließen, der Hauptpartei hätte ein Freiraum zugestanden werden sollen, den sie bei alternativen Gestaltungen nicht gehabt hätte. Aus einer Alternativenbetrachtung ergibt sich, dass es keinen Sinn gemacht hätte, eine Leistungspflicht auf Streitverkündung zu vereinbaren: Bei Pflichterfüllung kommt es auf die rechtliche Konstruktion nicht an. Hätte der Dritte rechtzeitig von der Pflichtverletzung erfahren, so hätte er nach den Grundsätzen der Nebenintervention beitreten können, ohne eine Leistungspflicht zu benötigen. Das Problem lag jedoch regelmäßig in der Unkenntnis vom Erstverfahren, die erst mit Rechtshängigkeit des Folgeverfahrens behoben wurde. Dann aber konnte der an eine Leistungspflicht anknüpfende Sekundäranspruch bestenfalls Schäden ausgleichen, die dem Dritten durch die Pflichtverletzung entstanden sind. Insoweit stand sich der Dritte mit Abweisung der Regressklage jedenfalls besser, weil der Schaden – einmal abgesehen von immateriellen Schäden wegen Rufschädigung – mögliche Regressforderungen nicht übersteigen konnte.

Es kam also aus historischer Sicht nicht darauf an, ob eine Pflicht zur Streitverkündung bestand oder diese allein ins Belieben der Hauptpartei gestellt war. Ausschlaggebend war einzig, dass die Hauptpartei für den Fall einer unterlassenen Streitverkündung rechtliche Nachteile zu befürchten hatte. Ziel war es, der Hauptpartei die Möglichkeit zu nehmen, zu Lasten des Dritten nachlässig oder arglistig eine Niederlage im Erstverfahren herbeizuführen. Dort lag der Ursprung der Überlegungen.

Im Einklang damit wird für die insoweit vergleichbare heutige Situation vielfach festgestellt, die Interventionswirkung übe eine Anreizfunktion bezüglich einer rechtzeitigen Streitverkündung auf die Hauptpartei aus.[120] Wofür aber hätte es eines Anreizes für die Hauptpartei bedurft, sich selbst zu schützen? Das römische Recht hatte ebenso wie die ursprüngliche Fassung der ZPO nicht den sozialen Anspruch, die Parteien zur Wahrnehmung ihrer Interessen zu animieren.[121] Im Gegenteil gehörte der Gedanke der Eigenverantwortlichkeit zu den Grundfesten des liberal konzipierten kontradiktorischen Systems. Der Anreiz konnte also nur auf ein Verhalten abzielen, das den Egoismus der Hauptpartei im Sinne des Ziels der Vorschrift nutzbar macht.[122]

c) Historische Erklärung der Interventionswirkung

Nachdem die Ziele der Interventionsmöglichkeit dargestellt sind, bleibt eine historische Erklärung für die Interventionswirkung zu suchen. Die Ziele der Interventionswirkung können

---

[120] Vgl. *Peter Schäfer*, S. 134; *Wolfgang Lüke*, S. 392.

[121] Vgl. *Elmar Schäfer*, S. 3; *Prütting/Weth*, Rn. 61, verweisen darauf, dass der Streit mündiger Bürger keine „Veranstaltung bevormundender risikoloser Sozialhilfe" sein kann, mit weiterem Nachweis auf *Dürig* in Maunz/Dürig, GG, Art. 103 Abs. 1 (Erstbearbeitung 1960), Rn. 6, 50; deutlich in diesem Zusammenhang auch der Verweis von *Bienhold*, S. 10, auf den im Zivilprozess maßgeblichen Grundsatz des *„iura vigilantibus sunt scripta"*.

[122] Diese Anreizfunktion sieht auch *Wach*, S. 653; ebenso *Peter Schäfer*, S. 47, 139; *Wolfgang Lüke*, S. 392.

sich im Anschluss an Nebenintervention und Streitverkündung[123] ergeben oder auf eigenständige Gründe zurückgehen.

Für die Anlehnung an die Ziele von Nebenintervention und Streitverkündung spricht die systematische Einbindung der Interventionswirkung in den Zusammenhang dieser auslösenden Institute. Versteht man die Interventionswirkung als Teil eines Schutzkonzepts, so hat sich auch deren Ausformung in den Gesamtzusammenhang einzufügen.

Will man die Interventionswirkung als notwendige Fortsetzung der Regelungsidee oder sogar als primärer Zweck der Interventionsvorschriften begreifen, so müsste sich dies auf die Ausgestaltung einzelner Rechtsfragen auswirken. Konsequenterweise hätten unterschiedliche Zielsetzungen für Nebenintervention und Streitverkündung Abweichungen für die Ausgestaltung der Interventionswirkung nach sich ziehen müssen. Derartige Unterschiede in der Ausgestaltung der Interventionswirkung werden in den antiken römischen Quellen jedoch nirgends erwähnt. Gegen ein solches Verständnis spricht zudem die Zufälligkeit der Unterscheidung, abhängig vom Auslöser der Drittbeteiligung. Aus historischer Sicht kann der Zweck der Interventionsvorschriften deshalb nicht darin gelegen haben, die Interventionswirkung herbeizuführen.

Diesem Schluss ließe sich durch Bestreiten der bestimmenden Wirkung der Regelungsziele von Nebenintervention und Streitverkündung für die Interventionswirkung ausweichen. Das könnte nur überzeugen, sofern in den historischen Quellen eine tragfähige autonome Begründung der Interventionswirkung erkennbar wäre. Im Sinne einer solchen Begründung wurde die Bindung des Dritten nach allgemeiner Ansicht zur Überzeugung der antiken römischen Juristen bereits durch den Umstand seiner tatsächlichen Mitwirkung an dem Erkenntnisverfahren bewirkt.[124] Die gegen einen Teilnehmer an einem Streitverfahren ergangene Entscheidung beruhte nach damaliger Überzeugung auf eigener Nachlässigkeit oder „objektiver Gerechtigkeit“.[125] Die faktische Beteiligung am Erkenntnisverfahren ist eine gleichartige Folge von Nebenintervention und Streitverkündung, wobei das maßgebliche Moment in der Möglichkeit liegt, auf das Erkenntnisverfahren einzuwirken. Darin liegt ein eigenständiger Grund für die Bindung des Dritten an das Ergebnis des Erstverfahrens. Darin äußerte sich das allgemeine Interesse an der Vermeidung wiederholter Behandlung identischen Streitstoffs.[126] Da-

---

[123] So der Weg, der die aktuelle Diskussion in der zeitgenössischen Literatur und Rechtsprechung beherrscht, siehe dazu unten ausführlich auf den S. 72 ff.
[124] Vgl. *Maxen*, S. 33; *Schultze*, ZZP 2 (1880), 20, 93; *Walsmann*, S. 21; *Wach*, S. 648.
[125] Vgl. dazu die deutlichen Aussagen von *Schultze*, ZZP 2 (1880), 20, 93; *Walsmann*, S. 10; *Maxen*, S. 33; *Wach*, S. 648; wohl an späteren Entwicklungen orientiert insoweit *Peter Schäfer*, S. 43, der die Funktionsweise und Bedeutung im wesentlichen im Einklang mit den sonstigen Quellen darstellt, gleichwohl aber festhält, die Streitverkündung habe vorrangig dem Individualinteresse des Streitverkünders bzw. der Streitvermeidung oder der Vermeidung widersprüchlicher Entscheidungen gedient.
[126] Vgl. dazu bereits *Brauer*, AcP 24 (1841), 423, 448.

mit wären unterschiedliche Zielsetzungen der beiden als Auslöser der Interventionswirkung in Betracht kommenden Institute zumindest vorstellbar.

Allerdings kann auch diese Begründung nicht vollständig auf den Bezug zu den auslösenden Umständen verzichten, die für die faktische Teilnahme des Dritten am Erstverfahren verantwortlich sind. Nur die Interessenkonstellation, an die sich die Bindung anschließt, kann Aufschluss über die notwendige oder mögliche Reichweite einer Bindungswirkung geben. Deshalb ist zwar einerseits eine eigenständige Begründung für die Interventionswirkung festzustellen. Andererseits kann deren Beurteilung aber nicht vollständig unabhängig von den auslösenden Umständen erfolgen.

Für die Untersuchung wird später von Bedeutung sein, dass die Bindungswirkung der Streitverkündung und darauf folgender Intervention insbesondere im älteren Schrifttum zum römischen Recht häufig in der Nähe der Rechtskraft angesiedelt oder nur undeutlich davon abgegrenzt wurde.[127] Weiterhin ist für die Sichtweise bei Entstehung der ZPO erheblich, dass die Streitverkündung im römischen Recht noch nicht als umfassenderes prozessuales Rechtsinstitut entwickelt war, so wie das materielle Zivilrecht überhaupt vom Verfahrensrecht nicht streng unterschieden wurde.[128]

d) Zwischenergebnis: Aufgabe der Interventionsvorschriften nach antikem römischen Recht

Die Interventionswirkung war in ähnlicher Form bereits dem antiken römischen Recht geläufig. Dort war sie aus dem Gedanken entwickelt worden, dass jemand, der in einem Erkenntnisverfahren seine Interessen vertreten hatte, sich dieses Präjudiz später entgegenhalten lassen muss, weil es entweder auf objektiver Gerechtigkeit oder auf mangelnder Sorgfalt beruhen musste. Ausgelöst wurde die Interventionswirkung durch die Teilnahme des Dritten an einem fremden Rechtsstreit. Die Nebenintervention diente dem Schutz des Dritten vor den tatsächlichen Präjudizwirkungen, die aus fremden Erkenntnisverfahren über ihn betreffenden Streitstoff für mögliche Folgeverfahren resultierten. Die Streitverkündung entwickelte sich aus einer vertraglichen Verpflichtung der Hauptpartei, den Dritten in Fällen der Eviktion beizuziehen. Auch im Rahmen der Streitverkündung stand der Schutz des Dritten im Vordergrund,

---

[127] Vgl. *Peter Schäfer*, S. 47 m.w.N.

[128] Vgl. *Peter Schäfer*, S. 48; diese Unterscheidung verdient auch deshalb Beachtung, weil sie zeigt, wie durch Grundsatzfragen im Gesetzgebungsverfahren Entscheidungen beeinflusst wurden, die vor dem Hintergrund der heute vorherrschenden prozessualen Auffassung des Charakters von Rechtskraft- und Interventionswirkung neu überdacht werden müssen. Damit ist der Rechtsanwender vor die Aufgabe gestellt, die ursprünglich als abwägende Lösung in eine Problemkonstellation implementierte rechtstechnische Lösung an die heutigen systematischen Gegebenheiten anzupassen und die nötigen rechtstechnischen Folgerungen zu ziehen, um wieder ein geschlossenes System herzustellen, das die vom Gesetzgeber vorgegebene Regelungsidee widerspiegelt.

während die Interventionswirkung einen Anreiz für die Hauptpartei bildete, den Dritten rechtzeitig beizuziehen.

Die Interventionswirkung wurde ausgehend von den antiken römischen Quellen im Laufe der historischen Rechtsentwicklung immer wieder mit *res iudicata, praeiudicium*[129] und Rechtskraft gleichgestellt.[130]

2. Germanisches Recht

Eine grundlegend verschiedene Situation fand sich zunächst im germanischen Recht, soweit darüber heute verlässliche Quellen erschlossen werden können. Die Rechtsquellen bestanden zumeist aus ungeschriebenem Recht, das sich aus tatsächlicher Übung entwickelte.[131] Rückschlüsse über die Gestaltungen des germanischen Rechts werden aus dem Sachsenspiegel gezogen. Hier soll nur ein kurzer Überblick gegeben werden, weil aus dem germanischen Recht keine wesentlichen Einflüsse auf die Gesetzgebung der Interventionsvorschriften der CPO wirkten.

Das Streitverfahren, wie es im Sachsenspiegel beschrieben ist, unterschied sich grundlegend von dem römischen und auch heutigen System: Die strikte Beschränkung auf die Parteien des Rechtsstreits war zugunsten eines offenen Konzepts aufgegeben. Soweit ein Streitverhältnis ausgetragen werden sollte, versammelten sich alle Personen vor einem Richter, die ein wie auch immer geartetes Interesse am Ausgang des Verfahrens haben konnten.[132] Alle Anwesenden durften sich zu Wort melden und ihre Belange vortragen. Entsprechend erstreckte sich die Wirkung der Entscheidung auf all jene Personen, die an der Verhandlung teilgenommen hatten, später auch auf solche, die trotz hinreichender Benachrichtigung auf eine Teilnahme verzichtet hatten.[133]

Besonderheiten gab es wiederum in den für das römische Recht angesprochenen Eviktionsfällen. Auch im germanischen Recht waren besondere Vereinbarungen üblich, die den Veräuße-

---

[129] Davon ist die heutige Bezeichnung als „Präjudiz“ bzw. „präjudizieller“ Rechtsverhältnisse zu unterscheiden, für die gerade zu untersuchen ist, in welchem Umfang sie den Gegenstand einer prozessualen Bindungswirkung bilden. Mit dem engeren und stark formalisierten Verständnis prozessualer Bindungswirkungen hat sich eine andere Bedeutung dieser Begriffe durchgesetzt. Interessant ist im vorliegenden Zusammenhang allerdings, dass ursprünglich keine entsprechende Unterscheidung vorgenommen wurde.

[130] So *Peter Schäfer*, S. 35. Dieser Gesichtspunkt ist für den Vergleich der Institute von erheblicher Bedeutung, weil sich damit die Frage aufdrängt, ob diese Ausnahmen die nötige Unterscheidungserheblichkeit aufweisen. Handelt es sich abgesehen von diesen Ausnahmen, die sich aus Gedanken des rechtlichen Gehörs erschließen lassen, um vergleichbare Institute, so liegt darin ein gewichtiges Argument für eine annähernde Auslegung. Darauf wird später zurückzukommen sein, siehe auf den S. 197 ff. Als wesentlich im Zusammenhang mit dieser Gleichstellung wird angesehen, dass die Ausnahmen des § 68 Hs. 2 ZPO vor dem Hintergrund der freien Stellung des Dritten im antiken römischen Erstverfahren keine Rolle spielten.

[131] Vgl. *Peter Schäfer*, S. 49.

[132] Vgl. *Peter Schäfer*, S. 49.

[133] Vgl. *Peter Schäfer*, S. 50.

rer dazu verpflichteten, zur Verteidigung der Rechte des Erwerbers tätig zu werden. Diese Pflicht war mit Schadensersatzansprüchen und zusätzlichen Strafen bewehrt.[134] Allerdings unterschied sich der Prozessverlauf grundlegend für die Fälle, in denen der Veräußerer pflichtgemäß dem Erwerber zur Hilfe kam. Dann nämlich trat er verdrängend in den Prozess des Erwerbers ein und übernahm die Prozessführung vollständig. Selbst im verfahrensbeendenden Urteil tauchte der ursprünglich verklagte Erwerber nicht mehr auf.[135]

Für das Thema dieser Arbeit ist festzuhalten, dass für den Bereich des Germanischen Rechts die Unterscheidung zwischen Rechtskraft und Interventionswirkung nicht deutlich hervortrat.[136]

3. Gemeines Recht (bis etwa 1800)

Die Gesetzgebung zur ZPO stützte sich soweit möglich auf die Quellen des römischen Rechts.[137] Gleichwohl war die Rezeption des römischen Rechts entscheidend durch den Einfluss der gemeinrechtlichen Doktrin bestimmt worden.[138] Insoweit ist ein Überblick über die Entwicklungen im gemeinen Recht einzubeziehen.

Im gemeinen Recht ging man von den Quellen des *Corpus Iuris Civilis* aus.[139] Abgesehen von der Kommentierung der römischen Quellen wurden Drittappellation und Intervention im Mittelalter auch anhand von Fällen des kanonischen Rechts entwickelt.[140] Aus dieser Zeit stammen erste monographische Auseinandersetzungen mit der Thematik.[141] Mit Blick auf Wesen und Zweck der Intervention hielt sich die Entwicklung im Einklang mit den römischrechtlichen Ursprüngen.[142] Nachfolgend sollen deshalb nur die Änderungen dargestellt werden, die im Vergleich zum antiken römischen Recht entwickelt wurden.

a) Nebenintervention

Die Rezeption des römischen Rechts führte zu einem verallgemeinernden Verständnis der Intervention.[143] Die gemeinrechtliche Doktrin entwickelte in enger Bindung an die römischen

---

[134] Vgl. *Peter Schäfer*, S. 52 f.
[135] Vgl. *Peter Schäfer*, S. 53.
[136] Vgl. *Peter Schäfer*, S. 62.
[137] Vgl. *Walsmann*, S. 46; *Schultze*, ZZP 2 (1880), 20, 28 f.; *Maxen*, S. 5; *Hellwig*, Rechtskraft, S. IV, der die römischen Juristen ausdrücklich als wegweisend bezeichnet.
[138] Vgl. *Peter Schäfer*, S. 80.
[139] So *Peter Schäfer*, S. 54.
[140] So *Peter Schäfer*, S. 55.
[141] *Johann-Conrad Schrödter*, De litis denunciatione et nominatione domini, Helmstedt, 1668; *Johannes Sorge*, De jure denunciationis, Disputatio inauguralis, Gießen, 1669 ; zitiert nach *Peter Schäfer*, S. 59 f. m.w.N.
[142] In diesem Sinne auch *Peter Schäfer*, S. 57.
[143] Vgl. *Peter Schäfer*, S. 55 f. m.w.N.

Quellen ein losgelöstes, prozessuales Institut der Drittintervention. Mit Blick auf die grundlegenden Wertungen der Nebenintervention haben sich dabei keine Veränderungen ergeben.[144]

Im gemeinen Recht konnte der Dritte grundsätzlich unabhängig von der Hauptpartei über seinen Beitritt und sein Auftreten im Erstverfahren entscheiden.[145] Einschränkungen gab es jedoch bereits insoweit, als er keine Prozesshandlungen mehr vornehmen durfte, mit denen die Hauptpartei zur Zeit seines Beitritts ausgeschlossen war.[146] Diese aus dem kanonischen Recht stammende Beschränkung gilt als Ursprung der im Laufe der Jahrhunderte immer schärferen Betonung des Prinzips der Abhängigkeit des Nebenintervenienten.[147]

b) Streitverkündung

Hervorzuheben ist die Entwicklung, die zu einer weitergehenden Ausgestaltung der Streitverkündung geführt hat. War die Streitverkündung im römischen Recht noch auf die Eviktionsfälle beschränkt, so entwickelte sie sich zunächst im Zusammenhang mit dem materiellen Kaufrecht weiter, um schließlich eine eigenständige und umfassende Bedeutung im prozessualen Kontext zu erhalten.[148] Die Stipulation[149] war zwischenzeitlich nicht mehr üblich.[150] Seit dem 17. Jahrhundert wurde der Anwendungsbereich der Streitverkündung schließlich auch auf andere Regressfälle als die der Eviktion ausgedehnt.[151] Einflussreiche Stimmen in der damaligen Diskussion hielten die Streitverkündung noch immer für erforderlich, um das Regressrecht gegen den Dritten zu erhalten. Demgegenüber gingen andere davon aus, die Unterlassung der Streitverkündung führe nur zu einer Belastung der Hauptpartei mit dem Beweis gegenüber dem Dritten, dass ihm die Sache zu Recht evinziert worden sei.[152] Für die sonstigen Fälle, auf die die Streitverkündungsmöglichkeit ausgedehnt worden war, stritt man darüber, ob die Streitverkündung notwendig oder nur ratsam sei.[153]

---

[144] Vgl. *Peter Schäfer*, S. 57.
[145] Vgl. *Peter Schäfer*, S. 58.
[146] So *Peter Schäfer*, S. 58 m.w.N.
[147] Vgl. *Walsmann*, S. 29, zitiert nach *Peter Schäfer*, S. 58.
[148] Vgl. *Peter Schäfer*, S. 60.
[149] Gemeint sind vertragliche Vereinbarungen im Sinne der oben im Zusammenhang mit dem antiken römischen Recht genannten *stipulatio duplae*, mit denen der Erwerber einer Sache sich ein Mehrfaches des Kaufpreises für den Fall versprechen ließ, dass die Sache von einem Dritten erfolgreich evinziert werden würde. Vgl. dazu oben ausführlich auf S. 41.
[150] Vgl. *Peter Schäfer*, S. 60.
[151] Vgl. *Peter Schäfer*, S. 60 f. m.w.N.
[152] Vgl. *Peter Schäfer*, S. 61 m.w.N.
[153] Vgl. *Peter Schäfer*, S. 61 m.w.N.

c) Zwischenergebnis: Veränderungen durch das gemeine Recht bis 1800

Zweck und Wirkung der Intervention haben im gemeinen Recht bis 1800 keine wesentliche Änderung im Verhältnis zu den antiken römischen Quellen erfahren. Bemerkenswert ist die beginnende Abhängigkeit des Dritten von der Hauptpartei im Erstverfahren ebenso wie die prozessuale Verselbständigung von Nebenintervention und Streitverkündung. Die Streitverkündung erhielt eine umfassendere Bedeutung über die Fälle der Eviktion hinaus.

Veränderungen der Interventionswirkung sind nicht ersichtlich. Die Unterscheidung zwischen Streitverkündungs- bzw. Interventionswirkung einerseits und Rechtskraftwirkung andererseits wurde auch in der damaligen Auseinandersetzung nicht vollzogen.[154]

4. Rechtsentwicklung zur CPO von 1877

Die Rechtswissenschaft des 19. Jahrhundert stand unter dem Einfluss der historischen Rechtsschule, die versuchte, Rechtssysteme und –institute nach Möglichkeit aus den reinen Quellen des römischen Rechts herzuleiten.[155] Häufig wurden die römischen Quellen ähnlich wie Gesetze ausgelegt und aktuellen rechtlichen Argumentationen zugrunde gelegt.[156] Die Diskussion orientierte sich an den Voraussetzungen der Institute und der Stellung des Dritten im Erstverfahren. Demgegenüber ergeben sich bezüglich Zweck und Ausgestaltung der Interventionswirkung grundsätzlich keine Änderungen zu dem über die antiken römischen Quellen Gesagten.[157] Zum ersten Mal in der Geschichte der Institute von Nebenintervention und Streitverkündung wurden diese konsequent in einen systematischen Zusammenhang gebracht und schließlich auf Grundlage dieser Überlegungen zusammenhängend normiert.

Die Rechtsansichten dieser Zeit bilden die Grundlage für die in die CPO aufgenommenen Vorschriften, die noch heute mit weitgehend unverändertem Wortlaut gelten. Aus der Perspektive der damaligen Zeit sind die Vorschriften und die Materialien zur Entstehung dieser Vorschriften zu interpretieren. Nachfolgend soll deshalb zunächst die Situation in der wissenschaftlichen Behandlung der Institute dargestellt werden. Diese Behandlung kann entsprechend dem damaligen Verständnis für Nebenintervention und Streitverkündung gemeinsam erfolgen. Die Gesetz gewordenen Formulierungen sollen an Hand der Begründungen des Entwurfs interpretiert werden.

---

[154] Vgl. *Peter Schäfer*, S. 62.
[155] Vgl. *Walsmann*, S. 46; *Schultze*, ZZP 2 (1880), 20, 28 f.; *Maxen*, S. 5; *Hellwig*, Rechtskraft, S. IV;*Peter Schäfer*, S. 66 m.w.N.
[156] Vgl. *Brauer*, AcP 24 (1841), 423, 439, der von „unseren Gesetzen" spricht.
[157] Vgl. *Peter Schäfer*, S. 67.

Wesentlich für das Verständnis der historischen Diskussion ist das Bewusstsein, dass im Zweiparteienkonzept bereits die Beteiligung eines Dritten an einem fremden Rechtsstreit systemfremd und damit rechtfertigungsbedürftig scheinen musste.[158] Gewährt man einem Dritten dieses Recht womöglich gegen den Willen der Hauptpartei, so mussten hierfür erhebliche Gründe sprechen.[159]

a) Rechtsentwicklung bis zu den Beratungen über eine gesamtdeutsche Zivilprozessordnung

Die Literaturstimmen des 19. Jahrhunderts bezeichnen die Bindungswirkung häufig als *res iudicata* oder Rechtskraft[160] gegenüber dem Dritten.[161] Eine Unterscheidung von Interventionswirkung und Rechtskraft war noch unbekannt. Vielmehr hielten sie die Sichtweise des römischen Rechts für ausschlaggebend, weil dieses als am höchsten entwickelt galt. Allerdings wurden die historischen Quellen häufig unterschiedlich gedeutet. Weitgehend anerkannt war das Phänomen faktischer Wirkungen des Erstverfahrens für den intervenierenden Dritten.[162] Die Interventionswirkung bildete ein in der Natur der Sache liegendes Anhängsel der Drittbeteiligung. Wenn es dem Dritten bereits schwer fiel, das Präjudiz eines nachteiligen Urteils zu entkräften, das in einem Verfahren ohne sein Zutun ergangen ist, so könne ihm dies erst recht nicht gelingen, wenn er sogar als Intervenient im Erstverfahren an dieser Entscheidung mitgewirkt hatte.[163]

Bemerkenswert im Zusammenhang mit den Partikularrechten sind allerdings einzelne Regelungen, die einen Eindruck von dem Verständnis der Institute liefern, wie es in den damaligen Rechtsordnungen vorherrschte. So finden sich in den Prozessgesetzen der ersten Hälfte des 19. Jahrhunderts kaum ausdrückliche Hinweise auf die Wirkung der Nebenintervention. Wo Normierungen vorhanden sind, deuten sie auf ein Verständnis der Interventionswirkung als Rechtskrafterstreckung hin. Insoweit hieß es im Hannoveranischen Prozessgesetz: In den Fällen, in denen das Interesse des Nebenintervenienten darin besteht, „daß er durch den Sieg eines der streitenden Theile einen befürchteten Nachtheil von sich abwende, ... verbindet die rechtskräftige Entscheidung der Sache sowohl den Intervenienten, wie den, welchem er beigetreten ist.“[164]

---

[158] Deutlich insoweit *Brauer*, AcP 24 (1841), 423, 424.
[159] Vgl. denn auch *Brauer*, AcP 24 (1841), 423, 447 m.w.N.
[160] Vgl. dazu *Brauer*, der davon spricht, dass nach erfolgter Intervention auch über das Rechtsverhältnis des Nebenintervenienten entschieden werde, AcP 24 (1841), 447; *Peter Schäfer*, S. 72.
[161] Vgl. *Peter Schäfer*, S. 74.
[162] Vgl. *Maxen*, S. 29 m.w.N.
[163] Vgl. *Maxen*, S. 33 m.w.N.
[164] Vgl. § 22 Hann. ABPO 1847 bzw. § 36 Hann. BPO 1850, zitiert nach *Peter Schäfer*, S. 77.

Für eine Bindungswirkung im Sinne von Rechtskrafterstreckung spricht ebenso der Umstand, dass im Hannoverschen Entwurf auf eine Regelung der Interventionswirkung verzichtet wurde. Die Möglichkeit einer solchen Regelung wurde in den Kommissionsberatungen im Zusammenhang mit der Streitverkündung angesprochen.[165] Dass die Drittbeteiligung Wirkungen für den intervenierenden Dritten haben musste, stand auch für den Hannoverschen Entwurf außer Frage.

Schließlich spiegeln Literaturstimmen der damaligen Zeit das vorherrschende Verständnis wider. Teilweise leitete man aus den Pandekten die unmittelbare Rechtskraftwirkung der Erstentscheidung für den beigetretenen Dritten ab, was deshalb auch im deutschen Prozessrecht gelten sollte.[166]

In der Zeit vor den Beratungen, die zur CPO führten, verfestigten sich auch die erstmals im italienischen Mittelalter angelegten Grundsätze über die Interventionswirkung. Die verfestigte Bindung an die *res iudicata* einerseits und die beschränktere Stellung des Dritten andererseits führten zu einem Widerspruch, der nur aufzulösen war, indem man die Rechtskraft oder die Interventionswirkung veränderte.[167] Eine Trennung von selbständiger und unselbständiger Form der Nebenintervention war nötig, um den Dritten in seiner Rechtsposition nicht unzumutbar zu belasten.[168] Die Entwicklung betont den Zusammenhang zwischen Bindungen und der Möglichkeit zur Rechtsverteidigung.

Die Diskussion um die Hintergründe der Interventionsvorschriften zeigt im Vorfeld der Beratungen zu einer gesamtdeutschen Zivilprozessordnung deutlich, dass die Wertungen des römischen Rechts den Ausgangspunkt bildeten. Man sah die Interventionsvorschriften hauptsächlich als Regeln zum Schutz des Dritten vor den präjudizierenden Folgen des Erstverfahrens.[169] Besonders plastische Äußerungen existieren im Zusammenhang mit der Streitverkündung.[170]

---

[165] Vgl. *Peter Schäfer*, S. 81.
[166] Vgl. z.B. *Maxen*, S. 34; *Schultze*, ZZP 2 (1880), 20, 93.
[167] Vgl. dazu *Walsmann*, S. 37.
[168] Vgl. dazu *Walsmann*, S. 50.
[169] Vgl. teils auch *Wach*, S. 638.
[170] Vgl. dazu *Wetzell*, S. 52, „2. Einen besonders dringenden Anlaß zur Intervention hat der Verkäufer, wenn dem Käufer klag- oder einredeweise das Kaufobject streitig gemacht wird. Denn abgesehen davon, dass er den Käufer im Fall des Unterliegens vollständig zu entschädigen hat, mithin die ganze Gefahr des Evictionsprocesses trägt, ist er der Natur der Sache nach auch unmittelbarer mit den das Kaufobject betreffenden Rechtsverhältnissen bekannt, und eher im Stande, eine Niederlage abzuwenden, als der Käufer.[an dieser Stelle verweist *Wetzell* in Fußnote 27 auf römische Quellen]. Da er aber, um intervenieren zu können, vom Beginn des Processes Kenntniß haben muß, so ist der Käufer verpflichtet worden, ihm solche zu geben, und ihn dadurch zur Theilnahme am Proceß aufzufordern." ... „Die Abweisung der Evictionsklage [gemeint ist die Regreßklage wegen der Eviktionsklage] ist mithin das Mittel, durch welches der Käufer genöthigt wird, jener Pflicht nachzukommen.", S. 53 und schließlich „In allen diesen Fällen ist das in dem anhängigen Proceß erwartete Urtheil, wenn nicht besondere Gründe (z. B. Collusion, Kontumacia, möglicher Weise auch culpa) entgegenstehen, für den dritten Interessenten bindend, dem eben deshalb gestattet wird, sich an dem anhängigen Proceß als Beistand derjenigen Partei zu betheiligen, deren Sieg einen Vortheil für ihn involviert oder einen Nachtheil von ihm abwendet. Diese Theilnahme wird Intervention, nach der modernen Ausdrucksweise accessorische Intervention genannt.", 49 f.

Von dieser groben Linie abgesehen herrschte auch im Vorfeld der Beratungen und im Zusammenhang mit den Partikularprozessordnungen eine bunte Vielfalt unterschiedlicher rechtlicher Konzepte, die aber für die hier interessierenden Entwicklungen keine entscheidende Rolle gespielt haben.[171]

Schließlich werden in dieser Zeit Argumente des öffentlichen Interesses stärker betont. Unter Verweis auf das gemeine und klassische römische Recht wird für das geltende Recht die Vermeidung widersprechender Entscheidungen und wiederholter Beschäftigung mit identischem Streitstoff als wesentlich hervorgehoben.[172]

b) Beratungen zum Erlass der CPO

Für die Beratungen der CPO spielten Probleme der Rechtszersplitterung eine besondere Rolle. Die deutschen Einzelstaaten wollten eine Entwicklung hin zu einer einheitlichen Rechtsordnung und als ersten Schritt zu einer gemeinsamen Prozessordnung. Dazu wurden einzelstaatliche Vorschläge erarbeitet, die zum Teil bereits eingehend beraten worden waren. Aus diesen Entwürfen lassen sich einzelne Vorschriftenkomplexe bis in die CPO hinein ohne erhebliche Änderung verfolgen. Die volle Bedeutung der Regelungen der ZPO erschließt sich deshalb erst, wenn man neben den Materialien zur CPO auch auf diejenigen zu den maßgeblichen Entwürfen zurückgreift. Nachfolgend sollen die heutigen Interventionsvorschriften historisch mit Rücksicht auf ihre Fassung im Norddeutschen Entwurf und ihre Begründung im Entwurf, der die Reichstagsberatungen begleitete, ausgelegt werden.

(1) Entstehung des Norddeutschen Entwurfs

Wesentlich war im Zusammenhang mit der Interventionswirkung vor allem der Norddeutsche Entwurf.[173] Dort wurde mit § 93 erstmalig eine Regelung geschaffen, die der heute geltenden Fassung des § 68 ZPO weitgehend entspricht.

Daraus entwickelten sich mit nur unwesentlichen Abweichungen der gesamtdeutsche Entwurf bzw. der Justizministerialentwurf.[174] Dieser wurde unverändert in die §§ 63 bis 67 des Entwurfs der Kommission übernommen.[175] Die weiteren Beratungen und Lesungen des Gesetzentwurfs führten lediglich dazu, eine Regelung über die Form des Beitritts zu ergänzen, § 67 der damaligen Fassung der §§ 63 bis 68 ZPO. Diese Vorschriften finden sich bis heute im wesentlichen unverändert in den §§ 66 bis 71 ZPO.

---

[171] Vgl. dazu den Überblick bei *Peter Schäfer*, S. 89.
[172] Vgl. *Wach*, S. 613; *Schultze*, ZZP 2 (1880), 20, 42; *Brauer*, AcP 24 (1841), 423, 448.
[173] Vgl. *Peter Schäfer*, S. 91.
[174] Vgl. *Peter Schäfer*, S. 91.
[175] Vgl. *Peter Schäfer*, S. 91.

Die Ursprünge der aktuellen Regelungen liegen also in den Erwägungen, die zum Norddeutschen Entwurf und den weiteren Beratungen bis hin zur Verabschiedung der CPO geführt haben.

Besonders interessant für die Einschätzung des Wesens der Interventionswirkung sind die häufig zitierten Äußerungen, die bei den Beratungen zum Norddeutschen Entwurf über die Rechtsnatur der Interventionswirkung gefallen sind. Ein Mitglied der Kommission führte aus: „Daß hier nicht von einer eigentlichen Rechtskraft, sondern nur von einem als wohl geführt Geltenlassen des Prozesses (Abschneidung der *exceptio mali processus*) die Rede sei".[176] In diesem Zusammenhang stellte man in den Vordergrund, es handele sich um ein „prozessualisches Präjudiz", dass der Litisdenuntiat den Prozess als gut geführt und damit auch die gewonnenen Erkenntnisse gleichermaßen gegen sich gelten lassen müsse.

Ob diese Aussage aber die Wertungen tragen kann, die in der zeitgenössischen Diskussion häufig mit ihr verbunden werden, kann nur im Lichte der Geschehnisse beurteilt werden, die die Kommissionsmitglieder dazu bewogen haben, eine solche Klarstellung für notwendig zu halten. Man bezog sich grundsätzlich auf die – oben in ihren Hintergründen entwickelte[177] – Bindungswirkung aus der Natur der Beteiligung an einem fremden Rechtsstreit. Verständlich werden die zitierten Äußerungen zur Abgrenzung von Interventions- und Rechtskraftwirkung jedoch nur, wenn man den Zusammenhang einbezieht, der zu dem Bedürfnis einer Abgrenzung von der Rechtskraft geführt hat. Die vielzitierte Aussage stammt aus der Sitzung vom 09. März 1868, in der die Beratungen über die Interventionswirkung fortgesetzt wurden. Erstmals war in der Sitzung vom 02. März 1868 die Interventionswirkung angesprochen worden. Im Mittelpunkt der Überlegungen stand die Frage, ob diese Bindungswirkung überhaupt im zivilprozessualen Zusammenhang geregelt werden durfte. Die allgemein vorherrschende Sicht führte zu Kompetenzstreitigkeiten, weil sie eine prozessuale Bindung als materiellrechtliche Wirkung ansah. Für materiellrechtliche Fragen fehlte aber die Regelungskompetenz. Nur das Prozessrecht durfte einheitlich gestaltet werden, wohingegen das materielle Recht zunächst unverändert belassen werden musste. Die Regelung sah sich also dem Vorwurf fehlender Kompetenz ausgesetzt.[178] Die materiellrechtlich geprägte Sichtweise lehnte sich für die Qualifikation der Interventionswirkung als materiellrechtliches Phänomen an das Verständnis der Rechtskraftwirkung an, für die im Zeitpunkt dieser Beratungen ebenfalls umstritten war, ob eine Regelung im zivilprozessualen Zusammenhang erfolgen sollte.

---

[176] Vgl. Norddeutsche Protokolle, Bd. 1, S. 153.
[177] Siehe dazu oben auf den S. 46 ff.
[178] Vgl. Norddeutsche Protokolle, Bd. 1, S. 152.

Die Gegenansicht wollte eine Regelung in der Prozessordnung durchsetzen, wodurch ein höheres Maß an Rechtsvereinheitlichung erzielt werden sollte.[179] Man versuchte den Kompetenzeinwand zu entkräften, indem in der zitierten Weise die Unterschiede zwischen Rechtskraft und Interventionswirkung betont wurden. In der Feststellung, die Regelungskompetenz bestehe jedenfalls für diesen rein prozessual zu qualifizierenden Ausschluss von Einwendungen, schien ein sicherer Ausweg gefunden. In diesem Zusammenhang wurde wörtlich folgendes protokolliert:

> „In dieser Ausdehnung spreche ein öffentliches Interesse dafür, die Prüfung eines rechtskräftigen Urteils durch einen anderen Richter abzuschneiden. Dieß sei nur durch eine allgemeine prozessualische Bestimmung zu erreichen.“[180]

Dass diese Unterscheidung weniger einer wertungsorientierten Überzeugung als vielmehr einer zweckorientierten Argumentationsstrategie entstammte, zeigt der anschließende, treffend widersprüchliche Diskussionsbeitrag eines Kommissionsmitgliedes. Einerseits setzt das Kommissionsmitglied voraus, dass nicht von einer „eigentlichen Rechtskraft“ die Rede sei. Andererseits wünschte derselbe Redner

> „eine Entscheidung der Frage, ob ein durch Rechtsmittel anfechtbarer Ausspruch über die Wirkung der Intervention in der Entscheidung des Hauptprozesses erfolgen solle, und inwieweit auch der Gegner des Intervenienten und Interventen[181] gegen ersteren Rechte erlange – was besonders für die Litisdenunciation von Interesse sei.“[182]

Verständlich wird diese Aussage nur, wenn man für die Interventionswirkung eine der Rechtskraft im wesentlichen vergleichbare Natur annimmt.

Danach verwundert es nicht, wenn diese „Unterscheidung“ zwischen Interventions- und Rechtskraftwirkung nachfolgend weder von der wesentlich umfangreicheren Begründung des Reichstagsentwurfs, noch vom *RG* oder der Literatur aufgegriffen wurde. Erst in späteren Jahren berief man sich auf eine darin vermeintlich angelegte unterschiedliche Bewertung im Verhältnis zur Rechtskraft.[183] Jedenfalls geben die Materialien keinen Aufschluss darüber, warum zwischen Interventions- und Rechtskraftwirkung entgegen ihrer gemeinsamen Entwicklung keine systematischen Wechselbeziehungen bestehen sollten. Der Hinweis auf die

---

[179] Vgl. Norddeutsche Protokolle, Bd. 1, S. 152 f.
[180] Vgl. Norddeutsche Protokolle, Bd. 1, S. 152 f.
[181] Gemeint sind in der hier gewählten Terminologie der Dritte und die Hauptpartei.
[182] Vgl. Norddeutsche Protokolle, Bd. 1, S. 152.
[183] Vgl. z.B. *Peter Schäfer*, S. 89.

Formulierung als Ausschluss von Einwendungen hilft nicht weiter, weil diese Formulierungen zum Teil ebenso mit der Rechtskraft verbunden wurden.[184]

Danach wird verständlich, warum die Vorschrift des § 724 im Preußischen Entwurf keine Zustimmung fand. Danach sollte die Interventionswirkung nach Streitverkündung unabhängig davon eingreifen, ob der Dritte konkret die Möglichkeit zum Beitritt hatte. Von dieser Regelung wurde Abstand genommen, weil die Ergebnisse nur bei rechtzeitigem Beitritt des Dritten als sachgerecht angesehen wurden. Man hielt eine allgemeine Bindung des Dritten an den Erstprozess, unabhängig von seiner Möglichkeit zum Beitritt, für ungerechtfertigt.[185] Der Preußische Entwurf versteht sich vor dem Hintergrund der aufgezeigten Leitideen aus dem römischen Recht: Einen Dritten ohne eine Möglichkeit der Teilnahme, nur aufgrund seines Interesses an der Sache, an ein Prozessergebnis zu binden, das zwischen anderen Parteien ausgehandelt ist, scheint auf dieser Grundlage sehr befremdlich.[186] Denkbar erscheint diese Regelung erst, wenn man von dem Gedanken ausgeht, dass diese Wirkung ohnehin der tatsächlichen Situation immanent ist. Dann handelt es sich nicht um eine Entrechtung des Dritten, sondern um den Versuch, generell eine Interventionsmöglichkeit einzuräumen und klare Verhältnisse für die Behandlung solcher Verhältnisse zu schaffen.

Im Einklang mit dieser beschränkenden Sicht der Interventionswirkung im Verhältnis zu einer Partei und nicht im Verhältnis zu den Parteien des Rechtsstreits, hielt man § 724 Abs. 2 des Preußischen Entwurfs, der das Verhältnis des Nebenintervenienten zur Gegenpartei betrifft, für überflüssig.[187]

Die Zielsetzung des Norddeutschen Entwurfs unterschied für die Regelung der Initiativrechte (Nebenintervention/Streitverkündung) nach Individual- und Allgemeininteressen.[188] Primär zielte die Interventionsmöglichkeit auf den Schutz individueller Interessen ab. Der Dritte sollte nicht unter ungünstigen Ergebnissen im Vorprozess zu leiden haben, auf die er keinen Einfluss nehmen konnte. Im Gegenzug bestand für die Hauptpartei im Erstprozess eine Möglichkeit, sich gegen widersprechende für sie ungünstige Folgeurteile abzusichern.[189] Die öffentlichen Interessen standen demgegenüber eher im Hintergrund. Eine eigenständige Problematisierung der Interventionswirkung als rechtlicher Folge der Drittbeteiligung fand nur im beschriebenen Umfang statt. Zwar sah man unter anderem ein Ziel darin, als Folge der Drittbeteiligungsmöglichkeiten die Anzahl der Prozesse zu verringern und mögliche Folgeprozesse

---

[184] Vgl. dazu die sehr deutlichen Aussagen von *Maxen*, S. 34.
[185] Vgl. Norddeutsche Protokolle, Bd. 1, S. 152; *Peter Schäfer*, S. 89.
[186] Wörtlich heißt es in den Norddeutschen Protokollen, Bd. 1, S. 152: „... Gegen solche Interessenten, welche vielleicht ohne ihre Schuld von dem Prozesse keine Kenntniß erlangt, sei das Präjudiz ungerechtfertigt. Letzteres enthalte einen bedenklichen Eingriff in das materielle Recht bezüglich der res judicata.".
[187] Vgl. *Peter Schäfer*, S. 89.
[188] Vgl. *Peter Schäfer*, S. 116.
[189] Vgl. *Peter Schäfer*, S. 116.

abzukürzen.[190] Auch die Vermeidung widersprüchlicher Entscheidungen hielt man aus Gründen der Rechtssicherheit und des Ansehens der Rechtsprechung für erheblich.[191] Gleichwohl handelte es sich um sekundäre Fragen in der Diskussion, die sich hauptsächlich um die Ausgestaltung der Initiativrechte drehte.

(2) Begründung der Reichstagsvorlage

Die Entwicklung aus dem Norddeutschen Entwurf setzte sich stetig in den Entwurf und die Beratungen der CPO fort. Bemerkenswert erscheint im Zusammenhang prozessualer Bindungswirkungen vor allem die bis dahin ausgebildete Bereitschaft zu einer Regelung im prozessualen Kontext. So war zwischenzeitlich anerkannt, dass wegen des engen Kontakts dieser Bindungswirkungen zu prozessualen Fragen im Sinne einer Rechtsvereinheitlichung eine Regelungskompetenz in der CPO bestand.

Im Kontext der bislang dargestellten Entstehungsgeschichte des Rechts der Intervention lassen sich die Formulierungen der Begründung des Reichstagsentwurfs verlässlich einordnen. Die Entwurfsbegründung bildete den Ausgangspunkt der Beratungen im Reichstag. In den Reichstagsdebatten wurde auf die Begründung Bezug genommen. Die Entwurfsbegründung zu den Interventionsvorschriften hat durch die Beratungen im Reichstag keine wesentlichen Änderungen erfahren. Sie sollen nachfolgend eingehend untersucht werden.[192]

In den Materialien finden sich keine Hinweise auf einen grundsätzlichen Auffassungswandel. Mit einer deutlichen Kennzeichnung wäre in den Entwurfsbegründungen aber zu rechnen gewesen, weil dort mit großer Sorgfalt alle Abweichungen protokolliert sind, die im Laufe der Beratungen vorgeschlagen und diskutiert wurden.

Positive Hinweise auf das mit dem Entwurf eingebrachte Verständnis der Nebenintervention finden sich in der Einleitung zu den die Nebenintervention betreffenden Vorschriften der §§ 63-67 CPO:

> „Der Nebenintervention gehören im Gegensatze zur Hauptintervention die Fälle an, in denen der Intervenient nicht einen die Rechte der Parteien des Hauptprozesses auf den Streitgegenstand ausschließenden Anspruch verfolgt, *sondern nur besorgt, dass die Entscheidung des Hauptprozesses auf eigene Rechte nachtheilig einwirken könne, und*

---

[190] Vgl. *Wach*, S. 613; *Schultze*, ZZP 2 (1880), 20, 42; *Brauer*, AcP 24 (1841), 423, 448.
[191] Vgl. *Peter Schäfer*, S. 117 m.w.N.
[192] Die angegebenen Fundstellen orientieren sich an der Begründung des ersten Entwurfs aus einem Abdruck, der als Vorlage für den Reichstag diente. Zu den später veröffentlichten Materialien ergeben sich keine erheblichen Unterschiede.

in denen er sich daher auf die Seite der einen Hauptpartei stellt, um ihr in dem anhängigen Prozesse zu einem obsieglichen Urtheile zu verhelfen."[193]

Der Gesetzentwurf beschreibt die Problematik, die zur Regelung der Nebeninterventionsvorschriften Anlass gegeben hat. Es geht einzig um den Nachteil des Dritten, der diesem auf faktischer Ebene durch den Ausgang des fremden Prozesses droht. Im Einklang damit versteht sich die Begründung des Entwurfs zu § 65[194] CPO.[195]

Die Interventionswirkung ist in dieses Regelungskonzept der Interventionsvorschriften einzupassen. Es geht um die Beteiligung eines Dritten an einem Rechtsstreit, der für ihn fremd ist, weil über sein Rechtsverhältnis keine unmittelbare Entscheidung getroffen wird. Gleichwohl ist von erheblichen Auswirkungen auf die Rechtsbeziehungen des Dritten zur Hauptpartei auszugehen. Dieser Einfluss wird gleichsam selbstverständlich vorausgeschickt, was nach der bislang geschilderten Situation, in der sich der Gesetzgeber befand, nicht verwundern kann.

Weiter belegt diese Begründung sehr deutlich das Bemühen, die zwischenzeitlich anerkannte Regelung im Zusammenhang der Zivilprozessordnung zu erklären. Einerseits wird auf den Zusammenhang zu den prozessualen Vorschriften über die Drittbeteiligung hingewiesen. Andererseits sollen Bedenken ausgeräumt werden, die sich aus systematischen Unverträglichkeiten im bürgerlichen Recht ergeben könnten. Schließlich wird das Ziel, Rechtsklarheit und Rechtseinheitlichkeit zu schaffen, besonders hervorgehoben. In den Beratungen, die zu dem Entwurf geführt haben, stand außer Frage, dass der an einem fremden Rechtsstreit als Intervenient teilnehmende Dritte von dem Ergebnis dieses Rechtsstreits in förmlicher Weise be-

---

[193] Entwurf CPO, S. 425, die Hervorhebung ist vom Verfasser eingefügt.
[194] § 65 CPO entspricht im wesentlichen dem heutigen § 68 ZPO.
[195] Im Entwurf CPO, S. 425 f., heißt es wörtlich:
„Aus dem allgemeinen Charakter der Nebenintervention folgt, daß durch das im Hauptprozesse ergehende Urteil nur über das Rechtsverhältniß unter den Hauptparteien entschieden wird. Das Urtheil ist aber auch von Einfluss auf das Rechtsverhältniß zwischen dem Nebenintervenienten und der Hauptpartei, welcher er beigetreten ist.
In Anschluß an den preuß. Entw. §. 724 und an den nordd. Entw. § 102 (vgl. auch Hannover §. 36., Baden § 116.) bestimmt der
§. 65.
daß im Verhältnisse zur Hauptpartei der Nebenintervenient
1) die Entscheidung des Rechtsstreits, wie derselbe dem Richter vorgelegen hat, als richtig entschieden gegen sich gelten lassen muss, und
2) den Einwand verliert, daß die Hauptpartei den Prozeß mangelhaft geführt habe (exceptio mali processus); wenigstens ist dieser Einwand nur insoweit aufrecht erhalten, als der Nebenintervenient durch die Lage des Rechtsstreits zur Zeit seines Beitritts oder durch Erklärungen und Handlungen der Hauptpartei - z.B. durch Zurücknahme eines vom Nebenintervenienten eingelegten Rechtsmittels - verhindert ist, Angriffs- oder Vertheidigungsmittel geltend zu machen, oder als Angriffs- oder Vertheidigungsmittel, welche [S. 426] ihm unbekannt waren, von der Hauptpartei absichtlich oder durch grobes Verschulden nicht geltend gemacht sind.
Diese Bestimmungen greifen zwar in das bürgerliche Recht ein, sie stehen aber mit dem Institute der Intervention in einem innigen Zusammenhange und schaffen den Civilrechten, in denen sie sich nicht oder nicht vollständig entwickelt haben, keine erheblichen Schwierigkeiten. Der Entwurf hat deshalb mit Recht - wie schon die preuß. A. G. O. I. 17. §. 29. - über den Bereich des Prozeßrechts hinausgegriffen, um für diese wichtigen und vielfach bestrittenen Rechtsfragen die Rechtseinheit zu begründen."

troffen sein musste. Zum Teil hielt man eine Regelung für selbstverständlich und damit verzichtbar. Mit der Interventionswirkung wurde also keine neuartige Bindungswirkung qua gesetzgeberischer Gestaltung eingeführt. Dem Gesetzgeber ging es um eine klarstellende und vereinheitlichende Ausgestaltung einer allseits anerkannten Wirkung.

Diese Sichtweise findet zusätzlich in der Begründung der Vorschriften zur Streitverkündung eine Stütze. Auf eigenständige Regelungen der Interventionswirkung hat man verzichtet. Hätte dennoch ein unterschiedliches Verständnis der Interventionswirkung abhängig von ihrem Auslöser bestimmt werden sollen, so wäre eine eingehende Begründung zu erwarten gewesen. Statt dessen heißt es zur Charakterisierung der Streitverkündung:

> „III. Streitverkündung.
>
> §§. 68-70
>
> Gemeinsam ist der Streitverkündung mit der Nebenintervention, dass die ungünstige Entscheidung des Rechtsstreits Einfluss üben kann auf die Rechtsverhältnisse, welche zwischen der Hauptpartei und einem Dritten bestehen. Unterscheidend ist, dass der Nebenintervenient aus freiem Willen in den Prozeß eintritt, um der Hauptpartei durch seine Unterstützung zu einem obsieglichen Endurtheile zu verhelfen, während bei der Streitverkündung die Initiative von der betreffenden Prozeßpartei ausgeht, welche den Dritten in den Prozeß hineinzieht, um mit dessen Hülfe den Prozeß zu gewinnen, oder im Falle des Unterliegens sich für die zwischen ihr und dem Dritten vorzunehmende Auseinandersetzung gegen den Einwand zu schützen, jener Rechtsstreit sei mangelhaft geführt oder unrichtig entschieden. ..."[196]

Es herrschte also Einigkeit über den gemeinsamen Ausgangspunkt der Vorschriften betreffend die Intervention eines Dritten in einem fremden Rechtsstreit. Auch die Streitverkündung zielte auf den Einfluss ab, den die ungünstige Entscheidung des Erstverfahrens für die Rechte des Dritten haben konnte. Sobald der Dritte beigetreten war, sollte es ohnehin keine Rolle mehr spielen, ob er durch Nebenintervention oder Streitverkündung in das Erstverfahren einbezogen worden war. In diesem Sinne beschreibt die Entwurfsbegründung den Unterschied der Streitverkündung zur Nebenintervention ausschließlich bezogen auf den Anlass, der zur Drittbeteiligung geführt hat. Einmal liegt die Initiative beim Dritten, das andere Mal bei der Hauptpartei.

Erläuternd werden Gründe angeführt, die eine rational handelnde Hauptpartei dazu bestimmen sollten, den Streit zu verkünden. Die dort genannten Motive sind notwendig egoistischer Na-

---

[196] Entwurf CPO, S. 426.

tur, weil es um eine Handlung ging, die von der Hauptpartei aus eigener Initiative geleistet werden musste. In diese Aussagen kann aber schwerlich ein grundlegender Unterschied der Schutzrichtung der Streitverkündung im Verhältnis zur Nebenintervention hineingelesen werden. Eine Aussage über die Problematik, die mit den Regeln der Streitverkündung gelöst werden soll, lässt sich nur dem ersten Satz entnehmen. Dort wird auf die Erwägungen aus dem Zusammenhang der Nebenintervention verwiesen. Der Zweite Satz besagt demgegenüber nur etwas über die unterschiedliche Ausgestaltung dieser Regelungen im Falle der Streitverkündung. Die Beschreibung behandelt ausschließlich das „wie", nicht aber das „warum" der Streitverkündung. Diese Formulierung wäre bei einer grundsätzlich verschiedenen Ausrichtung von Streitverkündung und Nebenintervention nicht verständlich. Es wäre ein Leichtes gewesen, neben dem Hinweis auf den Weg, auf dem der Dritte in den Erstprozess einbezogen wird, auch eine Aussage über die Schutzwürdigkeit dieser egoistischen Motive als solche zu treffen. Hätte ein Unterschied bestanden, so wäre mit dieser Klarstellung auch zu rechnen gewesen.

Letzte Zweifel über die gedankliche Position des Gesetzgebers zerstreuen sich, wenn man die Begründung einbezieht, die der Entwurf für den Zwischenstreit nach § 67 CPO (heute § 71 ZPO) angibt:

> „Baden § 113 und der preuß. Entw. § 733 schreiben in Betreff des Verhältnisses der Nebenintervention zur Streitverkündung ausdrücklich vor, dass derjenige, welcher sich an einem Prozesse als Nebenintervenient betheiligt hat, die Versäumung der Streitverkündung nicht geltend machen darf. Eine solche generelle Bestimmung erscheint aber nicht zweckmäßig, da ihr Inhalt meistens sich von selbst verstehen wird, andererseits aber, da der freiwillige Beitritt des Nebenintervenienten erst im späteren Verlaufe des Rechtsstreits erfolgt sei, oder auch die Betheiligung des Intervenienten später aufgehört haben kann, in dem einzelnen Falle zu entscheiden sein wird, ob die Nebenintervention die Litisdenunziation deckt."[197]

Der Hintergrund dieses Abschnitts lässt sich zutreffend verstehen, wenn man davon ausgeht, der Dritte habe regelmäßig ein natürliches Interesse daran, von der Hauptpartei die rechtzeitige Verkündung des Streits zu verlangen. Der Gesetzgeber erwägt, ob es einer Vorschrift bedarf, die dem beigetretenen Dritten verbietet, der Hauptpartei die ausgebliebene Streitverkündung vorzuhalten. Das wird für den Regelfall als Selbstverständlichkeit abgelehnt. Wer beteiligt war, der kann nicht geltend machen, das Ergebnis des Erstverfahrens sei wegen mangelhafter Prozessführung hinter seinem Rücken abzulehnen.

---

[197] Begründung des Entwurfs bei *Hahn*, S. 179.

Weitergehende Klarheit gewinnt dieser Gedanke durch die nachfolgende Einschränkung der Entwurfsbegründung. Der Angriff des Dritten gegen die Erstentscheidung unter Verweis auf die ausgebliebene Streitverkündung wird nämlich trotz erfolgter Nebenintervention nicht in jedem Fall für ausgeschlossen erachtet. Vielmehr könne die Einwendung im Falle eines späteren Beitritts bestehen bleiben. Wie in § 68 Hs. 2 ZPO zeigt sich hier der Gedanke, der Dritte dürfe nur insoweit gebunden sein, als ihm eine reale Möglichkeit der Einflussnahme gewährt wurde. Die kann aber für die Vergangenheit nicht angenommen werden, weil der Dritte den Rechtsstreit in der Lage annehmen muss, in der er sich zur Zeit seines Beitritts befindet.

Problematisch erscheint vor dem Hintergrund der hier angestellten Überlegungen die zweite einschränkende Bemerkung zu sein, die auf ein frühzeitiges Ausscheiden des Dritten aus dem Erstverfahren abstellt. Die Einschränkung zeugt von der Vorstellung, dass der Dritte die Interventionswirkung nach erfolgtem Beitritt möglicherweise insoweit wieder beseitigen kann, als er sich selbst die Möglichkeit zur Einflussnahme – durch Aufgabe seiner Stellung als Nebenintervenient – nimmt. Mit den Vorstellungen über den Grund der Interventionswirkung im Falle des freiwilligen Beitritts lässt sich dies unproblematisch in Einklang bringen. Gilt der Grundsatz, dass all jene keine Einwendungen mehr gegen ein Verfahrensergebnis erheben können sollen, die auf dessen Gestalt einwirken konnten, so muss mit der Einwirkungsmöglichkeit auch die Bindungswirkung entfallen. Eine andere Frage ist die, ob es dem Dritten gestattet sein soll, sich nach Belieben auch wieder zurückzuziehen. Der Gesetzgeber hielt das offensichtlich für möglich. Geht man davon aus, die Nebeninterventionsregeln orientierten sich am Schutz des Dritten, so erscheint dies nur konsequent.

Zu bedenken bleibt aber, ob darin ein Konflikt mit der Vorstellung über den Wirkungsgrund der Interventionswirkung im Falle fehlender Beteiligung nach Streitverkündung liegen kann. Auf diese Idee kann man kommen, weil als Begründung für eine vom tatsächlichen Beitritt unabhängige Wirkung der Intervention, die Möglichkeit des Dritten angeführt wurde, seine Rechte entsprechend im Rechtsstreit geltend zu machen. Aus Sicht des klassischen römischen Rechts könnte der Dritte nicht auf arglistiges Verhalten der Hauptpartei verweisen, wenn diese den Streit verkündet hat. Die Einwendung mangelhafter Prozessführung blieb ihm gleichwohl erhalten.

Die Problematik löst sich auf, wenn man die formalisierte Ausgestaltung der Interventionsregeln in der CPO in die Überlegungen einbezieht. Die Wirkung der Streitverkündung sollte an den Akt der Streitverkündung anknüpfen. Wie im Falle der Nebenintervention auf Seiten eines Streitgenossen entfaltet die Streithilfe ihre Wirkung nur zwischen einem Dritten und seiner Hauptpartei, weil nur auf das formelle Prozessrechtsverhältnis der Hauptpartei Einflussnahme möglich ist. Der Gedanke faktischer Bindung bedarf fraglos der Eingrenzung. Anderenfalls wäre eine unübersehbare Zahl sonstiger Sachverhalte gleichermaßen von der Bindung erfasst. Denkbar wäre jede Form nicht näher definierter Drittbeteiligung oder Drittbeteiligungsmöglichkeit, um eine vergleichbare Bindung an Präjudizien herbeiführen zu können. Die römisch-rechtlichen Lösungsansätze bedurften also der Übersetzung in die formaleren Strukturen des damaligen Zivilprozessrechtsverständnisses.

Die Begründung des Reichstagsentwurfs spiegelt das allgemeine Bestreben wider, die Gesetzgebung an den Quellen des römischen Rechts zu orientieren. Mit einigen Veränderungen wurde die im römischen Recht erkannte Problematik faktischer Präjudizwirkung eines Erstverfahrens auf einen Dritten aufgegriffen und in den Interventionsvorschriften einer Lösung zugeführt.[198]

Diese Fassung des Entwurfs hat in den hier maßgeblichen Passagen in den Reichstagsberatungen keine wesentlichen Änderungen mehr erfahren.[199] Die gewonnenen Ergebnisse sind als Hinweise auf die Intentionen des historischen Gesetzgebers in die Auslegung der heutigen Interventionsvorschriften einzubeziehen.

5. Entwicklung nach Inkrafttreten der CPO 1877

Im weiteren Verlauf der Rechtsentwicklung haben die Vorschriften der Intervention keine erheblichen Veränderungen mehr erfahren. Besondere Erwähnung verdient nur die Neuverkündung der ZPO durch das Gesetz zur Wiederherstellung der Rechtseinheit auf dem Gebiet der Gerichtsverfassung, der bürgerlichen Rechtspflege, des Strafverfahrens und des Kostenrechts, die mit Wirkung vom 12. September 1950 erfolgt ist.[200] Der Grund für die Neuverkündung lag in der Rechtszersplitterung, die im Zuge der Aufteilung Deutschlands in Besatzungszonen nach dem zweiten Weltkrieg auch die Einheit des Zivilverfahrensrechts zerstört hatte. Erklärtermaßen beschränkte sich das Ziel darauf, die Rechtseinheit wieder herzustellen. Der Gesetzgeber wollte ausdrücklich nur äußerst eingeschränkt näher bezeichnete Wertungen reformieren. Es sollte weitestgehend wieder der Zustand hergestellt werden, der vor 1945 bestand. Abgesehen von der Bereinigung um nationalsozialistische motivierte Regelungen sollten nur in Randbereichen zwischenzeitlich gesammelte Erfahrungen für Einzelkorrekturen in das Gesetzgebungsverfahren einbezogen werden. Wie der Name des Gesetzes besagte, wurden in einem Schlag alle Verfahrensgesetze rekonstruiert. In diesem Rahmen mussten gesetzgeberische Wertungen, die eine sachliche Änderung des Zivilprozessrechts hätten be-

---

[198] Siehe dazu oben im Zusammenhang S. 52.
[199] In erster Lesung wurde nur über die Klarstellung beraten, ob es nötig ist, einen Zusatz einzufügen, der besagt, der Dritte dürfe im allseitigen Einverständnis den Rechtsstreit übernehmen. Das wurde für überflüssig gehalten. Insbesondere § 65 CPO - zur Interventionswirkung - wurde ohne Debatte angenommen. Mit Blick auf § 67 CPO - der dem heutigen § 71 ZPO entspricht - wurde über die Ausgestaltung des Zwischenstreits beraten; als Selbstverständlichkeit wurde ein Antrag zurückgewiesen, zum Schutze des Dritten klarzustellen, dass der Beitritt nicht als Anerkenntnis verstanden werden könne, *Hahn,* S. 544; auch in zweiter Lesung werden die hier wesentlichen Vorschriften ohne Debatte angenommen, *Hahn,* S. 978 f.
[200] Zivilprozeßordnung (ZPO) in der Fassung vom 12. September 1950 (BGBl. S. 533), BGBl. III/FNA 310–4.

wirken können, eine punktuelle Ausnahme bilden. Dementsprechend wurde der Wertungszusammenhang der Interventionsvorschriften nicht neu überdacht.[201] Auch später ist das Recht der Intervention nicht grundsätzlich reformiert worden.

6. Zusammenfassung: historische Entwicklung

Die Geschichte der Interventionsvorschriften reicht weit in das antike römische Recht zurück. Die Wurzeln liegen in dem Befund, die Autorität eines rechtskräftig entschiedenen Urteils erschwere die Position dessen, der nachträglich inzident behauptet, es sei falsch entschieden worden. Diese faktische Urteilswirkung schuf für den Dritten die Gefahr, in seinen Rechten durch einen fremden Prozess präjudiziert zu werden, obwohl ihm keine Möglichkeit der Einflussnahme auf das Präjudiz zur Verfügung stand. Im Vertrauen auf diese faktischen Bindungen drohten dem Dritten Nachteile durch missbräuchlich mangelhafte Prozessführung im Erstverfahren, die bis hin zur Kollusion gehen konnte. Diese Probleme sollten gelöst werden, indem man dem Dritten das Recht zur Beteiligung zugestand. Damit ist das Initiativrecht der Nebenintervention erklärt.

Davon ist die Interventionswirkung als praktische Folge der Drittbeteiligung gedanklich zu trennen. Bestand bereits ohne seine Mitwirkung ein faktisches Präjudiz gegen den Dritten, so ging man erst recht von seiner Bindung an das Verfahrensergebnis aus, soweit es von ihm selbst erstritten worden war. Dem Dritten war ursprünglich eine weitgehend freie Stellung eingeräumt. Konnte er in dem Erstverfahren keine günstige Entscheidung für die Hauptpartei und damit auch für sich erstreiten, so durfte er das Ergebnis in aller Regel nicht erneut in Frage stellen, weil es entweder Ausdruck „objektiver Gerechtigkeit" oder als Ergebnis mangelnder eigener Sorgfalt angesehen wurde.

---

[201] Die Hintergründe der Neuverkündung ergeben sich aus den Protokollen der 79. Sitzung des Deutschen Bundestages, I. Wahlperiode 1949, S. 2866 ff., in denen es zur zweiten Beratung des Entwurfs von Seiten des Generalberichterstatters heißt: „... Lange vor der Rechtseinheit im bürgerlichen Recht war für das Deutsche Reich die Rechtseinheit im Strafrecht geschaffen und durch die Gesetzgebungswerke des Jahres 1877 die Rechtseinheit im Verfahrensrecht erreicht. Sie ist in den Jahren 1945 bis 1949 völlig verlorengegangen, und es ist ein unerträgliches Maß von Verschiedenheiten und Unklarheiten entstanden. Aufgabe des Wiederherstellungsgesetzes, das Ihnen in einem umfangreichen Druckstück jetzt zur Beschlussfassung vorliegt, war es, diese Rechtseinheit wieder zu schaffen. ...
Der Entwurf des Gesetzes hat davon Abstand genommen, grundsätzliche Neuerungen zu bringen. Auch bei der Behandlung des Gegenstandes im Rechtsausschuß des Bundestags und in seinen Unterausschüssen wurde wie im Bundesrat mit voller Absicht davon Abstand genommen, grundsätzliche Fragen des Verfahrensrechts zu erörtern und zu Gesetzesvorschlägen zu schreiten. So ist, um nur ein Beispiel zu geben, die wichtige Frage, ob der Rechtsschutz auch im Strafprozeß wie im bürgerlich-rechtlichen Verfahren und im verwaltungsgerichtlichen Verfahren verlangt, grundsätzlich stets eine zweite Rechtsstufe mit der Feststellung des Tatbestandes zu befassen, also die sogenannte zweite Tatsacheninstanz zu schaffen, der späteren Neufassung des Gerichtsverfassungsgesetzes und der Strafprozessordnung überlassen.
Bei der Vereinheitlichung ist man im Entwurf, wie die Begründung der Bundesregierung sagt, in jedem Fall auf eine Regelung zurückgegangen, die in Deutschland bereits einmal einheitlich Rechtens war und sich bewährt hat. ..."; vgl. auch die zugehörige BT Drucksache Nr. 530.

Die Streitverkündung resultierte aus vertraglichen Vertragsstrafeversprechen, die im frühen römischen Recht zwischen dem Veräußerer einer Sache und dem Erwerber für den Fall vereinbart wurden, dass eine andere Person die Sache unter Verweis auf bessere Rechte vom Erwerber herausverlangt. Für den Fall des erfolgreichen Herausgabeverlangens wurde regelmäßig der doppelte, teilweise auch der drei- bis vierfache Kaufpreis als Entschädigung versprochen. Für den Veräußerer bestand die Gefahr, diesen Forderungen ausgesetzt zu sein, nachdem der Erwerber zunächst – womöglich in kollusivem Zusammenwirken mit der herausverlangenden Person – ohne seine Kenntnis im Erstverfahren unterlegen war. Gleichzeitig waren keine lauteren Gründe dafür erkennbar, den Veräußerer nicht zum Erstverfahren beizuziehen.

Um diesen Gefahren vorzubeugen, wurde regelmäßig die Pflicht des Erwerbers vereinbart, dem Veräußerer den Streit zu verkünden. Im Laufe der Rechtsentwicklung erreichten diese Grundsätze unabhängig von ihrer vertraglichen Absicherung Geltung und führten im Falle ihrer Verletzung zum Verlust der Regressansprüche des Erwerbers. Trat der Veräußerer trotz Streitverkündung nicht bei, so galt dennoch der Verdacht unlauteren Verhaltens des Erwerbers im Erstverfahren als widerlegt. Gleichwohl konnte der Veräußerer den schwierigen Weg beschreiten, konkrete Umstände mangelhafter Prozessführung zu beweisen. Eine Bindungswirkung des Erstverfahrens ergab sich wiederum mit Blick auf die Beteiligung an dem Erstverfahren. Diese Grundsätze waren im römischen Recht auf die beschriebenen Fälle der Eviktion beschränkt.

Die Aufgabe der Interventionsregeln bestand einheitlich im Schutz des Dritten vor den Folgen einer präjudizierenden Erstentscheidung, auf die er keinen Einfluss nehmen konnte. Die Interventionswirkung resultierte aus Sicht des antiken römischen Rechts aus der Natur der Sache. Als positiver Effekt dieser Drittbeteiligung wurde die Vermeidung widersprechender ebenso wie wiederholter Entscheidung desselben Streitstoffs anerkannt. Eine systematische Unterscheidung der Interventionswirkung von der Rechtskraft fand nicht statt.

Im germanischen Recht fanden keine Entwicklungen statt, die erheblichen Einfluss auf die heutigen Regelungen ausgeübt haben.

Im 17. Jahrhundert begann die Ausweitung der Streitverkündungsfälle über die Eviktion hinaus auf sonstige Fälle drohender Nachteile durch ein Erstverfahren. Die Überlieferungen des gemeinen Rechts wurden Anfang des 19. Jahrhunderts von der römisch-rechtlich inspirierten Forschung um *Savigny* wieder grundlegend untersucht. Mit wenigen Änderungen wollte man römisch-rechtliche Ideen der Interventionsregeln in den Entwurf der gesamtdeutschen CPO einbeziehen. Die Änderungen beziehen sich vor allem auf den bis dahin anerkannten weiteren Anwendungsbereich der Streitverkündung und eine abhängigere Stellung des Dritten im Erstverfahren.

Die Interventionswirkung wurde zur Schaffung von Rechtseinheit und Rechtsklarheit im Gesetz festgeschrieben. In Abhängigkeit von den Beschränkungen seiner Stellung im Erstverfahren wurden zum Schutz des Dritten weitergehende Einschränkungen seiner Bindung an die Erstentscheidung normiert.

Eine Unterscheidung zwischen Interventions- und Rechtskraftwirkung wurde ausschließlich in den Beratungen zum Norddeutschen Entwurf angesprochen. Sie diente dem Zweck, die Interventionswirkung als ein prozessuales Phänomen einzuordnen, um die Regelungskompetenz im Rahmen eines Entwurfs für eine gesamtdeutsche Zivilprozessordnung zu belegen, die Regelungen materiellrechtlicher Fragen grundsätzlich nicht abdeckte. Nachdem in den Beratungen durchgesetzt war, dass wegen des engen thematischen Zusammenhangs auch Regelungen über die als materiellrechtlich angesehenen prozessualen Bindungswirkungen aufgenommen werden sollten, wurde auch diese Unterscheidung fallen gelassen.

III. Systematische Gesichtspunkte

Hinweise auf Zweck und Wesen der Interventionswirkung lassen sich auch aus dem systematischen Verhältnis zu sonstigen Vorschriften entnehmen. Die aktuelle Diskussion wird vor allem durch die Zielvorstellungen beherrscht, die man mit den Initiativrechten der Nebenintervention und Streitverkündung verbindet.

Naheliegend ist zunächst die Untersuchung des Aufbaus des Vorschriftenkomplexes im dritten Titel der ZPO, den §§ 66 bis 74 ZPO. Der Vollständigkeit halber soll das Verhältnis zu den sonstigen Regelungen angesprochen werden, die ebenfalls im dritten Titel behandelt werden. Weiter bietet sich der Bereich der Anerkennung ausländischer Interventionswirkungen an, weil in diesem Zusammenhang eine funktionale Einordnung geleistet werden muss. Schließlich soll § 841 ZPO als gesetzlich geregelter Fall einer obligatorischen Streitverkündung in die Überlegungen einbezogen werden.

1. Aufbau des Vorschriftenkomplexes der §§ 66 bis 74 ZPO

Die Interventionsvorschriften finden sich im dritten Titel des zweiten Abschnitts des ersten Buchs der ZPO (allgemeine Vorschriften über die Parteien), in dem es um „Die Beteiligung Dritter am Rechtsstreit“ geht. Zur Begründung dieser Einteilung heißt es in den Materialien:

„... und fasst in dieser Weise die vom Entwurf anerkannten Fälle zusammen, in denen dritte Personen aus eigenem Rechte oder Interesse sich an einem anhängigen Prozesse neben den Hauptparteien betheiligen.“[202]

Es geht also darum, die Beteiligung Dritter in ein grundsätzlich auf zwei Parteien ausgerichtetes Prozesssystem einzuordnen.

Aus der Einbindung in diesen Vorschriftenkomplex könnte der Schluss zu ziehen sein, dass nur Regelungen über und im Interesse des Dritten getroffen sein können. Dann wäre die Interventionswirkung nicht im ganzen, sondern nur bezogen auf den Dritten behandelt. Hätte man etwas im Sinne der Hauptpartei regeln wollen, so hätte es einer ausdrücklichen Erwähnung bedurft.[203] Diese Schlussfolgerung erscheint jedoch allzu konstruiert, wenn man bedenkt, wie häufig der Gesetzgeber vielfältige Ziele in einem Vorschriftenkomplex zum Ausgleich bringt, den er stets systematisch einem Zusammenhang zuordnen muss.[204]

Die Regelungstechnik der §§ 66 bis 74 ZPO betont eine Einheit, in der die folgenden Vorschriften jeweils auf den vorangehenden aufbauen. In § 66 ZPO ist formuliert, unter welchen Voraussetzungen die Beschränkung des Zivilprozesses auf die Parteien durchbrochen werden soll. Als entscheidendes Merkmal wird das „rechtliche Interesse“ eingeführt. Zusätzlich wird eine weitgehende Freiheit für die Zeit des Beitritts klargestellt. Im Anschluss regelt § 67 ZPO die Stellung des Dritten im Erstverfahren, bevor in § 68 ZPO die Folgen der Drittbeteiligung für das Folgeverfahren festgelegt werden. Damit ist der „Grundfall“ der Drittbeteiligung an einem fremden Rechtsstreit nach Voraussetzungen, Befugnissen und Rechtsfolgen beschrieben. Sodann behandelt das Gesetz ergänzend den Spezialfall der streitgenössischen Nebenintervention. Die Vorschrift kann sich auf eine Verweisung zur Streitgenossenschaft beschränken, um die erweiterten Befugnisse des Dritten anzuordnen.[205]

Die Geltung der allgemeinen Interventionsvorschriften der §§ 66 bis 68 ZPO versteht sich von selbst. Die §§ 70 f. ZPO betreffen Fragen der Form des Beitritts und des Streits über den Beitritt. Mit § 72 ZPO beginnen Spezialregeln über die Streitverkündung. Die Zulässigkeit der Streitverkündung richtet sich nach § 72 ZPO. § 73 ZPO bestimmt die Form der Streitverkündung. Was die Streitverkündung bewirkt bzw. in welchem Verhältnis Streitverkündender und Streitverkündungsempfänger zueinander stehen, richtet sich ausschließlich nach § 74 ZPO. Dort werden keine eigenständigen Regelungen vorgenommen. Vielmehr wird insgesamt

---

[202] So die Entwurfsbegründung bei *Hahn*, S. 175.
[203] In diesem Sinne *Dorphalen*, S. 240 ff.
[204] Vgl. dazu auch *Schäfer*, S. 151.
[205] Heute wird uneinheitlich beurteilt, ob es sich dabei stets oder nur in aller Regel um eine Verweisung auf die notwendige Streitgenossenschaft handeln muss. Für den Gesetzgeber war klar, welche spezifischen Konstellationen er mit diesem Instrument erfassen wollte, so dass aus seiner Sicht der Verweis hinreichend deutlich erschien. Siehe dazu weiterführend unten S. 124 ff.

auf die Geltung der allgemeinen Vorschriften der Nebenintervention verwiesen. Diese werden nur insoweit erweitert, als der streitverkündete Dritte mit dem Zeitpunkt der wirksamen Streitverkündung so zu behandeln ist, als wäre er beigetreten.

Die Verweisung wird als Regelungstechnik üblicherweise verwendet, um wertungsäquivalente Tatbestände von einer unterschiedlichen Entwicklung abzuhalten. Der systematische Kontext der §§ 66 bis 74 ZPO deutet also darauf hin, dass es sich um einen einheitlichen Regelungskomplex handelt, für den einheitliche Wertungen bestimmend waren. In den §§ 66 bis 68 ZPO sind die Grundregeln der einfachen Nebenintervention angelegt. Diese werden in § 69 ZPO für die Fälle der streitgenössischen Nebenintervention abgewandelt. Bis dahin geht es um Drittbeteiligung auf Initiative des Dritten. Die Fälle der Drittbeteiligung auf Initiative der Hauptpartei – Streitverkündung – sind kraft Verweisung aus § 74 ZPO ebenfalls nach den Regeln der Nebenintervention zu behandeln. Eine Änderung wird nur insoweit für erforderlich gehalten, als der für die Nebenintervention entscheidende Zeitpunkt des Beitritts durch den Zeitpunkt der Streitverkündung ersetzt wird.

2. Rückschlüsse aus dem Prätendentenstreit, §§ 75 bis 77 ZPO

Aus dem Prätendentenstreit lassen sich keine Schlussfolgerungen auf die Interventionsregeln ziehen. Es handelt sich um Spezialregeln, die das Bestreben erkennen lassen, den Rechtsstreit nach Möglichkeit zwischen den Beteiligten zu konzentrieren, die materiell am Ergebnis interessiert sind.

3. Verhältnis zur Hauptintervention

Mit der Hauptintervention, § 64 ZPO, wird einem Dritten die Möglichkeit gewährt, seine Rechte am Gegenstand eines fremden Rechtsstreits durch eine Klage gegen beide Parteien geltend zu machen. Bemerkenswert ist in diesem Zusammenhang nur, dass es sich um eine Möglichkeit handelt, die fraglos den Interessen des Dritten zu dienen bestimmt ist. Auch geht es darum, einem Dritten die Gelegenheit zur Einflussnahme zu geben, bevor eine rechtskräftige Entscheidung geschaffen ist, die möglicherweise mit seinen Ansprüchen nicht vereinbar wäre. Insoweit zeigt sich eine Parallele zu den bereits angedeuteten Zielen der Nebenintervention im Sinne eines Schutzinstruments in Diensten des Dritten. Es wäre zumindest außergewöhnlich, wenn ohne weitere Klarstellung im direkten Anschluss an die Regeln über die Hauptintervention Vorschriften normiert wären, die einzig dem Schutz der Hauptpartei zu dienen bestimmt wären.

Diesem Umstand kann aber mit Blick auf die völlig verschiedenartige Form der Beteiligung des Dritten am Erstverfahren keine erhebliche Bedeutung zugemessen werden. Der Dritte tritt als Hauptintervenient nicht unterstützend einer Partei bei. Er begründet eigene Klageverhältnisse, die die Parteien des Erstverfahrens im Verhältnis zu ihm zu Streitgenossen werden lassen. Er tritt als eigenständige Partei auf, um eigene Rechte zugesprochen zu bekommen.[206]

Entsprechend herrscht seit Entstehung der Vorschrift allgemein Einigkeit über die unterschiedliche Qualität von Haupt- und Nebenintervention.[207] Bei den Beratungen im Reichstag wurden die grundsätzlichen Unterschiede betont, die darin lägen, dass es im Falle der Hauptintervention darum gehe, eine Entscheidung in eigener Sache zu erstreiten, wohingegen im Falle der Nebenintervention eine fremde Entscheidung wegen ihrer negativen Auswirkungen auf die eigene Position herbeigeführt werden soll.[208] Es geht nicht um die präjudizierenden Wirkungen einer fremden Entscheidung auf eigene Rechte, sondern unmittelbar um die Titulierung eigener Ansprüche.

Aus der Regelung der Hauptintervention lassen sich demnach nur sehr zurückhaltend Schlussfolgerungen ziehen, die auf den Schutz des Dritten hindeuten.

4. Rückschlüsse aus der Praxis der Anerkennung ausländischer Interventionswirkungen

Erkenntnisse lassen sich aus den Erwägungen gewinnen, die im Zusammenhang mit der Anerkennung ausländischer Interventionswirkungen in Deutschland angestellt werden. Bereits das *RG* sah sich gezwungen, eine funktionale Einordnung dieser prozessualen Bindungswirkung im Vergleich zur Rechtskraft vorzunehmen[209], weil insoweit unterschiedliche Regeln eingreifen.[210] Zur Charakterisierung der Interventionsvorschriften wird für Nebenintervention und Streitverkündung einheitlich auf die Stellung des Dritten im Erstverfahren abgehoben: Gehe es um die Interventionswirkung, so habe der Dritte nicht als Partei am Erstverfahren teilgenommen. Entsprechend werde ihm unmittelbar nichts zugesprochen oder aberkannt. Im Gegensatz zur Drittvollstreckbarkeit einer Entscheidung, die für die Annahme von Rechtskraftwirkung spreche, habe die Interventionswirkung nur präjudizielle Wirkung.[211]

Im Zusammenhang mit der Anerkennung ausländischer Urteile wird die Position des Dritten im Erstverfahren für ausschlaggebend gehalten. Zur Unterscheidung von Interventions- und Rechtskraftwirkung lässt man es häufig bei der Feststellung unterschiedlicher Rechtsfolgen

---

[206] Vgl. zur Stellung des Dritten im Rahmen der Hauptintervention *Bork* in Stein/Jonas, § 64 Rn. 1; *Hartmann* in Baumbach/Lauterbach, § 64 Rn. 3; *Schilken* in MünchKommZPO, § 64 Rn. 1 ff.; *Mansel* in Wieczorek, § 64 Rn. 1 ff.
[207] Vgl. *Schultze*, S. 30, der sehr plastisch darauf hinweist, Haupt- und Nebenintervention hätten ausschließlich Teile ihres Namens gemein; ähnlich *Brauer,* AcP 24 (1841), 423, 427.
[208] Vgl. sehr deutlich kontrastierend der Entwurf, S. 425.
[209] Vgl. RGZ 55, 236 ff., vor allem 239.
[210] Vgl. dazu *Mansel* in Wieczorek, § 68 Rn. 28 m.w.N.
[211] Vgl. *Mansel* in Wieczorek, § 68 Rn. 29 mit einem Überblick über den Meinungsstand in Literatur und Rechtsprechung.

bewenden, die im Falle der Intervention einerseits enger und andererseits weiter gestaltet seien.[212] Im Gegensatz dazu knüpft man für die Einordnung ausländischer Bindungswirkungen nicht an die unterschiedlich ausgestalteten Rechtsfolgen, sondern die Stellung des Dritten im Erstverfahren an. Darin liegt ein Indiz für die grundlegende Bedeutung, die den Unterschieden in der prozessualen Stellung von Streithelfer und Partei für die Unterscheidung zwischen Interventions- und Rechtskraftwirkung allgemein zukommt. Zudem deutet sich an, dass der schlichte Verweis auf die unterschiedlich gestalteten Rechtsfolgen von Interventions- und Rechtskraftwirkung keine hinreichende Auskunft über deren Vergleichbarkeit zu geben vermag.

5. Verständnis des § 841 ZPO

Klagt ein Gläubiger im Rahmen der Zwangvollstreckung eine Forderung seines Schuldners gegen einen Drittschuldner ein, so hat er seinem Vollstreckungsschuldner den Streit zu verkünden, sofern dies nicht mit unzumutbarem Aufwand verbunden ist, § 841 ZPO. Die Begründung einer solchen Pflicht zur Streitverkündung erlaubt Rückschlüsse auf die Perspektive, aus der das Gesetz die Streitverkündung betrachtet, konkret, ob sie eher als Instrument zum Schutz der Hauptpartei oder des Dritten gedacht ist.

Nach allgemeiner Auffassung verfolgt § 841 ZPO den Zweck, die Risiken aufzufangen, die sich für den Schuldner aus der Kompetenzverlagerung der §§ 829, 835 ZPO ergeben.[213] Mit der Vorschrift sollen Gefahren entschärft werden, die sich für den Vollstreckungsschuldner aus dem Zwang ergeben, den Gläubiger im Wege der Zwangsvollstreckung kraft Gesetzes als Prozessführenden dulden zu müssen.[214] Dieses Verständnis ist bereits in den Beratungen zum Entwurf der CPO zum Ausdruck gekommen.[215] Deutlich sind bereits die Aussagen in der Rechtsprechung des *RG*, in der die Rechtssicherheit des Schuldners als Zweck der Streitverkündungspflicht des Gläubigers herausgestellt wird.[216] Zur Begründung schildert das *RG* genau den Fall, der bereits die Entstehung der Streitverkündung im römischen Recht leitete: Als erhebliche Gefährdung des Schuldners wird die Möglichkeit eines Prozessverlustes des Gläubigers durch Verzicht oder fehlenden Beweisantritt erkannt.[217] Vom Schutz des Gläubigers als Hauptpartei ist in diesem Zusammenhang an keiner Stelle die Rede.

---

[212] Vgl. zur Argumentation mit den Rechtsfolgen der Bindungswirkungen erstmals wohl RGZ 55, 236, 239; *Peter Schäfer*, S. 128; *Eibner*, S. 9; *Wolfgang Lüke*, S. 313; *Häsemeyer*, ZZP 107 (1994), 228, 234; *Weth* in Musielak, § 68 Rn. 3 m.w.N.

[213] Vgl. *Smid* in MünchKommZPO, § 841 Rn. 3; *Becker* in Musielak, § 841 Rn. 1 m.w.N.; *Brehm* in Stein/Jonas, § 841 Rn. 1, jeweils m.w.N.

[214] Vgl. *Smid* in MünchKommZPO, § 841 Rn. 1.

[215] Vgl. Entwurfsbegründung zu § 655 CPO, der dem heutigen § 841 ZPO entspricht, Entwurf S. 467.

[216] Vgl. RGZ 83, 116, 121.

[217] Vgl. RGZ 83, 116, 121.

Die Existenz einer Pflicht zur Streitverkündung deutet darauf hin, dass es sich nicht um eine Regelung handelt, die dem Schutz der Hauptpartei zu dienen bestimmt ist. Dass hier ausnahmsweise eine Pflicht zur Streitverkündung normiert wurde, trägt der besonderen Situation in der Zwangsvollstreckung Rechnung. Die Abweichung von dem grundsätzlich sehr liberal geprägten Konzept des Zivilprozesses rechtfertigt sich aus dem Umstand, dass dem Vollstreckungsschuldner durch das Vollstreckungsrecht zugemutet wird, seine Rechte prozessual durch den Gläubiger geltend machen zu lassen. Der Gesetzgeber wollte dem Vollstreckungsschuldner durch zusätzliche vollstreckungsrechtliche Maßnahmen ermöglichen, seine Rechte im Erstverfahren zwischen Gläubiger und Drittschuldner wahrzunehmen.[218] Darin kommen Wertungen zum Ausdruck, die schon im römischen Recht den Ausgangspunkt der Streitverkündungsmöglichkeiten bildeten. § 841 ZPO gibt damit Hinweise auf eine Deutung der Interventionsvorschriften im oben dargestellten historischen Sinne.[219]

IV. Teleologische Auslegung der Interventionsvorschriften

Über die Ziele der Interventionsvorschriften besteht weithin Uneinigkeit. Nachfolgend sollen die wesentlichen Strömungen der Diskussion nachgezeichnet werden. Um nachvollziehbar zu machen, auf welchem Wege es zum heutigen Meinungsstand gekommen ist, wird zunächst die Entwicklung der Rechtsprechung im Zusammenhang dargestellt. Die Möglichkeit unterschiedlicher Zielvorstellungen für Nebenintervention und Streitverkündung spielt in dieser Entwicklung keine erhebliche Rolle. Soweit in der Rechtsprechung eine sachliche Auseinandersetzung stattgefunden hat, werden die angestellten Überlegungen in die im Anschluss umfassend dargestellte Diskussion einbezogen.

1. Aussagen des *RG*

Die gedankliche Nähe der Interventionsvorschriften zu den aufgezeigten Schutzfunktionen für den Dritten zeigt zunächst eine frühe Entscheidung des *RG* aus dem Jahre 1883.[220] Dort lässt das *RG* die Frage dahinstehen, ob den Erwerber von Wertpapieren eine Pflicht zur Streitverkündung trifft, wenn er mit einer Gegenpartei um die Wertigkeit dieser Papiere streitet.[221] Der Gedanke einer für möglich gehaltenen Pflicht der Hauptpartei zur Streitverkündung impli-

---

[218] Diese Aussagen verstehen sich auch vor dem Hintergrund des an Parteihandlungen orientierten Verständnisses des Gesetzgebers von der Zwangsvollstreckung. Zwar erschließt sich die Schutzbedürftigkeit des Dritten um so eher für das zwischenzeitlich gewandelte Verständnis der Zwangsvollstreckung als öffentlich rechtlich dominierte Ausübung staatlicher Gewalt. Zwangsvollstreckung bedeutete jedoch bereits bei Entstehung der CPO einen besonderen Eingriff und damit das Bestehen einer besonderen Interessenkonstellation, die den Vollstreckungsschuldner schutzwürdig erscheinen lassen konnten. Vgl. zum gewandelten Verständnis des Zwangsvollstreckungsrechts in der Rechtsentwicklung umfassend *Kerwer*, S. 25 m.w.N.

[219] Siehe oben auf den S. 37 ff.

[220] Vgl. RGZ 10, 169 ff.

[221] Vgl. RGZ 10, 169, 171.

ziert, dass in der Streitverkündung nicht ein Schutzinstrument für die – womöglich gezwungene – Hauptpartei gesehen wird. Vielmehr fügt sich diese Aussage nahtlos in die dargestellten historischen Zusammenhänge ein. Dort ging es stets um die Pflicht der Hauptpartei, dem Dritten die Interventionsmöglichkeit einzuräumen.

Die gedankliche Nähe der Interventionswirkung zur Rechtskraftwirkung zeigt sich auch in einer Entscheidung aus dem Jahre 1899.[222] Das Berufungsgericht hatte die objektive Reichweite der Interventionswirkung nach den Regeln der Rechtskraft bestimmt.[223] Das *RG* korrigiert unter Verweis auf die gesetzlichen Regelungen mit der Aussage, der Grundsatz des § 322 ZPO[224] finde im Falle der Interventionswirkung „nicht unbedingt Anwendung."[225]

Ein grundsätzlicher Wandel dieser Sichtweise ist scheinbar mit einer Entscheidung aus dem Jahre 1903 angekündigt.[226] Dort findet sich erstmalig die auch in heutiger Zeit so häufig zu lesende Formulierung, die Interventionswirkung sei einerseits weiter und andererseits enger als die Rechtskraftwirkung, deshalb insgesamt von dieser zu unterscheiden.[227] Über diese Beschreibung hinaus fand kein Versuch einer Charakterisierung der beiden Institute statt.

Der plötzliche Wille zur Unterscheidung erklärt sich aus der Fallgestaltung, die dem *RG* zur Entscheidung vorlag. Es ging um die Anerkennung der Interventionswirkung eines ausländischen Urteils. Die Argumentation des *RG*s belegt plastisch, dass es in der Notwenigkeit, vor einem ausländischen Gericht intervenieren zu müssen, eine besonders gravierende, nicht hinnehmbare Beeinträchtigung sieht.[228] Entsprechend ist die Entscheidung von dem Bemühen getragen, den im Folgeverfahren Beklagten Dritten vor den unheilvollen Folgen der Interventionswirkung zu beschützen. Das *RG* sah sich genötigt, die Interventionswirkung nach § 328 ZPO anzuerkennen, wenn man diese als eine Form der Rechtskraftwirkung ansehen müsste.[229] Unter Verweis auf die unterschiedlich ausgestalteten Rechtsfolgen von Interventions- und Rechtskraftwirkung wurde diese Anerkennung und damit gleichzeitig eine Bindung des Beklagten an die ausländische Interventionswirkung jedoch abgewendet.[230] Es verwundert

---

[222] Vgl. RGZ 45, 353 ff.
[223] Vgl. RGZ 45, 353, 354.
[224] Das *RG* bezog sich auf die damals geltende Benennung als § 293 ZPO.
[225] So RGZ 45, 353, 355.
[226] Vgl. RGZ 55, 236 ff.
[227] Vgl. RGZ 55, 236, 239; siehe dazu aus neuerer Zeit *Peter Schäfer*, S. 128; *Eibner*, S. 9; *Wolfgang Lüke*, S. 313; *Häsemeyer*, ZZP 107 (1994), 228, 234; *Weth* in Musielak, § 68 Rn. 3 m.w.N.
[228] Vgl. RGZ 55, 236, 240.
[229] Vgl. RGZ 55, 236, 240.
[230] Vgl. zur inzwischen veränderten Situation bei der Anerkennung ausländischer Interventionswirkungen *Mansel* in Wieczorek, § 68 Rn. 14, der zu Art. V des Protokolls vom 27.09.1968 zum EuGVÜ, BGBl. 1972 II 808, ausführt, die Vorschrift sei Ausdruck des Grundsatzes, dass eine Streitverkündung oder Nebenintervention nicht das Vorliegen der internationalen Zuständigkeit des Gerichts des Vorprozesses hinsichtlich des Dritten und des Interventionsgrundes voraussetze. Damit ist das Ergebnis, dass das *RG* durch diese Unterscheidung verhindern wollte, zwischenzeitlich auf anderem Wege eingeführt. Dennoch sind die Folgen des Vermeidungsversuchs noch immer – jetzt ohne ihren Zweck – existent.

danach nicht, wenn diese Entscheidung auch in der anschließenden Rechtsprechung des *RG* isoliert blieb.

Eine sehr prägnante Entscheidung, in der das *RG* auch zu den Zielen der Interventionsvorschriften Stellung nehmen musste, stammt aus dem Jahre 1905.[231] Dort setzte sich das *RG* mit den Grundlagen auseinander, weil zu entscheiden war, ob bzw. mit welchen Folgen der nach Streitverkündung beigetretene Dritte das Lager der Hauptpartei verlassen und der Gegenpartei beitreten darf. In diesem Zusammenhang stellt das *RG* klar, dass die Regeln der Intervention und insbesondere auch der Streitverkündung in erster Linie aus der Perspektive des schutzbedürftigen Dritten zu interpretieren sind.[232] Diese Entscheidung bewegt sich mit Blick auf die Ziele der Interventionsrechte des Dritten vollständig im historischen Kontext. Hinsichtlich der daraus resultierenden Folgewirkungen ist von einer Abgrenzung zur Rechtskraft nicht die Rede. Im Gegenteil wird in den nachfolgenden Entscheidungen die Interventionswirkung stets als Form materieller Rechtskraft gegenüber dem Dritten angesehen.[233]

In der Folgezeit klingt in einer Entscheidung aus dem Jahre 1913 der Versuch an, Interventions- und Rechtskraftwirkung zu differenzieren.[234] Ohne weitere Begründung wird unter Verweis auf die vorangegangene Rechtsprechung[235] die unterschiedliche Qualität der Bindungswirkungen festgestellt. Auch hier ging es um die Erreichung eines besonderen Zwecks: Das *RG* suchte zu begründen, dass der im Vollstreckungswege angestrengte Prozess eines Gläubigers mit dem Drittschuldner im Verhältnis zwischen Drittschuldner und dem als Schuldner betroffenen Dritten ohne weiteres keine Rechtskraftwirkung entfaltet.[236] Diese Aussage ist ebenso unergiebig wie die zehn Jahre zuvor ergangene andere differenzierende Entscheidung des *RG*. Demgegenüber knüpft die Entscheidung mit ihrem Bezug zu § 841 ZPO sehr klar an

---

[231] Vgl. RGZ 61, 286 ff.

[232] „Durch Einführung der Nebenintervention bezweckt der Gesetzgeber, das etwaige rechtliche Interesse eines Dritten am Obsieg dieser oder jener Partei dadurch zu schützen, daß dem Dritten gestattet wird, die bezügliche Partei in der Prozessführung zu unterstützen und zu diesem Behuf ihr im Prozeß beizutreten (§66). Solche Unterstützung kann auch der Partei selbst wünschenswert sein, und ihr ist in der Streitverkündung ein Mittel gegeben, auf die Intervention des Dritten hinzuwirken (§§ 72 flg.); aber erzwingen kann sie diese ebenso wenig, (§ 74 Abs. 2), wie sie die Intervention, wenn deren Voraussetzung vorliegt, verhindern kann. Allein entscheidend ist das rechtliche Interesse des Dritten. Die Nebenintervention ist demnach nur ein Recht, nicht eine Pflicht des Nebenintervenienten; ...", RGZ 61, 286, 288 und auf Seite 290, wo nochmals ausdrücklich klargestellt wird, dass „das allein entscheidende für die Zulassung der Intervention" das rechtliche Interesse des Dritten sei.

[233] So in RGZ 77, 360, 363 wo mit weiteren Fundstellen ausdrücklich darauf verwiesen wird, dass auch im Rahmen des § 322 ZPO Tatbestand und Entscheidungsgründe bei der Beurteilung der Reichweite der Rechtskraftwirkung von Bedeutung seien; RGZ 79, 83, 84 f., eine Verletzung der §§ 74 Abs. 3, 68 ZPO müsse nicht gerügt werden, weil es sich um Regeln über die materielle Rechtskraft handele; sehr deutlich auch RGZ 130, 297, 300: „Danach sind zur Bemessung der Rechtskraft nach § 68 ZPO für das im Vorprozeß ergangene Reichsgerichtsurteil der Tathbestand und die Entscheidungsgründe dieses Urteils heranzuziehen. Seine Rechtskraft erstreckt sich gegenüber der jetzigen Beklagten als der Streitverkündeten des Vorprozesses auf die tatsächlichen und rechtlichen Grundlagen jener Entscheidung ..."; zuletzt noch RGZ 151, 210, 213.

[234] Vgl. RGZ 83, 116 ff.

[235] Ob hier die Entscheidung aus dem Jahre 1903 gemeint ist, RGZ 55, 236 ff., bleibt unklar.

[236] Vgl. RGZ 83, 116, 120.

den Gedanken an, die Streitverkündung löse Probleme des Schuldners/Dritten, der sonst unter den Folgen des Erstverfahrens zu leiden hätte.[237] Diese Gedanken entstammen dem historischen Kontext, der durch die gedankliche Nähe von Interventions- und Rechtskraftwirkung gekennzeichnet ist.

Erst einige Zeit später deutet sich eine abweichende Sicht der bis dahin zugrunde gelegten Zielvorstellungen an. Zu Gunsten der Hauptpartei wird im Falle der Streitverkündung deren Schutz für maßgeblich gehalten.[238] Andererseits stellt das *RG* in einer anderen Entscheidung in einem Satz fest, das Ziel von Nebenintervention und Streitverkündung liege in der Verringerung der Prozesse und der Vermeidung sich widersprechender Prozessergebnisse.[239] Das *RG* lässt nicht erkennen, ob damit nur Nebenzwecke angesprochen sein sollten, die auch aus historischer Sicht anerkannt waren. Falls ein Vorzeichenwechsel gemeint war, erfolgte dieser jedenfalls ohne erkennbare Auseinandersetzung. Es werden ausgehend von den Rechtsfolgen der Streitverkündung Feststellungen ohne Begründung getroffen.

Zusammenfassend lässt sich sagen, das *RG* hat im wesentlichen an einer synonymen Behandlung von Interventions- und Rechtskraftwirkung festgehalten.[240] Die vorgenommenen Unterscheidungen stehen isoliert in der übrigen Rechtsprechung und nehmen keinen Bezug auf die Grundlagen der Institute oder sonstige Zweckerwägungen. In vergleichbarer Weise lassen sich keine begründeten Hinweise feststellen, die eine Sichtweise der Streitverkündung als Schutzinstrument zugunsten der streitverkündenden Hauptpartei tragen könnten.

2. Aussagen des *BGH*

Erst der *BGH* stellte für die Interventionsvorschriften am öffentlichen Interesse orientierte Ziele in den Vordergrund. Unter Verweis auf Aussagen des *RG*[241] wurde die Begründung für die Vorschriften über die Streitverkündung ohne weiteres ausschließlich in der Verringerung der Zahl der Prozesse und der Vermeidung sich widersprechender Prozessergebnisse gesehen.[242] Auf diese Entscheidung verweisen nachfolgende Entscheidungen des *BGH* anstelle einer Begründung.[243] Gleichzeitig geht der *BGH* davon aus, die Auslegung der Interventionsvorschriften müsse sich an den Rechtsfolgen des § 68 ZPO orientieren, weil nur auf diesem

---

[237] Das *RG* bezieht die Folgen eines wegen Verzichts oder mangels Beweisantritts verlorenen Erstverfahrens in seine Überlegungen ein, RGZ 83, 116, 121.
[238] Vgl. dazu RGZ 97, 295, 297; anders wiederum in den Entscheidungen RGZ 102, 297, 303; 111, 410, 411; 143, 377, 380.
[239] So in RGZ 77, 360, 365.
[240] Siehe RGZ 55, 236, 239; 123, 208, 210; 130, 297, 300; 145, 40, 42.
[241] Der *BGH* verweist auf die Entscheidung RGZ 77, 360, 364 f., die Aussage über den öffentlich orientierten Schutzzweck findet sich auf S. 365.
[242] Vgl. BGHZ 8, 72, 81 f.
[243] Vgl. z.B. BGHZ 36, 212, 214.

Wege „vernünftige“ Ergebnisse zu erzielen seien.[244] Diese Überlegungen münden in dem Ausspruch, die Streitverkündung solle verhindern, dass eine Partei eine Klage anstrengen müsse, um die Verjährung zu unterbrechen.[245] Im Gegensatz dazu lassen die Äußerungen im Zusammenhang mit der Diskussion um die Interventionswirkung im Falle eines *non-liquet* erkennen, dass die Streitverkündung primär auf prozessualer Ebene erklärt werden muss.[246] Andererseits weist eine spätere Entscheidung wieder auf die Schutzfunktion der Interventionsvorschriften für den Dritten hin, die insbesondere auch § 68 ZPO zukomme.[247]

Eine umfangreiche Auseinandersetzung des *BGH* mit dem Charakter der Interventionsvorschriften findet sich in einer Entscheidung aus dem Jahre 1987, in der es um die bis dahin vom *BGH* nicht entschiedene Frage ging, ob die Interventionswirkung analog auch zugunsten des Dritten wirken müsste.[248] Der *BGH* spricht in Anlehnung an die Mehrzahl der Stimmen in der Literatur von einem prozessualen Rechtsbehelf,

> „der in erster Linie den Interessen des Streitverkünders dient. Dessen Lage wird in den von § 72 ZPO erfassten Fällen dadurch gekennzeichnet, dass er wegen der materiellrechtlichen Verknüpfung der gegen verschiedene Schuldner gerichteten Ansprüche gezwungen ist, mehrere Prozesse zu führen, dabei aber Gefahr läuft, alle zu verlieren, obgleich er zumindest einen gewinnen müsste. Durch die mit der Streitverkündung ermöglichte Bindungswirkung gemäß §§ 74, 68 ZPO kann er sich dagegen schützen.“[249]

Damit hat sich der Ausgangspunkt des *BGH* mit Blick auf die Ziele der Drittbeteiligung im Verhältnis zu den ursprünglichen Zielsetzungen grundlegend gewandelt: Entscheidend solle danach das Problem des Schutzes der Hauptpartei in ihrer materiellrechtlich besonderen Si-

---

[244] So BGHZ 36, 212, 215 f.

[245] Vgl. BGHZ 36, 212, 216. Diese Aussage zeigt den fehlenden Bezug zur Entstehungsgeschichte der Vorschriften über die Streitverkündung. Verjährungsregeln sind und waren im deutschen Recht materiellrechtlich verstandene Regelungstatbestände, die unter keinen Umständen im Rahmen der Beratungen über die gesamtdeutsche CPO hätten eine Rolle spielen können. Im Vorfeld der Entwurfserstellung musste erheblicher Widerstand überwunden werden, um Regelungen über die Interventions- und Rechtskraftwirkung in die CPO aufzunehmen, weil diese als prozessuale Instrumente anzusehen seien, siehe dazu oben auf den S. 55 ff. Eine materiellrechtliche Zwecksetzung mit Blick auf die Verjährung wäre am Einwand fehlender Kompetenz des Gesetzgebers gescheitert. Daran können auch die Regelungen im Zusammenhang mit dem BGB nichts ändern, weil dort keine Regelung über die Streitverkündung getroffen wurde, sondern nur Rechtsfolgen an eine erfolgte Streitverkündung geknüpft wurden.

[246] Vgl. dazu *BGH* NJW 1983, 820, 821; zur Gegenansicht siehe auch *Bork* in Stein/Jonas, § 68 Rn. 5 m.w.N.

[247] Vgl. *BGH* NJW 1985, 386, 387 im Zusammenhang mit der streitgenössischen Nebenintervention.

[248] BGHZ 100, 257 ff.; Das OLG Celle hatte sich als Vorinstanz noch für eine Analogie zugunsten des Dritten ausgesprochen. Bemerkenswert ist die gedankliche Nähe, die zur Rechtskraft hergestellt wird. Wörtlich wird das *OLG Celle* vom *BGH* wie folgt widergegeben: „Rechtskraftähnliche Bindung, durch die im öffentlichen Interesse widersprechende Prozeßergebnisse vermieden und Rechtssicherheit gewonnen werden sollten, müsse vielmehr - damit dieser Zweck erreicht werde - auch zugunsten des Beklagten wirken. Beide Parteien hätten im Vorprozeß ihre Rechte voll zur Geltung bringen können; beide müßten deshalb auch die Vor- und Nachteile hinnehmen, die das dort ergangene Urteil für sie habe.“, BGHZ 100, 257, 258.

[249] So BGHZ 100, 257, 262.

tuation sein. In dieser Situation bestehe ein öffentliches Interesse an der Vermeidung widersprüchlicher Entscheidungen und erneuter Befassung eines Richters mit demselben Streitstoff.[250]

Auch diese Veränderung findet keine eingehende Begründung, wie es mit Blick auf die weitreichenden Folgerungen, die von ihr abhängen, zu erwarten wäre. Einen zusammenfassenden Endpunkt dieser Entwicklung bildet die Entscheidung des *BGH*, in der der Schutz der materiellrechtlichen Stellung des Streitverkünders durch die Vermeidung widersprüchlicher Entscheidungen als primäres Schutzziel der Streitverkündungsregeln festgestellt wird. Nachrangig werden daneben als Ziele genannt, dem Dritten die Teilnahme am Erstverfahren zu ermöglichen und den Streitverkünder gegen den Einwand zu schützen, er habe den Prozess schlecht geführt oder eine unrichtige Entscheidung herbeigeführt. Inwieweit von dem Recht zur Streitverkündung unabhängig die öffentlichen Interessen durch die Rechtsfolge in Form der Interventionswirkung geschützt werden sollen, geht aus der Begründung nicht hervor.[251]

3. Zusammenfassung: Aussagen der höchstrichterlichen Rechtsprechung

Im Vordergrund der Erwägungen des *RG* stand zunächst der Schutz des Dritten vor den Folgen der Erstentscheidung. Nachfolgend deutete sich eine Ausweitung oder Umstellung der Zieldefinition auf die Vermeidung widersprüchlicher Entscheidungen bzw. der wiederholten Befassung eines Richters mit identischem Streitstoff an.

Die Rechtsprechung des *RG* behandelte beide Bindungswirkungen als Formen von Rechtskraftwirkung, die unter Verweis auf die gesetzlichen Bestimmungen mit unterschiedlichen Rechtsfolgen verbunden wurden. In zwei isolierten Entscheidungen wurden diese Wirkungen ohne weitere Begründung voneinander abgegrenzt, um den jeweils drohenden Rechtsfolgen auszuweichen. Auch nach diesen Einzelentscheidungen behandelte das *RG* die Interventionswirkung als eine Form der Rechtskraft.

Der *BGH* hat unter Verweis auf das *RG* die Vermeidung widersprechender Entscheidungen und der wiederholten Befassung eines Richters mit demselben Streitstoff als Ziel der Interventionsvorschriften angesehen. Die Begründungen jüngerer Entscheidungen lassen zudem erkennen, dass zunehmend der Schutz materieller Rechte der Hauptpartei vor dem doppelten Verlust im Erst- und Folgeverfahren als Ziel der Streitverkündung aufgefasst wird.

---

[250] BGHZ 100, 257, 263; aus diesen Zielvorstellungen leitet der *BGH* Entscheidungen für die Zweifelsfragen im Zusammenhang mit der Interventionswirkung her.

[251] Vgl. *BGH* NJW 1992, 1698, 1699 unter Verweis auf an anderer Stelle geleistete Begründungen.

4. Die möglichen Ziele der Interventionsvorschriften

Die Diskussion in der Literatur über Wesen und Ziele der Interventionsvorschriften offenbart eine bunte Vielfalt zum Teil gegensätzlicher Standpunkte.[252] Davon abhängig werden für die Ausgestaltung der Interventionswirkung unterschiedliche Akzente gesetzt.

Die möglichen Schutzziele der Interventionsvorschriften lassen sich danach unterteilen, ob sie Positionen der Hauptpartei, des Dritten oder der Öffentlichkeit hervorheben. Weitgehende Einigkeit besteht insoweit, als man die Interventionsvorschriften als Regeln ansieht, die sich notwendig aus dem Zweiparteienprinzip des Zivilprozessrechts ergeben.[253] Diese Grundlagen darf man nicht aus dem Auge verlieren, wenn über die Zwecke der einzelnen Vorschriften gesprochen wird.[254] Die folgende Darstellung soll sich an den diskutierten Zielen der Interventionsvorschriften orientieren. Häufig wird zwischen Nebenintervention und Streitverkündung unterschieden.[255] Man ist sich jedoch bei erfolgtem Beitritt des Streitverkündeten darüber einig, diesem die Position eines herkömmlichen Nebenintervenienten einzuräumen.[256] Abgrenzungsprobleme werden deshalb nur für die Fälle gesehen, in denen der streitverkündete Dritte nicht beigetreten ist.

Gedanklich ist zunächst zwischen dem Zweck von Nebenintervention und Streitverkündung als Initiativrechten und dem Zweck der daran anschließenden Bindungswirkung im Folgeverfahren zu unterscheiden.[257] Man versucht allgemein, die strittigen Detailfragen der Interventionswirkung anhand der Ziele zu entscheiden, die man für Nebenintervention und Streitverkündung für maßgeblich hält.[258] Dieser Ansatzpunkt überzeugt insoweit, als die Ziele der Interventionsvorschriften keinesfalls über die Interventionswirkung konterkariert werden dürfen. Nur die Interpretation im Zusammenhang verspricht ein geschlossenes System.[259] Ande-

---

[252] Von allgemeiner Unsicherheit über die Begründung des Umfangs der Interventionswirkung in Literatur und Rechtsprechung spricht z.B. *Bruns*, FS für Schima, S. 120.

[253] Vgl. dazu *Bruns*, FS für Schima, S. 111; *Eibner*, S. 6; *Kittner*, JuS 1985, 703; *Mansel* in Wieczorek, § 64 Rn. 1; *Weth* in Musielak, § 64 Rn. 1, wobei jeweils darauf hingewiesen wird, dass die Streitgenossenschaft keine Form des Mehrparteienverfahrens sei, sondern nur eine Verbindung mehrerer selbständiger Verfahren zur praktikableren Verhandlung.

[254] So beschreibt *Wolfgang Lüke*, S. 387, den Zweck des § 66 ZPO dahin, eine populare Nebenintervention zu verhindern und Störungen durch den Nebenintervenienten, der keine subjektiven Rechte, sondern nur diejenigen der Partei vertritt, zu verhindern. Diese Aussage kann nur hingenommen werden, wenn man den gedanklichen Vorzeichenwechsel, den diese Formulierung nahe legt, wieder umkehrt: Die Vorschriften grenzen keine unmäßige Beteiligungsmöglichkeit Dritter an einem Rechtsstreit ein. Sie erlauben ausnahmsweise die Einmischung Dritter in fremde Streitigkeiten, um anderenfalls drohende Belastungen abzufangen. Vgl. zu diesem Ausgangspunkt die deutlichen Aussagen von *Brauer*, AcP 24 (1841), 423, 424; *Bienhold*, S. 10; *Mansel* in Wieczorek, § 68 Rn. 6.

[255] Vgl. Überblick bei *Mansel* in Wieczorek, § 68 Rn. 3.

[256] Vgl. dazu *Mansel* in Wieczorek, § 74 Rn. 5 m.w.N., der insoweit von einer überflüssigen Rechtsfolgenverweisung in § 74 Abs. 3 ZPO spricht, weil der Dritte dann ohnehin als Nebenintervenient anzusehen sei.

[257] So auch *Wolfgang Lüke*, S. 323.

[258] Vgl. *Eibner*, S. 24; *Wolfgang Lüke*, S. 312; *Elmar Schäfer*, S. 93; *Schwanecke*, S. 30; *Häsemeyer*, ZZP 84 (1971), 179, 183; *Martens*, ZZP 85 (1972), 77, 89.

[259] Inwieweit sich dieses an die Funktion der Interventionsvorschriften anknüpfende Verständnis der Interventi-

rerseits dürfen die eigenständigen Hintergründe der Bindungswirkung nicht vernachlässigt werden.[260]

a) Zwang zur Unterstützung der Hauptpartei

Ein möglicher Zweck der Interventionsvorschriften könnte darin liegen, den Dritten zur Hilfeleistung im Erstverfahren anzuhalten.[261] Für diese Wirkung sprechen aus Sicht des Dritten sicherlich Gründe prozesstaktischer Vernunft: Eine rational handelnde Person wird nach Kräften versuchen, sich zu verteidigen, soweit ihre Position durch weitreichende Bindungen bereits im Erstverfahren auf dem Spiel steht.[262] Andererseits wäre die frühzeitige Beteiligung konsequenter zu erreichen gewesen, wenn der Gesetzgeber eine notwendige Beiladung angeordnet hätte, wie dies für den Zivilprozess in § 856 Abs. 3 ZPO geschehen ist.[263] Demgegenüber ist die Grundidee der Parteidisposition als Leitmotiv des Gesetzgebers zu beachten. Danach hat die Initiative im Zivilprozess grundsätzlich von den Parteien auszugehen.[264] Nur wenn besondere Gründe dies erforderlich erscheinen lassen, kann eine gesetzlich angeordnete Handlungspflicht in Betracht kommen.[265]

Auch der Verweis auf die lediglich für den Dritten negativen Auswirkungen der Interventionswirkung führt nicht weiter.[266] Die einseitige Belastung des Dritten kann vielfältige Gründe haben. Die gesetzliche Formulierung kann entscheidend auf die Vorstellungen des Gesetzgebers von der Regelungssituation zurückgehen, worauf später detailliert eingegangen wird.[267] Ein klarer Hinweis lässt sich insoweit jedenfalls nicht erschließen.

Zweifel an dieser Zielvorstellung im Interesse der Hauptpartei werden weiterhin angemeldet, weil die Unterstützung den Einbruch in den fremden Rechtsstreit nur dann rechtfertigen könnte, wenn sichergestellt sei, dass der Dritte effektiv für die Hauptpartei tätig werde.[268] Dafür sei das rechtliche Interesse allein aber kein ausreichendes Indiz, weil es praktischen Erfahrungen entspreche, ein fremdes Verfahren anders zu betreiben als eines, in dem man unmittelbar

---

onswirkung mit der häufig vertretenen unterschiedlichen Zieldefinition für Streitverkündung und Nebenintervention vereinbaren lässt, soll später ausführlich besprochen werden.

[260] Vgl. zu diesen Gesichtspunkten aus historischer Sicht oben S. 46 ff.

[261] Für die Einbeziehung als nachrangiges Ziel *Mansel* in Wieczorek, § 72 Rn. 4 m.w.N. zu anderweitigen Auffassungen.

[262] Vgl. *Bruns*, FS für Schima, S. 114; *Mansel* in Wieczorek, § 68 Rn. 61.

[263] Dies sieht *Schwanecke*, S. 36 Fn. 72, als entscheidendes Argument gegen diese Zieldefinition. Die Interventionswirkung schrecke eher von der Beteiligung ab. Die Streitverkündung stehe im Ermessen der Hauptpartei und sei deshalb „denkbar ungeeignet", den Dritten zur Unterstützung der Hauptpartei zu veranlassen.

[264] So auch *Bruns*, FS für Schima, S. 114.

[265] Das belegt die Ausnahmevorschrift des § 856 Abs. 3 ZPO. Im Rahmen der durch die Zwangsvollstreckung erzwungenen Rechtsverhältnisse ist der Staat mehr als sonst gehalten, auf den Schutz der Beteiligten hinzuwirken.

[266] Diese Möglichkeit zieht jedoch *Peter Schäfer*, S. 133, in Erwägung.

[267] Siehe dazu die ausführliche Darstellung im Zusammenhang unten S. 143 ff.

[268] Vgl. *Wieser*, ZZP 79 (1966), 246, 256 f.

durch den Urteilsspruch mit negativen Rechtsfolgen belegt werde.[269] Dieser Gesichtspunkt mag im Einzelfall zutreffen, kann aber für die hier zu entscheidenden Fragen keine Rolle spielen. Das liberal geprägte Konzept der ZPO geht von eigenverantwortlich handelnden Parteien aus, die ihre Interessen aktiv wahrnehmen. Parteien, die aus diesem Schema herausfallen, drohen an vielen Stellen erhebliche Nachteile.[270] Als Maßstab der rechtlichen Bewertung müssen rational handelnde Parteien herangezogen werden.

Weiter wird gegen diese Zieldefinition zu bedenken gegeben, die Bindung dürfte dann nicht weiter gehen, als der Dritte zur Mithilfe animiert werden soll. Die Interventionswirkung binde umfänglich in sachlicher wie in rechtlicher Hinsicht. Die Animation des Dritten zu rechtlichen Äußerungen im Erstverfahren sei jedoch systemfremd, weil solcher Vortrag selbst für die Parteien fakultativ sei – *iura novit curia.* Was man von den Parteien nicht erwarte, das könne auch einem Dritten nicht abgefordert werden. Damit könne das mögliche Ziel „Hinwirken auf Unterstützung der Hauptpartei" für die Interventionswirkung maximal teilweise zum Tragen kommen. Sinnvollerweise könnte jedoch nur eine Zielvorstellung zugrunde gelegt werden, die sämtliche Wirkungen verständlich mache.[271]

Diesem Gedankengang kann gefolgt werden, soweit er ein Erklärungsmodell nur dann für plausibel erachtet, wenn es die Wirkungen der Interventionsvorschriften in ihrer Gesamtheit zu erklären vermag. Irreführend wirkt demgegenüber der Gedanke, ein Hinwirken auf rechtliche Ausführungen durch die Parteien sei dem Zivilprozess fremd. Zwischen der Bindung des Richters an den Rechtsvortrag der Parteien und der Vorstellung, dass deren rechtlicher Vortrag nicht grundsätzlich als prozessfördernd begrüßt wird, ist zu unterscheiden. Die ZPO gibt vielfach die Erwartung zu erkennen, die Parteien würden das Verfahren mit Rechtsausführungen oder zumindest gestützt auf rechtliche Überlegungen vorantreiben.[272] Am Beispiel der Verfahrens vor dem *BGH* wird der Vorteil rechtlich qualifizierten Vortrags für den reibungslosen Ablauf der Rechtspflege besonders deutlich. Der Gesetzgeber hat zwar den rechtlichen

---

[269] In diesem Sinne *Wieser*, ZZP 79 (1966), 246, 256 f.

[270] Eindrucksvolles Beispiel dieses Verständnisses gibt das Prinzip formeller Wahrheit, durch das es ganz in den Händen der Parteien liegt, durch Vernachlässigung ihrer Interessen einen falschen Sachverhalt zur Entscheidungsgrundlage zu erheben und derart zu unterliegen. Insoweit spricht *Bienhold,* S. 10, von der Geltung des Grundsatzes *iura vigilantibus sunt scripta,* nach dem der im Verhandlungsprinzip angelegte Kampf am ehesten geeignet sei, eine angemessene Rechtsdurchsetzung zu bewirken.

[271] Vgl. *Wieser*, ZZP 79 (1966), S. 246, 257.

[272] Siehe z.B. §§ 139 Abs. 1 S. 2, 278 Abs. 3 ZPO, in denen es um den Schutz vor Überraschungsentscheidungen geht. Die Gewährung rechtlichen Gehörs hat nicht zuletzt die willkommene Folge, die rechtlichen Überlegungen des Gerichts einer Prüfung durch die kontradiktorisch orientierten Parteien zu unterziehen, vgl. *Vollkommer* in Zöller, § 278 Rn. 5 ff. Die Vorstellung des Rechtsanwalts als Organ der Rechtspflege impliziert gleichermaßen die sorgfältige rechtliche Aufbereitung eines Sachverhalts, § 43 S. 1 BRAO, in erster Linie, um die relevanten Tatsachen vortragen zu können, gleichzeitig aber auch, um den Vorteil kontradiktorischer Rechtsfindung auch mit Blick auf die Anwendung materiellen Rechts zu nutzen. Deutlich wird die Pflicht zu Rechtsausführungen für Rechtsmittelbegründungen formuliert. § 519 Abs. 3 Nr. 2 ZPO verlangt eine Berufungsbegründung auch in rechtlicher Hinsicht, vgl. dazu *Gummer* in Zöller, § 519 Rn. 33 m.w.N. Die Begründung einer Revision erschöpft sich zwangsläufig in Rechtsausführungen, vgl. § 554 Abs. 3 Nr. 3 ZPO.

Vortrag nicht angeordnet. Mittelbare Anreize belegen jedoch, dass auch die rechtliche Aufbereitung durch die Parteien vorausgesetzt wird.

Die Interventionsvorschriften lassen sich zusätzlich aus anderen Gründen nicht unter Verweis auf den Zwang zur Unterstützung der Hauptpartei erklären.[273] Entscheidend für die Zielbestimmung müssen die in den Vorschriften ausgedrückten gesetzgeberischen Wertungen sein. Auf der Wertungsebene kommt der erzwungenen Unterstützung der Hauptpartei jedoch kein Eigenwert zu. Es ist im Rahmen der Postulationsfähigkeit rechtlich irrelevant, ob und wie sich eine Partei unterstützen lässt. Die Unterstützung selbst ist kein geeignetes Ziel, kein Schutzobjekt, das nach einer gesetzlichen Wertung vor drohender Beeinträchtigung bewahrt werden müsste. In der Lage der Hauptpartei, ein Verfahren auf sich gestellt durchzuführen, kann keine besondere Interessengefährdung gesehen werden. Die Unterstützung der Hauptpartei bedeutet maximal ein Mittel, um anderweitige Zwecke zu fördern. Damit bleibt die Frage nach dem Endziel offen: Schutz materiellrechtlicher Positionen der Hauptpartei, Schutz des öffentlichen Interesses vor ineffektiver Rechtspflege[274] oder womöglich gebotene Wahrung der Rechte des Dritten.

Die Zielbestimmung erfolgt zur rechtlichen Einordnung des Instituts. Dadurch sollen Möglichkeiten erschlossen werden, rechtliche Zweifelsfragen sachgerecht zu entscheiden. Die Diskussion um bloße Zwischenziele trägt nichts bei und bedarf deshalb keiner Entscheidung.

b) Schaffung von Rechtsgewissheit

Das Ziel der Interventionsvorschriften könnte darin liegen, bereits im Erstverfahren endgültige Rechtsgewissheit zu schaffen.[275] Dieser Rechtsgewissheit käme mit Blick auf die grundsätzlich anerkannte Bedeutung der Schaffung von Rechtsfrieden ein Eigenwert zu, der Gegenstand einer gesetzlichen Wertung im soeben ausgeführten Sinne sein könnte. Für diese Zielbestimmung spricht die weitgehende Festlegung des Folgeverfahrens durch die Interventionswirkung. Den Parteien bzw. dem Dritten wird zwar keine objektive Gewissheit über den im Folgeverfahren geltend gemachten prozessualen Anspruch verschafft, sie erhalten gleichwohl die Sicherheit, der Streitstoff werde nicht abweichend vom Erstverfahren gewürdigt.[276] Die Durchführung des nachfolgenden Erkenntnisverfahrens hat deshalb häufig formalen Charakter, weil unsicherer Streitstoff nicht mehr besteht. In diesem Sinne sind auch Äußerungen

---

[273] Vgl. Rosenberg/Schwab/*Gottwald*, S. 260.

[274] Hier kann unterschieden werden zwischen der Schaffung von endgültiger Rechtsgewissheit, der Vermeidung wiederholter Auseinandersetzung mit identischem Streitstoff, der Vermeidung widersprüchlicher Entscheidung und nicht zuletzt der Bewirkung objektiv „richtiger“ Urteile, vgl. dazu *Elmar Schäfer*, S. 155.

[275] Die Rechtssicherheit wird als eines der Ziele erwähnt von: *Koch* in AK-ZPO, § 64 Rn. 1; *Schilken* in MünchKommZPO, § 72 Rn. 1.

[276] Vgl. *Wieser*, ZZP 79 (1966), S. 246, 257.

zu verstehen, der Hauptpartei werde das Prozessrisiko für das Folgeverfahren abgenommen.[277]

Gegen die Rückführung der Interventionsvorschriften auf das Ziel der Schaffung von Rechtsgewissheit lässt sich einwenden, Rechtsgewissheit könne nicht mit reduziertem Prozessrisiko gleichgesetzt werden. Es gehe um die formell einzuordnende prozessuale Frage, ob ein Rechtsverhältnis endgültig gewürdigt sei.[278] Selbst wenn man das Folgeverfahren als Formalität qualifizieren wollte, so wäre es noch immer als Erkenntnisverfahren anzusehen. Einschränkend wäre zudem zu berücksichtigen, dass die Interventionswirkung nicht den gesamten Streitstoff erfasse, sondern stets nur auf die im Vorverfahren tragenden Teile[279], nach anderer Ansicht sogar nur auf alternierende Entscheidungselemente[280] bezogen werden dürfe. Gleichwohl wäre kein entscheidendes Argument gegen diese Zielvorstellung gefunden, weil jedenfalls eine erhebliche Verbesserung der Rechtssicherheit erzielt wird. Die Interventionsvorschriften bedeuten kein ungeeignetes Mittel zur Schaffung von Rechtsgewissheit.

Ebenso wenig überzeugt der Einwand, man könne die unterschiedlich ausgestaltete Interventionswirkung nicht auf die gleichermaßen für die Rechtskraft angeführte Begründung stützen.[281] Zutreffend ist für die unterschiedliche Ausgestaltung von ähnlichen Rechtsinstituten ein sachlicher Grund zu vermuten. Die Unterschiede können jedoch andere Erklärungen finden, z.B. in Praktikabilitätserwägungen oder zusätzlichen Wertungen.[282] Sie tragen keinesfalls ohne weiteres den Schluss, die Schaffung von Rechtsgewissheit sei für die Interventionsvorschriften irrelevant.

Gegen die Zielvorgabe der Schaffung von Rechtsgewissheit wird teilweise die Beschränkung der Bindungswirkung auf die tragenden Teile angeführt.[283] Wenn das Ziel in der Schaffung endgültiger Klarheit bestehe, dann käme eine möglichst weitgehende Bindung diesem Ziel am nächsten. Die Beschränkung der Interventionswirkung auf tragende Entscheidungsteile ist anderweitigen Wertungen geschuldet. Es liegt in der Definition des Aufgabenbereichs des Gesetzgebers, aus einer unübersehbaren Vielzahl ähnlicher oder gegenläufiger Interessen diejenigen zu kennzeichnen, die für einen bestimmten Lebenssachverhalt im Vordergrund stehen sollen. Dabei müssen laufend Kompromisse gefunden werden, um der Vielfalt für relevant erachteter Gesichtspunkte Rechnung zu tragen. Vor diesem Hintergrund lässt sich ein mögliches Motiv ausschließlich dann unter Verweis auf die unvollständige Umsetzung als gesetzli-

---

[277] Vgl. *Schilken* in MünchKommZPO, § 68 Rn. 17 m.w.N.; *Mansel* in Wieczorek, § 72 Rn. 4.
[278] Vgl. *Wieser*, ZZP 79 (1966), S. 246, 257.
[279] Vgl. *Weth* in Musielak, § 68 Rn. 4 m.w.N.; *Eibner,* S. 105.
[280] Vgl. *Schwanecke,* S. 131 m.w.N.; zur Ablehnung dieser Auffassung in Literatur und Rechtsprechung Überblick bei *Wolfgang Lüke*, S. 329.
[281] Vgl. *Schwanecke,* S. 65 Fn. 130.
[282] Siehe dazu ausführlich unten S. 198 ff.
[283] *Wieser*, ZZP 79 (1966), S. 246, 257 f.

cher Zweck ausschließen, wenn keine sonstigen Gesichtspunkte erkennbar sind, die gleichermaßen eine beschränkte Umsetzung rechtfertigen könnten.

Es entspricht allgemeiner Überzeugung in unserer ebenso wie in vielen anderen Rechtsordnungen, dass ein Gericht bei der Rechtsfindung sein Augenmerk primär auf die tragenden Teile seiner Begründung richtet.[284] Diese Entscheidungsteile sind hauptsächlich der Gegenstand der Beratungen und rechtlichen wie tatsächlichen Auseinandersetzungen. Demgegenüber sind *obiter dicta* häufig mit geringerem Aufwand überprüft. Vor allem lassen sich solche Ausführungen im Rechtsmittelverfahren nicht isoliert angreifen. Zudem gilt der Grundsatz der Parteiherrschaft über den Prozessstoff als wichtiger Bestandteil des kontradiktorischen Streitkonzeptes. Wollte man eine Bindungswirkung von gerichtlichen Entscheidungen über den entscheidungsrelevanten Lebenssachverhalt und die daran anknüpfenden Rechtsfolgen hinaus erstrecken, so hieße das, dem Richter die Macht zur Bestimmung des Streitstoffs einzuräumen. Ferner sprechen Gesichtspunkte der Prozessökonomie und Praktikabilität dagegen, neben den entscheidungsrelevanten Problemen weitere in vergleichbar verlässlicher Weise zu durchdenken.

Es lassen sich also gemeinhin anerkannte Gründe dafür aufzeigen, die Interventionswirkung auch mit Blick auf die Schaffung von Rechtsgewissheit auf die tragenden Entscheidungsteile zu beschränken. Sinnvollerweise sollte die Rechtsgewissheit sich auf das Substrat wohlerwogener Ergebnisse beschränken, die im Spannungsfeld zwischen den gegenläufigen Interesse der Verfahrensbeteiligten gewonnen werden.

Schließlich können gesetzliche Vorschriften erlassen werden, um eine Verbesserung, wenn auch keine vollständige Zielerreichung, zu gewährleisten. Es wird nur in seltenen Fällen möglich sein, ein als erstrebenswert erkanntes Ziel mit gesetzgeberischen Mitteln vollständig zu erreichen. Die Berücksichtigung anderer Ziele im Rahmen eines Interessenausgleichs kann kein Argument gegen solche Versuche bilden.

Die bislang angestellten Überlegungen können weder ausschließen noch hinreichend belegen, dass die Interventionsvorschriften auf die Schaffung von Rechtsgewissheit abzielen. Die Interventionswirkung selbst erscheint als wirksames Mittel, um zumindest erhebliche Verbesserungen der Rechtsgewissheit zu erzielen. Eine gesicherte Aussage über die Ziele der Interventionsmöglichkeit lässt sich dennoch nicht treffen. Aus dem Wortlaut der §§ 66 ff. ZPO lässt sich ebenso wenig ein Ergebnis gewinnen.

---

[284] Vgl. *Eibner,* S. 105; siehe auch § 31 BVerfGG, nach dem den Entscheidungen des Bundesverfassungsgerichts nur in seinen tragenden Teilen Gesetzeskraft zukommt.

Den Ausschlag müssen die oben entwickelten historischen und systematischen Erkenntnisse geben.[285] In den Erwägungen des historischen Gesetzgebers spielte die Schaffung endgültiger Rechtssicherheit keine primäre Rolle. Zwar war man sich darüber einig, dass eine Entscheidung nur dann sinnvoll erscheint, wenn sie verbindlich wirkt. Prägend wirkten indessen andere Ziele: Der historische Gesetzgeber wollte mit den Interventionsvorschriften die Probleme des Dritten lösen, der mittelbar durch die Präjudizwirkung einer Erstentscheidung in seinen Rechten beeinträchtigt werden kann, indem man dem Dritten das Recht zu frühzeitiger Einflussnahme einräumte.[286] Als selbstverständliche Folgerung nahm man an, der Dritte könne das eigenhändig erstrittene Ergebnis nicht wieder in Frage stellen. Die frühzeitige Rechtsgewissheit, die aus dieser Bindung resultierte, stellt sich dagegen als willkommener Nebeneffekt dar.

Dieser Befund lässt sich zusätzlich mit den Erkenntnissen abstützen, die über den systematischen Zusammenhang der Interventionsvorschriften gewonnen wurden.[287] Vor allem § 841 ZPO zeigt, dass Schutzaspekte zugunsten des Dritten im Vordergrund gestanden haben müssen. Demgegenüber finden sich keine Hinweise, die abseits dieser Zieldefinition die Rechtssicherheit hervorheben könnten.

Insgesamt kann die Schaffung von Rechtsgewissheit nicht als Primärziel der Interventionsmöglichkeiten leitend für die Auslegung der Regelungen wirken. Für eine nachrangige Berücksichtigung ist allerdings zu sehen, dass es sich um einen allgemein als solchen anerkannten zivilprozessualen Vorteil handelt, ein Mehr an Rechtssicherheit zu erzielen.

c) Verhütung bzw. Verkürzung von Prozessen

Ohne weiteres werden die Interventionsvorschriften häufig auf die Verhütung bzw. Verkürzung von Prozessen zurückgeführt, weil die Interventionswirkung einen rational agierenden Dritten regelmäßig davon abhalten wird, es zu einem Folgeprozess kommen zu lassen.[288] Der Streitstoff ist zumindest in sehr erheblichen Teilen präjudiziert, so dass häufig keine vielversprechenden Verteidigungsaussichten bestehen.[289] In diesen Zusammenhang gehört der Schutz des öffentlichen Interesses vor wiederholter Behandlung identischen Streitstoffs. Davon ist die nachfolgend (unter B.IV.4.e)[290]) analysierte Vermeidung erneuter Sachbehandlung

---

[285] Vgl. dazu oben S. 36 ff. und S. 67 ff.
[286] Siehe oben S. 59 ff.
[287] Siehe oben S. 67 ff.
[288] Vgl. dazu zum Teil nach Nebenintervention und Streitverkündung differenzierend *Hartmann* in Baumbach/Lauterbach, § 64 Rn. 2; *Kittner*, JuS 1985, 703; *Koch*, § 64 Rn. 1; *Weth* in Musielak, § 72 Rn. 1; *Elmar Schäfer*, S. 179; *Schneider*, MDR 1961, 3, 6; *Stahl*, S. 135.
[289] Vgl. *Wolfgang Lüke*, S. 312 mit einem Überblick über die Rechtsprechung, 420; vgl. aus der Rechtsprechung insbesondere BGHZ 100, 253, 263.
[290] Siehe unten auf den S. 94 ff.

im Interesse der Hauptpartei zu unterscheiden. Es geht also um den Schutz der Allgemeinheit vor den Belastungen der Rechtspflege durch die wiederholte Gewährung rechtlichen Gehörs.

Gegen die Annahme dieser Zielvorstellung wird wiederum die Beschränkung der Bindungswirkung auf tragende Entscheidungsteile angeführt.[291] Wie bereits im Zusammenhang mit dem Ziel der Schaffung von Rechtsgewissheit angesprochen, wird auch hier argumentiert, dem Ziel der Vermeidung weiterer Prozesse wäre besser gedient, wenn man keine Beschränkung auf tragende Entscheidungsteile vornähme. Aus denselben Gründen wie oben[292] kann diese Argumentation im aktuellen Zusammenhang nicht überzeugen: Es sprechen andere gute Gründe dafür, nur solche richterlichen Erkenntnisse mit Bindungswirkung zu versehen, die im Mittelpunkt des kontradiktorisch ausgefochtenen Streitverfahrens gestanden haben.[293]

Zusätzlich argumentiert man, die Einschränkungen des § 68 ZPO ließen sich mit dem Regelungsziel der Prozessökonomie nicht in Einklang bringen.[294] Ginge es tatsächlich darum, einmal erstrittene Prozessergebnisse für folgende Verfahren fruchtbar zu machen, so dürfte diese Wirkung weder im Sinne des § 68 S. 2 ZPO noch gegenüber der Haupt- und Gegenpartei beschränkt sein.[295] Aber auch diese Argumentation verkennt die Vielschichtigkeit der gesetzlichen Interessenabwägung. Die verfassungsrechtlich zwingend vorgegebene Gewährung rechtlichen Gehörs sollte in die Überlegungen einbezogen werden. Die Gewährung rechtlichen Gehörs spielte bereits für den Gesetzgeber der ZPO eine Rolle, war er auch nicht durch ein Grundgesetz gebunden. Die Ausnahmen des § 68 S. 2 ZPO spiegeln den Gedanken wider, eine Bindung könne ausschließlich eingreifen, wenn der Dritte die Möglichkeit hatte, seine Rechte wahrzunehmen. Auch die römisch-rechtliche Sicht der Bindung eines Prozessbeteiligten geht nur auf, wenn diesem die Möglichkeit der Einflussnahme eröffnet war. Anderenfalls hätte das Erstergebnis nicht als Folge mangelnder Sorgfalt oder objektiver Gerechtigkeit verstanden werden können.[296] Danach verbietet es sich, die Gegenpartei in die Bindung einzubeziehen, weil der Dritte nicht gleichzeitig auf beiden Seiten eines kontradiktorischen Verfahrens wirksam seine Rechte verteidigen kann. Seine Interventionsrechte sind auf die Unterstützung der Hauptpartei beschränkt. Besonderheiten, die für den Ausnahmefall doppelter Streitverkündung zu behandeln sind, können im Rahmen dieser grundsätzlichen Überlegungen außer Betracht bleiben.[297]

---

[291] *Wieser*, ZZP 79 (1966), S. 246, 258.
[292] Siehe oben S. 81 ff.
[293] Vgl. insoweit die Ausführungen auf den S. 81 ff.
[294] Vgl. *Schwanecke*, S. 34.
[295] Vgl. *Schwanecke*, S. 34 f.
[296] Siehe zu diesem Zusammenhang oben ausführlich S. 48.
[297] Dieser Problemkomplex wird später im Zusammenhang behandelt, wenn es um die Frage geht, welche Wirkungen die Intervention gegen die Hauptpartei nach sich ziehen muss, siehe unten auf den S. 143 ff.

Die Eignung, ein bestimmtes Ziel zu verwirklichen, kann nur als notwendige, nicht aber als hinreichende Bedingung für die Bestimmung des Ziels einer Vorschrift dienen, weil nicht ohne weiteres ersichtlich ist, ob es sich um eine intendierte Wirkung oder nur um einen mehr oder minder willkommenen Effekt handelt.[298]

Für die Beachtung der Prozessökonomie als Regelungsziel der Interventionsvorschriften wird darauf verwiesen, es reiche aus, dass die Hauptpartei von alternativen Rechtsverhältnissen ausgehen durfte, um die Interventionswirkung auch dann zu erhalten, wenn diese Annahme sich als falsch herausstellt.[299] Danach stünde der Bindungswille im Regelungskonzept so weit im Vordergrund, dass es auf die Interessen der Parteien im Einzelfall nicht mehr ankommen könne. Dieser Gedanke verfängt aber nur, wenn sich eine Wertung feststellen lässt, die für eine Bindung bereits die Möglichkeit alternativer Rechtsverhältnisse genügen lässt, obwohl ebenso gut ausschließlich an das Bestehen eines Alternativverhältnisses hätte angeknüpft werden können. Gedanklich ist dabei vom Standpunkt des Gesetzgebers auszugehen, für den sich Gesetzgebungsalternativen hätten bieten müssen. Nach damaliger Vorstellung kam es für die Bindungswirkung primär auf die Beteiligung des Dritten an. Das Erstverfahren sollte auch für den Zwischenstreit nicht mit einer detaillierten Untersuchung der Rechtslage zwischen Hauptpartei und Drittem belastet werden. Das leuchtet ein, wenn man bedenkt, dass sich gerade solche Fälle für eine Intervention besonders anbieten, in denen im Erstverfahren die Alternativität geklärt werden muss.

Davon abgesehen konnte die Behandlung des Dritten als Nebenintervenient nicht als problematisch gesehen werden, weil man ohnehin von einer sehr weiten Zulässigkeit der Nebenintervention ausging. Soweit ein Folgeverfahren denkbar erschien, konnte nicht mit dem Fehlen des rechtlichen Interesses gerechnet werden. Die Parteien sollten lediglich vor unbegrenzten und vor allem unnützen Einmischungen durch Dritte bewahrt werden.

Bezogen auf die Interventionswirkung als solche deutet die historische Entwicklung darauf hin, es habe eine erhebliche Rolle gespielt, die wiederholte Behandlung identischen Streitstoffs zu verhindern.[300] Dieser Zweck ist durch jede Form prozessualer Bindungswirkung nachhaltig gefördert. Er hatte für die Interventionswirkung eine über die Qualität als allgemeiner Grundsatz des Zivilprozesses hinausgehende Bedeutung.[301]

Für den Zweck der Interventionsmöglichkeit lässt sich daraus unmittelbar nichts ableiten. Mit Blick auf die mit der Interventionsmöglichkeit verbundenen Ziele tritt die prozessökonomi-

---

[298] In diesem Sinne spricht *Schilken* in MünchKommZPO, § 68 Rn. 10, davon, dass die Verhinderung widersprüchlicher Entscheidungen und die Prozessökonomie nicht Zweck, sondern lediglich möglicher Effekt einer Streitverkündung seien.
[299] Vgl. *Wolfgang Lüke*, S. 321.
[300] Siehe dazu oben ausführlich auf den S. 59 ff.
[301] Vgl. die Aussagen bei *Brauer*, AcP 24 (1841), 423, 448 m.w.N.; *Dorphalen*, S. 243.

sche Funktion als willkommener Nebeneffekt zurück, weil insoweit oben genannte historische und systematische Erkenntnisse die Maßgeblichkeit abweichender Ziele belegen.[302] Es ist davon auszugehen, dass die Drittbeteiligungsmöglichkeiten nachrangig auch prozessökonomischen Überlegungen dienen, indem sie durch frühzeitige Aufarbeitung des Streitstoffs dessen wiederholte Behandlung durch die Gerichte verringern.[303] Als Primärbegründung für die Interventionsmöglichkeit eignet sich dieser Gesichtspunkt gleichwohl nicht.

d) Vermeidung widersprüchlich begründeter Entscheidungen

Als Ziel der Interventionswirkung wird häufig die Vermeidung widersprüchlich begründeter Entscheidungen als einziges[304] oder zumindest als ein wesentliches Ziel[305] in den Vordergrund gerückt. Ausschlaggebend ist wiederum die Wirkung der Bindung, die den Richter im Folgeverfahren davon abhält, abweichend über identischen Streitstoff zu erkennen. An dieser Stelle soll ausschließlich das öffentliche Interesse betrachtet werden, das darin gesehen wird, die Autorität der Gerichte und damit langfristig die Funktionsfähigkeit und Effizienz der Rechtspflege zu gewährleisten.[306] Auch hier darf die Unterscheidung zwischen willkommenen Effekten der Interventionswirkung und der zielgerichteten Normierung von Wertungen nicht übergangen werden.[307]

Die Vermeidung gerichtlicher Entscheidungen, die den Eindruck der Widersprüchlichkeit hervorrufen, wird als essentiell für das Vertrauen der Rechtssuchenden in die Rechtsprechung angesehen.[308] Auf diesem Vertrauen beruhe wesentlich die Rechtssicherheit.[309] In der Tat wäre das praktizierte Rechtspflegesystem ohne ein Mindestmaß an Vertrauen der Rechtsschutzsuchenden in dessen Qualität erheblichen Gefahren ausgesetzt: Erstinstanzliche „Zufallsergebnisse“ müssten regelmäßig über alle verfügbaren Rechtsmittel in Frage gestellt werden, weil die Aussicht sicheren Unterliegens nicht abschreckend wirken könnte und stets das Glück einen Erfolg bescheren könnte. Die Folge wären erhebliche Zusatzbelastungen der

---

[302] Siehe dazu die Darstellung auf den S. 36 ff. und S. 67 ff.
[303] In diesem Sinne auch *Mansel* in Wieczorek, § 68 Rn. 7; *Peter Schäfer*, S. 30.
[304] *Wieser*, ZZP 79 (1966), S. 246, 259 f., unter Berufung auf ähnliche Ansichten des OLG Kiel in Rspr. 35, 164 und *Schneider*, MDR 1961, 7.
[305] Vgl. *Wolfgang Lüke*, S. 418; *Kittner*, JuS 1985, 703, 705; *Koch* in AK-ZPO, § 64 Rn. 1, 68 Rn. 2; *Elmar Schäfer*, S. 9; und für den Stand der Rechtsprechung BGHZ 100, 253, 263 m.w.N.
[306] Der Gedanke, dass die Hauptpartei durch eine widersprüchliche Entscheidung von Erst- und Folgeverfahren besonders unerträglich betroffen wird, weil sie damit in einer materiell-rechtlich besonderen Lage konfrontiert wird, soll unten auf den S. 94 ff. im Zusammenhang mit Zielbestimmungen zum Schutz der Hauptpartei behandelt werden.
[307] Vgl. dazu *Schilken* in MünchKommZPO, § 68 Rn. 10; *Martens*, ZZP 85 (1985), 77, 79.
[308] Vgl. dazu *Schilken* in MünchKommZPO, § 72 Rn. 1; *Martens*, ZZP 85 (1972), 77 ff. m.w.N.; *OLG Celle* zitiert nach BGHZ 100, 257, 258; einschränkend *Peter Schäfer*, S. 134; *Rüßmann*, ZZP 111 (1998), 399, 408 f.
[309] *Wieser*, ZZP 79 (1966), S. 246, 259.

Rechtspflege. Vor allem könnte die Befriedungsfunktion des Zivilprozesses[310] weit weniger effektiv erfüllt werden.

Andererseits werden widersprüchliche gerichtliche Entscheidungen als notwendiges Übel hingenommen. Im Instanzenzug besteht die Möglichkeit, abweichende Entscheidungen vor den jeweils befassten Gerichten erstreiten zu können. Aus Sicht des juristischen Laien, dessen Vertrauen in die Rechtspflege bewahrt werden soll, sind unterschiedliche Erkenntnisse der Gerichte über den selben Sachverhalt schwer verständlich. Gleichermaßen kann man von juristischen Laien kein Verständnis für die heute anerkannte Ausgrenzung von entscheidungserheblichen Vorfragen aus der Rechtskraftbindung erwarten. Der allgemeine Verständnishorizont ist sehr begrenzt: Die Parteien haben über eine Vorfrage gestritten und das Gericht hat entschieden, weil sonst das Ersturteil nicht hätte ergehen können. An diesen Beispielen wird deutlich, dass die Vermeidung des Eindrucks widersprüchlicher Rechtspflegehandlungen nicht um jeden Preis erfolgt. Vielmehr werden solche Wirkungen hingenommen, soweit es aus anderweitigen Gründen unvermeidlich erscheint.

Auch im Zusammenhang dieser Zieldefinition wird der Vergleich mit den die Rechtskraftwirkung betreffenden Zweckvorstellungen entgegengestellt.[311] Der Schutz des öffentlichen Interesses an der Vermeidung widersprechender Entscheidungen sei zwar grundsätzlich als erstrebenswert anzusehen. Gleichwohl könne darin keine Erklärung für die Interventionsvorschriften liegen, was der Vergleich zur Regelung der Rechtskraft beweise.[312] Dort gehe es unstreitig im öffentlichen Interesse um die Vermeidung widersprechender Entscheidungen.[313] Zwar wird z.T. scharfe Kritik an den Stimmen geübt, die zwischen den Wirkungen von Intervention und Rechtskraft grundlegende Unterschiede sehen.[314] Dennoch hält man eine Unterscheidung aus anderen Gründen für geboten: Wenn im Falle der Rechtskraftwirkung zur Erreichung hinlänglichen Schutzes die Entscheidungselemente nicht in die Bindungswirkung einbezogen sind, müssten diese weitergehenden Wirkungen auf ein anderes Ziel zurückzuführen sein.[315] Aus dem Vergleich mit den Schutzzielen der Rechtskraft wird die Notwendigkeit gefolgert, auf private Schutzziele zurückzugreifen.[316]

---

[310] Vgl. zu den Zielen des Zivilprozesses *Musielak* in Musielak, Einl. Rn. 5; *Lüke* in MünchKommZPO, Einleitung Rn. 8.
[311] Vgl. in diesem Sinne zunächst *Häsemeyer,* ZZP 84 (1971), 179, 182; ihm folgend *Schwanecke,* S. 35; *Martens,* ZZP 85 (1972), 77, 80.
[312] Vgl. *Häsemeyer,* ZZP 84 (1971), 179, 181.
[313] Vgl. zu den Zielen der Rechtskraft *Gottwald* in MünchKommZPO, § 322 Rn. 2 ff. m.w.N. und die eingehende Auseinandersetzung im Zusammenhang mit den Darstellungen zur materiellen Rechtskraftwirkung.
[314] Vgl. *Schwanecke,* S. 129.
[315] Vgl. *Häsemeyer,* ZZP 84 (1971), 179, 182; ihm folgend *Schwanecke,* S. 35; *Martens,* ZZP 85 (1972), 77, 80.
[316] Diese Schutzziele glaubt man in den derartig definierten Zielen der Streitverkündung gefunden zu haben. Diese Auffassungen werden später eingehend im Zusammenhang mit Zieldefinitionen zum Schutz materieller Rechte der Hauptpartei aufgegriffen.

Beachtlich erscheint an dieser Argumentation, dass sie den Zusammenhang zwischen der Interventions- und Rechtskraftwirkung hervorhebt.[317] Die Folgerung könnte dessen ungeachtet nur überzeugen, wenn man die Prämisse aufstellen wollte, dass für die Reichweite der Rechtskraftwirkung nur ein Gesichtspunkt bestimmend gewesen sein kann. Dieser Argumentation liegt inzident die Behauptung zugrunde, vom Standpunkt des öffentlichen Interesses könne nur die Bindung im Sinne der Rechtskraft getragen werden. Sonstige Erwägungen, die im Widerspruch zum öffentlichen Interesse an einer möglichst weitgehenden Vermeidung widersprüchlicher Entscheidungen dennoch nur eine begrenzte Bindung vorzugswürdig erscheinen lassen, werden nicht in die Betrachtung einbezogen. Die Argumentation ist deshalb methodisch nicht geschlossen und tatsächlich unvollständig.

Der Gesetzgeber hielt im Anschluss an *Savigny* und *Windscheid*, denen grundsätzlich bis in die Formulierung der Entwurfsbegründung großer Respekt gezollt wurde, eine weitgehende Rechtskraftwirkung für vorteilhaft.[318] Allerdings wurde dieser Gesichtspunkt mit Blick auf die Parteiherrschaft über den Prozessstoff zurückgestellt, weil man glaubte, im Rahmen der Dispositionsbefugnis der Parteien über den Streitgegenstand und der Möglichkeit der Zwischenfeststellungsklage einen hinreichenden Ausgleich geschaffen zu haben. Vorrangig kam der Gedanke zur Geltung, die Parteien sollten in nachfolgenden Verfahren nicht durch Feststellungen betreffend Vorfragen überrascht werden, denen sie im maßgeblichen Erstverfahren keine Aufmerksamkeit haben schenken müssen.[319]

Der Gesichtspunkt der Parteiherrschaft über den Streitstoff ändert aber nichts an dem generell bestehenden öffentlichen Interesse an einer weitreichenden Rechtskraftwirkung. Deshalb kann das Argument, wenn die eng gefasste Rechtskraft zum Schutz öffentlicher Interessen ausreiche, dann müsse eine weitergehende Bindung dem Schutz privater Interessen dienen, nur als unzulässige Vereinfachung empfunden werden. Die Position des Dritten zeichnet sich gerade durch fehlende Dispositionsbefugnis über den Streitstoff aus. Eine eingehende Auseinandersetzung mit dem Zusammenhang zwischen Interventions- und Rechtskraftwirkung soll später erfolgen, wenn die nötigen Ergebnisse über das Wesen beider Institute zusammen getragen sind.[320] Vorab kann hier festgehalten werden, dass die historischen Quellen zentrale Aussagen im Zusammenhang mit dieser Argumentation zu liefern in der Lage sind. Die Möglichkeit eines auf öffentliche Ziele bezogenen Hintergrundes der Interventionswirkung lässt sich damit jedenfalls nicht anzweifeln.

---

[317] Darauf wird im dritten Hauptteil genauer eingegangen werden.
[318] Siehe dazu die ausführliche Darstellung oben auf den S. 59 ff.
[319] Vgl. dazu nachfolgende Ausführungen zu den Zielen der Rechtskraft auf den S. 168 ff.
[320] Siehe dazu die S. 197 ff.

Es sprechen jedoch andere Gründe dagegen, die Vermeidung widersprüchlicher Entscheidungen auch zur Begründung der Interventionsmöglichkeiten als zentralen Gesichtspunkt anzusehen. Das Gesetz zeigt, dass Aussagewidersprüche zugunsten der durch die Rechtskraft erzielten Rechtssicherheit hingenommen werden. Das wird am Beispiel zweier petitorischer Unterlassungsklagen deutlich, die ein Grundeigentümer gegen die Eigentümer zweier Nachbargrundstücke geltend machen will. In beiden Prozessen ist das Grundeigentum als „gemeinsames Bindeglied" erforderlich, um die Unterlassungsansprüche beurteilen zu können.[321] Gleichwohl kann der Klage gegen den einen Nachbarn stattgegeben, die Klage gegen den anderen Nachbarn aber abgewiesen werden, weil im ersten Prozess das Eigentum des Klägers festgestellt, im zweiten dagegen nicht festgestellt wird. Dieses Ergebnis können auch weder der Kläger durch Streitverkündung noch die Nachbarn durch Nebenintervention verhindern. Denn von dem Ausgang des einen Prozesses hängt der Ausgang des anderen nicht ab. Das Prozessrecht nimmt insoweit Widersprüche durchaus in Kauf.[322]

Wenn man der heute vorherrschenden Auffassung zur Behandlung von Teilklagen über einheitliche Sachverhalte folgen will, bieten sich darin weitere plastische Beispiele für den Stellenwert der Vermeidung widersprüchlich wirkender Entscheidungen. Die Vermeidungswirkung der Rechtskraft wird insoweit äußerst eng beschränkt. Ob diese Beschränkung im einzelnen als zutreffend anzusehen ist, soll später im Zusammenhang geklärt werden.[323] Vorläufig kann der Hinweis genügen, dass die Vermeidung widersprüchlicher Entscheidungen zwar einen erheblichen Gesichtspunkt darstellt, dem aber nicht um jeden Preis zur Geltung verholfen wird.

Dem Ziel, widersprüchlich begründete Entscheidungen nach Möglichkeit zu vermeiden, wird entgegengehalten, die Herbeiführung der Bindungswirkung hätte nicht ins Belieben der Parteien gestellt werden dürfen, wenn es um die Erreichung dieses für die Öffentlichkeit wichtigen Zieles gegangen wäre.[324] Regelmäßig überlasse der Gesetzgeber die Verwirklichung wichtiger Allgemeininteressen nicht dem Parteiwillen. Unabhängig von sonstigen Einwänden kann diesem Gedanken nur gefolgt werden, soweit der Gesetzgeber die Möglichkeit hatte, eine zwingende Wirkung anzuordnen. Für den Fall der Interventionsvorschriften stand die Möglichkeit einer zwingenden Beiladung von Amts wegen offen.[325] Denkbar wäre auch, mit

---

[321] Für diese Betrachtung sollen die Erweiterungen, die die Stellung des Mieters auf verfassungsrechtlicher Grundlage durch das Bundesverfassungsgericht erfahren hat, außer Betracht bleiben, vgl. dazu z.B. BVerfGE 89, 1 ff.

[322] So *Häsemeyer*, ZZP 84 (1971), S. 179, 183.

[323] Siehe dazu die ausführliche Auseinandersetzung unten ab S. 150 ff. und 177 ff.

[324] Vgl. *Eibner*, S. 31 f.

[325] Die Vorschrift des § 856 Abs. 3 ZPO eignet sich im vorliegenden Zusammenhang nicht als Beispiel einer Alternativlösung, weil es nicht um die Beteiligung Dritter geht, die ihre mittelbar gefährdeten Interessen in einem fremden Prozess wahrnehmen. Vielmehr erhalten die Beigeladenen die Stellung notwendiger Streitgenossen, denen unmittelbar Rechte und Pflichten rechtskräftig zugesprochen und aberkannt werden können. Vgl. dazu *Brehm* in Stein/Jonas, § 856 Rn. 3 ff; *Hartmann* in Baumbach/Lauterbach, § 856 Rn. 4; *Smid* in Münch-

der Missachtung der Interventionsvorschriften sonstige Nachteile zu verbinden. So könnte die unterlassene Streitverkündung zum Regressverlust führen oder zumindest eine Pflichtverletzung bedeuten, vgl. § 841 ZPO. Ebenso könnte die Bindung des Dritten bereits an die Kenntnis vom Streitverfahren anknüpfen, unabhängig von der Intervention oder Streitverkündung. Für den Dritten könnte eine mit Ordnungsmitteln bewehrte Pflicht zur Teilnahme am Erstverfahren bestimmt werden.

Diesen Einwänden kann nur grundsätzlich gefolgt werden, soweit sie in fehlender Effektivität der Regelung ein Indiz auf abweichende Regelungsziele erkennen. Der Gesetzgeber hat Fälle unterschieden, in denen er die Drittbeteiligung für wichtiger hielt als im Normalfall fakultativer Beteiligung. Das zeigt sich an der Ausnahmevorschrift, in der die Intervention angeordnet wurde, § 841 ZPO. Im Normalfall besteht also ein vermindertes Interesse an der Drittbeteiligung. Hätte man die Vorschriften der §§ 66 bis 74 ZPO bereits als wirksames Mittel erkannt, durch Stimulans egoistischer Motive dem öffentlichen Interesse zu genügen, hätte man für die Ausnahmefälle keine besonderen Regelungen treffen müssen. Stellt man die Bedeutung in Rechnung, die der Vermeidung widersprüchlicher Entscheidungen üblicherweise zugemessen wird, so spricht das gegen die Vorstellung, dieses Ziel habe für die Interventionsvorschriften im Vordergrund gestanden.

Hiergegen könnte man einwenden, den Grundsätzen des römisch rechtlich inspirierten Zivilprozesses folgend, müsste der Prozessbetrieb primär den Parteien überlassen bleiben. Gesetzliche Eingriffe seien notwendig auf Ausnahmen zu beschränken, in denen es das öffentliche Interesse zwingend erfordere. Es bliebe die Ausnahmevorschrift des § 841 ZPO zu erklären. Warum sollte das öffentliche Interesse im Normalfall im Rahmen der Parteiverantwortung hinreichend gewahrt sein und nur in den Fällen des Zwangsvollstreckungszusammenhangs besonderer Stütze bedürfen? Ein erheblicher Unterschied der Situationen wird darin erkennbar, dass der Dritte nicht kraft Selbstbestimmung in die über ein rechtliches Interesse bestehende Verbindung mit der Hauptpartei tritt. Daran ließe sich ablesen, dass die Schutzwürdigkeit des Dritten eine Rolle spielt, weil nur dann relevant werden kann, ob der Dritte sich die Gefährdung durch einen anderen selbst ausgesucht hat oder sie kraft öffentlicher Gewalt aufgezwungen bekommt. Wenn aber für die Anordnung der Interventionsregeln die Interessen des Dritten von Bedeutung sind, so liegt es nahe, diese Interessen auch im Normalfall freiwilligen Rückgriffs auf diese Vorschriften für bedeutsam zu halten. Damit ließe sich das System von Regel und Ausnahme bei Anwendung der Interventionsvorschriften besser erklären, als dies ausgehend vom öffentlichen Interesse an der Vermeidung widersprüchlicher Entscheidungen als Primärzweck möglich erscheint.

KommZPO, § 856 Rn. 4; *Becker* in Musielak, § 856 Rn. 4, jeweils m.w.N.

Für die Berücksichtigung materieller Interessen der Beteiligten spräche zudem, dass der Zivilprozess primär der Durchsetzung materiellen Rechts zum Schutz der Parteien dient.[326] Der fakultative Charakter der Interventionsvorschriften bedeutet demnach kein durchschlagendes Indiz für oder gegen die These, die Interventionsvorschriften bezweckten die Vermeidung widersprechender Entscheidungen.[327]

Gegen die Zielbestimmung im Sinne der Vermeidung widersprechender Entscheidungen könnte der Fall sprechen, in dem der Kläger gegen mehrere Beklagte die gesamtschuldnerische Haftung begehrt. Die Streitverkündung eines Gesamtschuldners an seinen Streitgenossen wirkt nicht zugunsten des Klägers.[328] Die Gefahr widersprechend begründeter Entscheidungen liegt hier auf der Hand, weil der klagende Gläubiger darüber bestimmen kann, ob bzw. wann er seine Rechte gegen die (potentiellen) Gesamtschuldner titulieren will. Trotzdem verneint man allgemein die Zulässigkeit der Streitverkündung durch den Kläger gegenüber Dritten, die er gleichermaßen als Gesamtschuldner in Anspruch nehmen könnte.[329]

Diese Sichtweise hält sich auch im Einklang mit dem Wortlaut des § 72 Abs. 1 ZPO, wonach die Streitverkündung bei anerkannt weitem Verständnis[330] der Vorschrift denjenigen dienen soll, die im Falle eines ihnen ungünstigen Ausgangs des Prozesses in dem die Streitverkündung stattfindet, einen Anspruch gegen den Dritten zu haben glauben. In diesen Fällen könnte der Kläger nicht in beiden Verfahren schlüssig vortragen, ohne sich zu widersprechen.[331] Eine grundsätzlich andere Situation bieten die Fälle, in denen der Kläger mit einheitlichem Vortrag den Dritten als Gesamtschuldner gleichzeitig in Anspruch nehmen könnte. Die Hauptpartei riskiert keine sichere Abweisung, weil sie nicht nur gegen einen Beklagten, sondern gegen beide einen Sieg erstreiten kann. Trotz ihrer prozessualen Unabhängigkeit, können die prozessualen Zwischenergebnisse für Streitgenossen bei einheitlicher Grundlage nicht unterschiedlich ausfallen.[332]

Dass dieses Verständnis zudem allgemeinen prozessualen Wertungen entspricht, ergibt sich aus dem Vergleich mit der Behandlung von Feststellungsklagen. Nach allgemein geteilter Auffassung fehlt einer Feststellungsklage das Rechtsschutzbedürfnis, wenn dem Kläger eine

---

[326] Vgl. *Mansel* in Wieczorek, § 68 Rn. 8; allgemein dazu *Lüke* in MünchKommZPO, Einleitung Rn. 7; *Musielak* in Musielak, Einl. Rn. 5.
[327] Vgl. *Schwanecke*, S. 34.
[328] Vgl. dazu *Wolfgang Lüke*, S. 319.
[329] Vgl. dazu *Wolfgang Lüke*, S. 319 m.w.N.
[330] Über die in § 72 Abs. 1 ZPO genannten Fälle eines Anspruchs auf Schadloshaltung oder Gewährleistung hinaus bezieht man allgemein Ansprüche mit ein, die sich wechselseitig ausschließen, d.h. die in einem Alternativverhältnis zueinander stehen, vgl. *Vollkommer* in Zöller, § 72 Rn. 5 und 9 m.w.N.; *BGH* NJW 1989, 521, 522.
[331] Vgl. dazu *Wolfgang Lüke*, S. 320.
[332] Vgl. *BGH* zur einheitlichen Behandlung von Streitgenossen in der Beweiswürdigung, *BGH* NJW-RR 1992, 253, 254; *Schilken* in MünchKommZPO, § 61 Rn. 9; *Bork* in Stein/Jonas, § 61 Rn. 10; *Weth* in Musielak, § 61 Rn. 3.

bezifferte Leistungsklage möglich und zumutbar wäre.[333] Die Interventionswirkung schafft gleichermaßen eine Bindung, ohne den Anspruch zu titulieren. Es ist nur konsequent, wenn diese Möglichkeit wie im Falle der Feststellungsklage nur eröffnet wird, wenn keine einfacherer zumutbarer Weg zum Titel erkennbar ist. Die Position als Streitgenosse ist jedenfalls zumutbar. Besteht die Möglichkeit zur endgültigen Klärung des Streitstoffs in einem Prozess, so hat der Kläger von dieser Gebrauch zu machen.

Bezieht man die oben bereits angeführten historischen und systematischen Gesichtspunkte ein, so beruht die Interventionsmöglichkeit nicht in erster Linie auf dem Gedanken der Vermeidung widersprüchlich begründeter Entscheidungen im öffentlichen Interesse. Gleichwohl könnte dieser Gesichtspunkt für die Interventionswirkung bedeutsam sein. Jedenfalls handelt es sich um ein Ziel, das grundsätzlich durch das Zusammenspiel der zivilprozessualen Vorschriften gefördert werden soll. Bereits der historische Gesetzgeber ging von einem erheblichen öffentlichen Interesse an der Vermeidung widersprechender Entscheidungen aus, weil dies „im Volk" als unerträglich empfunden werde.[334] Die Interventionswirkung sorgt notwendig für einen Gleichklang von Erst- und Folgeverfahren. Gerade die Vermeidung widersprüchlicher Entscheidungen wird durch den weiten Anwendungsbereich der Interventionswirkung sehr gefördert. Insoweit benennt die Vermeidung widersprechender Entscheidungen ein Ziel, das den Zusammenhang zwischen Bindung und Chance zur Rechtswahrnehmung tragen könnte. Dieser Gedanke spielte für das römische Recht eine erhebliche Rolle und wurde von dort in die CPO getragen. Aus historischer und systematischer Sicht ist die Interventionswirkung als Folgerung an die Interventionsmöglichkeit angeschlossen. Es handelt sich um einen Nebeneffekt der Drittbeteiligung am Erstverfahren. Es liegt nahe, den Grund für diesen Nebeneffekt im Schutz vor widersprechenden Entscheidungen zu sehen[335]: Grundsätzlich ist anerkannt, dass kein Rechtssubjekt von den staatlichen Gerichten endlose bzw. wiederholte Befassung mit seinen Rechtsproblemen verlangen kann. Jedem Rechtssubjekt wird einmalig im Rahmen der Vorschriften über den jeweiligen Instanzenzug rechtliches Gehör gewährt. Dann ist es nur eine notwendige Folgerung, wenn dem Dritten keine weitere Chance des Streits um seine Rechte zugebilligt wird, soweit er seinen Standpunkt im Erstverfahren wirksam zur Geltung bringen konnte. Insoweit liegt ein zutreffender Kern darin, im öffentlichen Interesse an der Vermeidung widersprechender Entscheidungen ein sekundäres Ziel der Interventionsvorschriften zu sehen.[336] Genauer sollte man aber diesen Gesichtspunkt als Ziel der Interventionswirkung erkennen und eine Abgrenzung von den eigenständigen Zielen der Interventionsmöglichkeiten vornehmen.

---

[333] Vgl. dazu den Überblick bei *Greger* in Zöller, § 256 Rn. 7a m.w.N.
[334] Vgl. *Hahn,* S. 291; dazu auch *Brauer*, AcP 24 (1841), 423, 448.
[335] Vgl. dazu *Mansel* in Wieczorek, § 68 Rn. 8.
[336] In diesem Sinne *Mansel* in Wieczorek, § 68 Rn. 8.

e) Schutz materiellrechtlicher Positionen der Hauptpartei

Anders als für die Betrachtung der an öffentlichen Zielen orientierten Zweckbestimmungen wird im Zusammenhang mit der Diskussion materieller Schutzideen einerseits zwischen Nebenintervention und Streitverkündung[337] sowie andererseits zwischen den Zielen der Initiativrechte und der sich anschließenden Interventionswirkung unterschieden.[338] Teilweise sucht man Nebenintervention und Streitverkündung auf dieselbe Zielvorstellung zurückzuführen.[339] Zumeist werden für Konzeptionen, die den Schutz materieller Rechte der Hauptpartei in den Vordergrund stellen, für Nebenintervention und Streitverkündung unterschiedliche Zielsetzungen zugrunde gelegt.

(1) Einheitliche Zielbestimmung aus den Voraussetzungen der Streitverkündung

Im Zusammenhang mit der Diskussion, ob die Interventionsvorschriften die Vermeidung widersprüchlich begründeter Entscheidungen bewirken sollen, wurde bereits auf die Ansicht hingewiesen, der Vergleich mit der Rechtskraftwirkung schließe die Annahme primär öffentlich orientierter Zielsetzungen aus.[340] Kern dieser Auffassung ist die Folgerung, dass Interventions- und Rechtskraftwirkung nicht auf denselben Grundgedanken beruhen könnten, weil sie in ihren Rechtsfolgen derart unterschiedlich ausgestaltet wurden. Diese Argumentation übersieht mögliche anderweitige Zwecke, die zu einer Beschränkung der Rechtskraftbindung geführt haben könnten. Aus einem einheitlichen gedanklichen Konzept können wegen eines punktuell wirkenden Unterscheidungsmerkmals durchaus grundlegend verschiedene Rechtsfolgen resultieren.[341] Solche Zusammenhänge werden jedoch nicht untersucht. Deshalb ist bereits der Ausgangspunkt dieser Ansicht nicht überzeugend begründet.

Auf dieser Grundlage versucht man, aus den Regeln über die Anwendbarkeit der Interventionsvorschriften Hinweise auf die mit ihnen verbundenen Zielvorstellungen des Gesetzes zu gewinnen. Dabei werden die Vorschriften der Nebenintervention für unergiebig gehalten. Voraussetzung der Nebenintervention sei nur die tatsächliche Beteiligung und das rechtliche Interesse am Erstverfahren. Diese Gesichtspunkte könnten aber für die weitergehende Bindung des Dritten nicht entscheidend sein, weil sie in noch stärkerem Maße für die Parteien

---

[337] Zur Annahme unterschiedlicher Zielbestimmungen siehe den Überblick bei *Wolfgang Lüke,* S. 390; demgegenüber treten für eine einheitliche Zielbestimmung ein *Stahl,* S. 51, 122; *Häsemeyer* ZZP 84 (1971), 179, 182 ff.

[338] Vgl. *Wolfgang Lüke,* S. 323; ohne dass dafür Gründe angegeben werden, wird diese Erkenntnis kaum beachtet.

[339] Vgl. für diese Ansätze *Häsemeyer,* ZZP 84 (1971), 179, 182 f.; *Martens,* ZZP 85 (1972), 77, 89; *Schwanecke,* S. 62 f.

[340] Vgl. dazu *Häsemeyer,* ZZP 84 (1971), 179, 182; *Martens,* ZZP 85 (1972), 77, 89; *Schwanecke,* S. 62.

[341] Vgl. dazu die ausführlicheren Darstellungen oben auf den S. 87 bzw. unten im Zusammenhang mit der Aufarbeitung der Materialien zur Rechtskraft auf den S. 160 ff.

zuträfen. Die Parteien hätten ein intensiveres Interesse an dem Rechtsstreit und zudem die volle Herrschaft über ihr Verfahren. Der Dritte sei zudem genötigt, seine Rechte in einem fremden Rechtsstreit zu verfolgen, was eher eine geringere Bindungsintensität nahe legen sollte.[342]

Anstelle der Nebenintervention könnten aber die Voraussetzungen der Streitverkündung Auskunft über die Ziele der Interventionswirkung geben. Die Streitverkündung ziele unmittelbar auf die Herbeiführung der Bindungswirkung ab. Die Voraussetzungen des § 72 ZPO ließen sich dahin verallgemeinern, eine Streitverkündung komme stets zur Anwendung, wenn die unterschiedliche Entscheidung über sog. alternierende Entscheidungselemente zu befürchten sei. Verhindert werden solle die Gefahr widersprechender Entscheidungen in einer Situation, in der die Hauptpartei nach den Regeln des materiellen Rechts entweder im ersten oder im zweiten Verfahren freigestellt werden müsste. Zwar würden widersprüchlich begründete Entscheidungen im Sinne der Rechtssicherheit von der Rechtsordnung hingenommen. Die Belastung mit widersprüchlichen Prozessergebnissen sei aber im Falle dieser besonders starken materiellrechtlichen Position der Hauptpartei unzumutbar. Deshalb werde ihr mit der Streitverkündung ein Instrument in die Hand gegeben, um sich vor dem Risiko zu schützen, das durch die Aufteilung des Prozessstoffes auf zwei Verfahren drohe.[343]

Ausgehend von diesem Ansatz wird auf die übrigen Interventionsvorschriften zurückgeschlossen, die zum einheitlichen Vorschriftenkomplex der Intervention gehörten.[344] Im Sinne dieser inneren Verbindung nimmt man teilweise an, Nebenintervention und Streitverkündung stünden in einem reziproken Verhältnis zueinander: Einerseits bezwecke die Streitverkündung, die Interventionswirkung gegenüber dem Dritten herbeizuführen. Im Gegenzug ziele die Nebenintervention darauf ab, die Interventionswirkung gegenüber der Hauptpartei auszulösen.[345]

Eine genauere Untersuchung dieses Begründungsansatzes erfordert es, die Belastung zu konkretisieren, deren besondere Qualität den Schutz der Hauptpartei erforderlich machen soll. Diese Belastung kann nicht in dem Risiko liegen, wirtschaftlich das Gesamtinteresse wegen einer fehlerhaften Gerichtsentscheidung zu verlieren. Dieses Risiko wird jedermann zugemutet. Sollte diese Belastung für die Hauptpartei in den Sonderfällen alternativer Verpflichtung potentieller Schuldner für unzumutbar gehalten werden, so kann diese Annahme sich nur auf sonstige materiellrechtliche Wertungen stützen. Es ist kein Grund dafür ersichtlich, warum

---

342 Vgl. insgesamt zu diesem Ansatz *Häsemeyer*, ZZP 84 (1971), 179, 182.
343 Vgl. *Martens*, ZZP 85 (1972), 77, 80; *Schwanecke*, S. 52 m.w.N.; *Bruns*, FS für Schima, S. 119; ähnlich auch *Wolfgang Lüke*, S. 313.
344 Vgl. *Häsemeyer* ZZP 84 (1971), 179, 183; *Martens*, ZZP 85 (1972), 77, 80.
345 So *Häsemeyer* ZZP 84 (1971), 179, 199; ähnlich begrenzt auf diesen Zweck der Nebenintervention *Mansel* in Wieczorek, § 68 Rn. 6 und 141 f. unter Verweis auf die besondere Bedeutung, die § 71 ZPO bei diesem Verständnis zukomme.

die Hauptpartei wirtschaftlich privilegiert sein sollte, weil eine Leistung entweder vom einen oder von einem anderen Rechtssubjekt zu fordern sein muss. Jedenfalls müssten sich eindeutige Hinweise in diese Richtung finden lassen. Die objektive Belastung der Hauptpartei ist jedenfalls nicht höher als die jeder anderen Partei eines Zivilprozesses.

Die Unzumutbarkeit könnte in der subjektiv individuellen Belastung liegen, die mit dem Bewusstsein verbunden ist, das wirtschaftliche Interesse verloren zu haben, obwohl es nach anerkanntem Rechtsverständnis in einem der Verfahren hätte zugesprochen werden müssen. Dann müsste man das sichere Bewusstsein, Opfer eines Fehlurteils geworden zu sein, als zentralen Umstand ansehen. Diese Belastung unterscheidet sich jedoch nicht erheblich von derjenigen, die jede Partei im Falle fehlerhafter tatsächlicher Würdigung oder offensichtlicher Rechtsfehler hinzunehmen hat. Dennoch klingt in sonstigen Fällen der Gedanke besonderer individueller Schutzbedürftigkeit in diesem Sinne nicht einmal an.

Schließlich bleibt die Belastung, die damit einhergeht, öffentlich erkennbar das Opfer eines Fehlurteils geworden zu sein. Damit sind indessen die öffentlichen Interessen an bestmöglichem Vertrauen in die Zuverlässigkeit der Rechtspflege angesprochen. Mit den Individualinteressen der Hauptpartei hat das nichts zu tun.[346] Der Schutz materieller Rechte der Hauptpartei kann danach ausschließlich dann als Ausgangspunkt besonderer Schutzvorschriften dienen, wenn sich im Rahmen der Auslegung Hinweise für eine Privilegierung finden lassen.

Wie bereits angesprochen[347] kann der Vergleich zur Wirkung der Rechtskraft nicht erklären, warum private Interessen für die Interventionsvorschriften ausschlaggebend sein sollen. Unterstellt man, dass eine einheitliche Behandlung von Nebenintervention und Streitverkündung geboten ist, worauf nachfolgend noch detailliert einzugehen sein wird[348], so lässt sich diese Erklärung gleichwohl nicht in den Zusammenhang des Vorschriftenkomplexes einpassen. Zutreffend wird auf die offene Fassung der Vorschriften verwiesen.[349] Deutlich widersprechende Hinweise ergibt jedoch die systematische Analyse der Interventionsvorschriften. Regelungstechnisch natürlicher müsste der Vorschriftenkomplex nach der zuvor besprochenen Auffassung von den Regeln der Streitverkündung als Grundfall der Intervention ausgehen. Die als Ausnahmefall verstandene Situation der Nebenintervention, deren Behandlung sich an den Streitverkündungsregeln ausrichten soll, wäre eher in einer anschließenden Verweisung zu vermuten. Tatsächlich ist die Regelung genau umgekehrt ins Gesetz geschrieben worden. Die Regeln der Nebenintervention bilden nach den Hinweisen aus der Regelungstechnik den Grundfall, der bis auf marginale Veränderungen gleichermaßen für die Streitverkündung wir-

---

[346] Die Möglichkeit eines Schutzes der Hauptpartei in dem Empfinden, nicht als prozessualer „Pechvogel“ zu gelten, liegt außerhalb der zivilprozessual bedeutsamen Kriterien.

[347] Siehe oben S. 87.

[348] Siehe die ausführliche Behandlung unten auf den S. 104 ff.

[349] Vgl. *Häsemeyer*, ZZP 84 (1971), 179, 181.

ken soll.[350] Die Materialien beweisen, dass diese Regelungstechnik nicht mangelnder Kompetenz zuzuschreiben ist, sondern auf Überlegungen beruht, die im Zusammenhang mit dem Verständnis der Interventionsvorschriften stehen.[351]

Der mangelnde Bezug zu den nach sonstigen Auslegungskriterien für maßgeblich erklärten Wertungen wird besonders deutlich in der These erkennbar, die Nebenintervention bedeute ein reziprok orientiertes Instrument für den Dritten, um die Interventionswirkung gegen die Hauptpartei herbeizuführen.[352] Die in § 68 ZPO gewählte Formulierung mag die Annahme einer analog zu Lasten der Hauptpartei eingreifenden Interventionswirkung nicht von vornherein ausschließen.[353] Es erscheint jedoch ausgeschlossen, der Gesetzgeber habe die Nebenintervention als Werkzeug des Dritten vor Augen gehabt, die Hauptpartei an die Ergebnisse des Erstverfahrens zu binden und in diesem Sinne in § 68 Hs. 1 ZPO formuliert, „Der Nebenintervenient wird im Verhältnis zu der Hauptpartei mit der Behauptung nicht gehört, ...“.

Diese Sichtweise wird den zum Teil auf hohem wissenschaftlichen Niveau geführten Beratungen um die Ausgestaltung der CPO nicht gerecht. Vielmehr kann trotz der gewählten Formulierung nur dann eine Wirkung zugunsten des Dritten aus den Interventionsvorschriften abgeleitet werden, wenn sich aufzeigen lässt, dass eine solche Wirkung bei den Beratungen – trotz aller Sorgfalt – der Aufmerksamkeit des Gesetzgebers entgangen war. Nur soweit sich eine Lücke in den gesetzgeberischen Regelungen aufzeigen lässt, kann eine Analogie erwogen werden.[354]

Ginge es bei der Nebenintervention um eine Wirkung zugunsten des Dritten, hätte der Gesetzgeber dieses Bewusstsein bei der Formulierung des § 68 ZPO nicht übersehen können. Dieses Bewusstseins unterstellt müsste die Formulierung des § 68 ZPO als eine Wertung gegen die Begünstigung des Dritten verstanden werden. Jedenfalls wäre die Erklärung der Interventionswirkung für die Fälle der Nebenintervention als Korrektiv übermäßiger Drittbeteili-

---

[350] Siehe dazu die obige Analyse der Gesetzessystematik auf den S. 67 ff.

[351] Siehe dazu die ausführliche Analyse der Materialien oben auf den S. 55 ff.

[352] Vgl. *Mansel* in Wieczorek, § 68 Rn. 141.

[353] Vgl. in diesem Sinne *Mansel* in Wieczorek, § 68 Rn. 141 ff. mit ausführlichem Überblick über den Stand der Diskussion; ob eine Analogie zugunsten des Dritten geboten erscheint, soll eingehend unten auf den S. 143 ff. untersucht werden.

[354] Insoweit hat der Gesetzesanwender die methodischen Schranken zu beachten, die seiner Rechtsfortbildung durch den Wortlaut gesetzt sind. Gesetzlich zum Ausdruck gebrachte Wertungen erlauben maximal unter den Voraussetzungen einer gesetzesübersteigenden Rechtsfortbildung eine Abweichung des Rechtsanwenders. Siehe auch die eingehende Auseinandersetzung bei *Rüßmann,* Symposium für Wiacker, S. 43 ff.

gung damit unvereinbar. Dass diese Vermutungen[355] über die Zielsetzungen des Gesetzes an den tatsächlich angestellten Überlegungen vorbeigehen, beweisen die Materialien.[356]

Eine Zielbestimmung zum Schutz der Hauptpartei für die Nebenintervention im Sinne eines einheitlichen Konzeptes aus den Zielen der Streitverkündung ist mit den gesetzlich niedergelegten Wertungen unvereinbar.

(2) Differenzierung nach Nebenintervention und Streitverkündung

In der Literatur dominieren differenzierende Ansätze, die ohne weiteres eine unterschiedliche Schutzrichtung von Nebenintervention und Streitverkündung annehmen, gleichwohl aber die Interventionswirkung in einheitlicher Gestalt auf diese Institute zurückführen, ohne von der Prämisse abzurücken, die Ausgestaltung der Interventionswirkung müsse sich nach den Zielen der Initiativrechte ausrichten.[357] Der Zweck der Nebenintervention wird im Schutz der materiellen Rechte des Dritten vor den Folgen der Erstentscheidung auf seine Rechte gesehen.[358] Demgegenüber gehe es für die Streitverkündung um den Schutz materieller Rechtspositionen der Hauptpartei.[359] Dieses Konzept wird als vorteilhaft angesehen, weil für die Streitverkündung alle relevanten Fälle eingeordnet werden können.[360] Wie es aber vor dem Hintergrund dieser gegenläufigen Zielsetzungen zu einer einheitlichen Ausformung der Interventionswirkung kommen konnte, wird nicht näher begründet.[361]

In der Literatur ist man sich weitgehend einig, dass die Interventionswirkung primär dem Schutz von Individualinteressen zu dienen bestimmt ist.[362] Damit ist jedoch kein hinreichender Anhaltspunkt für die zu lösenden Auslegungsprobleme gewonnen. Hält man die Ziele der Initiativrechte für maßgeblich, so erlaubt erst die Bestimmung, ob die widerstreitenden Interessen der Hauptpartei oder des Dritten im Vordergrund stehen sollen, die nötigen Rückschlüsse im Einzelfall. Bei § 68 ZPO handelt es sich um eine klarstellende Vorschrift über die Fol-

---

[355] *Martens,* ZZP 85 (1972), 77, 88, vermutet, welche Gedanken dem Gesetzgeber „ganz offensichtlich" vorschwebten. Wie andere Autoren verzichtet er auf die Auswertung der ausführlichen Gesetzgebungsmaterialien, vgl. z.B. *Schwanecke.*

[356] Siehe dazu die ausführliche Analyse oben auf den S. 55 ff.

[357] Vgl. *Wolfgang Lüke*, S. 312.

[358] Vgl. *Wolfgang Lüke*, S. 312.

[359] Vgl. *Peter Schäfer,* S. 134 m.w.N.; *Schilken* in MünchKommZPO, § 68 Rn. 10 m.w.N.; *Vollkommer* in Zöller, § 72 Rn. 1.

[360] Vgl. *Wolfgang Lüke*, S. 318 f.

[361] Vgl. zu diesen Feststellungen *Bork* in Stein/Jonas, § 68 insbesondere Rn. 3 und 12; Rosenberg/Schwab/*Gottwald,* § 51, insbesondere S. 268 und 276.

[362] Vgl. in diesem Sinne *Schilken* in MünchKommZPO, § 66 Rn. 1; *Wolfgang Lüke,* S. 384 unter Verweis auf die insoweit h.M. in der Literatur, S. 390; *Mansel* in Wieczorek, § 66 Rn. 4; *Putzo* in Thomas/Putzo, § 66 Rn. 1; Rosenberg/Schwab/*Gottwald,* S. 260; *Weth* in Musielak, § 66 Rn. 7; RGZ 61, 286, 288; *Hellwig,* System, S. 219; mit Blick auf die Gewährung rechtlichen Gehörs auch *Vollkommer* in Zöller, § 67 Rn. 2; *Wieser,* ZZP 79 (1966), 246, 262 f.

gen ausgeübter Interventionsmöglichkeiten.[363] Sie steht in Verbindung mit den Interventionsmöglichkeiten. Deshalb geht man zu Recht allgemein davon aus, die Interventionswirkung müsse im Zusammenhang mit den Zielen von Nebenintervention und Streitverkündung interpretiert werden.[364] Wie mehrfach betont, darf dieser Zusammenhang aber nicht im Sinne einer Gleichsetzung der Ziele missverstanden werden.

(a) Interventionswirkung als Folge der Nebenintervention

Für die Nebenintervention wird die Möglichkeit zur egoistischen Beteiligung an einem fremden Rechtsstreit als Begründung herangezogen. Grundsätzlich gehe es um den Schutz des Dritten, der durch die Regeln der Nebenintervention seine materiellen Rechte frühzeitig verteidigen könne. Diese Interventionsmöglichkeit bedeute für die Gegenpartei eine erhebliche Belastung, weil sich die prozessuale „Gegnerfraktion" erweitere. Die Interventionswirkung sei deshalb Ausdruck eines geschlossenen Gesamtkonzeptes, in dem die zum Schutze der Gegenpartei erforderliche Begrenzung der Drittbeteiligung auf die wesentlichen Fälle beschränkt würden.[365] Zu diesem Zweck „sanktioniere" die Interventionswirkung die Beteiligung des Dritten an dem fremden Rechtsstreit. Als Beleg für diese Herleitung wird auf den Zusammenhang zwischen den Interventionsmöglichkeiten des Dritten und den Beschränkungen seiner Bindung verwiesen.[366]

Zuzustimmen ist dieser Auffassung insoweit, als sie den Schutz des Dritten vor solchen Gefahren als zentral ansieht, die durch eine Beteiligung am Erstverfahren vermieden werden können. Für diese Sichtweise spricht zudem der Wortlaut der §§ 66 ff. ZPO, die für den Anwendungsbereich der Nebenintervention an das rechtliche Interesse des Dritten anknüpfen. Die systematische Anordnung des Vorschriftenkomplexes weist dem § 66 Abs. 1 ZPO ebenfalls eine zentrale Rolle zu. Weitere deutliche Hinweise auf einen Schutzzweck zugunsten des Dritten ergeben sich aus der historischen Entwicklung des Instituts und den Gesetzgebungsmaterialien.[367]

Nicht gefolgt werden kann dieser Begründung aber bereits in ihrer implizierten Grundannahme, in der Belastung der Gegenpartei liege ein zentrales Gegengewicht für die Aufgabenstellung der Interventionswirkung. Die Begründung erweckt den Anschein, im Gesetz sei eine Wertung normiert worden, die in Abwägung der Interessen von Drittem und Gegenpartei be-

---

[363] Siehe dazu die Hinweise, die sich aus den historischen Quellen ergeben, oben auf den S. 55 ff.
[364] Vgl. *Wolfgang Lüke*, S. 312, 385; *Elmar Schäfer*, S. 93.
[365] Es geht also nicht darum, den Schutz der Gegenpartei als eigenständiges Ziel der Interventionsvorschriften anzusehen. Vielmehr sollten Regelungswirkungen begrenzt werden, die im Interesse des Dritten zunächst zugelassen wurden.
[366] Vgl. *Mansel* in Wieczorek, § 68 Rn. 5 m.w.N.
[367] Siehe dazu die ausführliche Darstellung oben auf den S. 36 ff.

wusst das prozesstaktische Kalkül des rational agierenden Dritten einbezieht. Der offene Wortlaut der Interventionsvorschriften schließt diese Sichtweise zwar nicht von vornherein aus. Gleichwohl handelt es sich lediglich um eine möglicherweise sinnvolle Idee unter vielen anderen, soweit keine Auslegungskriterien aufgezeigt werden können, die eine entsprechende gesetzgeberische Wertung belegen. Es müssten sich danach Hinweise finden lassen, die belegen, dass die Position der Gegenpartei als besonders schutzwürdig erschien. Soweit sich das zeigen lässt, müsste weiter dargelegt werden, dass diese Problematik durch die Ausgestaltung der Interventionswirkung gelöst werden sollte. Schließlich müsste sich dieser Gedanke in die anerkannten Wirkungsabläufe der Nebeninterventionsvorschriften einpassen.

Die besondere Problematik der Gegenpartei wird im vorliegenden Zusammenhang nirgends näher erläutert.[368] Dieser Befund korrespondiert mit den Erkenntnissen, die man aus den Materialien zur Entwicklung der CPO gewinnen kann. Die Position der Gegenpartei spielte ausschließlich in der Diskussion um die Ausgestaltung des Zwischenstreitverfahrens eine Rolle. In diesem Zusammenhang überlegte man, ob der Gegenpartei überhaupt das Recht zugestanden werden solle, eine unberechtigte Nebenintervention zu rügen. Die dort geführte Diskussion belässt keinen Zweifel, dass die Gegenpartei nicht als schutzbedürftig angesehen wurde.[369] Die historische Sichtweise erscheint vor dem Hintergrund einer Gesamtbetrachtung der Position der Gegenpartei naheliegend. Die fachliche und tatsächliche Unterstützung der Hauptpartei durch den Dritten kann keinesfalls eine erhebliche Belastung bedeuten. Ein schutzwürdiges Interesse, vor den Folgen einer womöglich kompetenteren Prozessführung des Gegners bewahrt zu werden, ist nirgends anerkannt.[370] Im Gegenteil erscheint es als positiver Effekt der Drittbeteiligung zumindest potentiell die Qualität der Verhandlung im Erstverfahren aufzuwerten.

Das schutzwürdige Interesse kann auch nicht in der Vertraulichkeit von Informationen liegen, die einem Dritten über den Rechtsstreit offenkundig werden. Auszugehen ist vom Grundsatz der Öffentlichkeit gerichtlicher Verfahren. Auf die in der Praxis heute üblichen weitgehenden Bezugnahmen kommt es für die hier interessierende Schutzzweckbetrachtung nicht an. Bezieht man den Grundsatz der Mündlichkeit des Verfahrens mit ein, so bleibt keine erhebliche Beeinträchtigung der Gegenpartei mehr durch die Informationen, die dem Nebenintervenienten bereits schriftsätzlich zukommen.

Einzig erheblich erscheint die Belastung der Gegenpartei, die sich aus dem zusätzlichen Kostenrisiko ergibt. Nach den Vorschriften des Kostenrechts trägt die Gegenpartei, soweit sie

---

[368] Vgl. z.B. *Mansel* in Wieczorek, § 68 Rn. 6.
[369] Vgl. dazu *Hahn,* S. 544.
[370] Eine Partei kann sich nicht mit dem Einwand gegen Prozesshandlungen verteidigen, der Gegner bediene sich eines überlegenen Spezialisten als Prozessvertreter. Vielmehr werden die daraus resultierenden Unterschiede in den Erfolgsaussichten bei der Rechtsverteidigung ohne weiteres hingenommen.

unterliegt, auch die Kosten der Nebenintervention, § 101 Abs. 1 Hs. 1 ZPO. Darin kann keine unzumutbare Belastung gesehen werden, die die Anordnung der Interventionswirkung tragen könnte. Vielmehr hat es jede Partei in der Hand, durch sorgfältige Gestaltung ihrer Klage ihr Kostenrisiko zu minimieren. Die Regeln der Kostentragung zeigen, dass auch die Interessen des Dritten als in erheblichem Umfange von dem Erstverfahren betroffen anzusehen sind. Die Kostenvorschriften stehen generell eher am Rande der Überlegungen, wie prozessuale Interessenkonstellationen auszugleichen sind.[371]

Vor allem hat der Gesetzgeber mit dem Zwischenstreitverfahren den Parteien gleichermaßen ein Mittel an die Hand gegeben, um die Fälle ungerechtfertigter Nebenintervention auszuscheiden. Hätte man abweichend von § 66 Abs. 1 ZPO eine engere Zulässigkeit der Nebenintervention für besser gehalten, hätte man unproblematisch Einschränkungen ins Gesetz aufnehmen können. Davon wurde auch nicht abgesehen, um dem Dritten die Entscheidung zu überlassen, wann „es seinen materiellrechtlichen Interessen in besonderem Maße dienlich erscheint“[372].

Ein wichtiger Hinweis gegen die Vorstellung, die Interventionswirkung solle im Falle der Nebenintervention zugunsten der Gegenpartei eingreifen, lässt sich zudem aus dem Zusammenhang mit der Streitverkündung entnehmen. Die Möglichkeit, in weitem Umfang den Streit zu verkünden, wird nicht bezweifelt. Die Anwendungsbereiche von Nebenintervention und Streitverkündung decken sich in weiten Teilen. Für die Annahme, das Schutzbedürfnis der Gegenpartei beschränke sich vor allem auf die seltenen Fälle, in denen zwar die Nebenintervention, nicht aber eine Streitverkündung möglich ist, sind keine Gründe ersichtlich. Damit bleibt die Frage offen, warum es im Falle der Nebenintervention erforderlich sei, zum Schutz der Gegenpartei den Dritten mit einer derart weitreichenden Bindungswirkung zu konfrontieren, und im Falle der Streitverkündung von einer schutzwürdigen Position der Gegenpartei keine Rede mehr ist. Zumindest als nachrangiger Gesichtspunkt müsste dieser Gesichtspunkt aufgegriffen werden. Eine befriedigende Antwort vermag der Verweis auf die Interessen der Hauptpartei am Schutz ihrer materiellen Rechtsposition nicht zu geben. Ungeklärt bliebe, warum jederzeit unbeschränkt Dritte beteiligt werden könnten und zudem sogar im gleichen Umfange eine weitere Streitverkündung durch den Dritten ermöglicht wird, § 72 Abs. 2 ZPO.

Dass dies nicht Anzeichen einer Wertung zugunsten der Hauptpartei ist, zeigen die Materialien zum Zwischenstreit allzu deutlich. In der ersten Lesung wurde sogar darüber diskutiert, ob § 71 ZPO[373] ersatzlos gestrichen werden sollte, weil ohnehin einzig die Hauptpartei, in deren

---

[371] Siehe zur Bedeutung von Kostenfragen für die Entscheidung über zivilprozessuale Wertungen weitergehend unten auf den S. 180 ff.

[372] So aber *Mansel* in Wieczorek, § 68 Rn. 6; siehe dazu die abweichenden Hinweise aus den Gesetzgebungsmaterialien auf den S. 55 ff.

[373] In der damaligen Fassung noch § 67 CPO.

Position der Dritte prozessual hineinwirkt, ein Recht zur Zurückweisung zustehen sollte. Dieser Vorschlag wurde hingegen abgelehnt, weil man zum einen dem Dritten auch gegen den Willen der Hauptpartei bei Vorliegen der tatbestandlichen Voraussetzungen ein Recht zur Intervention zugestand. Gefahren für die Rechtsposition der Gegenpartei wurden nur insoweit erwogen, als diese in die Lage geraten konnte, „sich ohne wirklichen Grund gegen viele Neben-Intervenienten vertheidigen zu müssen."[374]. Dementsprechend finden sich auch im Zusammenhang mit der Begründung des Tatbestandsmerkmals des „rechtlichen Interesses" in § 66 ZPO[375] keine Hinweise auf die Berücksichtigung der Interessen der Gegenpartei.

Stellt man eine Kontrollüberlegung an, so müsste die Vorstellung der Interventionswirkung als Sanktion für den Beitritt des Dritten dazu führen, dass auf die Interventionswirkung hätte verzichtet werden können, wenn die Rechte der Gegenpartei anderweitig abgesichert worden wären.[376] Vor dem historischen Konzept der Interventionsvorschriften ebenso wie dem Verständnis der Drittbeteiligung des Gesetzgebers bis hin zur heutigen Sichtweise ist der Verzicht auf die Interventionswirkung im Rahmen der Nebenintervention aber nicht vorstellbar. Dieser Gedanke scheitert nicht zuletzt daran, dass man sich für den Fall eines nach Streitverkündung erfolgten Beitritts darüber einig ist, den Dritten gleich einem Nebenintervenienten zu behandeln.[377]

Zusätzlich sprechen weitere Bedenken dagegen, die Interventionswirkung als Sanktion der Drittbeteiligung anzusehen. Aus sonstigen Erkenntnisquellen drängen sich abweichende Erklärungen für den hergestellten „Sanktionszusammenhang" zwischen dem Umfang der Interventionsmöglichkeit und dem Umfang der Bindungswirkung auf, der durch § 68 Hs. 2 ZPO hergestellt wird. Sicherlich hat bereits die angeordnete Bindungswirkung einen Bezug zur Gewährung rechtlichen Gehörs. Bereits darin liegt eine hinreichende Erklärung dafür begründet, die Bindung an einen fremden Rechtsstreit soweit möglich nicht über den Einfluss des Dritten im Erstverfahren hinausreichen zu lassen.[378]

Zusätzlich hilft der Rückgriff auf die historischen Wurzeln der Interventionsvorschriften, diesen Zusammenhang einzuordnen. Wenn die Juristen im klassischen römischen Recht es als selbstverständlich ansahen, den Teilnehmer an die Ergebnisse eines Rechtsstreits zu binden, weil dieser seine Interventionsmöglichkeiten gebraucht hatte, dann konnte diese Bindung nicht zur Geltung kommen, wenn dem Dritten die Möglichkeit zur Einflussnahme fehlte. Die-

---

[374] Siehe *Hahn*, S. 544.
[375] In der damaligen Fassung noch § 63 CPO.
[376] Möglichkeiten sind vielfältig vorstellbar: engere Definition des rechtlichen Interesses, Ausgestaltung des Zwischenstreitverfahrens, Prüfungspflichten des Richters etc.
[377] Vgl. *Mansel* in Wieczorek, § 74 Rn. 5 m.w.N., der von einer überflüssigen Rechtsgrundverweisung spricht.
[378] Vgl. dazu *Häsemeyer*, ZZP 84 (1971), 179, 189, der unter Verweis auf die vergleichbaren Auffassungen für die Wirkung der Rechtskraft diesen Zusammenhang betont und ihn in § 68 Hs. 2 ZPO zum Ausdruck gebraucht sieht.

se Erklärungsansätze sind dem Sanktionsgedanken vorzuziehen, weil sie sich auf weitergehende systematische und historische Auslegungskriterien stützen können. Danach ist der gedankliche Zusammenhang zwischen Beteiligungsmöglichkeit und Interventionswirkung zutreffend. Ein Verständnis der Interventionswirkung als Abschreckungsmittel vor unbedachten Interventionen Dritter steht im Widerspruch zu den wesentlichen Auslegungskriterien.

(b) Interventionswirkung als Folge der Streitverkündung

Die entscheidenden Erkenntnisse über die Ziele der Interventionsvorschriften versucht man häufig aus den Wirkungen der Streitverkündung zu gewinnen. Besonders hervorgehoben wird dabei der Fall, in dem der Dritte von einem Beitritt absieht, § 74 Abs. 3 ZPO. Dann kommt die Streitverkündung ausschließlich im Folgeverfahren zum Tragen. Es wird verallgemeinert, die Streitverkündung ziele vorrangig auf die Herbeiführung der Interventionswirkung ab. Diese vermeide widersprechende Urteile, woran primär die Hauptpartei interessiert sei.[379]

Eine solche Argumentation offenbart grundlegende Mängel: Die Schlussfolgerung vermengt unzulässig den Unterschied zwischen dem individuell subjektiven Zweck der Handlung der Hauptpartei (formelle Benachrichtigung des Dritten von dem Streitverfahren) und dem Zweck des rechtlichen Instituts (Streitverkündung), im Sinne einer Regelung von Zulässigkeit und Folgen dieser Handlung. Als Handlung der Hauptpartei erschöpft sich die Bedeutung der Streitverkündung in der formellen Benachrichtigung des Dritten vom Erstverfahren. Als rechtliches Institut geht es um einen kraft gesetzgeberischer Wertung vorgenommenen Interessenausgleich, der zur Ausgestaltung des Vorschriftenkomplexes im Zusammenhang mit der Nebenintervention geführt hat. Nur auf Letzteres kann es für die Bestimmung des Wesens der Interventionswirkung ankommen. Für die Bestimmung der Ziele des rechtlichen Instituts der Streitverkündung spielt die Nützlichkeit für eine Partei sicherlich eine erhebliche Rolle. Sie ist jedoch nur ein Indiz unter vielen im Rahmen einer an den Regeln methodengerechter Rechtsanwendung orientierten Auslegung. Soweit anderweitige Auslegungskriterien überwiegen, muss dieses Indiz für den Schutz der Hauptpartei als erfreulicher Nebeneffekt qualifiziert werden und im übrigen als unbeachtlich in den Hintergrund treten. Die sich im Rahmen der Interventionsvorschriften stellenden Zweifelsfragen dürften nicht zur Optimierung eines solchen Nebeneffekts entschieden werden. Vielmehr sind die Wertungen zur Geltung zu bringen, die nach den wesentlichen Auslegungsergebnissen vom Gesetzgeber ins Gesetz geschrieben wurden.

---

[379] Vgl. *Mansel* in Wieczorek, § 68 Rn. 5 m.w.N.

Als weiteres Auslegungskriterium ist auf die Erkenntnisse zu verweisen, die im Rahmen der systematischen Auslegung der Interventionsvorschriften gewonnen wurden.[380] Danach steht die Interventionswirkung in einem mindestens ebenso engen Verhältnis zur Nebenintervention wie zur Streitverkündung. Die Ergebnisse der Auswertung der Materialien zeugen von einer gesetzgeberischen Vorstellung, nach der dem Dritten ein schutzwürdiges Interesse an der Streitverkündung zugebilligt wird.[381] Besonders deutliche Belege finden sich dafür in der Begründung des Zwischenstreitverfahrens ebenso wie in der Vorschrift des § 841 ZPO. Damit hat der Gesetzgeber an den historischen Wurzeln der Streitverkündung festgehalten. Wie oben ausführlich dargestellt, geht die Streitverkündung auf vertragliche Abreden zurück, die Geschäftspartner in der potentiellen Position eines Dritten in ihrem Interesse in Veräußerungsverträgen durchsetzen konnten.[382]

Materielle Rechte des Dritten können nur insoweit eine Rolle spielen, als der Hauptpartei damit der Vorwurf erspart bleibt, arglistig hinter dem Rücken des Dritten operiert zu haben. Davon abgesehen wird die Hauptpartei selbstverständlich als diejenige erwähnt, von der für die Streitverkündung die Initiative ausgehen muss, weil man sonst den Richter zum Schutz des Dritten vor der Unzuverlässigkeit der Hauptpartei in die Pflicht nehmen müsste.[383] Diese Mängel wiegen um so schwerer, als sich im Einklang mit den in der Systematik des Gesetzes zum Ausdruck gebrachten historischen Zielen des Gesetzgebers eine konsistente Alternativlösung entwickeln lässt.[384]

(c) Unterschiedliche Erklärung der Interventionswirkung abhängig vom auslösenden Institut?

Auch wenn man zwischen den Zielen von Nebenintervention und Streitverkündung differenzieren will, müssten sich die im Regelungsgeflecht der Interventionsvorschriften enthaltenen Einzelzusammenhänge aus einem in sich stimmigen Gesamtkonzept erklären lassen. Hier stellen sich selbst dann erhebliche Probleme, wenn man gedanklich von den jeweiligen Annahmen der differenzierenden Ansichten ausgeht.

Die Frage nach den Zielen von Nebenintervention und Streitverkündung wird aufgeworfen, um aus diesen Erkenntnissen die Interventionswirkung erklären. Die gefundene Zielvorstellung soll über die Detailfragen entscheiden. Aus der Vorschrift des § 68 ZPO als solcher lassen sich keine hinreichenden Folgerungen auf einen bestimmten Wertungsgehalt ziehen. Des-

---

[380] Siehe oben auf den S. 67 ff.
[381] Siehe oben auf den S. 55 ff.
[382] Siehe oben auf den S. 37 ff.
[383] Dieser Gedanke liefe, wie oben dargelegt, der liberalen Grundkonzeption der CPO zuwider. Im Gegensatz zu sonstigen Regelungskomplexen, wo der Gesetzgeber eine vermehrte Verantwortlichkeit des Richters eingeführt hat, wurde davon für den Bereich der Interventionsvorschriften abgesehen.
[384] Vergleiche dazu nachfolgend auf den S. 107 ff.

halb wird der Zweck der Interventionswirkung durch Rückgriff auf die anordnenden Vorschriften ermittelt. Als auslösende Vorschriften sind sowohl Nebenintervention als auch Streitverkündung in Betracht zu ziehen. Trotzdem geht man selbstverständlich davon aus, die Interventionswirkung entfalte eine einheitliche Wirkung. Die Annahme einer einheitlichen Wirkung ist sicherlich schon mit Blick auf die Verweisungstechnik in § 74 ZPO naheliegend und geboten. Mit der Idee, die Einzelentscheidungen im Rahmen der Diskussion um die Interventionswirkung durch Rückgriff auf die Ziele der Initiativrechte zu bestimmen, ist diese Einheitlichkeit jedoch kaum in Einklang zu bringen. Wenn die auslösenden Vorschriften maßgebend wirken sollen, kann die Annahme einer einheitlich ausgestalteten Interventionswirkung nur eine einheitliche Zielsetzung der Interventionsvorschriften bedeuten. Anderenfalls müsste der Vorrang der Ziele von Nebenintervention oder Streitverkündung bei der Ausformung der Interventionswirkung begründet werden, oder es müsste dargelegt werden, warum auf Grundlage unterschiedlicher Zielvorstellungen in den jeweiligen Detailfragen identische Ergebnisse erzielt werden können. Ansatzweise wird der Versuch einer solchen Begründung nur von *Mansel*[385] geleistet, ohne dass damit jedoch eine befriedigende Erklärung gegeben wäre.[386] Im übrigen wird der Zusammenhang zwischen teleologischen Auswirkungen der Initiativrechte im Rahmen der einheitlich bestimmten Interventionswirkung übergangen.

Eine hinreichende Erklärung ist auch anderweitig nicht ersichtlich. Vielmehr drängt sich die Notwendigkeit eines einheitlichen Verständnisses von Nebenintervention und Streitverkündung auf, wenn man die Zufälligkeit betrachtet, mit der die einen oder die anderen Regelungen zur Anwendung kommen. § 74 ZPO lässt keinen Zweifel an der Anwendbarkeit der Nebeninterventionsregeln für den beigetretenen Streitverkündeten. Im Einklang damit geht die allgemeine Auffassung schon seit Inkrafttreten der CPO dahin, den Dritten nach erfolgtem Beitritt unabhängig vom Anlass seiner Intervention als Nebenintervenient zu behandeln.[387] Treffend spricht man insoweit teilweise von § 74 Abs. 3 ZPO als einer „überflüssigen Rechtsgrundverweisung".[388] Dem Anlass der Intervention wird also grundsätzlich keine Bedeutung beigemessen.

Diese Sicht überzeugt, weil es allein vom Zufall abhängen mag, ob der Dritte sich freiwillig beteiligt oder zuvor den Streit verkündet bekommt. Diese Erkenntnis darf für die Überlegungen bezüglich der Qualität der Interventionswirkung nicht übersehen werden. Vor diesem Hintergrund erscheint es aber inkonsequent, die Interventionswirkung alleine anhand der

---

385 Vgl. *Mansel* in Wieczorek, § 68 Rn. 6 ff.
386 Vgl. ausführliche Darstellung zuvor S. 103 ff.
387 Veränderungen können sich ausschließlich mit Blick auf den Zeitpunkt des Beitritts ergeben, wenn der Dritte nicht unverzüglich nach einer Streitverkündung von der Möglichkeit zur Intervention Gebrauch gemacht hat, § 74 Abs. 3 ZPO.
388 Vgl. *Mansel* in Wieczorek, § 74 Rn. 5 m.w.N.

Voraussetzungen der Streitverkündung zu definieren.[389] Vielmehr kommt klar zu Ausdruck, dass der gesetzgeberisch als Hauptanwendungsbereich angesehene Fall der erfolgten Teilnahme des Dritten keine Differenzierung zulässt. Ist der Beitritt erfolgt, kommt es auf die Interventionsvoraussetzungen nicht mehr an.[390]

Unterschieden wird zwischen Nebenintervention und Streitverkündung nur in der zwangsläufig abweichenden Situation des ausbleibenden[391] Beitritts auf eine Streitverkündung, § 74 Abs. 2 ZPO. Nur dann ordnen die Streitverkündungsvorschriften eigenständig die Interventionswirkung im Verhältnis zu dem Dritten an, der von seiner Beitrittsmöglichkeit keinen Gebrauch gemacht hat. Wollte man mit der Unterscheidung verschiedener Zielvorstellungen von Nebenintervention und Streitverkündung Ernst machen, so dürfte sich ausschließlich in diesen Fällen eines ausgebliebenen Beitritts nach Streitverkündung die Interventionswirkung an den Zielen der Streitverkündung ausrichten, § 74 Abs. 3 ZPO. In allen Fällen des Beitritts müsste demgegenüber mit den Regeln und Zielen der Nebenintervention gearbeitet werden. Damit ließe sich die Unterscheidung zwischen Nebenintervention und Streitverkündung jedenfalls nicht mehr halten. Diese Unterscheidung erscheint willkürlich und wird deshalb nicht weiter verfolgt.

Die vorstehenden Überlegungen deuten auf eine einheitliche Behandlung der Interventionsvorschriften hin. Anderenfalls müsste man, wie in sonstigen Fällen gesetzlicher Verweisung, der Vorschrift, auf die verwiesen wird, einen eigenständigen Wertungsgehalt zugestehen, der die Entscheidung auftretender Zweifelsfragen erlaubt. Dieser Schritt wird jedoch mit Blick auf die für die Einzelauslegung der Interventionswirkung relevanten Wertungen nicht gegangen.

Fernliegend erscheint die differenzierende Vorstellung zudem, weil die Interventionvorschriften vom Gesetzgeber als Regelungen über die „Beteiligung Dritter am Rechtsstreit“[392] gedacht waren. Ausweislich der Materialien beschäftigte man sich hauptsächlich damit, unter welchen Umständen der Dritte intervenieren dürfe und welche prozessuale Stellung ihm eingeräumt werden sollte. Die Interventionswirkung war nur von sekundärem Interesse. Aus Sicht des Gesetzgebers drängte sich für einen rationalen Dritten die Notwendigkeit auf, im Falle einer Streitverkündung seine Rechte im Erstverfahren wahrzunehmen. Dazu steht es im unvertretbaren Widerspruch, wenn nunmehr die Ausnahmevorschrift des § 74 Abs. 3 ZPO als

---

[389] A.A. z.B. *Martens,* ZZP 85 (1972), 77, 89.

[390] Vgl. die Übersicht bei *Mansel* in Wieczorek, § 68 Rn. 69 m.w.N., der ausdrücklich hervorhebt, dass die Voraussetzungen der Drittbeteiligung für die ratio des § 68 ZPO keine Rolle mehr spielen, nachdem faktisch die Beteiligung erfolgt ist.

[391] Nach Streitverkündung ist entsprechend § 74 Abs. 3 ZPO die Zeit des möglichen Beitritts entscheidend. Insoweit können sich mit Blick auf die Bestimmung des Beitrittszeitpunktes Unterschiede ergeben, denen hier jedoch keine erhebliche Bedeutung zukommen kann.

[392] So die amtliche Fassung des dritten Titels im zweiten Abschnitts des ersten Buchs der ZPO.

alles überdeckende Zentralnorm der Interventionsregeln angesehen wird, obwohl sie ursprünglich den besonderen Fall des irrational handelnden Dritten abdecken sollte, der seine Interessen nicht gebührend wahrnimmt.

Die Interventionsvorschriften werden also unzulässig in einer Weise „umfunktioniert", die sich nach den Regeln methodengerechter Auslegung verbietet, weil historische, systematische und teleologische Argumente diesem in sich widersprüchlichen Konzept entgegenstehen. Eine Zielbestimmung dahin, dass entweder ausschließlich oder zumindest nur durch die Streitverkündung die materiellen Rechte der Hauptpartei geschützt werden sollen, ist danach als methodisch unbegründet abzulehnen.

f) Schutz des Dritten vor den faktischen Präjudizwirkungen einer rechtskräftigen Erstentscheidung

Als denkbare Zielvorstellung der Interventionsvorschriften bleibt an den Schutz des Dritten zu denken.[393] Grundlegend für diesen Ansatz wirkt der Gedanke, eine rechtskräftige Entscheidung übe zumindest potentiell eine faktische Präjudizwirkung auf Folgeverfahren aus, die denselben Streitstoff zu würdigen haben. Diese Wirkung spielt naturgemäß in Fallgestaltungen eine Rolle, in denen die potentielle Inanspruchnahme des Dritten an das Unterliegen der Hauptpartei im Erstverfahren geknüpft ist. Charakteristisch wirkt die Notwendigkeit für den Folgerichter, die Entscheidung des Erstrichters mit seiner Entscheidung für unbegründet erklären zu müssen, will er den Anträgen des Dritten entsprechen. Dieser Zusammenhang zwischen den Verfahren schafft für den Dritten im Folgeverfahren eine belastete Ausgangsposition.[394]

Der Dritte ist diesen Nachteilen auf Grundlage eines konsequent durchgehaltenen Zweiparteiensystems schutzlos ausgeliefert. Die zumindest tendenziell zu befürchtende faktische Bindung an die Ergebnisse des Erstverfahrens verlangt im Zusammenspiel mit dem Verhandlungsgrundsatz nach Schutzmechanismen für den Dritten. Der Verhandlungsgrundsatz erlaubt den Parteien des Erstverfahrens die Gestalt des Ersturteils weitgehend frei zu bestimmen. Es steht ihnen frei, - womöglich im Zusammenwirken - den Erstrichter durch entsprechenden Tatsachenvortrag und ihre übrige Prozessführung zu dem gewünschten Urteil mit der entsprechenden Begründung zu veranlassen. Auch die Hauptpartei alleine hat es in der Hand, durch Verzicht auf Bestreiten bestimmter Tatsachen bzw. auf Beweisantritte oder allgemein durch

---

[393] Vgl. in diesem Sinne *Schilken* in MünchKommZPO, § 66 Rn. 1; *Mansel* in Wieczorek, § 66 Rn. 4; *Putzo* in Thomas/Putzo, § 66 Rn. 1; Rosenberg/Schwab/*Gottwald*, S. 260; *Weth* in Musielak, § 66 Rn. 7; RGZ 61, 286, 288; *Hellwig*, System, S. 219; mit Blick auf die Gewährung rechtlichen Gehörs auch *Vollkommer* in Zöller, § 67 Rn. 2; *Wieser*, ZZP 79 (1966), 246, 262 f.

[394] Vgl. *Gottwald* in MünchKommZPO, § 322 Rn. 4; *Wolfgang Lüke*, S. 386; besonders deutlich *Spellenberg*, ZZP 106 (1993), 283, 309; *Weth* in Musielak, § 66 Rn. 7; *Mansel* in Wieczorek, § 66 Rn. 61; *Rüßmann*, ZZP 111 (1998), 399, 423.

mangelhafte Prozessführung ein Unterliegen im Erstverfahren zu provozieren.[395] Im Folgeverfahren fällt es dem Dritten erfahrungsgemäß schwer, mangelhafte Prozessführung oder gar kollusives Zusammenwirken der Hauptpartei mit der Gegenpartei darzulegen, um das faktische Präjudiz glaubhaft zu erschüttern.[396] Auseinandersetzungen, Vortrag und schließlich ein wohlbegründetes Urteil im Erstverfahren können dem Folgerichter seine Aufgabe erheblich erleichtern und damit faktisch den Gleichlauf der Erkenntnisse forcieren.[397] Dass Autoritäten auf die Bildung von Einstellungen und Verhaltensweisen einwirken, ist psychologisch eingehend untersucht und belegt worden.[398]

Die Schutzaufgabe der Interventionsvorschriften besteht also darin, den Dritten vor den faktischen Präjudizwirkungen zu bewahren, die von rechtskräftigen Entscheidungen ausgehen, an denen er nicht mitwirken konnte.[399] Zur Lösung dieses Konflikts soll kein Bruch mit der grundsätzlichen Herrschaft der Parteien über den Zivilprozess nötig sein, etwa durch eine Beiladung des Dritten von Amts wegen oder durch Einräumung einer parteiähnlichen Stellung. Vielmehr wird dem Dritten das Recht eingeräumt, bereits rechtzeitig im Erstverfahren auf eine sorgfältige Verfahrensführung hinzuwirken. Dieses Recht beschneidet nicht die fortbestehende Herrschaft der Hauptpartei über den Prozessstoff des Erstverfahrens, weil dies zum Schutze des Dritten nicht erforderlich ist. Entweder der Dritte kann im Erstprozess die seinen Vorstellungen entsprechende Prozessführung verwirklichen, oder er hat die Möglichkeit, die von der Hauptpartei gegen seinen Willen durchgesetzten Schritte so zu dokumentieren, dass ihm der Beweis mangelhafter Verfahrensführung im Folgeprozess ohne Probleme gelingen wird.

In der Natur dieser Schutzmechanismen liegt die sich anschließende Interventionswirkung auf den Folgeprozess.[400] Das Rechtsschutzsystem gibt jedem Rechtssubjekt eine Chance, ein Verfahren durch die gewährten Instanzen für sich zu entscheiden. Kann der Dritte seine Position im Erstverfahren zur Geltung bringen, so siegt seine Hauptpartei. Nach der Vorstellung des Gesetzgebers sind damit alle Probleme bereinigt, die sich zwischen Hauptpartei und Drittem aus dem Interventionsverhältnis ergeben könnten. Der Dritte hat seine Chance erfolgreich genutzt. Unterliegt der Dritte trotz seiner Bemühungen im Erstverfahren, so ist das entweder auf mangelhafte Prozessführung oder auf das jeder richterlichen Entscheidung innewohnende

---

[395] Vgl. dazu die Ausführungen in RGZ 83, 116, 121 im Zusammenhang mit der Streitverkündung.
[396] Siehe zu dazu die historischen Begründungsansätze oben auf den S. 37 ff.
[397] Vgl. dazu *Rüßmann*, ZZP 111 (1998), 399, 423.
[398] Siehe zu diesem Zusammenhang die Verweise unten auf S. 111 ff.
[399] Vgl. *Gottwald* in MünchKommZPO, § 322 Rn. 4; *Wolfgang Lüke*, S. 386; *Weth* in Musielak, § 66 Rn. 7; *Mansel* in Wieczorek, § 66 Rn. 61.
[400] Ebenfalls an den tatsächlichen Umstand der Beteiligung des Dritten im Erstverfahren knüpfen zur Begründung der Interventionswirkung an: *Hellwig*, System, S. 229; *Hans-Georg Schäfer*, S. 8; *Elmar Schäfer*, S. 3; *Schneider*, MDR 1961, 3, 8; *Stahl*, S. 132; mit unterschiedlicher Akzentuierung: *Wolfgang Lüke*, 321; *Mansel* in Wieczorek, § 68 Rn. 3.

Risiko fehlerhafter Erkenntnis zurückzuführen. Wie in einem Verfahren, in dem er als Partei beteiligt ist, muss sich der Dritte an den Folgen seiner mangelnden Sorgfalt festhalten lassen.[401] Gleichermaßen hat er das Risiko einer Fehlentscheidung wie jede Partei zu erdulden. Er wird nicht durch zwei Chancen privilegiert, seine Rechte prozessual geltend zu machen. Darauf liefe eine erneute Würdigung seines Streitverhältnisses aber hinaus. Danach nimmt es nicht wunder, wenn Beschränkungen der Rechtsschutzmöglichkeit des Dritten im Erstverfahren durch korrespondierende Einschränkungen der Bindungswirkung im Folgeverfahren ausgeglichen werden, § 68 Hs. 2 ZPO.

Mit den bisher entwickelten Lösungsmechanismen der Nebenintervention alleine sind die Probleme des Dritten noch nicht behoben. Um sein Interventionsrecht im Erstverfahren wahrnehmen zu können, bedarf es neben der prozessualen Zulässigkeit vor allem der tatsächlichen Kenntnis vom Erstverfahren. Genau daran fehlt es dem Dritten in der Regel.[402] Betrachtet man die Möglichkeit einvernehmlicher Disposition über den Gerichtsstand, so kann der Dritte selbst unter größtem Aufwand nicht sicherstellen, von für ihn relevanten Rechtsstreitigkeiten zu erfahren. Ohne Vorkehrungen, die bei regelmäßigem Lauf der Dinge zu einer Information des Dritten führen, bleibt der Schutz der Nebeninterventionsvorschriften aus tatsächlichen Gründen wirkungslos. Diese Aufgabe übernehmen die Vorschriften der Streitverkündung.[403] Eine rational egoistisch handelnde Hauptpartei wird, auch wenn sie keinen Wert auf die Unterstützung durch den Dritten legt, von diesem Instrument Gebrauch machen, weil sie damit wirksam einem doppelten Prozessverlust vorbeugen kann.[404] Darin liegt die nötige Stimulans zur rechtzeitigen Information des Dritten. Der Unterschied zur Nebenintervention beschränkt sich also darauf, von wem die Initiative ausgeht.[405] Aufgabe der Streitverkündung ist damit gleichermaßen der Schutz des Dritten vor den faktischen Auswirkungen unsachgemäßer Führung des Erstverfahrens auf das Folgeverfahren.[406]

---

[401] Die Beschreibung dieses Zusammenhangs provoziert folgenden Einwand: Sieht man die Bindungswirkung in Abhängigkeit von der Möglichkeit zur Teilnahme, drängt sich der Vergleich zur Rechtskraftwirkung auf. Für die Parteien bestand die volle, ungehinderte Möglichkeit zur Durchsetzung ihrer Rechte. Warum sollten sie also erneut über Entscheidungselemente streiten dürfen, wohingegen dem Dritten diese Möglichkeit genommen sein soll? Diese Frage zielt auf die oben verworfene Schlussfolgerung von den Rechtsfolgen auf den systematischen Zusammenhang zurück, siehe S. 78 ff. Die Gründe für diese unterschiedlichen Rechtsfolgen vor dem Hintergrund einheitlicher Grundlagen bildet den Kern dieser Arbeit. Eine Antwort soll im Vergleich von Rechtskraft und Interventionswirkung im Zusammenhang gegeben werden, siehe S. 197 ff.

[402] Vgl. *Kittner,* JuS 1985, 703, 704.

[403] Vgl. zur Informationsfunktion der Hauptpartei *Martens,* ZZP 85 (1972), 77, 79 f.; *Eibner,* S. 32; *Wach,* S. 653; *Hellwig,* System, 232; *Wolfgang Lüke,* S. 323; *Mansel* in Wieczorek, § 72 Rn. 1; *Weth* in Musielak, § 72 Rn. 1.

[404] Insoweit zutreffend betont *Häsemeyer,* ZZP 84 (1971), 179, 186 f. m.w.N., den Vorteil, der für die Hauptpartei mit der Streitverkündungsmöglichkeit verbunden ist.

[405] So bereits die Materialien in der zum Teil missverstandenen Begründung der Streitverkündungsvorschriften, Entwurf, S. 426.

[406] Unklar, aber im Sinne einer einheitlichen, an der Nebenintervention orientierten Sicht zu verstehen ist *Schilken* in MünchKommZPO, § 68 Rn. 1 unter Verweis auf die Ziele der Nebenintervention, wie sie unter § 66 Rn. 1 beschrieben wurden.

Kommt es daraufhin zum Beitritt des Dritten, erklärt sich die Interventionswirkung wie für die Nebenintervention dargestellt aus der Natur der Sache. Bleibt der mögliche Beitritt aus, hatte der Dritte gleichwohl die Möglichkeit, seine Rechte wahrzunehmen. In dem unterlassenen Beitritt ist entweder fehlende Sorgfalt oder die Überzeugung zu sehen, die Führung des Erstverfahrens entspreche den Vorstellungen des Dritten. Gestützt auf eigene Unsorgfalt kann der Dritte nicht geltend machen, er habe keine ausreichende Chance zur Rechtsverteidigung gehabt. Soweit er sich auf die Hauptpartei verlässt, kann er grundsätzlich so behandelt werden, als hätte er diese Chance genutzt. Der Dritte wird also nicht härter als jeder andere Rechtsschutzsuchende getroffen, wenn er auf die Einwendungen des § 68 Hs. 2 ZPO verwiesen wird. Diese Einwendungen werden beispielsweise relevant, wenn die Hauptpartei erst durch eine sehr spät erfolgte Streitverkündung die nötige Information des Dritten bewirkt.

(1) Vorliegen einer faktischen Präjudizwirkung durch rechtskräftige Entscheidungen

Die kritische Prüfung dieses Ansatzes stößt zunächst auf die Frage, inwieweit eine „faktische Präjudizwirkung" überhaupt von Bedeutung sein kann. Man könnte einwenden, die zunehmend ausgebildeten formellen Bindungswirkungen zusammen mit dem Grundsatz richterlicher Unabhängigkeit führten gerade von einer Einheitlichkeit richterlicher Erkenntnis weg. Betrachtet man die heutige Rechtspflege aus der Sicht des Zynikers, so könnte provokant gesagt werden, das einzige Leitmoment des Richters liege in der aufwandsarmen Erledigung einer Sache. Gesichtspunkte wie Autorität von Kollegen und Obergerichten sowie das Ansehen der eigenen Person und der Rechtspflege vor den Parteien seien demgegenüber sekundär.

Dieser Einwand kann jedoch nicht überzeugen. Zum einen lassen sich solche Behauptungen schwerlich mit den Erkenntnissen vereinbaren, die den heutigen Stand psychologischer Forschungen über die Bildung von Einstellungen und deren Auswirkungen auf Verhaltensweisen bestimmen.[407] Unabhängig davon dürfen solche tatsächlich orientierten Ansichten nicht den Blick auf die wesentlichen Entscheidungsfaktoren verstellen. Obwohl es sich um eine Frage handelt, die auf tatsächlicher Ebene angesiedelt ist, muss es für die hier zu führende Diskussion primär darum gehen, ob die gesetzgeberische Wertung von einer faktisch bestehenden präjudiziellen Wirkung ausgeht. Es gehört zu den originären Aufgaben des Gesetzgebers, nach seinem Ermessen aus der Masse denkbarer Faktoren einzelne als wesentlich zu qualifizieren. Erst in einem nachrangigen Schritt darf gefragt werden, ob diese gesetzgeberische Entscheidung womöglich willkürlich erfolgt oder zwischenzeitlich durch die Rechtsentwicklung überholt worden ist.

---

[407] Vgl. dazu umfassend *Eagly/Chaiken*, S. 257 ff. m.w.N.

(a) Gesetzliche Wertung im Sinne einer faktischen Präjudizwirkung

Bereits die Interventionsvorschriften selbst stützen die Annahme einer faktischen Wirkung der Erstentscheidung für die Folgeentscheidung. Die Formulierung des § 66 Abs. 1 ZPO spricht von einem „rechtlichen Interesse" des Dritten an dem Obsiegen der Hauptpartei im Erstverfahren. Dabei können formelle Drittwirkungen der Rechtskraft nicht gemeint sein, weil anderenfalls die Vorschrift des § 69 ZPO obsolet wäre. Offensichtlich geht es um ein Interesse des Dritten, das sich aus rechtlich relevanten Wirkungen ergibt, die aus der Behandlung identischen Streitstoffs in einem fremden Rechtsstreit für den Dritten resultieren.[408] Nur von diesem Interesse soll das Recht des Dritten abhängen, in Abweichung von der grundsätzlich durchgehaltenen Beschränkung des Zivilprozesses auf die Parteien, in den fremden Rechtsstreit einbezogen zu werden.

Bezieht man die Systematik der Interventionsvorschriften in die Betrachtung ein, so wird dieser Befund bestätigt: Anders wäre § 841 ZPO nicht zu erklären. Welcher Zusammenhang zwischen dem Erst- und dem Folgeverfahren sollte zum Schutz des Dritten eine Pflicht zu Streitverkündung begründen können, wenn nicht die faktischen Wirkungen des Erstverfahrens auf mögliche Folgeverfahren?[409]

Wesentliche Hinweise lassen sich auch den Vorschriften entnehmen, die dem Rechtsmittelgericht für den Fall der Aufhebung einer Entscheidung erlauben, an einen anderen Spruchkörper des aufgehobenen Gerichts zurückzuverweisen. Von diesen Vorschriften wird nach dem Ermessen des Rechtsmittelgerichts Gebrauch gemacht, wenn die Erstentscheidung darauf hindeutet, das Erstgericht habe sich persönlich mit einer bestimmten Lösung identifiziert.[410] Die im Rechtsmittel erfolgreiche Partei soll davor bewahrt werden, an der Voreingenommenheit eines Richters zu scheitern, der sich womöglich gegen eine Korrektur des Ergebnisses seiner Entscheidung sperrt. Diese Befürchtung kann sich nicht auf den Gegenstand der Aufhebung selbst beziehen, weil insoweit eine formell wirkende Bindung an die Rechtsmittelentscheidung wirkt. Befürchtet wird der Versuch, die obergerichtliche Korrektur dadurch zu entkräften, dass auf anderen Wegen zumindest das Ergebnis gehalten werden kann. Diese Möglichkeit wird sich für den findigen Juristen häufig bieten.[411]

---

[408] Vgl. dazu *Gottwald* in MünchKommZPO, § 322 Rn. 4, der zur Begründung der Bindungswirkung der Rechtskraft schreibt: „Ohne diese Bindung [Anm. des Verfassers: gemeint ist die materielle Rechtskraft] würden die Gerichte zwar regelmäßig eine einmal getroffene Entscheidung bestätigen, so dass vernünftige Parteien einen Streit ohnedies kaum neu aufrollen würden."; *Wolfgang Lüke,* S. 386; *Spellenberg,* ZZP 106 (1993), 283, 309; *Weth* in Musielak, § 66 Rn. 7; *Mansel* in Wieczorek, § 66 Rn. 61.
[409] Vgl. dazu *Smid* in MünchKommZPO, § 841 Rn. 1; RGZ 83, 116, 120 f.; Entwurfsbegründung, S. 467 zu § 655 CPO, der dem heutigen § 841 ZPO entspricht.
[410] Vgl. zu § 565 Abs. 1 S. 2 ZPO *Grunsky* in Stein/Jonas, § 565 Rn. 3.
[411] Vgl. in diesem Zusammenhang *Grunsky* in Stein/Jonas, § 565 Rn. 3.

Die historische Sicht der Interventionsvorschriften hat gezeigt, dass gerade im römischen Recht einer rechtskräftigen Erstentscheidung als Präjudiz eine ganz erhebliche Bedeutung zukommen konnte, weil die Autorität des Erstrichters – sei es aus Staatsraison, aus Respekt vor dem persönlich bekannten Richter oder gar aus Trägheit oder der Unfähigkeit, eigene Fehler einzuräumen – nur unter erheblichen Schwierigkeiten für den Dritten zu erschüttern war.[412] Die römischen Quellen sind in erheblichem Umfang gerade in die Ausgestaltung der Interventionsvorschriften einbezogen worden.[413] Das ist in der Entwurfsbegründung hinreichend zum Ausdruck gebracht.[414] Die Veränderungen im Verhältnis zu den römischen Quellen beziehen sich nicht auf die faktische Bindungswirkung, an der sich die Gesamtproblematik entwickelt hat. Zwar ging man für die ordentliche Gerichtsbarkeit zur Zeit der Entstehung der CPO nicht mehr davon aus, dass in dem Maße wie zu Zeiten des antiken Rom, auch juristische Laien mit der Rechtspflege befasst sein würden. Gleichwohl sah man darin keine grundlegende Veränderung, weil die fraglichen Wirkungen gleichermaßen auf einen juristisch gebildeten Richter wirken mussten.[415]

Der Richter eines Folgeverfahrens, der sich in einen Streitstoff neu einarbeitet, wird in dem Ersturteil eines Kollegen eine dankbar genutzte Hilfestellung sehen.[416] Der Einfluss auf den Folgerichter kann sich in Abhängigkeit von der Person des Erstrichters noch erheblich steigern. Handelte es sich um ein Judiz des zuständigen Spruchkörpers der Rechtsmittelinstanz, wird gerade der pflichtbewusste Folgerichter schon deshalb seine Entscheidungsfindung durch die Erstentscheidung leiten lassen, um den Parteien den nutzlosen Aufwand eines absehbar erfolgreichen Rechtsmittelverfahrens zu ersparen. Weiter liegt es zumindest potentiell im Interesse des Folgerichters, das Ansehen seiner Berufsgruppe nach Möglichkeit nicht dadurch zu schädigen, dass er den Parteien ein Fehlurteil seiner Kollegen im Erstverfahren vor Augen führt. Diesem Gesichtspunkt wird aus persönlichen Gründen ein umso stärkeres Gewicht beizumessen sein, je weniger Beteiligte in einem Gerichtsbezirk regelmäßig zusammenarbeiten, weil damit die Chancen persönlicher Konfrontation erheblich steigen.

Für die Bewertung der richterlichen Arbeit spielt in erheblichem Umfang eine Rolle, inwieweit seine Entscheidungen zumindest in der Regel Rechtsmitteln standhalten. Ist das Folgeverfahren von dem selben Richter zu entscheiden, so müsste dieser zugeben, sich im Erstverfahren geirrt zu haben, mindestens aber im Rahmen seiner Prozessführung eine Entscheidung entwickelt zu haben, die nicht dem materiellen Recht entspricht. Auch unter Richtern ist die menschliche Neigung anzutreffen, Fehler eher zu kaschieren, als zugunsten der Sachfragen in

---

[412] Vgl. dazu die ausführliche Darstellung oben auf den S. 37 ff.
[413] Siehe zur Bedeutung des römischen Rechts in der damaligen Zeit oben S. 37 ff. und *Hellwig*, Rechtskraft, Einl. IV.
[414] Vgl. dazu oben auf den S. 59 ff.
[415] Vgl. dazu *Hellwig*, System, S. 222.
[416] Vgl. dazu die deutliche Aussage von *Gottwald* in MünchKommZPO, § 322 Rn. 4.

der Öffentlichkeit die Verantwortung für sie zu übernehmen.[417] Zudem kann in der Übernahme fremder Entscheidungen eine erhebliche Arbeitserleichterung liegen. Soweit dem Folgerichter eine vollständig begründete Entscheidung vorliegt, in der identischer Streitstoff bereits erschöpfend behandelt ist, liegt in der Übernahme häufig der bequemste Weg zur Erledigung.

Das Gesetz geht demnach mit guten Gründen von der Existenz einer faktischen Präjudizwirkung rechtskräftiger Entscheidungen über identischen Streitstoff aus.

(b) Aktualität der Annahme einer faktischen Präjudizwirkung

Die Hinweise auf die Sicht des Gesetzgebers erscheinen für die heutige Rechtsanwendung in einem anderen Licht, wenn sich die Vorstellungen und Verhältnisse derart gewandelt haben, dass eine Gefährdung der Interessen des Dritten heute ernsthaft keine Rolle mehr spielen kann.

Auch heute ist die Autorität einer rechtskräftigen Entscheidung über den Streitstoff nicht von der Hand zu weisen. Sofern eine Partei es zulässt, nimmt der Richter regelmäßig im Rahmen der Beweisaufnahme von den Akten vormals verhandelter Verfahren und deren Ausgang Kenntnis.[418] Die in der menschlichen Natur angelegten Gründe, an einer Entscheidung festzuhalten, treffen heute ebenso wie zur Zeit der Entstehung der CPO zu.[419]

Betrachtet man die Veränderungen, die die ZPO zwischenzeitlich erfahren hat, so fällt vor allem der Wandel vom liberalen Parteiprozess zum richterlich geführten Erkenntnisverfahren mit Parteiherrschaft ins Auge.[420] Gerade die gesteigerte richterliche Verantwortlichkeit für die Prozessförderung spricht im modernen System für ein gestiegenes Maß an Identifikation mit dem erzielten Ergebnis.[421] Damit steigt zumindest potentiell die Schwelle, das „eigene“ Ergebnis als fehlerhaft zu verwerfen. Das gilt unmittelbar für Entscheidungen, die vom selben Richter in Erst- und Folgeverfahren getroffen werden. Aber auch mit Blick auf ein Interesse, den Gerichtskollegen oder die Richterschaft nach Möglichkeit in Schutz zu nehmen, erscheinen diese Gedanken heute nicht abwegig. Diese Erwägungen betreffen selbstverständlich nur den engagierten Richter, dem ein Mindestmaß an Interesse an der Qualität seiner Arbeit nicht abgesprochen werden kann. Sofern Desinteresse vorherrscht und die schnelle Erledigung „um jeden Preis“ im Vordergrund steht, kommt es weniger auf solche Lenkungsfunktionen als auf den unkompliziertesten Weg zum Verfahrensabschluss an. Für das System der ZPO ist von

---

[417] Vgl. *Eagly/Chaiken*, S. 476 f. mit umfangreichen Verweisen auf empirische Untersuchungen.
[418] Vgl. zu diesem Themenkreis z.B. *BGH* NJW 1994, 3295.
[419] In diesem Sinne versteht sich auch die plastische Aussage von *Gottwald* in MünchKommZPO, § 322 Rn. 4.
[420] Vgl. zu diesem Wandel *Kerwer*, S. 25.
[421] Vgl. *Eagly/Chaiken*, S. 476 f.; *Stahlberg/Frey* in Sozialpsychologie, S. 159, jeweils m.w.N.

dem Typ Richter auszugehen, der sich zumindest in gewissem Maße mit den Ergebnissen seiner Tätigkeit identifiziert.

Ein grundsätzlicher Wandel, der ein Abrücken von den ursprünglichen gesetzgeberischen Vorstellungen rechtfertigen könnte, lässt sich jedenfalls nicht belegen.

(2) Interventionsregeln zum Schutz vor faktischer Präjudizwirkung

Ein Vorteil des Verständnisses der Interventionsregeln als Schutz des Dritten vor faktischen Präjudizwirkungen besteht in der Nähe zum Wortlaut des Gesetzes. Sie macht zwanglos verständlich, warum für den Anwendungsbereich auf das rechtliche Interesse des Dritten an dem Rechtsstreit verwiesen wird, § 66 Abs. 1 ZPO. Ausgehend vom Interesse des Dritten an rechtzeitiger Beteiligung in fremden Rechtsstreitigkeiten erscheint es naheliegend, zunächst die Nebenintervention als Grundfall und die sonstigen Ausgestaltungen als Ergänzungen oder Ausnahmen zu regeln.[422] Damit wird die in den §§ 66 ff. ZPO gewählte Regelungsstruktur nachvollziehbar. Verständlich wird zudem, warum nicht einmal angedacht wurde, ob die Intervention nicht eher bei den Vorschriften angesiedelt werden sollte, die sich mit den Rechten bzw. dem Schutz der Parteien des Rechtsstreits befassen.[423]

Im Einklang mit diesem Grundgedanken geht heute die wohl überwiegende Auffassung davon aus, die Nebenintervention diene dem Schutz des Dritten vor den Wirkungen der Erstentscheidung.[424] Daraus werden zum Teil Schlussfolgerungen für die Ziele der Interventionswirkung gezogen.[425]

Ein wesentliches Argument für diese Sichtweise liegt zudem in dem einheitlichen Erklärungsansatz, der verständlich macht, warum die einheitlich ausgestaltete Interventionswirkung unterschiedslos von Nebenintervention und Streitverkündung ausgelöst werden kann. So lässt sich verstehen, warum es im Falle eines Beitritts nicht mehr auf den Auslöser dieses Beitritts ankommen soll.[426]

Neben diesen Argumenten, die auf die Vermeidung von Wertungswidersprüchen abzielen, geben die Materialien deutliche Hinweise, die zumindest das historische Konzept des Gesetz-

---

[422] Ähnlich auch *Schilken* in MünchKommZPO, § 68 Rn. 1.

[423] Vgl. die Entwurfsbegründung, S. 84 ff.

[424] Vgl. in diesem Sinne *Schilken* in MünchKommZPO, § 66 Rn. 1; *Wolfgang Lüke,* S. 384 unter Verweis auf die insoweit h.M. in der Literatur, 390; *Mansel* in Wieczorek, § 66 Rn. 4; *Putzo* in Thomas/Putzo, § 66 Rn. 1; Rosenberg/Schwab/*Gottwald,* S. 260; *Weth* in Musielak, § 66 Rn. 7; RGZ 61, 286, 288; *Hellwig,* System, S. 219; mit Blick auf die Gewährung rechtlichen Gehörs auch *Vollkommer* in Zöller, § 67 Rn. 2; *Wieser,* ZZP 79 (1966), 246, 262 f.

[425] *Schilken* in MünchKommZPO, § 68 Rn. 1; differenzierend *Mansel* in Wieczorek, § 68 Rn. 3.

[426] Siehe dazu die ausführliche Darstellung dieses Zusammenhangs oben auf den S. 98 ff.

gebers in diesem Sinne sicher bestimmbar machen.[427] Diese Aussage mag verwundern, findet man doch zum Teil Verweise auf die Materialien als Beleg für abweichende Auffassungen oder schlichte Feststellungen dahin, die Materialien seien nicht ergiebig.[428] Der Inhalt der Materialien wurde insoweit nicht ausreichend gewürdigt. Die gezogenen Schlussfolgerungen lassen eine umfassende Auseinandersetzung mit der Entwurfsbegründung vor dem Hintergrund ihrer historischen Entwicklung vermissen. In der Regel fehlt die Auseinandersetzung mit historischen Auslegungskriterien vollständig.[429]

Als deutlicher Beleg für den von der Nebenintervention abweichenden Schutzzweck der Streitverkündung wird die Aussage gewertet, der Unterschied zwischen beiden Instituten bestehe darin, von wem die Initiative für die Drittbeteiligung ausgehe.[430] Damit wird die Bedeutung der Aussage schlicht in ihr Gegenteil verkehrt. Die obigen Ausführungen haben gezeigt, dass die Streitverkündung im Interesse des Dritten zur Nebenintervention führen sollte.[431] Die Aussage der Entwurfsbegründung beschreibt die verschiedenen Auslöser der Nebenintervention. Ein grundsätzlicher Unterschied zwischen Nebenintervention und Streitverkündung kann vor diesem Hintergrund jedenfalls nicht als mit den Zielen des historischen Gesetzgebers vereinbar angesehen werden.

Ein schwerwiegendes Argument liegt in der Tatsache, dass die häufig anerkannten Schutzziele der Nebenintervention konzeptionell unerreicht blieben, wenn man die Streitverkündungsregeln nicht in diesen Wertungszusammenhang einbezöge. Es hinge ausschließlich vom Zufall ab, ob der Dritte auf eigene Initiative von der Nebeninterventionsmöglichkeit Gebrauch machte. Ohne Mithilfe der Hauptpartei wird der Dritte erst von dem Erstprozess erfahren, wenn ihm unter Verweis auf die Entscheidung des Erstverfahrens die Klageschrift des Folgeverfahrens zugestellt wird. Schutz durch das Recht zur Beteiligung kann nur erfolgen, wenn Kenntnis vom Erstverfahren gewährleistet wird. Isolierte man die Streitverkündung gedanklich von den Zielen der Nebenintervention, so bliebe das gesetzliche Schutzsystem konzeptionell unwirksam. Die isolierte Auslegung ist vor dem Hintergrund der aus dem Wortlaut, der Systematik und nicht zuletzt den historischen Quellen gewonnenen Auslegungsergebnissen methodisch nicht haltbar und deshalb abzulehnen.

---

[427] Siehe dazu die ausführliche Analyse der Gesetzgebungsmaterialien oben auf den S. 55 ff.
[428] Vgl. z.B. *Schilken* in MünchKommZPO, § 72 Rn. 1 unter Verweis auf S. 89 der Entwurfsbegründung.
[429] Das verwundert vor allem in den Dissertationen von *Schwanecke* und *Elmar Schäfer*. Aber auch die gründlichen Auseinandersetzungen von *Häsemeyer*, ZZP 84 (1971), 179 ff. und *Wieser*, ZZP 79 (1966), 246 ff. lassen diesen Aspekt aus. Bedenklich in diesem Zusammenhang auch *Martens*, ZZP 85 (1972), 77, 89 f., der offensichtlich die Bedeutung der historischen Auslegungsmomente für den Zusammenhang erkennt, es aber mit – unzutreffenden - Vermutungen über die gesetzgeberischen Intentionen bewenden lässt.
[430] Vgl. *Schilken* in MünchKommZPO, § 72 Rn. 1.
[431] Vgl. die ausführliche Darstellung der Materialien in ihrem historischen Kontext oben auf den S. 55 ff.

Dem lässt sich nur bei oberflächlicher Betrachtung entgegenhalten, dass die als Vorlage der Regelungen der CPO dienenden römischen Quellen gerade kein allgemeines Institut der Streitverkündung kannten. Zwar gab es das Institut der Streitverkündung im heutigen Sinne noch nicht. Die Streitverkündung beschränkte sich auf die Fälle der Eviktion, in denen sie sich aus vertraglichen Absprachen entwickelte. Die Ausdehnung der Streitverkündung entwickelte sich alsbald im gemeinen Recht und gehörte zum allgemein konsentierten Inhalt, der vom Gesetzgeber in die CPO geschrieben werden sollte.[432] Die schrittweise Entwicklung erklärt sich aus dem Ausnahmecharakter, der darin liegt, überhaupt die Einmischung eines Dritten in einen fremden Rechtsstreit zu dulden.[433] Zunächst musste geklärt werden, ob der Dritte im Zweiparteiensystem überhaupt berechtigt sein sollte, sich in einen fremden Rechtsstreit einzumischen. Nachdem dies akzeptiert war, konnte sich eine weitergehende Verbesserung der Rechtsstellung des Dritten durchsetzen. Eine solche Entwicklung musste sich schrittweise ihre Bahn brechen. Das in die CPO eingeflossene geschlossene Konzept bildete den Endpunkt dieser Evolution.[434]

Gegenüber den aufgezeigten Auslegungsergebnissen kann der alleinstehende Verweis auf die unangenehmen Folgen der Interventionswirkung für den Dritten nicht ausreichen, um zu begründen, warum die Interventionsvorschriften als Schutzwerkzeug zugunsten der Hauptpartei interpretiert werden müssen. Ebenso wenig kann die schlichte Feststellung genügen, die Streitverkündungshandlung der Hauptpartei ziele auf diese Bindungswirkung ab. Der Gesetzgeber kalkuliert bei der Konzeption seines Prozessrechtssystems mit den Interessen rational agierender Parteien.[435] Diese Komponente musste für die liberalen Vorstellungen des mehr noch als heute auf den Parteibetrieb ausgerichteten Zivilprozesses gegen die amtliche Beiladung und für eine eigenverantwortliche Regelung durch die Parteien sprechen. Die Abhängigkeit des Drittschutzes von der Information durch die Hauptpartei ist umso eher zumutbar, als der Dritte sich seine Hauptpartei häufig durch rechtsgeschäftlichen Kontakt ausgesucht hat.

Aus diesem Verständnis ergeben sich Hinweise auf die Rechtsfolgen der Drittbeteiligung: Die Interventionswirkung war keine vom Gesetzgeber ins Leben gerufene Konstruktion zum Schutz materieller Rechte der Hauptpartei. Sie hatte sich vielmehr als selbstverständliches Nebenprodukt einer Drittbeteiligung entwickelt.[436] Deshalb bildete sie kaum den Gegenstand

---

[432] Vgl. dazu oben auf den S. 52 ff.

[433] Zur Bedeutung des Zweiparteiensystems in diesem Zusammenhang: *Eibner,* S. 6; *Bruns,* FS für Schima, S. 111; *Weth* in Musielak, § 64 Rn. 1; *Mansel* in Wieczorek, § 64 Rn. 1; *Schilken* in MünchKommZPO, § 68 Rn. 10.

[434] Vgl. die Analyse der Entwurfsbegründung oben auf den S. 59.

[435] Vgl. in diesem Sinne *Martens,* ZZP 85 (1972), 77, 80, die Rechtsordnung stelle stets den Einzelegoismus der Parteien in den Dienst allgemeinerer Aufgaben, unter Verweis auf *Pawlowski,* S. 354.

[436] Vgl. oben auf den S. 36 ff..

der Diskussionen. Zum Teil wurde eine Regelung sogar für verzichtbar gehalten.[437] Wenn man dennoch die Interventionswirkung in der CPO regelte, so versteht sich das aus dem Bestreben heraus, eine einheitliche und praktikable gesamtdeutsche Zivilprozessordnung zu schaffen.[438] Diese Regelung darf aber nicht über den wertungsmäßigen Hintergrund der Interventionswirkung hinwegtäuschen: Wer seine Chance, sein Recht zu erstreiten, nicht mit der gebotenen Sorgfalt wahrnimmt, muss sich gleichwohl an den derart zustande gekommenen Ergebnissen festhalten lassen. Diese Grundregel wird auch für die Parteien eines Streitverfahrens niemand in Zweifel ziehen wollen.[439] Die Regeln der Präklusion haben den Zweck, einer Partei die Lasten fehlender Sorgfalt aufzubürden.[440] Ist die Entscheidung rechtskräftig, kann eine Partei erst Recht nicht mit dem Einwand gehört werden, sie habe – trotz zumutbarer Möglichkeit – ihre Rechte nicht verfolgt. Diese Regel lässt sich zwanglos in den Bereich der Drittbeteiligung übertragen. Soweit der Dritte die Möglichkeit hatte, seine Rechte zu vertreten, muss ihm selbstverständlich keine zweite Chance gegeben werden, identischen Streitstoff in einem zweiten Verfahren zu verhandeln. Gleichzeitig achtet man durch die Beschränkungen der Bindungswirkung in § 68 Hs. 2 ZPO darauf, den Dritten keinesfalls über Gebühr zu binden.

Dieses Gefüge zeigt sich besonders anschaulich für den Fall des ausgebliebenen Beitritts eines streitverkündeten Dritten. Grundsätzlich bestand für ihn die Möglichkeit, seine Rechte im Erstverfahren zu verfolgen. Damit korrespondiert die generelle Bindungswirkung des § 68 ZPO. Gleichwohl bleiben ihm die Einwendungen nach § 68 Hs. 2 ZPO erhalten. Mit Blick auf die in der historischen Entwicklung durchaus umstrittenen Einwendungen bedeutet die klarstellende Regelung eine Absicherung der Rechte des Dritten.

Der aufgezeigte Zusammenhang der Interventionswirkung findet in den oben angesprochenen öffentlichen Interessen seine Begründung. Es liegt im öffentlichen Interesse, jedem Rechtssubjekt gegenüber den Anspruch auf rechtliches Gehör zu begrenzen. Dadurch wird ein funktionierendes Rechtspflegesystem abgesichert.

g) Zusammenfassung des Diskussionsstandes

Die isolierte Betrachtung der Interventionsvorschriften als Instrument zur Bindung des Dritten an nachteilige Wirkungen des Erstverfahrens im Folgeverfahren kann nicht überzeugen. Die vorgestellten Schutzideen zugunsten der materiellen Rechte der Hauptpartei oder der Öffentlichkeit mögen vom einen oder anderen Standpunkt aus sinnvoll erscheinen.

---

[437] Siehe dazu oben auf den S. 55 ff.
[438] Vgl. so die Entwurfsbegründung, S. 88, die von einer Klärung im Sinne der Rechtseinheit spricht.
[439] Die unterschiedliche objektive Reichweite von Interventions- und Rechtskraftwirkung hat andere Gründe, die unten eingehend besprochen werden, siehe dazu S. 197 ff.
[440] Vgl. zur Aufgabe der Präklusionsvorschriften *Prütting* in MünchKommZPO, § 296 Rn. 2 ff.; *Huber*

Auf eine gesetzgeberische Wertentscheidung lassen sie sich nicht zurückführen. Eine hinreichende Erklärung der Interventionsmöglichkeit ist auf diesem Wege nicht möglich.

Bei methodengerechter Auslegung der Interventionsvorschriften sind die Ziele der Interventionsmöglichkeit im Schutz des Dritten vor Beeinträchtigungen zu sehen, die diesem durch eine rechtskräftige Entscheidung in einem fremden Prozess drohen. Diese Zielbestimmung gilt gleichermaßen für Nebenintervention und Streitverkündung. Die Interventionswirkung erschließt sich in ihrer Bedeutung mittelbar aus dieser Zielsetzung. Die Bindungswirkung resultiert aus der Möglichkeit der Rechtsverteidigung im Erstverfahren.[441] Dieser Zusammenhang geht auf einen Ausgleich privater Interessen an der Rechtsverfolgung und öffentlicher Interessen an Prozessökonomie und der Vermeidung widersprüchlich begründeter Entscheidungen zurück. Soweit der Dritte hinreichend Gelegenheit zur Verteidigung seiner Rechte hatte, soll den öffentlichen Interessen der Vorrang eingeräumt werden.

5. Auswirkungen auf Problembereiche des Rechts der Nebenintervention

Die bislang gewonnenen Erkenntnisse über die Ziele der Interventionsvorschriften beruhen auf der Anwendung des Auslegungskanons. Sie spiegeln die gesetzgeberischen Wertungen wider, die im Gesetz Ausdruck gefunden haben. Mit Blick auf die kontroverse Diskussion über Zielvorstellungen der Interventionsvorschriften soll dieser Befund durch die Betrachtung einiger wesentlicher Problemfragen im Bereich der Interventionsvorschriften untermauert werden. Es geht nicht um eine abschließende Diskussion des Rechts der Intervention. Vielmehr soll gezeigt werden, dass sich die aufgezeigte Schutzvorstellung des Gesetzes bei der Lösung problematischer Abgrenzungsfragen bewährt. Die Bedeutung dieser Untersuchungen für das Verständnis der Interventionsvorschriften ergibt sich aus der häufig anerkannten methodischen Zulässigkeit, auch die im Gesetz ausgedrückten gesetzgeberischen Wertungen zu korrigieren, soweit sie zu unerträglichen Wertungswidersprüchen führen, die nicht im Rahmen der Auslegung bereinigt werden können.[442] Es gilt die Frage zu beantworten, ob auf der Grundlage eines Verständnisses der Interventionsregeln zum Schutz des Dritten solche Unstimmigkeiten ungeklärt bleiben. Davon unabhängig erlaubt erst die Auflösung dieser Streitfragen eine ungetrübte Sicht auf die objektive Reichweite der Interventionswirkung und ihre konkrete Ausgestaltung.

In diesen Zusammenhang gehört die Betrachtung sonstiger prozessualer Gestaltungen, die sich in ähnlicher Weise mit der Zuziehung eines Dritten zu einem fremden Rechtsstreit befassen. Hier fallen vor allem die einfache Streitgenossenschaft und die streitgenössische Neben-

---

[441] Vgl. ähnlich insoweit *Mansel* in Wieczorek, § 68 Rn. 85.

[442] Vgl. zur Möglichkeit gesetzlicher Korrekturen *contra legem* ablehnend *Koch/Rüßmann*, S. 266 ff.; a.A. *Larenz/Canaris*, S. 245 ff. m.w.N.

intervention ins Auge. Sodann sind die Streitfragen zu behandeln, über die man bislang auf Grundlage des überkommenen Verständnisses der Aufgaben der Interventionsregeln keine abschließenden Ergebnisse erzielen konnte.

a) Verhältnis zur Parteistellung

Mit dem Vergleich zwischen der Stellung und Behandlung von Parteien auf der einen und dem Dritten im Verhältnis zur Hauptpartei auf der anderen Seite ist der Kern der in dieser Ausarbeitung angesprochenen Problematik berührt. Es ist gerade das Ziel dieser Arbeit aufzuklären, ob die grundlegend unterschiedliche Ausgestaltung systematisch einheitlich zu rechtfertigen ist. Dieser Gedanke wird später im Zusammenhang aufgegriffen.[443]

b) Verhältnis zur Streitgenossenschaft

Die einfache Streitgenossenschaft bietet sich in diesem Zusammenhang an, weil die Interventionswirkung mit der faktischen Teilnahme am Erstverfahren, genauer gesagt, mit der Möglichkeit korrespondiert, hinreichend über den fraglichen Streitstoff zu verhandeln. Die Streitgenossen nehmen sämtlich an einer Verhandlung teil. Warum also muss der Gesamtschuldner, zum Beispiel im Falle einer Klage gegen einen anderen Gesamtschuldner, erst dem letzteren im Vorprozess beigetreten sein, um die Interventionswirkung auszulösen? Müsste nicht der Umstand, dass alle Streitgenossen mit einheitlichem Ziel auf derselben Seite des kontradiktorischen Verfahrens alle Verteidigungsmöglichkeiten hatten, qua lege eine vergleichbare Wirkung herbeiführen?

In der Tat entspricht es der historisch geprägten Sicht, zunächst eine Bindung jedes Dritten zu erwägen, der mit der Möglichkeit, Prozesshandlungen vorzunehmen, an einer Verhandlung über ein Rechtsverhältnis teilgenommen hat. Der klarstellende Gehalt des § 68 ZPO beträfe auch ihn, soweit er die Möglichkeit hatte, Einfluss auf die Rechtsfindung im Einzelfall zu nehmen. Dieser Gedanke soll anhand eines Beispiels vor Augen geführt werden: Im Erstverfahren hat die Gegenpartei die Hauptpartei gestützt auf deren Schuldbeitritt zu einem Kreditverhältnis auf Zahlung in Anspruch genommen. Aus dem Kreditvertrag klagt die Gegenpartei gegen den Dritten auf gesamtschuldnerische Leistung.

Von dieser Fragestellung, die das Regressverhältnis zwischen den Gesamtschuldnern betrifft, sollen Fälle kumulativer Haftung unterschieden werden. Im Beispiel scheidet eine Streitverkündung des Klägers, der einen Gesamtschuldner verklagt, gegenüber dem anderen Gesamtschuldner, von vornherein aus. Insoweit fehlt es an dem nötigen Alternativverhältnis bzw. der

---

[443] Siehe unten auf den S. 197 ff.

Kläger hat von seiner Möglichkeit zur Klage Gebrauch zu machen, § 72 Abs. 1 ZPO.[444] Anders als in den Fällen alternativer Verpflichtung droht ihm hier nicht von vornherein der Verlust eines Prozesses.

Ob die Gegenpartei bereits von Beginn an beide in Anspruch nimmt, die Klage gegen den Dritten erst später erhebt oder eine Verbindung der von der Gegenpartei separat angestrengten Prozesse durch das Gericht erfolgt, sei der Willkür der Parteien oder dem Zufall überlassen. Im üblichen Prozessverlauf wird die Frage entschieden, ob die Gegenpartei von der Hauptpartei und dem Dritten Zahlung aus dem Kreditvertrag verlangen kann. Dafür werden die Wirksamkeit der Verpflichtung ebenso wie Einwendungen aus der Person des Dritten, beispielsweise Fälligkeit und Erfüllung, behandelt. Der Dritte dürfte, unabhängig von seiner sonstigen Beteiligung an diesen Verfahren, als Nebenintervenient der Hauptpartei beitreten, weil er glaubhaft machen kann, im Falle eines Unterliegens der Hauptpartei Regressansprüchen (§§ 670, 426 Abs. 1 und 2 BGB)[445] ausgesetzt zu sein, § 66 Abs. 1 ZPO. Aus dem selben Grunde könnte die Hauptpartei dem Dritten den Streit verkünden, weil sie beabsichtigt, sich im Falle des Unterliegens bei diesem zu erholen, § 72 Abs. 1 ZPO. Der einfache Streitgenosse hat erhebliche Möglichkeiten, Einfluss auf sein Prozessrechtsverhältnis zur Gegenpartei zu nehmen. Häufig handeln Streitgenossen durch einen Prozessvertreter; auch im Beispiel könnten sich Hauptpartei und Dritter durch einen Prozessvertreter repräsentieren lassen. Zudem hat eine Beweiswürdigung in Bereichen, die beide Streitgenossen betreffen, einheitlich zu erfolgen.[446] Es ist also von einer engen Verbindung der beiden Verfahren auszugehen, die für den als Streitgenossen teilnehmenden Dritten die Möglichkeit bietet, seinen Standpunkt zur Geltung zu bringen.

Warum es dennoch eines Beitritts bzw. einer Streitverkündung bedarf, klärt sich anhand genauer Betrachtung der Prozessrechtsverhältnisse: Den Dritten verbindet kein Prozessrechtsverhältnis mit der Hauptpartei. Sein Prozessrechtsverhältnis zur Gegenpartei ist aus Gründen der Praktikabilität mit anderen, gleichartigen Streitverhältnissen verbunden. Formal betrachtet handelt es sich um unterschiedliche Rechtsstreitigkeiten. Kein Streitgenosse nimmt Einfluss auf den jeweils anderen Rechtsstreit, an dem er nicht beteiligt ist, § 61 ZPO. Entsprechend kann ein Streitgenosse durch Streitverkündung oder Nebenintervention in die Position des Drittbeteiligten nach den §§ 66 ff. ZPO eintreten, um auch für den fremden Rechtsstreit Prozesshandlungen vornehmen zu können.

---

[444] Siehe dazu oben auf den S. 88 ff.
[445] Vgl. zur gesamtschuldnerischen Haftung im Falle des Schuldbeitritts *Heinrichs*, in Palandt, Überblick v. § 414 Rn. 2.
[446] Vgl. *BGH* NJW-RR 1992, 253, 254; *Schilken* in MünchKommZPO, § 61 Rn. 9; *Bork* in Stein/Jonas, § 61 Rn. 10; *Weth* in Musielak, § 61 Rn. 3.

Die Beachtung formeller Regeln spielt für das Prozessrecht eine wichtige Rolle. Grundsätzlich genügt es nicht, im Rahmen einer teleologischen Betrachtung ein wertungsgerechtes Einzelfallergebnis zu erzielen. Das gilt im besonderen Maße für die Zuordnung prozessualer Positionen. Die Stellung als Partei ist für eine Vielzahl von Regelungen relevant.[447] Zur Zeit der Entstehung der CPO herrschte im Gegensatz zur heutigen Sicht noch der materielle Parteibegriff vor.[448] Danach war derjenige als Partei eines Rechtsstreits anzusehen, der nach Behauptung des Klägers Subjekt des streitigen Rechtsverhältnisses war. Ebenso wie auf Grundlage des heute herrschenden formellen Parteibegriffs bestand erhebliches Interesse an größtmöglicher Klarheit darüber, wer als Partei und wer als abhängige Drittperson an einem Rechtsstreit beteiligt ist. Auf diesem Weg können eindeutige und einfach zu beurteilende Verhältnisse über die Rechte der Parteien und damit über die Wirksamkeit von Prozesshandlungen geschaffen werden. Dieser Aspekt kommt gleichermaßen im Verhältnis zu Dritten zum Tragen. Anderenfalls könnte das Gericht nicht ohne weiteres erkennen, ob Prozesshandlungen eines Streitgenossen nur für dessen eigenes Prozessrechtsverhältnis berücksichtigt werden müssen, § 61 ZPO. Die prozessual geforderten Erklärungen bedeuten für die Beteiligten auch keine nennenswerte Belastung, so dass das Interesse an prozessualer Klarheit überwiegt. Schließlich lenkt der formale Akt der Drittbeteiligung die Aufmerksamkeit der Parteien des Regressverhältnisses auf diejenigen Vorfragen des Erstverfahrens, die im drohenden Folgeverfahren entscheidungserheblich werden könnten.[449]

Diese Gründe sprechen nicht nur für eine Bindung der Vorschriften über die Stellung des Dritten im Erstverfahren an dessen formellen Beitritt. Es entspricht der Regelung des Gesetzes, die Rechtsfolgen der Intervention von den genannten Voraussetzungen abhängig zu machen. Dennoch kann sich die Frage stellen, ob eine Analogie geboten ist oder hier eine wesentliche Unstimmigkeit im gesetzlichen Konzept erkennbar wird.

Naheliegend erscheint dieser Gedanke, wenn man die Begründung einbezieht, die oben für die durch Streitverkündung ohne nachfolgenden Beitritt ausgelöste Interventionswirkung entwickelt wurde. Mit der Streitverkündung ist dem Dritten die Chance zur Wahrnehmung seiner Rechte eingeräumt. Nimmt er diese nicht wahr, etwa weil er die Sache der Hauptpartei überlassen will oder weil ihm die nötige Sorgfalt fehlt, so gilt die Möglichkeit zur Wahrnehmung seiner Rechte gleichwohl als versäumt. Die Fälle, in denen der Dritte aufgrund sonstiger Umstände von dem Erstverfahren Kenntnis erhält, aber von einem Beitritt absieht, müssen

---

[447] Vgl. zur Bedeutung der Parteistellung *Lindacher* in MünchKommZPO, Vor § 50 Rn. 1, der z.B. auf Gerichtsstand, Rechtshängigkeit, Richterausschluß und die im vorliegenden Zusammenhang vieldiskutierten Beweisverfahrensfragen (Zuschiebung von Beweisen) verweist.
[448] Vgl. *Lindacher* in MünchKommZPO, Vor § 50 Rn. 2 m.w.N.
[449] Der darin liegenden Warnung kommt ganz erhebliche Bedeutung zu, worauf unten im Zusammenhang auf den S. 197 ff. eingegangen wird.

demgegenüber keine Interventionswirkung auslösen, weil die Anknüpfung an nachvollziehbare Geschehnisse für das Prozessrecht einen wichtigen Gesichtspunkt bedeutet.

Diese Begründung greift im Beispiel der Streitgenossen nicht, weil eindeutig belegt ist, wann die verschiedenen Personen als Streitgenossen in das gemeinsam geführte Verfahren eingetreten sind. Als Begründung bleibt die gesetzgeberische Entscheidung, den Eintritt der Interventionswirkung an das Vorliegen eines Beitritts oder einer Streitverkündung zu knüpfen. Diese Entscheidung könnte man ebenso wie das Gesamtkonzept in Frage stellen, wenn man darin einen unerträglichen Wertungswiderspruch sähe. Dagegen spricht aber der sachliche Vorteil, den die formellen Erklärungen für die Führung des Erstverfahrens bedeuten. Wollte man qua lege die Interventionswirkung eingreifen lassen, dann müsste dem Dritten die Stellung eines Streithelfers eingeräumt werden. Über die Grenzen der tatsächlich verbundenen Prozessrechtsverhältnisse hinweg wären die Prozesshandlungen für den Streitgenossen zu berücksichtigen. Der Gehalt des § 61 ZPO wäre negiert. Es bedeutet keine mangelhafte Konsistenz der Wertungen, wenn der Gesetzgeber an dieser Stelle dem Ausnahmecharakter der Drittbeteiligung an einem fremden Prozessrechtsverhältnis zunächst den Vorrang gibt, zumal die Beteiligung unproblematisch in der Hand der Parteien liegt. Hervorzuheben ist wiederum die Bewusstmachungsfunktion, die in einem formalen Drittbeteiligungsakt liegt. Der Schutz vor überraschenden Bindungswirkungen spielte für den Gesetzgeber eine erhebliche Rolle.[450] Dieser Schutz wäre durch eine Bindung, die unabhängig von einem Antrag oder sonstigem Beteiligungsakt eingreift, nicht gewährleistet.[451]

Insgesamt sind keine Wertungswidersprüche ersichtlich, die eine Korrektur gesetzlicher Vorschriften annähernd tragen könnten.

Die aufgezeigten Einordnungsprobleme sind auch nicht geeignet, Zweifel an den zugrunde gelegten Schutzideen zu begründen. Die Beurteilung hat die Auswirkungen der Alternativlösungen zu beachten.

Auch vom Standpunkt derjenigen aus, die in den Interventionsregeln ein Schutzwerkzeug für die materiellen Rechte der Hauptpartei sehen, ergibt sich insoweit keine dogmatisch vorteilhaftere Erklärungsmöglichkeit. Zu Recht verweisen die Vertreter dieser Ansicht darauf, dass die Interventionswirkung für die gesetzlich berücksichtigten Fälle ausschließlich günstig auf die Position der Hauptpartei im Folgeverfahren wirken kann.[452] Wenn also das Ziel der Interventionsvorschriften im Schutz der Interessen der Hauptpartei läge, so diente es diesem Ziel,

---

[450] Siehe dazu die ausführliche Darstellung zu den Materialien oben auf den S. 59 ff.
[451] Siehe dazu unten auf den S. 197 ff.
[452] Die Möglichkeit einer Wirkung zu Lasten der Hauptpartei soll unten näher untersucht werden. Sie kann hier außer Betracht bleiben, weil das Gesetz diese Fälle entweder nicht im Blick hatte oder eine bewusste Entscheidung gegen eine solche Wirkung enthält. Jedenfalls ist im vorliegenden Zusammenhang mit der gesetzlichen Konzeption von einer Bindungswirkung auszugehen, die potentiell den Dritten trifft.

die Interventionswirkung im Beispielsfall der Streitgenossenschaft automatisch zur Geltung zu bringen.

Die Entscheidungsmöglichkeit über das Eingreifen der Interventionsregeln kann nur dann im Interesse der Hauptpartei als relevantes Unterscheidungskriterium erscheinen, wenn sie verhindern könnte, dass ein Dritter sich in ihren Prozess einmischt. Diese Möglichkeit hat sie nur auf tatsächlicher Ebene. Nur im Rahmen der üblichen Situation der Streitverkündung, in der der Dritte von dem Erstverfahren keine Kenntnis besitzt, kann die unterlassene Streitverkündung die Drittbeteiligung verhindern. Aber gerade dieser Aspekt kann beim Streitgenossen keine Rolle spielen, weil er förmlich ins Verfahren einbezogen wurde. Es ergeben sich also keine erheblichen Unterschiede zu den oben behandelten Überlegungen.

Nimmt man an, die Interventionsvorschriften seien hauptsächlich zum Schutz öffentlicher Interessen bestimmt, d.h. widersprüchliche Entscheidungen und die wiederholte Befassung mit identischem Streitstoff zu verhindern, so wäre schlechthin unverständlich, warum die Interventionswirkung von der förmlich anmutenden Erklärung der Parteien abhängen soll. Grundlage der Bindungswirkung ist bei dieser Zielbestimmung der Wille des Gesetzgebers, soweit zumutbar die Entstehung widersprüchlich begründeter Entscheidungen zu vermeiden. Dabei erkennt man an, dass die Bindung an eine rechtskräftige Entscheidung einem Rechtssubjekt auch vor dem Hintergrund öffentlicher Interessen nur zugemutet werden kann, wenn zumindest die Möglichkeit zur Rechtsverteidigung gegeben wurde. Diese Notwendigkeit ergibt sich zwingend aus der Verhandlungsmaxime, die im kontradiktorischen Zweiparteienprozess die bestmögliche Verwirklichung der materiellen Rechtsordnung gewährleisten soll.[453] Auch in diesem Konzept bliebe nur die Möglichkeit, an die formellen Voraussetzungen der Interventionsvorschriften anzuknüpfen.

Der Gesetzgeber hat die Vorschriften der Intervention als Ausnahmen vom Zweiparteienprinzip im Zivilprozess ausgestaltet. Die Sondersituation der Streitgenossenschaft verbindet formal unabhängige Prozessrechtsverhältnisse, ohne damit die Beschränkung auf die Parteien der jeweiligen Verfahren zu berühren. Auf einen formalen Akt der Drittbeteiligung kann nicht verzichtet werden. Für die Entscheidung über Alternativvorschläge zur Zielbestimmung der §§ 66 ff. ZPO lassen sich keine Rückschlüsse ziehen, weil insoweit keine der Lösungen eine verständlichere Erklärung zu bieten hat als die anderen.

---

[453] Vgl. allgemein zur Verhandlungsmaxime und ihrer Bedeutung im Zivilprozess *Musielak* in Musielak, Einl. Rn. 37; ausführlich *Lüke* in MünchKommZPO, Einleitung Rn. 181 ff.

c) Verhältnis zur streitgenössischen Nebenintervention

Für die Einbindung der streitgenössischen Nebenintervention in die Interventionsregeln ist zunächst auf deren historischen[454] und systematischen[455] Zusammenhang zu verweisen. Der streitgenössische Nebenintervenient qualifiziert sich über seine unmittelbare Bindung durch die materielle Rechtskraft des Ersturteils im Verhältnis zur Gegenpartei, § 69 ZPO. Zum Schutz seines Anspruchs auf rechtliches Gehör wird ihm die prozessuale Stellung eines (notwendigen[456]) Streitgenossen zugebilligt.[457] Da er mit Blick auf die Rechtskraftwirkung der Erstentscheidung im Verhältnis zur Gegenpartei durch die Beschränkungen der Interventionswirkung nicht geschützt wird, darf ihn seine Stellung im Erstverfahren nicht an einer optimalen Rechtsverteidigung hindern.[458] Allerdings fehlt ihm die Möglichkeit, den Streitgegenstand zu gestalten.[459]

Mit der ungehinderten Möglichkeit zur Rechtsverteidigung erklärt sich die auch für den streitgenössischen Nebenintervenienten eingreifende, weitgehend unbeschränkte Interventionswirkung. Einer ausdrücklichen Einschränkung des § 68 ZPO bedurfte es gleichwohl nicht, weil diese Vorschrift in Hs. 2 eine flexible Begrenzung für sämtliche Anwendungsfälle enthält. Im Sinne einer klarstellenden Gesamtregelung zeigt § 68 Hs. 2 ZPO, dass die Interventionswirkung einerseits eingreift und andererseits durch die Möglichkeit der Einflussnahme begrenzt wird. Die Regelung, die sich wegen der Abhängigkeit des „normalen" Nebenintervenienten von der Hauptpartei als wirksame Eingrenzung beweist, entfaltet im Falle des unabhängig operierenden streitgenössischen Nebenintervenienten kaum Wirkung.[460] Nur in Fällen, in denen der Nebenintervenient erst zu einer Zeit in den Prozess eintritt, in der er die notwendigen Angriffs- oder Verteidigungsmittel nicht mehr einsetzen kann, bleibt auch dem streitgenössischen Nebenintervenienten ein Ausweg. Der streitgenössische Nebenintervenient kann sich ebenfalls auf solche Angriffs- und Verteidigungsmittel berufen, die er nicht vorbringen konnte, weil er sie nicht kannte und die Hauptpartei sie vorsätzlich oder grob fahrlässig verschwiegen hatte. Damit sind die Möglichkeiten, von der Bindung loszukommen, im wesentlichen auf die Fälle arglistigen Verhaltens durch die Hauptpartei beschränkt.[461]

---

[454] Vgl. oben S. 36 ff.
[455] Vgl. oben S. 67 ff.
[456] Ob dem Dritten stets, in der Regel (so die absolut h.A.) oder nie die Stellung eines notwendigen Streitgenossen zukommt, wird unterschiedlich beurteilt. Der Fragestellung braucht hier nicht nachgegangen zu werden, weil von keiner Seite Zweifel an der maßgeblich befreiten Stellung des Dritten im Erstverfahren geäußert werden. Vgl. den Überblick zur Diskussion um die Streitfrage *Schilken* in MünchKommZPO, § 69 Rn. 9; siehe auch den Überblick bei *Mansel* in Wieczorek, § 69 Rn. 40.
[457] Vgl. *Bork* in Stein/Jonas, § 69 Rn. 1 m.w.N.
[458] Vgl. *BGH* NJW 1985, 386, 387 m.w.N.
[459] So darf er die Klage nicht zurücknehmen, den Streitgegenstand ändern oder Zwischenfeststellungsklage erheben, vgl. *Vollkommer* in Zöller, § 69 Rn. 8 m.w.N.
[460] Vgl. sehr weitgehend *Stahl*, S. 144.
[461] Vgl. zur Bedeutung des § 68 Hs. 2 ZPO im Rahmen der streitgenössischen Nebenintervention *Mansel* in Wieczorek, § 69 Rn. 85 m.w.N.

Im Einklang mit der oben für die Interventionswirkung gegebenen Erklärung ist festzuhalten: Das Maß der Bindung durch die Intervention korrespondiert mit den Möglichkeiten des Dritten, seine Rechte wirksam durchzusetzen. Liegt eine rechtskräftige Entscheidung als Ergebnis solcher Prozessführung vor, so ist dem Dritten eine erneute richterliche Entscheidung über identischen Streitstoff verwehrt.[462]

Gleichwohl bleibt eine Eigentümlichkeit der Formulierung des § 69 ZPO zu bemerken: Die im Verhältnis zum „normalen" Nebenintervenienten befreite Stellung soll der Dritte nicht erlangen, wenn die Entscheidung im Erstverfahren rechtskräftig im Verhältnis zur unterstützten Hauptpartei wirkt. Vielmehr soll nur eine Rechtskraftwirkung im Verhältnis zur Gegenpartei dafür ausreichen. Diese Einschränkung verwundert, wenn man davon ausgeht, die freiere Stellung des Nebenintervenienten sei vom Gesetzgeber als Antwort auf letztverbindliche Entscheidungen im Erstverfahren im Verhältnis zu Dritten gedacht gewesen. So finden sich in der älteren Literatur zum Teil freimütige Formulierungen, die vermuten lassen, man habe es mit dieser Unterscheidung nicht allzu genau genommen.[463] Zur Aufklärung soll der Zusammenhang durch ein Beispiel veranschaulicht werden: Ein Gesellschafter klagt auf Feststellung der Nichtigkeit eines Gesellschafterbeschlusses einer GmbH. Ein weiterer Gesellschafter kann dem Rechtsstreit beitreten, und wird wegen der auch sein Rechtsverhältnis zur Gesellschaft erfassenden Rechtskraftwirkung des Urteils als streitgenössischer Nebenintervenient behandelt.[464]

Der *BGH* verweist in diesem Zusammenhang darauf, im Verhältnis zur Hauptpartei werde die Bindung in ausreichendem Maße durch § 68 Hs. 2 ZPO beschränkt.[465] Diese Auffassung gehört zu den stets wiederholten Feststellungen, die sich auch in der Kommentarliteratur finden.[466] Sofern der Dritte seine rechtlichen Interessen im Erstverfahren nicht hinreichend habe zur Geltung bringen können, fehle es wegen der Einwendungen des § 68 Hs. 2 ZPO auch an einer Bindung im Folgeverfahren. Also sei der Dritte im Verhältnis zur Hauptpartei nicht schutzbedürftig.[467] Diese Aussage mag für die weitergehenden Bindungen an Urteilselemente der Erstentscheidung durch die Interventionswirkung überzeugen. Für diese greifen die Beschränkungen des § 68 ZPO ein.[468] Sie verwundert jedoch mit Blick auf die Bindung an die Rechtskraft des Urteils selbst. Unbestritten geht man nämlich davon aus, Beschränkungen

---

[462] Ob womöglich eine Bindungswirkung im Verhältnis zur Gegenpartei im Wege der Analogie angenommen werden müsste, soll unten im Zusammenhang mit der Gesamtdiskussion um die analoge Ausdehnung der objektiven und subjektiven Reichweite der Interventionswirkung untersucht werden, siehe dazu die S. 142 ff.
[463] Vgl. *Maxen*, S. 106.
[464] Siehe RGZ 93, 32 ff.
[465] Vgl. *BGH* NJW 1985, 386, 387.
[466] Vgl. *Schilken* in MünchKomm, § 69 Rn. 4; *Vollkommer* in Zöller, § 69 Rn. 2 jeweils m.w.N.
[467] Vgl. *BGH* NJW 1985, 386, 387.
[468] Vgl. Überblick bei *Bork* in Stein/Jonas, § 69 Rn. 13.

könnten sich nur gegen die Interventionswirkungen, nicht aber gegen die Rechtskrafterstrekkung ergeben.[469]

Diese wie selbstverständlich nebeneinander gestellten Befunde sind gleichwohl unvereinbar. Der Zweck der streitgenössischen Nebenintervention liegt in der Wahrung des rechtlichen Gehörs für den in stärkerem Maße betroffenen Dritten.[470] Der Anspruch auf rechtliches Gehör erscheint im Verhältnis zur Hauptpartei in gleicher Weise zwingend. Die vorgestellte Begründung lässt sich danach nur halten, wenn man die Existenz von Fällen bestreitet, in denen der Dritte zur Verfolgung seiner rechtlichen Interessen einem Rechtsstreit seiner Hauptpartei beitritt, dessen Entscheidung Rechtskraftwirkungen ausschließlich im Verhältnis zwischen Drittem und Hauptpartei entfalten.

Jedenfalls konnte der Gesetzgeber davon ausgehen, der Dritte werde im Verhältnis zu seiner Hauptpartei nicht durch eine Drittwirkung der Rechtskraft in schutzwürdigen Rechten beeinträchtigt. Der Dritte sollte der Hauptpartei gerade nur in Fällen beitreten, in denen eine gemeinsame Interessenlage bestand. Wie aber sollte sich das rechtskräftige Unterliegen der Hauptpartei im Verhältnis zum Dritten auswirken? Leistungsklagen können insoweit keine Rolle spielen. Es bleibt an Gestaltungs- und Feststellungsurteile zu denken. Dann aber wirkte die Rechtskraft der Erstentscheidung auch im Verhältnis zwischen Gegenpartei und Drittem, so dass sich der Gesetzgeber auf dieses Verhältnis konzentrieren konnte. Im Ergebnis ergeben sich deshalb keine Argumente gegen das vorgestellte Erklärungsmodell, weil für den Gesetzgeber nur die Fälle eine Rolle spielen konnten, deren Entscheidung Rechtskraftwirkungen zwischen dem Dritten und der Hauptpartei entfalten.

Betrachtet man die vorgestellte Sichtweise aus der Perspektive abweichender Zieldefinitionen, so ergeben sich keine erheblichen Differenzen. Versteht man die Interventionsvorschriften als Instrument zum Schutz öffentlicher Interessen, so erscheint gleichermaßen zwingend die Gewährung rechtlichen Gehörs für den Dritten geboten. Dieser Aspekt verändert sich auch nicht durch die Annahme, die Interventionsregeln sollten vollständig oder zum Teil die materiellen Rechte der Hauptpartei bewahren.

Die streitgenössische Nebenintervention fügt sich damit zwanglos in das vorgestellte Regelungskonzept ein. Grundlegend ist die Einräumung einer freien Stellung, soweit der Dritte im Erstverfahren um eine endgültig verbindliche Position streiten muss. Vom hier vertretenen Standpunkt aus lässt sich dieser Lösungsmechanismus als eine Fortzeichnung des Grundansatzes deuten: Aus der mittelbaren Betroffenheit des Dritten im Sinne einer faktischen Präju-

---

[469] Vgl. *Vollkommer* in Zöller, § 69 Rn. 9; *Bork* in Stein/Jonas, § 69 Rn. 13; *Schilken* in MünchKommZPO, § 69 Rn. 14; *Stahl* geht davon aus, der Unterschied zwischen herkömmlicher und streitgenössischer Nebenintervention liege in der Möglichkeit des Dritten begründet, seine Rechte in einem weiteren Prozeß zu vertreten, S. 78.
[470] Vgl. *Pawlowski*, ZZP 78 (1965), 397, 399 f.; *Schilken* in MünchKomm, § 69 Rn. 1 jeweils m.w.N.

dizwirkung folgt die beschränkte Schutzmöglichkeit der abhängigen Teilnahme am Prozess. Intensiviert sich die Schutzbedürftigkeit des Dritten gegenüber der Erstentscheidung, so intensivieren sich auch die Interventionsmöglichkeiten im Erstverfahren. Die These von der Wechselbeziehung zwischen Interventionswirkung und Möglichkeit zur Rechtsverteidigung sieht sich bestätigt.

d) Objektive Beschränkung der Interventionswirkung

Die objektive Reichweite der Interventionswirkung erfasst zunächst die im Tenor der Entscheidung ausgesprochene Rechtsfolge. Weitergehend erstreckt sie sich auf die Richtigkeit der Entscheidung und damit die Feststellung und rechtliche Beurteilung der Tatsachen einschließlich präjudizieller Rechtsverhältnisse.[471] Im übrigen sind hier die Behandlung von Mehrfachbegründungen und ähnlichen Sachverhalten von Interesse.[472] Demgegenüber will eine Ansicht im Anschluss an *Häsemeyer*[473] die Interventionswirkung ausschließlich auf die alternierenden Voraussetzungen des Ersturteils beschränken.[474]

Es entspricht allgemeiner Auffassung, die Interventionswirkung weitestgehend auf rechtliche und tatsächliche Fragen zu erstrecken.[475] Diese Sicht deckt sich unproblematisch mit allen angedachten Zielvorstellungen, weil sie jeweils zu deren optimaler Verwirklichung beiträgt. Schwieriger sind demgegenüber Einschränkungen der Interventionswirkung systemverträglich zu erklären. Allgemein hält man Einschränkungen in unterschiedlicher Gestalt für erforderlich.

(1) Beschränkung auf tragende Entscheidungselemente

Für eine Beschränkung der Bindungswirkung auf tragende Teile der Erstentscheidung sprechen allgemeine Gesichtspunkte der Richtigkeitsgewähr prozessual ermittelter Entscheidungen. Gerade die ZPO ist dem Grundsatz der Parteiherrschaft besonders verbunden. Da man sich weitgehend darauf verlässt, im kontradiktorischen Verfahren eine gegenseitige Kontrolle der Parteien zu realisieren, bildet regelmäßig eine „formelle" Wahrheit in äußeren Grenzen des § 138 Abs. 1 ZPO die Entscheidungsgrundlage.[476] Eine hinreichende Auseinandersetzung mit den Fragestellungen kann aber nur erwartet werden, wenn es sich um Fragen handelt, die der Aufmerksamkeit der Parteien im Erstverfahren als entscheidungsrelevant anempfohlen

---

[471] Vgl im einzelnen *Schilken* in MünchKommZPO, § 68 Rn. 15; RGHZ 123, 95; BGHZ 8, 72, 82; *Vollkommer* in Zöller, § 68 Rn. 9 f.

[472] Vgl. *Schilken* in MünchKommZPO, § 68 Rn. 15; *Elmar Schäfer,* S. 80; *Vollkommer* in Zöller, § 68 Rn. 10; *Eibner,* S. 104 f.; *Weth* in Musielak, § 68 Rn. 4 mit einem Überblick über die Rechtsprechung.

[473] Vgl. *Häsemeyer*, ZZP 84 (1971), 179 ff.

[474] Vgl. dazu *Schwanecke,* S. 129 ff.

[475] Vgl. BGHZ 100, 257, 262 m.w.N.; *Schwanecke,* S. 131.

[476] Vgl. in diesem Zusammenhang *Hartmann* in Baumbach/Lauterbach, Einl. III Rn. 12; siehe auch *Bienhold,* S. 10, der insoweit auf den Satz des *ius vigilantibus scriptum* hinweist.

waren. Der Richter ist gehalten, im Sinne einer schnellen und sparsamen Prozessführung jede Möglichkeit zur Entscheidung wahrzunehmen und alle übrigen Streitfragen offen zu lassen. Es sollen nur solche Ergebnisse an den Wirkungen staatlicher Hoheitsmacht teilhaben, auf die das gehörige Maß an Energie im Sinne der Gewährung rechtlichen Gehörs verwandt wurde. Dieser Gedanke findet sich nicht nur in der ZPO, sondern beispielsweise auch in der grundlegenden Regel, die eine Gesetzeskraft von Entscheidungen des Bundesverfassungsgerichts auf deren tragende Teile beschränkt, § 31 Bundesverfassungsgerichtsgesetz. Es erscheint danach nur konsequent, dass diese Grundregel auch im Rahmen der Interventionswirkung zur Geltung kommt.

(2) Bindung an Mehrfachbegründungen

Im Falle von Mehrfachbegründungen wird zum Teil angenommen, diese müssten vollständig an der Bindungswirkung teilnehmen, weil sie die Entscheidung gleichermaßen tragen wie die Hauptbegründungen. Es hänge oft vom Zufall ab, ob eine Begründung als Haupt- oder Hilfsbegründung in die Formulierung einer Entscheidung einfließe.[477]

Dem könnte man zunächst entgegenhalten, auch Mehrfachbegründungen böten häufig nicht dieselbe Richtigkeitsgewähr, wenn sie als zusätzliches „Standbein" einer Entscheidung angefügt werden. Allerdings sind auch mehrere „durchverhandelte" rechtliche Begründungslinien denkbar, die jeweils tragend wirken können. Zu dieser Gleichwertigkeit sei auf die anerkannte Notwendigkeit verwiesen, im Rahmen einer Rechtsmittelbegründung jede tragende Parallelbegründung anzugreifen zu müssen.

Übersichtlich wird die Situation jedoch, sobald man die Begründung der Interventionswirkung in die Überlegungen einbezieht: Die Interventionswirkung soll ausschließlich den Bereich der Interventionsmöglichkeiten des Dritten im Erstverfahren widerspiegeln. Im Einklang damit können nur solche Begründungen des Erstgerichts auf den Dritten überwirken, die dieser angreifen konnte. Diese Möglichkeit ist für Hilfsbegründungen gerade nicht gegeben, wenn die Entscheidung von einem anderen „Standbein" hinreichend getragen wird. Ein Instanzgericht kann sich darauf beschränken, die Hauptbegründung zu überprüfen und die Sache damit entscheiden.[478]

Dieses Ergebnis lässt sich vergleichbar entwickeln, wenn man den Schutz materieller Rechte der Hauptpartei oder öffentliche Interessen als Ziele der Interventionsvorschriften ansieht. Vom Standpunkt des Schutzes materieller Interessen der Hauptpartei wird die Interventionswirkung zum Teil noch erheblich weiter allein auf alternierende Entscheidungsteile einge-

---

[477] Vgl. *Elmar Schäfer*, S. 84.
[478] In diesem Sinne auch *Eibner*, S. 104.

schränkt.[479] Unabhängig vom Begründungsansatz darf keine Bindung an Entscheidungselemente erfolgen, auf deren Überprüfung der Dritte keinen hinreichenden Einfluss hatte. Diesen Grundsatz erkennt man in den Einschränkungen des § 68 Hs. 2 ZPO. Ebenso ist der Dritte generell von der Bindung befreit, soweit er mit seiner Einflussnahme der Position der Hauptpartei im Erstverfahren geschadet hätte. Insoweit muss der Widerspruch der Hauptpartei nicht abgewartet werden. Der Streithelfer gilt mit solchem Vortrag als von vornherein ausgeschlossen. Dann ist es nur folgerichtig, den Dritten nicht an Begründungen zu binden, die er mit einem Rechtsmittel nicht hätte angreifen können, weil sie im Schutze einer jedenfalls tragfähigen Begründung seinem Zugriff entzogen waren.

(3) Wirkung auf sachlich vergleichbare Sachverhalte

Vereinzelt wird vorgeschlagen, die Interventionswirkung auch auf sachlich vergleichbare, andere Sachverhalte zu erstrecken.[480] Die entscheidende Frage liegt darin, ob es auf die konkrete Identität im Sinne einer Verbindung zum Streitgegenstand des Erstverfahrens ankommt oder eher die sachliche Äquivalenz entscheidet. Für die Antwort spielt es keine Rolle, ob der Schutz der Hauptpartei oder des Dritten für entscheidend gehalten werden. Geht es um den Schutz des Dritten, d.h. knüpft man die Interventionswirkung an dessen Möglichkeit zur Intervention, so ist die Bindung abzulehnen, weil die Möglichkeit zur Einflussnahme auf den konkreten Sachverhalt fehlte. Ebenso wenig besteht die materielle, zum Schutz der Hauptpartei für bedeutsam gehaltene Verbindung zwischen Erst- und Zweitverfahren, wenn es sich um unterschiedliche, wenn auch ähnliche Sachverhalte handelt. Nur mit Blick auf einen identischen Streitgegenstand kann die Gefahr eines doppelten Verlusts bestehen.

Ausgehend von dem Ziel, Autoritätsverlust der Rechtspflege durch widersprüchlich begründete Entscheidungen im öffentlichen Interesse zu vermeiden, erscheint es naheliegend, diesen Zweck auch durch den Ausschluss von widersprüchlichen Entscheidungen ähnlicher Sachverhalte zu verfolgen. Diesem Ziel käme eine möglichst vollständige Konsolidierung der gesamten Rechtspflege, unabhängig von den beteiligten Parteien oder den sachlich betroffenen Streitgegenständen, am nächsten.

Diese Form von Bindung hat mit den prozessualen Bindungswirkungen im hier diskutierten Sinne nichts zu tun. Vielmehr läge darin eine uferlose Ausdehnung, die einer Umstellung auf ein Case-law-System gleichkäme. Gleich eine Reihe wichtiger Grundsätze des Zivilprozessrechts verbietet eine derart weitreichende Wirkung. Das verfassungsrechtlich garantierte rechtliche Gehör verlangt die individuelle Würdigung jedes Sachverhalts für jedes Rechtssubjekt. Die tatsächlichen Umstände sind zu vielschichtig, um mit Sicherheit einen vergleichba-

---

[479] Vgl. dazu *Schwanecke,* S. 131 m.w.N.
[480] In diesem Sinne *Martens,* ZZP 85 (1972), 77, 93.

ren Sachverhalt feststellen zu können. Nur im Falle des konkret identischen Sachverhalts lässt sich mit Sicherheit die Wertungsidentität feststellen.

Die tatrichterlichen Feststellungen müssten ohnehin erneut erfolgen, um eine Beurteilungsgrundlage zu schaffen, die eine Einordnung als identisch trägt. Diese Feststellungen müssten unter diejenigen des als vergleichbar in Anspruch genommenen Sachverhalts „subsumiert" werden. Das aber geht an den Grundsätzen des deutschen Zivilprozessrechts vorbei. Darin liegt der entscheidende Gesichtspunkt: Grundsätzlich darf der Richter nur durch Rechtsnormen in seiner unabhängigen Entscheidungsfindung geleitet werden. Der richterlich gewährte Individualrechtsschutz ist nur in gesetzlich ausdrücklich bestimmten Fällen im Verhältnis zu einer Bindungswirkung zurückgesetzt.[481] Davon abgesehen nimmt man zugunsten der richterlichen Unabhängigkeit sogar widersprechende Entscheidungen in Kauf. Diese Grundsatzentscheidung ist unabhängig von der Problematik der Interventionswirkung. Sie erklärt für alle Zieldefinitionen gleichermaßen, warum keine Bindung ähnlicher Sachverhalte angenommen werden darf.

(4) Beschränkung der Bindungswirkung auf alternierende Voraussetzungen

Sieht man die Interventionswirkung als eine Folge der Möglichkeiten zur Rechtsverfolgung im Erstverfahren[482], so ist von einer umfassenden Bindungswirkung auszugehen. Das Prozessergebnis kann dem Dritten insgesamt als eigenes zugerechnet werden, soweit nicht deutlich wird, das er an der in seinem Sinne gebotenen Rechtsverfolgung konkret gehindert war und sich dies auf das Ergebnis ausgewirkt hat. Eine Beschränkung auf alternierende Voraussetzungen erscheint danach nicht geboten.

Entsprechendes gilt, wenn man den Schutz öffentlicher Interessen für ausschlaggebend hält. Für den Eindruck widersprüchlicher Entscheidungspraxis kommt es nicht auf bestimmte Voraussetzungen an. Zunächst erscheint naheliegend, einen Vertrauensverlust in all den Fällen anzunehmen, in denen ein Gericht mit Blick auf einen identischen Sachverhalt in seinen tragenden Erwägungen der Beurteilung eines anderen Gerichts widerspricht. Ohne weitere Differenzierung wird dadurch der Eindruck erweckt, dass mindestens eine der Entscheidungen fehlerhaft sein muss. Für einen grundsätzlich schwer wiegenderen Vertrauensverlust, den es nur im Falle alternierender Voraussetzungen zu verhindern gelte, ist demgegenüber nichts ersichtlich. Für die Annahme, nur im Falle der materiellrechtlich besonders qualifizierten al-

---

[481] Ein Beispiel für eine solche Ausnahme findet sich in der revisionsrechtlichen Vorschrift des § 565 Abs. 2 ZPO, nach dem die erneute Verhandlung des Berufungsgerichts auf der Grundlage der revisionsgerichtlichen Beurteilung des Sachverhalts zu erfolgen hat.

[482] Auf diesen Gesichtspunkt wird auch von Stimmen verwiesen, die nicht den Schutz des Dritten als Ziel der Interventionsvorschriften betrachten, vgl. dazu *Wolfgang Lüke*, S. 330; BGHZ 100, 257, 259.

ternierenden Voraussetzungen entstehe eine hinreichende Gefahr für das Vertrauen in die Rechtspflege, fehlt jede Grundlage.

Nimmt man den Schutz der Hauptpartei als zentrale Aufgabe der Interventionsregeln an, so liegt eine einschränkende Auslegung oder teleologische Reduktion der Interventionswirkung allerdings nahe.[483] Grundsätzlich hat die Hauptpartei wie im Verhältnis zu allen anderen Personen mit dem Risiko widersprechender Entscheidungen zu leben. Diese Risiken sind zugunsten der Rechtssicherheit von der Rechtsordnung akzeptiert.[484] Behauptet man mit der Schutzidee zugunsten der Hauptpartei, diese bedürfe in Abweichung von diesen generell anerkannten Grundsätzen besonderen Schutzes vor Widersprüchen, so dürfte der Schutz nicht zu einer zufälligen Bevorzugung der Hauptpartei führen, die vom Schutzzweck nicht gedeckt ist.[485] Die Interventionswirkung kann eine erhebliche Beeinträchtigung der Interessen des Dritten bedeuten. Allgemein formuliert wäre die Ausnahmevorschrift teleologisch zu reduzieren, soweit ihr Schutzzweck die Durchbrechung allgemein anerkannter Grundsätze nicht rechtfertigt.

Die materiellrechtliche Position der Hauptpartei lässt sich nur anhand dieser Alternativverhältnisse abgrenzen. Mit Blick auf sonstige Entscheidungselemente trägt die Hauptpartei das übliche Feststellungsrisiko. Vom Standpunkt einer Begründung, die den Schutz der Hauptpartei vor widersprechenden Entscheidungen in den Vordergrund rückt, wäre danach eine Beschränkung der Interventionswirkung auf alternierende Entscheidungselemente anzunehmen. Insoweit ergeben sich Unterschiede, abhängig davon, welcher Zieldefinition man folgt.

Gegen eine solche Beschränkung wird angeführt, man komme zu schwierigen Abgrenzungsproblemen, die vermieden werden müssten.[486] Dieses Argument kann jedoch zweierlei Bedeutungen tragen: Wenn sich ein gesetzgeberischer Wille aufzeigen ließe, eine einheitliche Entscheidung zugunsten eines einfachen Systems zu treffen, könnte dies die über den Schutzzweck hinausreichende Interventionswirkung tragen. Fehlt es an derartigen Hinweisen, so erscheint die Bindung des Dritten zu erheblich, um sie unter Verweis auf Praktikabilitätserwägungen vom Tisch zu wischen. Dann wäre in der Tat eine teleologische Reduktion zu fordern. Die Beschränkung verfehlte zudem die gesetzgeberische Grenzziehung, die sich allein entlang der Einflussnahmemöglichkeiten des Dritten auf das Erstverfahren ausrichteten.[487]

Die von der herrschenden Meinung in Rechtsprechung und Literatur vertretene umfassende Geltung der Interventionswirkung auch für nicht alternierende Voraussetzungen ist also im Ergebnis richtig. Sie steht im Einklang mit den gesetzgeberisch normierten Wertungen.

---

[483] Vgl. dazu *Schwanecke,* S. 67, 131 m.w.N.; *Häsemeyer,* ZZP 84 (1971), 179, 195.
[484] Siehe zur Verbindung mit dem Gesichtspunkt der Rechtssicherheit im Kontext der Rechtskraftwirkung eingehend unten die S. 168 ff.
[485] Vgl. dazu *Häsemeyer,* ZZP 84 (1971), 179, 195.
[486] Vgl. *Wolfgang Lüke*, S. 329; BGHZ 100, 257, 262.
[487] Vgl. *Wolfgang Lüke*, S. 330; BGHZ 100, 257, 259.

e) Möglichkeit bzw. Folgen der Rücknahme eines erfolgten Beitritts

Rückschlüsse lassen sich auch aus der Behandlung einer Rücknahme des Beitritts zu einem Verfahren ziehen. Zwar ließe sich unproblematisch annehmen, im Falle eines freiwilligen Beitritts dürfe auch dem *actus contrarius* nichts im Wege stehen. Diese Überlegung überzeugt um so mehr, als der Hauptpartei die Möglichkeit der Streitverkündung bleibt, um dennoch die Wirkungen der Nebenintervention herbeizuführen. Damit ist aber über mögliche Fortwirkungen der Intervention über das Ausscheiden des Dritten aus dem Erstverfahren hinaus nichts gesagt.

Gemeinhin sieht man in der Rücknahme eines Beitritts kein Problem.[488] Dem Dritten stehe es jederzeit frei, in entsprechender Anwendung der Regeln über die Klagerücknahme seine Stellung als Nebenintervenient aufzugeben, § 269 ZPO analog, wobei jedoch eine Zustimmung der Parteien entsprechend § 269 Abs. 1 ZPO analog nicht erforderlich sei.[489]

Umstritten ist demgegenüber, ob davon die Interventionswirkung berührt wird.[490] Die absolut h.M.[491] geht im Einklang mit der Rechtsprechung[492] davon aus, das Gesetz knüpfe die Interventionswirkung vollständig an den Beginn der Nebenintervention. Auf deren Fortbestand komme es demgegenüber nicht an. Andererseits will eine differenzierende Auffassung die Bindung auf die Ergebnisse beschränken, an deren Verhandlung der Dritte als Streithelfer mitgewirkt habe.[493] Schließlich wird vertreten, die Interventionswirkung sei mit Rücknahme der Nebenintervention durch den Dritten insgesamt als nicht erfolgt anzusehen.[494]

In der unbestrittenen Möglichkeit des Dritten, seine Position als Streithelfer wieder aufzugeben, liegt ein weiteres Indiz, die Nebenintervention als Instrument in Diensten des Dritten zu sehen. Insoweit käme es nur zu Konflikten, wenn man den Schutz der Hauptpartei durch Unterstützung des Dritten für maßgeblich hielte. Dieser Ansatz spielt jedoch keine Rolle, weil diejenigen, die den Schutz der Hauptpartei für den Gesamtkomplex der Interventions-

---

[488] Vgl. *Mansel* in Wieczorek, § 68 Rn. 128.
[489] Vgl. *Schilken* in MünchKommZPO, § 66 Rn. 25 m.w.N.
[490] Vgl. die Feststellung von *Weth* in MusielakZPO, § 66 Rn. 16 unter Verweis auf RGZ 61, 286, 289, sowie w.N.; *Schilken* MünchKommZPO, § 66 Rn. 25, stellt die unstreitige Qualität dieser Aussage fest; *Bork* in Stein/Jonas, § 70 Rn. 7 unter Verweis auf RGZ 61, 286, 291, wobei bemerkenswert erscheint, dass die Begründung von *Bork* im Widerspruch zum *RG*, das ausdrücklich behandelt, ob es eine Pflicht des Dritten zur fortgesetzten Teilnahme am Prozeß gebe, für die Frage der Notwendigkeit einer Einwilligung zum Ausscheiden aus dem Verfahren auf das Interesse der Hauptpartei abstellt, den Dritten festzuhalten. Darin liegt ein grundlegender Vorzeichenwechsel im Verhältnis zur reichsgerichtlichen Rechtsprechung für den mindestens eine umfangreiche Begründung zu erwarten gewesen wäre; für die Beschränkung der Interventionswirkung *Mansel* in Wieczorek, § 68 Rn. 128; *Elmar Schäfer,* S. 105; differenzierend *Lammenett,* S. 17.
[491] Vgl. *Weth* in MusielakZPO, § 66 Rn. 16; *Schilken* MünchKommZPO, § 66 Rn. 25; *Bork* in Stein/Jonas, § 70 Rn. 7.
[492] Vgl. RGZ 61, 286, 289 f.; 151, 210, 212; BGHZ 18, 110, 112.
[493] Vgl. *Lammenett*, S. 17.
[494] Vgl. *Mansel* in Wieczorek, § 68 Rn. 128; *Elmar Schäfer,* S. 105.

vorschriften für entscheidend halten, diesen Schutz durch die Interventionswirkung und nicht durch die prozessuale Unterstützung realisiert sehen. Ein Wechsel der prozessualen Stellung soll jedenfalls möglich sein.

Für den Ausschluss der Interventionswirkung mit Rücknahme der Nebenintervention stellt man das Ende der Möglichkeit zur Einflussnahme in den Mittelpunkt.[495] Gehe die Bindungswirkung über die Einflussnahmemöglichkeiten hinaus, sei der Normzweck des § 68 ZPO überschritten.[496] Diesem Gedanken scheint die differenzierende Auffassung am nächsten zu kommen, die die Interventionswirkung genau für die Teilergebnisse aufrecht erhalten will, auf die der Dritte Einfluss genommen hat.[497] Dem wird zu Recht entgegengehalten, dass die Abgrenzung im Folgeverfahren kaum zu leisten sein wird.[498] Es müsste auch einen Eindruck grotesker Inkonsequenz erwecken, wenn im Folgeverfahren punktuell einzelne Entscheidungselemente aus einer Gesamtentscheidung ausdifferenziert würden. Auf die Interessen der Hauptpartei müsste in diesem Zusammenhang keine Rücksicht genommen werden, weil diese es mit der Streitverkündung in der Hand habe, die Interventionswirkung herbeizuführen.[499] Die Zeit des Beitritts spiele ohnehin ausschließlich für die Beurteilung der Einwendungen des § 68 Hs. 2 ZPO eine Rolle. Dafür komme es unproblematisch nur auf die tatsächliche Mitwirkung im Erstverfahren an.[500] Schließlich liege in der Rücknahme der Interventionswirkung ein Verzicht auf die Bindungen der Hauptpartei, die gleichermaßen den Dritten begünstigten.[501]

Dem wird entgegengehalten, dass ohne eine zwingende Form der Bindung Umgehungen zu befürchten seien, weil sich der Dritte stets rechtzeitig der Bindung entziehen wird, wenn er einen ungünstigen Ausgang des Erstverfahrens absehen kann.[502] Dieser Gesichtspunkt kann eine Rolle spielen, wenn man den Schutz der Hauptpartei für entscheidend halten will. Aber auch die im öffentlichen Interesse eingreifende Interventionswirkung verlangt nach Umgehungsschutz. Die Beseitigungsmöglichkeit ist für die Klagerücknahme gegeben und eine entsprechende Behandlung läge für die Fälle einer freiwilligen Intervention des Dritten nahe. Warum sollte nicht zumindest ein Widerspruch der Parteien notwendig sein, um ein Fortbestehen der Interventionswirkung zu erzwingen?

---

495 Vgl. *Lammenett,* S. 17; *Mansel* in Wieczorek, § 68 Rn. 128; *Elmar Schäfer,* S. 105.
496 So *Mansel* in Wieczorek, § 68 Rn. 128.
497 Vgl. *Lammenett,* S. 17.
498 Vgl. *Mansel* in Wieczorek, § 68 Rn. 128.
499 Vgl. *Mansel* in Wieczorek, § 68 Rn. 128.
500 Vgl. *Elmar Schäfer,* S. 105.
501 Vgl. *Mansel* in Wieczorek, § 68 Rn. 128; die Frage, ob die Interventionswirkung auch zu Lasten der Hauptpartei Wirkungen entfalten muss, wird unten auf den S. 143 ff. im Zusammenhang behandelt.
502 Vgl. *Wieser,* ZZP 79 (1966), 246, 273.

Diese Fragen werden allgemein unter Verweis auf die Rechtsprechung des *RG* beiseite gelegt.[503] Diese Form der Auseinandersetzung ist methodisch allerdings nur dann überzeugend, wenn die durch Verweis zu eigen gemachte Begründung entweder ohne weiteres in dem vertretenen Konzept aufgeht oder hinreichend begründet wird, warum die Begründung trotz veränderter Prämissen vereinbar erscheint. Davon kann vorliegend keine Rede sein. Die in Bezug genommene Entscheidung des *RG*[504] fußt auf dem Grundgedanken, die Regeln der Nebenintervention dienten alleine dem Schutz des Dritten, weshalb sich alleine an diesem Gesichtspunkt die Auslegungsfragen zu klären haben.[505]

Gleichzeitig wird deutlich, dass die Interventionswirkung im hier angenommenen Sinne von dieser Betrachtung getrennt werden muss. Dann kommt es nicht mehr primär auf den Grund an, dem der Dritte die Chance der Rechtswahrnehmung im Erstverfahren zu verdanken hat. Allein die tatsächliche Möglichkeit, seine Rechte zu verteidigen, muss ausreichen. Deshalb wird zu Recht auf den Beginn der Nebenintervention abgestellt.

Diese Einordnung lässt sich zusätzlich anhand der Situation im Falle der Streitverkündung belegen. Dort kommt es ebenso wenig darauf an, ob der Dritte seine Rechte tatsächlich wahrnimmt. Vielmehr geht es allein darum, ob ihm wegen rechtzeitiger Information dazu die Möglichkeit gegeben war. Mit dem erfolgten formalen Beitrittsakt muss ein hinreichender Hinweis auf die für das Folgeverfahren relevanten Rechtsfragen angenommen werden. Deshalb fehlt es auch nicht an einer formalen Warnung vor überraschenden Bindungswirkungen.

---

[503] Vgl. BGHZ 18, 110, 112; *Bork* in Stein/Jonas, § 70 Rn. 7.

[504] RGZ 61, 286, 291.

[505] Die Entscheidung gehört zu den wenigen, in denen mit bestechender Klarheit die Zielvorstellungen ebenso wie der Charakter der Nebenintervention herausgearbeitet wird. Die Formulierungen geben ein Bild der damaligen Vorstellungen, RGZ 61, 286, 289 f.: „Durch Einführung der Nebenintervention bezweckt der Gesetzgeber, das etwaige rechtliche Interesse eines Dritten am Obsieg dieser oder jener Partei dadurch zu schützen, dass dem Dritten gestattet wird, die bezügliche Partei in der Prozeßführung zu unterstützen und zu diesem Behuf ihr im Prozeß beizutreten (§ 66). Solche Unterstützung kann auch der Partei selbst wünschenswert sein, und ihr ist in der Streitverkündung ein Mittel gegeben, auf die Intervention des Dritten hinzuwirken (§§ 72 flg.); aber erzwingen kann sie diese ebensowenig, (§ 74 Abs. 2), wie sie die Intervention, wenn deren Voraussetzung vorliegt, verhindern kann. Allein entscheidend ist das rechtliche Interesse des Dritten. Die Nebenintervention ist demnach nur ein Recht, nicht eine Pflicht des Nebenintervenienten; er allein hat darüber zu befinden, ob er von diesem Recht Gebrauch machen, und was er zur Unterstützung seiner Partei innerhalb der dafür im § 67 gezogenen Schranken vornehmen will. ... Allerdings gewinnt die unterstützte Partei durch die Nebenintervention - und im Falle der Streitverkündung schon durch diese allein, auch wenn sie vergeblich geblieben war (§ 74 Abs. 3) - gewisse, im § 68 bestimmte Vorteile in dem zwischen ihr und dem Nebenintervenienten bestehenden Rechtsverhältnis; aber diese verbleiben ihr auch, wenn die Nebenintervention zurückgezogen wird, da das Gesetz sie an die Nebenintervention als solche, also an deren Beginn - und im Falle der Streitverkündung an diese - knüpft. ... Daß, worauf weiter hingewiesen worden war, der Dritte durch den Wechsel seiner prozessualen Stellung in die Lage kommen könne, etwaige vertrauliche Mitteilungen der früher unterstützen Partei gegen diese im ferneren Verlauf des Prozesses auszunutzen, gibt der Berufungsrichter als möglich zu; er findet darin aber keinen Grund, das Interesse des Dritten an der neuen Intervention, das im vorliegenden Falle unbestritten vorhanden ist, schutzlos zu stellen; und auch darin kann dem Berufungsrichter nur beigetreten werden, *da im Gesetze das rechtliche Interesse des Nebenintervenienten selbst als das allein entscheidende für die Zulassung der Intervention hingestellt wird* [Hervorhebung des Verfassers].“

Die Verweise auf Begründungen des *RG* lassen sich demnach nur in die hier vertretene, am Interessenschutz des Dritten orientierte Sicht einpassen.

f) Beachtung von Amts wegen

Besondere Zusammenhänge zwischen dem öffentlich-rechtlichen oder dem privatrechtlichen Charakter von Rechtsinstituten werden üblicherweise mit der Frage hergestellt, ob ihre Wirkungen von Amts wegen zu beachten sind.[506] Man geht von der Faustregel aus, eine im Privatinteresse geschaffene Vorschrift könne ohne weiteres in ihrer Wirkung von der Entscheidung einer Partei abhängen.[507] Demgegenüber müssten Wirkungen, die im öffentlichen Interesse normiert seien, von Amts wegen zur Geltung kommen.[508] Für die hier gestellte Aufgabe eines Vergleichs zum Institut der Rechtskraft gewinnt diese Frage besonders durch die Einmütigkeit Bedeutung, mit der man annimmt, die Rechtskraft sei von Amts wegen zu berücksichtigen.[509] Die Begründung bezieht sich für die Interventionswirkung häufig auf die für parallel gehaltene Lage im Falle der Rechtskraftwirkung. Dort sei man sich einig, dass die Rechtskraft von Amts wegen beachtet werden müsse. Dann dürfe man für die Interventionswirkung, die ähnlichen Zielen zu dienen bestimmt sei, nicht von einer Dispositionsbefugnis der Parteien ausgehen.[510]

Auch für eine Geltung der Interventionswirkung entsprechend dem Parteiwillen finden sich Nachweise in Reichsgerichtsentscheidungen[511], obwohl die Spruchpraxis des *RG* insoweit keinesfalls einheitlich erfolgte.[512] Im Einklang damit wird noch heute in der Literatur unter Verweis auf die Freiwilligkeit der Streitverkündung vertreten, die in ihren Voraussetzungen vom Parteiwillen abhängige Wirkung könne nur mit Willen dieser Partei angewandt werden.[513]

Geht man von einem öffentlich orientierten Ziel der Interventionsregeln aus, so drängt sich die Parallele zur Rechtskraft und damit die Beachtung von Amts wegen in der Tat auf. Dasselbe gilt, wenn man der hier vertretenen differenzierenden Zielbestimmung der Interventionsvorschriften folgt, die für die Interventionswirkung primär öffentliche Interessen für entscheidend hält. Hält man demgegenüber den Schutz der Hauptpartei für maßgeblich, so

---

[506] Vgl. dazu im vorliegenden Zusammenhang *Stahl,* S. 138; *Eibner,* S. 125; *Rimmelspacher,* S. 37 f.; *Wolfgang Lüke,* S. 347; *Wieser,* ZZP 79 (1966), 246, 288; *Bork* in Stein/Jonas, § 68 Rn. 3; *Weth* in Musielak, § 68 Rn. 1; *Mansel* in Wieczorek, § 68 Rn. 88; *Schneider,* MDR 1961, 3, 6.

[507] Vgl. *Eibner,* S. 125.

[508] Vgl. *Rimmelspacher*, S. 37 f.

[509] Vgl. zu den insoweit angestellten Vergleichen *Stahl,* S. 138; *Wolfgang Lüke,* S. 347, jeweils m.w.N.

[510] Vgl. *Bork,* in Stein/Jonas, § 68 Rn. 3 m.w.N.; *Schneider*, MDR 1961, 1, 4.

[511] Vgl. RGZ 79, 81, 84; 130, 297 ff.

[512] Vgl. demgegenüber für eine Beachtung von Amts wegen RGZ 153, 271, 274; JW 1933, 1064.

[513] Vgl. *Schwanecke*, S. 115 f.; *Geimer*, NJW 1970, 387; *Hartmann* in Baumbach/Lauterbach/Hartmann, § 74 Rn. 3.

spricht nichts dagegen, diese über das Eingreifen der Interventionswirkung entscheiden zu lassen.

Aus praktischer Sicht mag es verwundern, warum dieser Streitfrage überhaupt soviel Aufmerksamkeit gewidmet wird. Ohne entsprechenden Vortrag der Parteien wird der Folgerichter von der Erstentscheidung nie erfahren. Soweit sich aus der Interventionswirkung Vorteile ziehen lassen, wird es regelmäßig mindestens konkludent zu einer Berufung auf die Wirkungen der Erstentscheidung kommen. Schlüssiges Verhalten kann im Einklang mit allgemeinen Grundsätzen auch hier genügen. Die Problematik beschränkte sich also auf Unzulänglichkeiten, die durch Unbeholfenheit in der rechtlichen Aufbereitung des Streitstoffs durch die Parteien bzw. deren Prozessbevollmächtigte verursacht wären. Darin dürfte aber kein ernstzunehmendes Problem liegen: Grundsätzlich geht mangelhafte Prozessführung mit den Parteien heim. Soweit dies als heute nicht mehr adäquat empfunden wird, kann der Richter im Wege einer prozessleitenden Verfügung auf den optimierten Verlauf des Verfahrens hinwirken, § 139 Abs. 1 ZPO.

Gleichwohl erscheint die Auseinandersetzung mit der Problematik lohnend, weil sie Unstimmigkeiten der aktuell vertretenen Argumentationsmuster zum Vorschein bringt. Es erscheint widersprüchlich, wenn in diesem Zusammenhang wie selbstverständlich auf die Parallelen zur Rechtskraft verwiesen wird. Systematische Wechselbeziehungen zwischen Interventions- und Rechtskraftwirkungen werden regelmäßig übergangen. Häufig lässt man es bei der schlichten Beschreibung der unterschiedlichen Rechtsfolgen bewenden, um die fehlende Vergleichbarkeit zu belegen.[514] Gleichwohl verweist man zur Frage der Anwendbarkeit von Amts wegen ebenso selbstverständlich auf die Schlagkraft des Vergleichsarguments.[515]

Unabhängig von den Zieldefinitionen wird versucht, eine gesetzliche Festlegung im Sinne einer Berücksichtigung von Amts wegen herzuleiten. Ein Ansatzpunkt wird in der Formulierung des § 74 Abs. 3 ZPO gesehen, wo es heißt:

> „In allen Fällen dieses Paragraphen **sind** gegen den Dritten die Vorschriften des § 68 mit der Abweichung anzuwenden, dass ...“[516]

---

[514] Rosenberg/Schwab/*Gottwald,* S. 270; *Bork* in Stein/Jonas, § 68 Rn. 3; *Peter Schäfer,* S. 128; *Vollkommer* in Zöller, § 68 Rn. 9; *Weth* in Musielak, § 68 Rn. 3 m.w.N.; offen insoweit *Werres,* NJW 1984, 208, 209; die eher begriffliche Unterscheidung herausstellend *Schilken* in MünchKommZPO, § 68 Rn. 1, Bezeichnung als „Entscheidungswirkung eigener Art“.

[515] Besonders deutlich in diesem Zusammenhang *Bork* in Stein/Jonas, § 68 Rn. 3, der ausdrücklich in die Kommentierung zu § 322 ZPO verweist; ein gleichfalls anschauliches Beispiel findet sich bei *Wolfgang Lüke*, S. 347; vgl. auch *Stahl*, S. 138 m.w.N.; *Wieser*, ZZP 79 (1966), 246, 288.

[516] Hervorhebung des Verfassers.

Daraus will man zum Teil den Schluss ziehen, schon die Wortlautauslegung spreche für eine Anwendung von Amts wegen, weil die Verweisung auf § 68 ZPO keinen Ermessensspielraum für die Hauptpartei erkennen lässt.[517]

Es handelt sich bei dieser Vorschrift unstreitig um einen Verweis auf die Anwendbarkeit des § 68 ZPO für die Fälle der Streitverkündung mit einer fakultativen Vorverlegung des maßgeblichen Beitrittszeitpunktes. Wollte man aus dem Wortlaut den angegebenen Hinweis auf die zwingende Anwendung des § 68 ZPO herauslesen, so müsste aufgezeigt werden können, wie anders hätte formuliert werden sollen, wenn man über eine Anwendung von Amts wegen nichts hätte sagen wollen. Eine Umformung dieser Formulierung daraufhin erscheint gezwungen. Primär geht es in der Vorschrift darum, die Verbindung von den Voraussetzungen der Streitverkündung zu den Rechtsfolgen der Nebenintervention herzustellen. Es wäre systematisch sehr unglücklich, an dieser Stelle Bestimmungen über die Ausgestaltung der Rechtsfolgen der Nebenintervention anzusiedeln. Ihr natürlicher Platz läge bei § 68 ZPO, jedenfalls im Kontext der Vorschriften zur Nebenintervention. Bei genauer Betrachtung wird also dem Gehalt des § 68 ZPO nichts hinzugefügt. Dessen Wortlaut ist gleichfalls nicht eindeutig.

Als weiterer Gesichtspunkt wird darauf verwiesen, es handele sich um eine Frage der Rechtsanwendung, die naturgemäß eine Sache des Richters sei, mithin der Parteidisposition entzogen.[518] Dieses Argument verkennt jedoch die Qualität der Einwendungsdiskussion. Auch im Falle der Verjährungseinrede handelt es sich um Rechtsanwendungsfragen. Vergleichbar mit materiellrechtlichen Gestaltungsrechten geht es um das gesetzlich eingeräumte Privileg, im Falle der Tatbestandserfüllung über die Rechtsfolge entscheiden zu dürfen. Dieser Prozess setzt notwendig einen Akt richterlicher Erkenntnis voraus.

Schließlich wird vorgebracht, die Hauptpartei habe durch die Streitverkündung stets zu erkennen gegeben, dass sie die Interventionswirkung beachtet wissen will.[519] Dieser Gedanke liegt nahe, wenn man die Streitverkündung darauf reduziert, die Interventionswirkung herbeizuführen. Insoweit wäre es plausibel, sinnlose Förmelei zu vermeiden, indem man von der Hauptpartei nicht die gekünstelte Berufung auf die Interventionswirkung verlangt, die womöglich noch durch eine Pflicht zur richterlichen Aufklärung abgestützt werden müsste. Abweichend von diesem Gedanken kann die Streitverkündung aber auch erfolgt sein, um die Unterstützung des Dritten zu gewinnen oder diesen rechtzeitig über das Verfahren zu informieren.

---

[517] Vgl. *Eibner*, S. 127.
[518] Vgl. *Eibner*, S. 127.
[519] Vgl. *Eibner*, S. 127.

Ohne zwingende Festlegungen im Wortlaut des Gesetzes muss es entscheidend auf das Wertungskonzept der Vorschriften ankommen. Dabei kann dem Grundsatz gefolgt werden, dass nur über eigene Rechte disponiert werden kann. Es erschiene vom Standpunkt des Schutzes der Hauptpartei inkonsequent, eine Berücksichtigung von Amts wegen anzunehmen, ohne hierfür besondere Gründe aufzeigen zu können. Nimmt man an, die Interventionsregeln dienten vorrangig öffentlichen Interessen, so bedürfte es besonderer Gründe, um die Hauptpartei über deren Verwirklichung entscheiden zu lassen.

Sieht man die Interventionsregeln im Sinne der hier vertretenen[520] differenzierenden Auffassung als Schutzinstrumente zugunsten des Dritten, so ergibt sich eine ähnliche Sicht aus dem entwickelten eigenständigen Verständnis der Interventionswirkung. Zwar ist sie konzeptionell in Regeln eingebunden, die den Schutz des Dritten absichern sollen. Daraus darf gleichwohl nicht folgen, der Dritte dürfe darüber befinden, ob er gebunden sein will. Die Bindung knüpft an bei der Interventionsmöglichkeit im Erstverfahren. Die Verweigerung mehrfachen Rechtsschutzes begründet sich aus öffentlichen Interessen, in denen auch die privaten Interessen an effektivem Rechtsschutz aufgehen. Der Dritte darf die Ergebnisse des Erstverfahrens nicht in Frage stellen, weil er sie zu verantworten hat. Insoweit müssten besondere Gründe geltend gemacht werden, um eine Berücksichtigung von Amts wegen zu verhindern. Solche Gründe sind nicht erkennbar.

In der Tat empfiehlt sich der systematische Vergleich zur Behandlung der Rechtskraft. Das Argument, die Streitverkündung bzw. die Nebenintervention stünden im Belieben mindestens einer Partei des Folgeverfahrens, also müsste auch der Eintritt der Interventionswirkung im Belieben dieser Partei stehen, offenbart sich in seinem irreführenden Gehalt besonders deutlich in diesem Vergleich. Denn auch dort müsste man die Möglichkeit der klagenden Partei erkennen, im vorhinein nach Belieben über den Eintritt der Rechtskraft zu bestimmen. Nach dem Grundsatz der Parteidisposition steht es im Belieben des Klägers, die Reichweite seiner Anträge zu bestimmen, § 308 Abs. 1 ZPO. Nur in engen Grenzen ist dem Beklagten die Möglichkeit gegeben, solche Gestaltungen zu beschränken, § 269 ZPO. Der Richter hat ausschließlich über den von den Parteien abgegrenzten und damit vorgelegten Streitstoff zu erkennen.

Nach dem heutigen Verständnis der Interventionsregeln bleibt den Parteien sogar ein weitergehendes Bestimmungsrecht hinsichtlich der Rechtskraft. Ist der Beitritt zum Erstverfahren erfolgt bzw. hat die Streitverkündung stattgefunden, so kann die Interventionswirkung grundsätzlich nicht durch Ausscheiden aus dem Verfahren negiert werden.[521] Demgegenüber haben

---

[520] Siehe die Darstellung oben auf den S. 107 ff.
[521] Vgl. *Wieser*, ZZP 79 (1966), 246, 273; Überblick über die h.M. und Darstellung der Gegenansicht bei *Mansel* in Wieczorek, § 68 Rn. 128.

die Parteien es mit Blick auf die Rechtskraft jederzeit in der Hand, eine Ausweitung oder Einschränkung durchzusetzen. In der Gestaltung des Aktivrechtes, das zur prozessualen Bindungswirkung führt, kann deshalb nicht der entscheidende Gesichtspunkt liegen. Vielmehr ist auf die Dispositionsbefugnis über die jeweils mit der Bindung verfolgten Zwecke abzustellen.

Die Interventionswirkung ist von Amts wegen zu berücksichtigen. Es ergeben sich deutliche Hinweise auf einen systematischen Zusammenhang zwischen Rechtskraft- und Interventionswirkung.[522]

g) Interventionsverhältnis zu beiden Parteien des Erstverfahrens

Eine Besonderheit liegt in der Situation, in der der Dritte zu beiden Parteien des Erstverfahrens in einer Beziehung nach den Interventionsvorschriften steht. Das kann durch einen Wechsel der Seiten im Laufe des Erstverfahrens, durch einen Beitritt auf Seiten des Gegners des Streitverkünders oder durch doppelt erfolgte Streitverkündung geschehen. Diese Möglichkeiten beziehen sich auf diejenigen Ausnahmefälle, in denen rechtliche Folgefragen für den Dritten im Verhältnis zu beiden Parteien des Erstverfahrens in diesem behandelt werden. Teilweise wird für diesen Fall schlicht darauf verwiesen, die Interventionswirkung könne ohnehin nur im Verhältnis zur unterliegenden Partei relevant werden. Deshalb unterscheide sich die Situation nicht von einem einfachen Interventionsverhältnis.[523] Dem wird von anderer Seite eine Beschränkung der Interventionswirkung anhand der Möglichkeiten entgegengesetzt, die der Dritte im Erstverfahren zur Intervention hatte.[524] Schließlich wird eine gegenseitige Aufhebung der Interventionswirkungen vorgeschlagen.[525]

Unabhängig welcher Zieldefinition für die Interventionsvorschriften man folgt, wird allgemein die Notwendigkeit anerkannt, den Dritten nur in dem Maße zu binden, in dem diesem auch die Möglichkeit zur Intervention offen stand. Insoweit wird dem Dritten im Falle einfacher Nebenintervention nicht zugemutet, sich mit seinem Vortrag in Widerspruch zu den Interessen der Hauptpartei zu setzen. Vielmehr ist seine Stellung von vornherein auf die Unterstützung der Hauptpartei begrenzt. Deshalb hat der Dritte grundsätzlich keine rechtlich erhebliche Interventionsmöglichkeit, soweit seine Interessen in Einzelfragen denen der Hauptpartei zuwider laufen. Seine Bindung ist in gleichem Maße aufgehoben.[526]

Aus der Beschränkung der Bindungswirkung auf Fälle, in denen die Möglichkeit zur Intervention besteht, folgt im Falle doppelter Streitverkündung die Notwendigkeit, zwischen interessenparallelen, neutralen und widerstreitenden Einzelfragen zu unterscheiden. Eine

---

[522] Siehe zu den Folgerungen unten S. 197 ff.
[523] Vgl. *Eibner*, S. 108 f.
[524] Vgl. *Wolfgang Lüke*, S. 334 f.
[525] Vgl. *Werres*, NJW 1984, 20.
[526] Vgl. dazu den Überblick bei *Mansel* in Wieczorek, § 68 Rn. 118 ff., 152 m.w.N.

essenparallelen, neutralen und widerstreitenden Einzelfragen zu unterscheiden. Eine weitere Unterscheidungsebene ist mit den unterschiedlichen Beitrittsmöglichkeiten eröffnet. Erst wenn der Dritte einer Partei beigetreten ist, kann es zu konkreten Interessenkonflikten kommen. Bleibt der Dritte z.B. nach einer doppelten Streitverkündung untätig, so bestand gleichermaßen gegenüber beiden Parteien die Möglichkeit, alle Rechte wahrzunehmen.

Das öffentliche Interesse spricht ebenso wie die Interessen der Hauptparteien, soweit man diese für erheblich halten will, für eine weitestgehend ungehinderte Interventionswirkung gegen den Dritten. Gegenläufig wirkt für eine beschränkende Sicht die Prämisse, dass der Dritte nur so weit gebunden werden darf, wie seine Interventionsmöglichkeiten im Erstverfahren reichten.[527] An der Ausgestaltung der Streitverkündung zeigt sich, dass bereits die konkret angezeigte Möglichkeit zur Rechtsverfolgung ausreichen soll. Die tatsächliche Rechtsverfolgung durch den Dritten, womöglich in einer effektiven Weise, wird nicht gefordert. Deshalb erscheint es plausibel, den Dritten jedenfalls im Falle der Untätigkeit nach doppelter Streitverkündung so zu behandeln, als hätte er jeweils im Verhältnis zu der Partei, die unter Verweis auf die Bindungswirkung an ihn herantritt, als deren Streithelfer mitgewirkt.

Die Problematik grenzt sich damit auf die Fälle erfolgter Mitwirkung ein. Soweit für den Fall des Beitritts zu einer Partei in dem anderen Interventionsverhältnis Umstände geltend gemacht werden, zu denen der Dritte wegen eines Interessenkonflikts mit seiner Hauptpartei nicht hätte vortragen können, ist die Bindung abzulehnen. Der Dritte hätte für diesen Fall seine Chance zur Geltendmachung seiner Rechte vor einem staatlichen Gericht noch nicht verbraucht. Neutrale Fragen müssten ohnehin für eine Bindungswirkung ausfallen, weil sie als tragende Feststellungen nicht vorstellbar sind. Eine tragende Feststellung definiert sich gerade darüber, dass ihr Vorliegen oder Nicht-Vorliegen über den prozessualen Anspruch entscheidet. Die Antwort muss danach entweder als notwendige Bedingung für die Hauptpartei positiv oder negativ ausgefallen sein. Danach bleiben nur solche Fragen zu bedenken, in denen die Interessen von Hauptpartei und Drittem parallel laufen. Dann war dem Dritten der Vortrag möglich, d.h. er bedarf auch im Verhältnis zur Gegenpartei keines Schutzes, weil er seine Rechte bereits im Erstverfahren optimal verteidigen konnte.

Die Problematik der Wirkungen doppelter Streitverkündung konzentriert sich also auf interessenparallele Feststellungen im Verhältnis zur Hauptpartei im Erstverfahren. Dieser Befund ist in die Situation einzubringen, wie sie generell vorliegt, wenn die Wirkungen doppelter Interventionsverhältnisse im Folgeverfahren geltend gemacht werden. Für die konzeptionelle Beurteilung ist von der Situation auszugehen, die der Gesetzgeber vor Augen hatte. Danach sind Folgeverfahren nur von Seiten einer unterlegenen Hauptpartei zu erwarten.[528] Unterliegt die

---

[527] Vgl. Überblick bei *Mansel* in Wieczorek, § 68 Rn. 120.

[528] Aus Sicht des historischen Gesetzgebers, der den Quellen des antiken römischen Rechts verbunden war, wäre

Hauptpartei, so gelten die allgemeinen Regeln, weil der Dritte seine Chance zur Rechtswahrnehmung hatte. Regelmäßig hat der Dritte im Einvernehmen mit der Hauptpartei erfolglos um die Feststellung des Merkmals gestritten, das schließlich zum Unterliegen der Hauptpartei geführt hat. Ausnahmen sind nur denkbar, soweit die Abweisung im Erstverfahren auf die Feststellungen zu einem Tatbestandsmerkmal gestützt wird, das zwar zum Unterliegen der Hauptpartei geführt hat, gleichwohl aber auch zu einem Scheitern des Anspruchs gegenüber dem Dritten führen muss.

Will die unterlegene Gegenpartei den Dritten im Folgeverfahren in Anspruch nehmen, so fallen all jene Feststellungen des Erstverfahrens aus der Bindungswirkung, die den Interessen der Hauptpartei entsprechend entschieden wurden. Eine tragende Feststellung, die der Dritte im Zusammenwirken mit der Gegenpartei hätte diskutieren können, erscheint danach ausgeschlossen.

Gleichwohl könnte der Dritte an die Feststellungen der Erstentscheidung gebunden sein, weil er jedenfalls die Möglichkeit hatte, seine Interessen zu vertreten. Er konnte sich aussuchen, auf welcher Seite er beitritt und damit weitgehend bestimmen, welchen Standpunkt er ehrlicherweise einnehmen will. Warum sollte diese Verhandlungsmöglichkeit nur einer Partei gegenüber als vollwertig anerkannt werden dürfen? Hier kommt der oben entwickelte Zweck der Streitverkündung zum Tragen. Hauptsächlich geht es darum, dem Dritten die Möglichkeit zu eröffnen, bereits im Erstverfahren seine Interessen zu verteidigen. Um die rechtzeitige Information durch die Hauptpartei zu forcieren, führt die erfolgte Streitverkündung zu einer Bindung, die derjenigen bei Teilnahme am Prozess vergleichbar ist. Dieses Moment kann für beide Parteien eine Rolle spielen, wenn sie in einem Verfahren in einem Drittbeteiligungsverhältnis zum Dritten stehen. Dann werden beide Hauptparteien zur Information des Dritten angehalten. Entschließt sich der Dritte jedoch zum Beitritt auf einer Seite, spielt dieser Gesichtspunkt keine Rolle mehr. Dann tritt die Möglichkeit für den Dritten in den Vordergrund, seine Interessen gerichtlich geltend zu machen. Diese Möglichkeit kann aber, bedingt durch die im Zweiparteiensystem angelegte prozessuale Stellung des Nebenintervenienten, nur auf einer Seite bejaht werden. Hier zeigt sich die Bedeutung der Zieldefinition für Einzelfragen: Stellt man die Interessen des Dritten in den Mittelpunkt der Überlegungen, so entwickelt sich dieses Ergebnis ohne Probleme. Geht man demgegenüber von den Interessen der Hauptpartei aus, so läge eine doppelte Bindung unabhängig vom konkreten Beitritt des Dritten nahe. Die Bindung ginge damit über die konkreten Möglichkeiten zur Einflussnahme hinaus. Das widerspricht den konsentierten Grundideen, die insbesondere in § 68 Hs. 2 ZPO Ausdruck gefunden haben.

---

es undenkbar gewesen, dass eine siegreiche Hauptpartei gleichwohl ihr „Glück" in einem zweiten Rechtsstreit versucht. Siehe dazu die ausführliche Darstellung auf den S. 59 ff.

Also ist allein entscheidend, ob der Dritte bei seiner Rechtsverteidigung im Erstverfahren erheblichen Beschränkungen unterlag. Beschränkungen können sich für den Dritten aus den Interessen seiner Hauptpartei bzw. deren konkreten Prozesshandlungen ergeben. Damit dürfte die Interventionswirkung nur beschränkt werden, soweit der Dritte aus dem Verhältnis zur Hauptpartei an freier Verhandlung gehindert war. Ist die Gegenpartei unterlegen, so konnte der Dritte regelmäßig mit Blick auf die Feststellungen, die den Sieg seiner Hauptpartei getragen haben, frei argumentieren. Das gilt nur für solche Umstände nicht, die zwar zugunsten der Hauptpartei das Prozessergebnis tragen, aber aus Sicht des Dritten zu verneinen sind, weil sie unabhängig von der potentiellen Alternativverpflichtung eines anderen eine Verpflichtung des Dritten stützen. Diese Umstände wird der Dritte regelmäßig in Frage stellen wollen, kann dies aber erst im Folgeverfahren tun. Der Dritte ist also genau an die Feststellungen des Ersturteils gebunden, in denen seine Interessen mit denen der Hauptpartei parallel gehen.[529] Im übrigen scheitert eine Bindung an den schutzwürdigen Interessen des Dritten.

h) Analogie im Verhältnis zur Gegenpartei

Vor dem Hintergrund der unterschiedlichen Denkansätze liegt die Frage nahe, ob die Bindungswirkung auf das Verhältnis zwischen dem Dritten und der Hauptpartei beschränkt sein darf. Der Wortlaut des § 68 ZPO beschäftigt sich ausschließlich mit einer Wirkung zwischen diesen Beteiligten. Literatur und Rechtsprechung beschränken sich auf kurze Feststellungen ohne nähere Begründungen.[530] Vereinzelt findet sich die Feststellung, eine Bindung im Verhältnis zur Gegenpartei widerspreche Wortlaut, Entstehungsgeschichte und Zweck der Nebenintervention.[531] Ebenso vereinzelt wird eine weitergehende Interventionswirkung auf materiellrechtlicher Grundlage nach den Grundsätzen des *venire contra factum proprium* vertreten, § 242 BGB.[532]

Der zuletzt genannte Gedanke ist zu Recht allgemein auf Ablehnung gestoßen. Es handelt sich um originär prozessrechtliche Interessenausgleiche. Prozessuale Regelungen und die Behandlung von Versäumnissen dürfen nicht im Wege allgemeiner Billigkeitserwägungen überspielt werden.[533]

Die Wortlautauslegung lässt ein enges, auf das Verhältnis zwischen Drittem und Hauptpartei bezogenes Verständnis der Interventionswirkungen vermuten. In § 68 ZPO ist ausdrücklich davon die Rede, der Dritte werde im Verhältnis zur Hauptpartei mit seinem Vortrag nicht ge-

---

[529] Vgl. *Mansel* in Wieczorek, § 68 Rn. 119.
[530] Vgl. *Schilken* in MünchKommZPO, § 68 Rn. 8; Rosenberg/Schwab/*Gottwald*, S. 269; *Mansel* in Wieczorek, § 68 Rn. 140; *Weth* in Musielak, § 68 Rn. 5; *BGH* NJW-RR 1990, 121, 122.
[531] So *Schilken* in MünchKommZPO, § 68 Rn. 8.
[532] Vgl. *Schreiber*, Jura 1980, 75, 81 ff.
[533] Vgl. in diesem Sinne mit einem Überblick über die Diskussion *Mansel* in Wieczorek, § 68 Rn. 10.

hört. Auch die Formulierung des § 74 Abs. 3 ZPO zeugt von der gesetzgeberischen Vorstellung einer Wirkung, die sich im Verhältnis zwischen Drittem und Hauptpartei abspielt. Damit wäre eine Analogie gleichwohl nicht ausgeschlossen, soweit der Gesetzgeber in § 68 ZPO nur eine beispielhafte Vorschrift gesehen hätte und den Rest der „Logik des Gesetzes überlassen wollte“.[534]

Ein solcher Wille des Gesetzgebers ist anhand der Materialien aber nicht auszumachen. Eine Rechtsfortbildung wäre danach nur denkbar, wenn Mängel in der gesetzgeberischen Konzeption die Übertragung von Wertungen erforderlich erscheinen ließen. Der Gesetzgeber hat durch die Formulierung und Konzeption der Vorschriften zu erkennen gegeben, dass er das Interventionsverhältnis ebenfalls als Zweipersonenverhältnis konstruiert wissen will. Eine Alternativlösung, die im Sinne einer Beiladung eine andere Stellung des Dritten hätte vorsehen können, ist nicht erwogen worden. Diese Vorstellung hält sich im Einklang mit dem generell hoch anzusetzenden Stellenwert prozessualer Klarheit. Sie korrespondiert zudem mit der Notwendigkeit, den Dritten in das auf zwei Parteien ausgerichtete Konzept des kontradiktorischen Zivilprozesses zu integrieren.

Diese Beschränkung des Interventionsverhältnisses auf das Zweipersonenverhältnis zwischen Hauptpartei und Drittem kann nicht durch schlichten Verweis auf Effizienzgesichtspunkte negiert werden, die eine Ausweitung tragen könnten. Wollte man Unterscheidungen, die an die formelle Stellung im Prozess anknüpfen, ihren Wert absprechen, so käme es zu kaum einzugrenzenden Unsicherheiten, weil gerade an die Position im Prozess vielschichtige Wertungen anknüpfen.

Nach der vom Gesetzgeber in den Interventionsvorschriften zum Ausdruck gebrachten Wertung können die prozessualen Wirkungen der Intervention nur durch ein formelles Interventionsverhältnis ausgelöst werden. Im Verhältnis zur Gegenpartei kann ein solches Verhältnis durch Beitritt hergestellt werden. Fehlt es daran, so kann dieser Mangel nicht im Wege analoger Anwendung des § 68 ZPO egalisiert werden.

i) Analogie zugunsten des Dritten

Eine andere Frage ist angesprochen, soweit es um die Wirkungen im Zweipersonenverhältnis zwischen Hauptpartei und Drittem geht. Ob die Interventionswirkung nur gegen den Dritten wirkt oder auch zum Nachteil der Hauptpartei Wirkung entfaltet, ist heftig umstritten.[535] Die Gesamtproblematik spaltet sich in drei Teilprobleme auf: zunächst die Frage, ob bei Berücksichtigung der Interventionswirkung zugunsten der Hauptpartei im Folgeprozess einzelne

---

[534] Wie es *Mendelssohn-Bartholdy*, S. 399, formuliert hat.

[535] Vgl. dazu den Überblick bei *Mansel* in Wieczorek, § 68 Rn. 141 Fn. 343 *Wolfgang Lüke*, S. 337 Fn. 97, jeweils m.w.N.

Teilfragen, die sich für den Dritten günstig auswirken, verbindlich sind; dann ob die positive Wirkung für den Dritten von dessen Beitritt abhängen muss; schließlich ob eine positive Wirkung der Intervention für alle potentiellen Dritten anerkannt werden kann.

(1) Günstige Teilwirkungen für den Dritten

Begünstigende Teilwirkungen aus einer Erstentscheidung, die insgesamt zugunsten der Hauptpartei einem Dritten im Folgeverfahren entgegengehalten werden, sind weithin anerkannt.[536] Man ist sich in Rechtsprechung und Literatur einig, dass der Hauptpartei keine „Rosinentheorie“ zugebilligt werden dürfe. Zur Begründung wird auf den Schutz vor widersprüchlichen Begründungen verwiesen. Diese Annahme wurde bereits vom *RG* vorgestellt und hat sich seitdem verfestigt.[537]

Mit dem Wortlaut des Gesetzes lässt sich diese Position gleichwohl nicht vereinbaren.

> „Der Nebenintervenient wird im Verhältnis zu der Hauptpartei mit der Behauptung nicht gehört, dass der Rechtsstreit, wie er dem Richter vorgelegen habe, unrichtig entschieden sei; ...“,

heißt es in § 68 Hs. 1 ZPO. Auch für die Streitverkündung ist nur von einer Wirkung „gegen“ den Dritten die Rede, § 74 Abs. 3 ZPO. Diese Aussagen des Gesetzes werden im Rahmen der Diskussion um eine weitergehende Interventionswirkung zugunsten des Dritten durchaus für entscheidend gehalten.[538] Im Zusammenhang mit begünstigenden Teilwirkungen der Erstentscheidung für den Dritten spielen sie gleichwohl keine Rolle, obwohl diesbezüglich keine eingehende Begründung stattfindet.

Im Ergebnis ist dieser Behandlung für den Dritten positiver Interventionswirkungen zu folgen. Die Unterscheidung verschiedener Formen positiver Wirkungen für den Dritten kann jedoch nicht überzeugen. Zu Recht weist man in der Literatur darauf hin, dass darin ein Schritt liege, der auf eine gesamtheitliche Bindung zugunsten des Dritten hindeute.[539]

---

[536] Vgl. *Vollkommer* in Zöller, § 68 Rn. 6; *Schilken* in MünchKommZPO, § 68 Rn. 13; *Mansel* in Wieczorek, § 68 Rn. 167. In *BGH* NJW-RR 1989, 766, 767 heißt es wörtlich: „... Unteilbar ist die Interventionswirkung insofern, als es dem Kl. verwehrt ist, aus den der Vorentscheidung zugrunde liegenden tatsächlichen Feststellungen und aus der dort vorgenommenen Beurteilung vorgreiflicher Rechtsverhältnisse sich einzelne ihm günstig erscheinende tatsächliche Feststellungen und rechtliche Folgerungen herauszusuchen, diese den Bekl. entgegenzusetzen, das dazu nicht Stimmende aber im Widerspruch zu den §§ 74, 68 ZPO nicht als richtig entschieden gelten zu lassen.“

[537] Vgl. RGZ 153, 271, 273.

[538] Vgl. *Elmar Schäfer,* S. 162; *Eibner,* S. 73; *Häsemeyer,* ZZP 84 (1971), 179, 198; BGHZ 100, 257, 262 m.w.N.

[539] Vgl. *Wolfgang Lüke,* S. 337 mit einem Überblick über den Meinungsstand in Fn. 97.

(2) Positive Wirkungen für beigetretene Dritte

Vereinzelt wird vorgeschlagen, positive Wirkungen der Intervention für den Dritten nur dann zu gewähren, wenn dieser dem Erstverfahren beigetreten ist.[540] Damit wären streitverkündete Dritte ausgeschieden, die auf einen Beitritt verzichtet haben. Nur der beigetretende Dritte habe im Erstverfahren geholfen. Deshalb könne nur er in den Genuss der Ergebnisse kommen. Ohne Beitritt unterscheide sich der Dritte nicht von sonstigen Personen. Schließlich würden die Nachteile, die sich aus der einseitigen Bindung für den Dritten ergäben, ohnehin gemildert, weil keine „Rosinentheorie" zugunsten der Hauptpartei im soeben beschriebenen Sinne zugelassen werde.[541]

Dem ist die Konzeption der Streitverkündung entgegenzuhalten. Die Interventionswirkung hängt im Falle der Streitverkündung gerade nicht vom konkret erfolgten Beitritt des Dritten ab.[542] Diese Argumentation könnte nur zutreffen, wenn der tatsächlichen Unterstützung der Hauptpartei im Erstverfahren entscheidende Bedeutung zukäme. Davon kann keine Rede sein.[543] Anderenfalls müsste die Interventionswirkung an die qualitative Kontrolle der Unterstützungshandlungen im Erstverfahren gebunden werden, was schon aus praktischen Gründen kaum zu leisten sei.[544] Zuzugeben ist eine motivierende Wirkung, die auf den Dritten von einer umfassenden Verbindlichkeit des Erstverfahrens ausgeht.[545] Eine derartige Wirkung darf aber nicht ohne weiteres als entscheidend angesehen werden. Es müssen vielmehr die Ziele der Interventionsvorschriften zum Tragen kommen. Es geht nach hier vertretener Auffassung um den Schutz des Dritten vor den Nachteilen einer faktischen Bindung. Daran knüpft sich die rechtliche Bindung für den Fall, dass die zumutbare Möglichkeit der Rechtswahrnehmung bestand. Davon ist im Verhältnis zwischen Hauptpartei und Drittem auszugehen, weil diese in der Regel wegen paralleler Interessen ihre Standpunkte voll zur Geltung bringen konnten. § 72 ZPO macht deutlich, dass die Möglichkeit zur Teilnahme dem tatsächlich durchgeführten Beitritt in wesentlicher Beziehung gleichgeachtet wird.

Positive Wirkungen der Intervention dürfen danach jedenfalls nicht vom Beitritt des Dritten abhängig gemacht werden.

---

[540] In diesem Sinne *Elmar Schäfer,* S. 156 f.
[541] Vgl. *Elmar Schäfer*, S. 157.
[542] Darauf verweist zu Recht *Wolfgang Lüke,* S. 339.
[543] Vgl. BGHZ 100, 257, 261.
[544] Vgl. BGHZ 100, 257, 261.
[545] In diesem Sinne auch *Wolfgang Lüke,* S. 392.

(3) Grundsätzliche Anerkennung der Interventionswirkung zugunsten des Dritten

Vielfach wird gegen eine Wirkung zugunsten des Dritten auf den Wortlaut der §§ 68 Hs. 1, 74 Abs. 3 ZPO verwiesen. Die gesetzlichen Formulierungen beschreiben ausschließlich Wirkungen gegen den Dritten.[546] Gleichwohl kann eine den Dritten begünstigende Wirkung der Intervention aus den maßgeblichen Wertungen abzuleiten sein. Entscheidend kommt es darauf an, ob der Gesetzgeber durch seine Fassung der Interventionsvorschriften eine Wertung ins Gesetz geschrieben hat, nach der diese nur gegen den Dritten wirken soll, oder vielmehr versucht hat, diejenigen Fälle zu beschreiben, die ihm einzig relevant erschienen. Ein solches „Redaktionsversehen" könnte im Einklang mit den wesentlichen gesetzlichen Wertungen vom Rechtsanwender bereinigt werden, wenn die Voraussetzungen analoger Rechtsanwendung gegeben wären.[547]

Der Wortlaut des Gesetzes gibt insoweit keine weiteren Anhaltspunkte. Der Rückgriff auf die Entstehungsgeschichte zeigt, welche Fallgestaltungen der Gesetzgeber mit seiner Regelung behandeln wollte. Es ging um den Schutz des Dritten vor den faktischen Präjudizwirkungen der Erstentscheidung.[548] Die Problematik bestand einzig in den Schwierigkeiten des Dritten, der im Folgeverfahren die Feststellungen der rechtskräftigen Erstentscheidung umstoßen musste, um mit seinem Vortrag durchzudringen.

Demgegenüber konnten sich im Falle eines für die Hauptpartei günstigen Ersturteils für den Dritten keine Probleme entwickeln.[549] Die Beratungen zur Entstehung der CPO waren vom Geist des römischen Rechts geprägt. In diesem Kontext galt es als selbstverständlich, dass all jene die Feststellungen eines Streitverfahrens nicht verwerfen konnten, die dort die Möglichkeit zur Rechtsverteidigung hatten. Die Vorstellung einer Hauptpartei, die zunächst einen Sieg im Erstverfahren erstreitet, um anschließend gleichwohl – gestützt auf die formellen Unterscheidungen des Zweiparteiensystems – kumulativ dasselbe wirtschaftliche Interesse gegenüber dem Dritten durchzusetzen, fiel aus dem Rahmen dessen, was aus Sicht des Gesetzgebers problematisch erscheinen konnte.[550] Wenn eine Partei schon nicht mit der Behauptung gehört wurde, die Entscheidung entgegen dem eigenen Vortrag im Erstverfahren sei falsch gewesen, dann konnte sie ebenso wenig damit durchdringen, die Entscheidung entsprechend der eigenen Prozessführung sei unzutreffend. Das gilt umso mehr, als die Hauptpartei ihr In-

---

[546] Vgl. dazu *Elmar Schäfer*, S. 162; *Eibner*, S. 73; *Häsemeyer*, ZZP 84 (1971), 177, 198; BGHZ 100, 257, 262.

[547] Vgl. zur Zulässigkeit der Rechtsfortbildung im Wege der Analogie *Koch/Rüßmann*, S. 259 f.; *Larenz/Canaris*, S. 191 ff.; *Bydlinski*, S. 475 f.; *Pawlowski*, Rn. 476 ff.

[548] Siehe dazu die Analyse der Materialien oben auf den S. 59 ff.

[549] Grundlegend ist in diesem Zusammenhang der oben beschriebene Ausschluss von Gesamtschuldnern, siehe oben S. 119 ff. Ein Interventionsverhältnis soll nur möglich sein, wenn der Hauptpartei die Möglichkeit einer gleichzeitigen Klage gegen die Gegenpartei und den Dritten versperrt ist.

[550] Vgl. *Mendelssohn-Bartholdy*, S. 398 f.; siehe dazu die ausführliche Darstellung oben S. 36 ff.

teresse bereits tituliert und damit zumindest potentiell realisiert hatte. Entsprechend finden sich keine Hinweise auf die Möglichkeit einer Klage der Hauptpartei gegen den Dritten nach einem erfolgreichen Erstverfahren.

Auch an den praktischen Auswirkungen der gesetzlichen Lösung lässt sich ablesen, dass die Möglichkeit, einen Anspruch nach erfolgreichem Erstverfahren erneut gegen einen Dritten geltend zu machen, für den Gesetzgeber keine Rolle gespielt hat. Besonders deutlich wird dies, wenn man sich ein Beispiel vor Augen führt, bei dem es unabhängig davon, ob man die Interventionswirkung zugunsten des Dritten anerkennt, zu widersprüchlichen prozessualen Bindungswirkungen kommt. Es bestand besonderes Interesse daran, solche Widersprüche zu vermeiden. Hätte man diese Gefahr erkannt, so wäre sie in der Diskussion kaum übergangen worden. Dazu folgendes Beispiel:

Der Verkäufer klagt gegen den Geschäftsherrn, der dem vermeintlichen Vertreter den Streit verkündet und rechtskräftig zur Kaufpreiszahlung verurteilt wird. In einem zweiten Prozess klagt der Verkäufer gegen den Vertreter, der seinerseits dem Geschäftsherrn den Streit verkündet. Auch der Vertreter wird rechtskräftig zur Erfüllung des Kaufvertrages verurteilt.

Im Anschluss verlangt der Geschäftsherr vom Vertreter wegen Missbrauch der Vertretungsmacht Ausgleich für seine Zahlungspflicht. Im Gegenzug nimmt der Vertreter den Geschäftsherrn auf Freistellung aus dem Innenverhältnis der Vertretung in Anspruch.

Im Beispiel steht kraft Bindungswirkung der Streitverkündung zu Lasten des Vertreters aus dem ersten Prozess fest, dass der Vertreter den Geschäftsherrn wirksam vertreten hat. Gleichzeitig ergibt die Interventionswirkung des zweiten Prozesses zu Lasten des Geschäftsherrn, dass der Vertreter den Geschäftsherrn nicht wirksam vertreten hat. Die Interventionswirkungen stehen sich in unvereinbarem Widerspruch gegenüber.

Für den Gesetzgeber hatte die Vermeidung widersprechender prozessualer Bindungswirkungen hohe Priorität. Hätte er die Fallgestaltung nach obsiegendem Ersturteil als problematisch erkannt, so hätte dies zu erheblichen Auseinandersetzungen in den Beratungen führen müssen. Entsprechende Hinweise fehlen jedoch. Auch daraus lässt sich schließen, der Gesetzgeber hat nur die Fallgestaltungen nach einem für die Hauptpartei unterliegenden Ersturteil geregelt. Die übrigen Fälle hielt er im historischen Bewusstsein für unproblematisch und damit nicht regelungsbedürftig.

Die konkrete Formulierung des § 68 ZPO, die im Rahmen der Beratungen zum Norddeutschen Entwurf in ihren wesentlichen Elementen entstanden ist, ist dem Versuch geschuldet, eine möglichst eindeutig prozessuale Regelung vorzunehmen. Wie oben ausführlich dargestellt[551], ging es darum, die ausschließlich für prozessuale Regelungen bestehende Zuständigkeit zum Erlass entsprechender Regelungen abzusichern. Die Zweifel an einer Regelung prozessualer Bindungswirkungen im Zusammenhang der CPO spielten bei den Reichstagsberatungen keine erhebliche Rolle mehr. An der Formulierung des § 68 ZPO hielt man gleichwohl fest, weil er aus Sicht der damaligen Zeit hinreichend erscheinen musste.

Diese Einschätzung findet auch in den unmittelbar vor und nach Entstehung der CPO erschienenen Veröffentlichungen Rückhalt. Die dortigen Ausführungen zeugen vom selbstverständlichen Bewusstsein der damaligen Zeit, dass die Problematik im Verhältnis zwischen Hauptpartei und Drittem mit einem Sieg der Hauptpartei im Erstverfahren ein natürliches Ende finden muss.[552]

Danach kann der gesetzliche Wortlaut nicht als Ausdruck einer gesetzgeberischen Wertung gesehen werden, die eine Wirkung zugunsten des Dritten ausschließen könnte.

Gegen eine analog anzunehmende Wirkung der Intervention zugunsten des Dritten wird darauf verwiesen, der Dritte bedürfe nicht des Schutzes vor einem zweifachen Prozessverlust, da ein solcher Verlust einzig der Hauptpartei drohe.[553] Ein Ansatzpunkt für die Verneinung einer drittbegünstigenden Wirkung wird zudem in der Möglichkeit gesehen, über die Drittbeteiligung zu entscheiden.[554] Bemerkenswert ist der gegensätzliche Aussagegehalt der Argumente. Einerseits wird darauf verwiesen, die Hauptpartei dürfe nicht durch die Interventionswirkung belastet werden, weil sie keine Möglichkeit habe, diese zu verhindern.[555] Andererseits will man von der Möglichkeit des Streitverkünders, über das Eingreifen der Interventionswirkung zu befinden, auf das Recht schließen, auch die Interventionswirkung in ihrer Reichweite zu bestimmen.[556]

Dem kann mit Blick auf die oben im Zusammenhang mit der Berücksichtigung der Interventionswirkung von Amts wegen[557] angestellten Überlegungen nicht gefolgt werden.[558] Für eine

---

[551] Siehe oben S. 55 ff.

[552] Vgl. *Hellwig,* System, S. 222; *Maxen,* S. 33; ausdrücklich formuliert diesen Gedanken *Mendelssohn-Bartholdy,* S. 398 f., der schreibt: „Daß der Nebenintervenient die Rechtskraft des Endurteils ebenso gut gegenüber dem Hauptintervenienten geltend machen kann, wie es der letztere gegen den ersteren zu thun berechtigt ist, ist wohl unbezweifelt“ und in der bezugnehmenden Fußnote ausführt: „Vielleicht hat der Gesetzgeber eine dem Anfang des § 68 entsprechende Bemerkung über die Unzulässigkeit des Einwands der unrichtig entschiedenen Sache von seiten der Hauptpartei gegenüber dem Intervenienten deshalb unterdrückt, weil er es für selbstverständliche ansieht, dass die Partei die Richtigkeit ihres eigenen Urteils nicht bestreiten darf, während dem Dritten solches Bestreiten mangels einer ausdrücklichen Gegenvorschrift freistünde.“

[553] Vgl. *Wieser,* ZZP 79 (1966), 246, 289; anlehnend auch BGHZ 100, 257, 262.

[554] Vgl. *Wieser,* ZZP 79 (1966), 246, 290; BGHZ 100, 257, 263.

[555] Vgl. *Wieser,* ZZP 79 (1966), 246, 289.

[556] Vgl. BGHZ 100, 257, 263.

[557] Siehe dazu oben die S. 135 ff.

[558] Vgl. weiter auch *Mansel* in Wieczorek, § 68 Rn. 142; *Wolfgang Lüke,* S. 343.

Wirkung zugunsten des Dritten spricht wie oben angedeutet[559], dass sich die Hauptpartei nur gesamt auf die Interventionswirkung berufen, nicht aber einzelne ihr günstige Teilumstände herausgreifen und den Rest als falsch verwerfen kann. Schon aus diesem Grund darf den Einzelheiten in den Formulierungen nicht der Vorrang vor den Wertungszusammenhängen gegeben werden.

Wertungsorientierte Unterscheidungskriterien werden gegen die Analogie zugunsten des Dritten nirgends aufgezeigt. Zudem spricht der Grundsatz prozessualer Chancengleichheit für eine Gleichbehandlung von Hauptpartei und Drittem.[560] Als grundlegend wird für eine Wirkung zugunsten des Dritten der bereits mehrfach in den Mittelpunkt gerückte Gedanke gesehen, dass keine zweite Chance zur Rechtsverfolgung eingeräumt werden dürfe; dies müsse auch für die Hauptpartei gelten.[561] Es ist keine Rechtfertigung dafür ersichtlich, der Hauptpartei nach einem Sieg im Erstverfahren die Möglichkeit zur Bereicherung im Zweitverfahren einzuräumen. Darin liegt ein unerträglicher Wertungswiderspruch mit den in der ZPO verfolgten Zielen, der besonders drängend erscheint, soweit man die Interventionswirkung zumindest auch im Sinne der Vermeidung des Eindrucks widersprüchlicher Rechtspflege versteht.[562] Teils wird auf das Gebot der Gerechtigkeit verwiesen[563], was aus den oben bereits angesprochenen Gründen nicht weiter hilft.[564] Schließlich verweist man auf die öffentlichen Interessen an weitgehendem Schutz des staatlichen Ansehens und prozessökonomischer Verfahrensbewältigung.[565]

Als zentral stellt sich damit der Gedanke heraus, der Hauptpartei dürfe ebenso wie dem Dritten keine erneute Verhandlung identischen Prozessstoffs gewährt werden, nachdem ihm im Erstverfahren umfänglich die Möglichkeit zur Verteidigung seiner Rechte eröffnet war.[566] Dieser Gedanke korrespondiert mit den Grundlagen der Interventionswirkung. Mit dieser gesetzgeberischen Wertung lässt es sich nicht vereinbaren, die Wirkung der Intervention zu Lasten des Dritten insoweit zu beschränken, als sich die Hauptpartei nicht ihrerseits auf ihr günstige Teilwirkungen beruft. Vielmehr spricht alles dafür, im Sinne einer endgültigen Beilegung des Streitverhältnisses unter den Beteiligten, auch eine Wirkung zu Lasten der Hauptpartei anzunehmen. In diesem Sinne ist in analoger Anwendung des § 68 ZPO eine Interventionswirkung zugunsten des Dritten zu bejahen.

---

[559] Vgl. oben S. 144.
[560] Vgl. *Wolfgang Lüke*, S. 340; *Mansel* in Wieczorek, § 68 Rn. 142 m.w.N.
[561] Vgl. *Wolfgang Lüke*, S. 342.
[562] Vgl. in diesem Sinne *Elmar Schäfer*, S. 153 f.; *Wolfgang Lüke*, S. 340; *Stahl*, S. 141; *Häsemeyer*, ZZP 84 (1971), 179, 200; siehe auch *OLG Celle* als Vorinstanz in der Leitentscheidung BGHZ 100, 257, 258.
[563] Vgl. *Dorphalen*, Juridicum 1933 Sp 239 (246).
[564] Siehe oben Anm. 23 m.w.N.
[565] Vgl. *Elmar Schäfer*, S. 154 f.
[566] Vgl. *Mansel* in Wieczorek, § 68 Rn. 142; *Wolfgang Lüke*, S. 340, 342; *Elmar Schäfer*, S. 155; *Stahl*, S. 141.

j) Reichweite bei Teilklagen im Erstverfahren

Ob im Falle einer teilweisen Geltendmachung von einheitlichen materiellrechtlichen Ansprüchen auf Grundlage eines unteilbaren Sachverhalts im Erstverfahren die Interventionswirkung auf das Gesamtverhältnis zu beziehen ist, wird unterschiedlich beurteilt. Nach allgemeiner Ansicht kann im Beispiel[567] einer Erstklage auf Leistung von Schadensersatz die Klageforderung der Höhe nach auf einen Teilbetrag beschränkt werden. Mit im einzelnen unterschiedlichen Begründungen sieht man damit auch die Rechtskraft der Erstentscheidung auf den geltend gemachten Teil der Klageforderung beschränkt. Daran schließt sich die Frage, ob die Interventionswirkung, die aus dieser Erstentscheidung hergeleitet wird, ebenfalls nur beschränkt eingreifen kann.

Der Wortlaut des Gesetzes spricht davon, der Dritte werde mit seiner Einwendung nicht gehört, der Rechtsstreit sei, wie er dem Erstrichter zur Entscheidung vorgelegen habe, unrichtig entschieden, § 68 Hs. 1 ZPO. Für eine Entscheidung des Rechtsstreits in diesem Sinne verlangt man nach allgemeiner Ansicht im Einklang mit den Gesamtumständen des Gesetzgebungsverfahrens eine rechtskräftige Entscheidung des Erstverfahrens.[568] Über die Auswirkungen mit Blick auf die Reichweite der Interventionswirkung finden sich jedoch keine direkten Festlegungen.[569] Herkömmlich geht man davon aus, die Interventionswirkung gelte auch im Falle von Teilklagen für den vollen Umfang des Folgeverfahrens. Insoweit stimmen die herrschenden Literaturstimmen mit der Rechtsprechung überein.[570] Dem hält man von anderer Seite entgegen, die Interventionswirkung dürfe im Zweitverfahren keine Bindung erzeugen, die über die rechtskräftigen Feststellungen des Erstverfahrens hinausreicht.

Für die hier angestrebte Standortbestimmung des Instituts der Interventionswirkung interessiert diese Diskussion besonders, weil sie Auskunft über die Wirkungsweise der Interventionswirkung gibt und die Wechselbeziehungen im Verhältnis zur Rechtskraftwirkung in der Argumentation regelmäßig eine Rolle spielen. Es fragt sich also, inwieweit auf der Grundlage der unterschiedlichen Zielbestimmungen der Interventionsvorschriften ein schlüssig abgestimmtes System vorliegt. Die weiteren Erörterungen sollen sich an folgendem Beispiel orientieren:

Im Erstprozess klagt die Hauptpartei den Kaufpreis für eine dem beklagten Geschäftsherrn gelieferte Sache ein und verkündet dem vermeintlich als Vertreter aufgetretenen Dritten den

---

[567] Siehe oben das Beispiel auf S. 23 f.

[568] Vgl. *Schilken* in MünchKomm, § 68 Rn. 5; Rosenberg/Schwab/*Gottwald*, S. 269; BGHZ 65, 127, 135; *BGH* NJW 1969, 1480; RGZ 123, 97.

[569] So auch *Wolfgang Lüke*, S. 394. Einschränkend aber im Sinne der gesamtheitlichen Ausdehnung *Schwanecke*, S. 103 unter Verweis auf die Rechtsprechung des *RG* JW 1935, 3539 und JW 1936, 1966.

[570] Vgl. BGHZ 16, 217, 229; 85, 252, 258; *Laumen*, S. 284 f.; *Schilken* in MünchKomm, § 68 Rn. 17; *Vollkommer* in Zöller, § 68 Rn. 10; einen umfassenden Überblick gibt *Wolfgang Lüke*, S. 395 mit weiteren Verweisen auch auf die Rechtsprechung des *RG*.

Streit. Sie unterliegt und klagt im Folgeverfahren – gestützt auf die Interventionswirkung - rechtskräftig die Kaufpreiszahlung gegen den Dritten ein, § 179 Abs. 1 BGB. Während des Folgeprozesses schaltet sich ein Zeuge ein, der der Hauptpartei im erneuten Prozess gegen den Geschäftsherrn um den im Erstverfahren vormals nicht geltend gemachten Teilbetrag rechtskräftig zum Sieg verhilft.[571] Eine erneute Streitverkündung erfolgt nicht. Steht im Folgeprozess aufgrund der Interventionswirkung der ersten Teilklage fest, dass Vertretungsmacht nicht vorlag?

Für eine umfassende Interventionswirkung, unabhängig von der Reichweite der Rechtskraft, beruft man sich in erster Linie begrifflich auf die Unteilbarkeit tatsächlicher Feststellungen. Es sei „denklogisch" ausgeschlossen, insoweit eine Trennung durchzuführen.[572] Zudem erfordere die Praktikabilität und damit die Zielvorgabe prozessökonomischer Verfahrensgestaltung ein umfassendes Verständnis der Reichweite.[573] Durch drohende Abgrenzungsprobleme wäre die Handhabung bei Aufteilung zudem erschwert.[574] Die umfassende Wirkung sei dem Dritten auch zumutbar, weil dieser sich auf die drohende Regressklage vorbereiten könne.[575]

Dem hält man entgegen, die Unteilbarkeit sei rein begrifflich angelegt und deshalb im Lichte der heute maßgeblichen Interessenabwägungen nicht durchschlagend.[576] Im Gegensatz zeige die Parallele zur Rechtskraft die Möglichkeit derartiger Unterscheidungen hinlänglich.[577] Die Interventionswirkung müsse sich an der rechtskräftigen Entscheidung des Erstverfahrens orientieren und in gleichem Maße beschränken, weil nur insoweit eine tragende Entscheidung in der Sache ergangen sei. Vor allem müsste eine Missbrauchsmöglichkeit solcher Wirkungen vermieden werden.[578] Es dürfe nicht zu einer weitgehenden Verlagerung des Prozessrisikos auf den Dritten kommen.[579] Dem Dritten wären die gesetzlich vorgesehenen Schutzmechanismen nach Belieben der Hauptpartei beschnitten, weil diese über den Instanzenzug – Landgericht oder Amtsgericht als Eingangsinstanz – entscheiden könnte.[580]

Widersprüchliche prozessuale Bindungswirkungen müssen im Ergebnis vermieden werden. Zwei Lösungswege bieten sich an: Die Interventionswirkung wäre ausreichend beschränkt,

---

[571] Beispiel nach *Eibner,* S. 114.
[572] Vgl. *Bork* in Stein/Jonas, § 68 Rn. 5 m.w.N.
[573] Vgl. *Wolfgang Lüke*, S. 395 m.w.N.
[574] Vgl. *Wolfgang Lüke*, S. 395 m.w.N.
[575] Vgl. *Peter Wilhelm Schäfer*, S. 133; *Wolfgang Lüke*, S. 395; bereits an dieser Stelle sollte betont werden, dass es sich dabei um einen entscheidenden Gesichtspunkt im Gesamtkonzept von Interventions- und Rechtskraftwirkung handelt, der unten im Vergleich wieder aufgegriffen wird, siehe dazu S. 197 ff.
[576] Vgl. *Schilken* in MünchKommZPO, § 68 Rn. 17.
[577] Vgl. *Häsemeyer,* ZZP 84 (1971), 179, 200, der einen Vergleich zur Situation bei Erlass eines Teilgrundurteils anstellt.
[578] Vgl. dazu *Wolfgang Lüke,* S. 398.
[579] *Schilken* in MünchKommZPO, § 68 Rn. 17 m.w.N.
[580] Vgl. *Mansel* in Wieczorek, § 68 Rn. 124; *Häsemeyer,* ZZP 84 (1971), 179, 201; einschränkend *Peter Schäfer,* S. 133.

wenn sie entsprechend dem derzeitigen Verständnis der Rechtskraftwirkung auf den im Erstverfahren geltend gemachten Teilbetrag beschränkt würde. Andererseits könnten Widersprüche ebenso vermieden werden, indem die Rechtskraftwirkung im Falle von Teilklagen weiter verstanden wird. Eine Harmonisierung ist erforderlich. Welcher Weg vorzugswürdig erscheint, ist durch Auslegung der gesetzlichen Wertungen zu ermitteln. Eine abschließende Beurteilung kann erst nach eingehender Untersuchung der Rechtskraft erfolgen. Bezogen auf die Interventionswirkung kommen wiederum die Erkenntnisse ins Spiel, die über den Zweck der Vorschriften zur Verfügung stehen.[581]

Das obige Beispiel offenbart ohne weiteres seine Problematik in den möglichen Vorgehensweisen der klagenden Hauptpartei. Schon auf Grundlage des herkömmlichen Verständnisses einer zu Lasten des Dritten beschränkten Interventionswirkung zeigen sich nicht hinnehmbare Wertungswidersprüche. Gestützt auf die Interventionswirkung aus dem teilabweisenden Ersturteil kann sich die Hauptpartei nach derzeit h.M. in voller Höhe beim Dritten erholen. Damit wäre bezogen auf die zum Teil für entscheidend gehaltene gesicherte materielle Anspruchsposition seine Sicherung vollständig erreicht. Gleichwohl wären seine prozessualen Chancen auf Rechtsschutz damit noch nicht erschöpft. Mit Blick auf den offen gebliebenen Teilbetrag kann noch immer eine freie, abweichende Entscheidung ergehen. Die Hauptpartei ist auch nicht gehalten, bei mehreren Gerichtsständen, den vormals gewählten erneut in Anspruch zu nehmen. Jedenfalls ist der Hauptpartei die Chance eingeräumt, das wirtschaftliche Interesse ein zweites Mal geltend zu machen. Schon diese Möglichkeit widerspricht der Idee, jeder Partei bezogen auf ein Streitverhältnis einmalig im Rahmen der Vorschriften über den Instanzenzug rechtliches Gehör zu gewähren.

Versteht man die Vorschriften über die Interventionswirkung als Schutzwerkzeuge für die Hauptpartei[582], so spricht dies für eine differenzierte, am Umfang der Rechtskraft ausgerichtete Bindung. Es kann nicht Aufgabe der Interventionsregeln sein, den Schutz der Hauptpartei über den gesetzlich intendierten Schutzzweck hinaus zum zufälligem Vorteil der Hauptpartei auszudehnen. Sollte man sich an einer entsprechenden Auslegung gehindert sehen, so wäre vom Standpunkt interessenorientierter Rechtsanwendung eine teleologische Reduktion zu fordern, zumal erhebliche widerstreitende Interessen des Dritten auf dem Spiel stehen.

Deutlicher wird die Problematik, wenn man die angeführte Begründung in die Überlegungen einbezieht. Es wird argumentiert, in den materiellrechtlichen Alternativverhältnissen sei der Anspruchsverlust durch widersprechende Urteile besonders unerträglich, weil dieser Verlust in einer Person kumuliere, die sich sicher sein könne, mindestens in einem Verfahren zu Unrecht unterlegen zu sein. Dieser Gedanke trägt, wie oben bereits dargelegt, im Zusammenhang

---

[581] Siehe dazu die ausführliche Darstellung der erwogenen Möglichkeiten auf den S. 72 ff.
[582] Siehe dazu oben auf den S. 94 ff.

mit den allgemein jeder Partei zugemuteten Risiken nicht weit.[583] Um die objektive Belastung einer Partei in wirtschaftlicher Hinsicht kann es nicht gehen, weil jede Partei mit dem Risiko leben muss, ein Recht aufgrund prozessualer Durchsetzungsschwierigkeiten praktisch zu verlieren. Es wird als unvermeidlich akzeptiert, dass eine materielle Rechtsposition mit fehlerhafter Begründung aberkannt werden kann.

Besonders drängend wird die Problematik, wenn man die oben erkannte Wirkung der Intervention zugunsten des Dritten berücksichtigt. In diesem Fall bleibt es nicht bei den Widersprüchen der Entscheidungsbegründung, die lediglich ein schlechtes Licht auf die Rechtspflege werfen. Es kommt darüber hinaus zu unmittelbar widersprüchlichen prozessualen Bindungswirkungen. Damit wäre die Frage des Ausgleichs bzw. einer möglicherweise egalisierenden gegenseitigen Wirkung zu beantworten. Die sich an das Ersturteil anschließende Interventionswirkung besagt, will man an ihrem vollständigen, von der Rechtskraft unabhängigen Charakter festhalten, dass der Erstprozess als richtig entschieden gilt, mithin der Dritte in voller Höhe zu leisten hat. Nach Rechtskraft des für die Hauptpartei günstigen zweiten Teilurteils - Beitritt des Dritten wird unterstellt – muss auch die Interventionswirkung dieser Entscheidung beachtet werden. Damit stehen die Interventionswirkungen in unauflösbarem Widerspruch: die des ersten Teilurteils bestimmt die vollständige Verpflichtung des Dritten, die des zweiten dessen vollständige Entlastung.

Dieser Befund darf gleichwohl nicht zu dem Schluss verleiten, die Wirkung zugunsten des Dritten sei deshalb abzulehnen. Für diese Entscheidung sind weitere Umstände zu berücksichtigen, die sich an den bestimmenden Wertungen und nicht an der Korrektur von Inkonsistenzen aus anderen Quellen zu orientieren haben.[584] Wichtig bleibt nämlich festzuhalten, dass dieses Dilemma auch auf Grundlage der vorherrschenden Sichtweisen in Literatur und Rechtsprechung nicht befriedigend gelöst wird. Es bleiben Ergebnisse, die von keiner Seite als sachgerecht akzeptiert werden können, die also zu einer Umstellung auf andere Konzepte zwingen, soweit sich Möglichkeiten der Vermeidung aufzeigen lassen.

Ein Ausweg könnte in den Erkenntnissen liegen, die oben bei der genaueren Analyse der Interventionswirkung in ihrem historischen Kontext gewonnen wurden. Danach ist die Bindungswirkung der Intervention grundsätzlich öffentlichen Interessen verpflichtet.[585] Sie resultiert aus der Überzeugung, dass jedem genau eine Chance zur Verteidigung seiner Rechte zusteht. Dementsprechend kann die Bindung nicht eingreifen, wenn dem Dritten im Erstverfahren keine vollwertige Chance gewährt wurde. Der Rechtsschutz des Dritten im Erstverfahren könnte in diesem Sinne als nicht vollwertig anzusehen sein, weil möglicherweise andere

[583] Siehe oben auf den S. 94 ff.
[584] Siehe dazu eingehend oben auf den S. 143 ff.
[585] Siehe oben auf den S. 114 ff.

Zuständigkeiten gegeben sind, bestimmte Streitwertschwellen nicht überschritten sind und deshalb ein anderer Instanzenzug durchlaufen werden kann.[586] Diese Argumente werden im Zusammenhang mit der teilweisen Rechtskraftwirkung bei Teilurteilen als ebenso einschlägig angesehen. Am Beispiel verdeutlicht kann eine Teilklage im Erstverfahren dazu führen, dass der Zuständigkeitsstreitwert des Amtsgerichts nicht überschritten wird. Allerdings wird dieses Problem entschärft, indem die Zulässigkeit einer Teilklage verneint wird, wenn zwingende Zuständigkeitsregeln umgangen werden.[587] Eine hinreichende Behinderung, die den Dritten daran hindern könnte, seine Rechte entsprechend geltend zu machen, fehlt demnach regelmäßig für Zuständigkeitsänderungen.

Gegen eine umfassende Bindungswirkung der Intervention wird zum Teil angeführt, der Dritte werde dadurch von der Nebenintervention abgeschreckt.[588] Sicherlich hat der Dritte mehr zu verlieren, wenn die Ergebnisse des Erstverfahrens ihn umfassend binden, als wenn die Bindung auf den geltend gemachten Teilbetrag beschränkt wirkte. Darauf kommt es aber nach den gesetzlichen Wertungen nicht an. Grundlegend ist die Vorstellung, der Beteiligte eines Streitverfahrens könne nicht einwenden, das Ergebnis seiner Prozessführung sei fehlerhaft, wenn er ausreichend Gelegenheit zur Rechtsverfolgung hatte.[589] Die nachteiligen Wirkungen der Intervention wurden durch die Bindung an das Maß der Einflussnahmemöglichkeiten hinreichend beachtet.

Der Abschreckungsgedanke könnte nur insoweit relevant werden, als der durch die Bindung verursachte Nachteil einem rational agierenden Dritten den Vorteil der Interventionsmöglichkeit faktisch wieder nimmt, d.h. den intendierten Schutz konterkariert. Davon kann indes keine Rede sein. Die ohnehin bestehende faktische Benachteiligung des Dritten durch die Erkenntnisse des Erstverfahrens wirkt unabhängig von der Höhe des geltend gemachten Teilbetrages in das Folgeverfahren hinein. Die Gründe für diesen faktischen Einfluss haben gerade keinen Bezug zu rechtlich definierten Begrenzungen auf ein Verfahren oder die konkrete Fassung des Klageantrags. Erkennt man mit obiger Begründung[590] die zugunsten des Dritten wirkende Bindung der Hauptpartei an, so kann der Dritte keinen entsprechenden Nachteil erleiden. Das Streitverhältnis wird in seiner Beziehung zur Hauptpartei endgültig aus der Welt geschafft.

Damit ist jedoch hinsichtlich der Gesamtkonstellation noch kein befriedigender Interessenausgleich erreicht. Zwar scheinen die Interessen des Dritten grundsätzlich gewahrt, weil er jedenfalls nur einmalig in Anspruch genommen werden kann. Der Hauptpartei fallen aber

---

586 Vgl. *Mansel* in Wieczorek, § 68 Rn. 124; *Peter Schäfer,* S. 133; *Häsemeyer,* ZZP 84 (1971), 179, 201.
587 Vgl. *Lüke/Kerwer*, NJW 1996, 2121, 2124 unter Verweis auf die allg. A.
588 Vgl. *Wolfgang Lüke*, S. 398.
589 Siehe oben ausführlich auf den S. 107 ff.
590 Siehe auf S. 143 ff.

Vorteile zu, die nicht hingenommen werden können. Betrachtet man das obige Beispiel[591], so bliebe zunächst die Chance den ausstehenden Teilbetrag gegen die Gegenpartei zu erstreiten, obwohl die prozessualen Bindungswirkungen bereits zu vollständiger Geltendmachung des Interesses verholfen haben. In dieser Möglichkeit liegt bereits ein wirtschaftlicher Wert, der unabhängig von seiner konkreten Durchsetzung einen Widerspruch bedeutet. Unerträglich wird dieser Widerspruch insbesondere, wenn man sich vorstellt, der Dritte beteilige sich auch im Zweitverfahren als Streithelfer. Kommt es zu einem Sieg der Hauptpartei, so stünden sich widersprüchliche Bindungswirkungen der ersten und der zweiten Entscheidung gegenüber.

Dem ließe sich entgegenhalten, zu solchen Wirkungen könne es schon deshalb nicht kommen, weil dem Dritten das rechtliche Interesse zur Intervention im Zweitverfahren fehlte. Dieser Einwand ist grundsätzlich zutreffend, wenn das Folgeverfahren zwischenzeitlich rechtskräftig abgeschlossen werden konnte. Anderenfalls bestünde sehr wohl ein erhebliches Interesse des Dritten daran, den Folgeprozess so lange hinauszuzögern, bis er der Interventionswirkung der Erstentscheidung das Ergebnis des erneuten Streitverfahrens entgegenhalten könnte. Es bliebe der Prozesstaktik der Hauptpartei überlassen, die Rechte des Dritten zu beschneiden. Darin liegt ein erheblicher Mangel des Gesamtkonzepts.

Die Entscheidung zwischen den dargestellten Positionen erfordert erneut die Rückbesinnung auf die Ziele der Interventionsvorschriften. Der Wortlaut des § 68 ZPO vermag keine verbindliche Auskunft zu geben.[592] Einerseits heißt es, der „Rechtsstreit wie er dem Richter vorgelegen habe“ dürfe nicht mehr in Frage gestellt werden. Andererseits ist man sich einig, dass mit Rechtsstreit nur ein rechtskräftig entschiedener Rechtsstreit gemeint sein kann. Ebenso gesichert ist die Erkenntnis, dass auch tatsächliche Feststellungen an der Bindungswirkung der Intervention teilnehmen. Danach leuchtet ein, dass gerade im bezug auf tatsächliche Feststellungen nicht gegensätzliche Erkenntnisse gleichzeitig richtig sein können. Am Beispiel betrachtet läge in der Feststellung, der Dritte habe im Falle einer einheitlichen Willenserklärung teilweise offenkundig für die Gegenpartei, teilweise aber im eigenen Namen gehandelt, ein schwer hinzunehmender Widerspruch. Insoweit verfehlt der Verweis auf die anerkannte Möglichkeit einer geteilten Rechtskraftwirkung ihr Ziel schon deshalb, weil dort keine tatsächlichen Feststellungen betroffen sind.

Als Ansatzpunkt empfiehlt sich die Auslegungsfrage, was unter dem Rechtsstreit im Sinne des § 68 ZPO zu verstehen ist.

Die Interventionswirkung erfasst nach weitgehendem Konsens neben der tenorierten Rechtsfolge die Feststellung und rechtliche Beurteilung der präjudiziellen Tatsachen und Rechtsver-

---

[591] Siehe oben S. 147.
[592] So auch *Wolfgang Lüke,* S. 394.

hältnisse.[593] Wollte man die Interventionswirkung auf den Streitgegenstand der Teilklage im Erstverfahren beschränken, so könnte man von dieser Definition ausgehend wie folgt argumentieren: Als tragend könnten die Urteilselemente in bezug auf geltend gemachte Teilansprüche schlechterdings nur gelten, soweit es eine Entscheidung gebe. Die Entscheidungselemente könnten bezogen auf den überschießenden Teilbetrag folglich nicht als tragend angesehen werden.

Diese Argumentation hält genauerem Hinsehen nicht stand. Die Frage nach dem Verständnis des „Rechtsstreits" im Sinne des § 68 ZPO kann nicht unter Verweis auf die dafür bislang vertretene Definition umgangen werden. Entscheidend ist die dahinterliegende Frage, ob es auf die aus dem Erstverfahren resultierende Entscheidung ankommt oder ob die prozessuale Auseinandersetzung um einen bestimmten Lebenssachverhalt im Mittelpunkt stehen muss.

Der Wortlaut des § 68 Hs. 1 ZPO indiziert eher ein weites Verständnis. Auf die rechtskraftfähigen Entscheidungen wird nicht ausdrücklich Bezug genommen. Mit der Anknüpfung an den „Rechtsstreit, wie er dem Richter vorgelegen habe" ist eher ein umfassendes Verständnis gestützt. Die Interventionswirkung bezieht sich grundsätzlich auf die Einzelentscheidungen, die im Laufe eines Erstverfahrens getroffen werden müssen. Die darauf aufbauende rechtskraftfähige Entscheidung ist davon gedanklich zu unterscheiden. Die Begrenzung auf tragende Gründe hängt mit dem dadurch abgesteckten Prüfungsprogramm des Gerichts zusammen.[594] Für einen Teilbetrag wird eine Vorfrage ebenso vollständig zur Entscheidung gestellt wie im Falle eines erschöpfenden Klageantrags. Bezogen auf die vorgreiflichen Einzelentscheidungen hat der Rechtsstreit dem Gericht deshalb vollständig zur Entscheidung vorgelegen. Hinreichend sind diese Hinweise gleichwohl nicht, weil die Gesamtwirkung des Erstverfahrens qua rechtlicher Definition auf den durch Antrag begrenzten Teilbetrag der Klage zu beschränken sein könnte.

Es bedarf zusätzlicher Wertungsgesichtspunkte, um zu klären, ob die tragenden Urteilselemente bezogen auf eine rechtliche Beziehung zur rechtskräftigen Erstentscheidung oder ihre tatsächliche, phänomenologische Beziehung zum verhandelten Streitstoff beurteilt werden müssen. Vom Standpunkt einer rechtlich geprägten Beurteilung ist die Spaltung ähnlich derjenigen der Rechtskraftwirkung anhand des geltend gemachten Streitwerts ohne weiteres vorstellbar. Es gehört zum rechtstechnischen Gemeingut, durch Vorschriften nicht tatsächliche Phänomene, wohl aber Wertungszusammenhänge verändern zu können, um entsprechende

---

[593] Vgl. ständige Rechtsprechung BGHZ 8, 72, 82; RGZ 123, 95; *Eibner*, S. 86 ff.; a. A. *Häsemeyer*, ZZP 84 (1971), 179, 198 f., der für eine Beschränkung der Interventionswirkung auf im Verhältnis zum Dritten alternierende Voraussetzungen eintritt; vgl. Überblick bei *Schilken* in MünchKomm, § 68 Rn. 14; siehe zur objektiven Reichweite der Interventionswirkung auch die ausführliche Darstellung oben auf den S. 127 ff.

[594] Siehe dazu oben auf den S. 127 ff.

Wirkungen herbeizuführen.[595] Ein tatsächlicher Umstand wird regelmäßig ohnehin nicht absolut, sondern nur zwischen den Beteiligten eines Streitverfahrens festgestellt. Es gibt also keinen zwingenden Vorbehalt, tatsächliche Phänomene aus rechtlicher Perspektive widerspruchsfrei aufzufassen.

Sieht man die Anordnung jedoch als Bezugnahme auf die im Rechtsstreit zusammengefassten tatsächlichen Phänomene richterlicher Erkenntnis, so ist eine Teilaussage über sie ausgeschlossen. Das entspräche einem Verständnis der Verweisung auf den Rechtsstreit in § 68 ZPO als Hinweis auf die prozessuale Auseinandersetzung um bestimmten Streitstoff. Diese Sichtweise müsste sich nicht den Vorwurf der Begriffsjurisprudenz machen lassen. Sie knüpft unmittelbar an die Wertungen an, die im Wortlaut der maßgeblichen Vorschriften Ausdruck gefunden haben. Auslöser der Interventionswirkung ist die Möglichkeit des Dritten, durch Verhandlung über Entscheidungselemente im Erstverfahren seine Interessen zur Geltung zu bringen. Soweit diese Möglichkeit bestand, soll dem Dritten keine zweite Chance eingeräumt werden.[596] Die Verhandlung über Tatsachen, beispielsweise ob bestimmte Handlungen vorgenommen wurden, besteht vollständig oder gar nicht. Fehlt es am rechtlichen Gehör, so scheitert die Bindung an § 68 Hs. 2 ZPO. Bezogen auf die Feststellungen der Erstentscheidung verbieten die maßgeblichen Wertungen eine auf den Teilbetrag des Erstverfahrens begrenzte Bindungswirkung der Intervention.

Die aufzulösenden Widersprüche können also nicht durch Beschränkung der Interventionswirkung bereinigt werden. Damit bleibt nur der Weg, die Reichweite der Rechtskraftwirkung im Falle der betroffenen Teilklagen zu überdenken. Insoweit finden sich bereits weitgehende Ansätze in der Literatur.[597] Eine abschließende Diskussion kann erst erfolgen, wenn die erforderlichen Erkenntnisse über die Rechtskraftwirkung gesammelt sind.[598]

Mit diesem vorläufigen Befund soll die Diskussion an dieser Stelle unterbrochen werden: ein umfassenderes Verständnis der Rechtskraftwirkung bei Teilklagen erscheint nicht von vornherein ausgeschlossen. Ausgehend von diesem Verständnis, lässt sich auf Grundlage der historischen Sichtweise der Interventionsregeln zu einer widerspruchsfreien Behandlung der Teilklagefälle kommen, weil in dem für die Interventionswirkung relevanten Bereich eine konfligierende zweite Teilentscheidung ausgeschlossen ist, mithin auch keine widersprüchliche Interventionswirkung herbeiführen kann.

---

[595] In diesem Sinne verstehen sich gesetzliche Vermutungen und Verweise, die keine tatsächliche Gleichsetzung bewirken können.
[596] Siehe zu den Zielen der Interventionsvorschriften oben ausführlich auf den S. 72 ff. und vor allem S. 107 ff.
[597] Siehe dazu ausführlich unten auf den S. 176 ff.
[598] Siehe dazu unten auf den S. 176 ff. und 202 ff.

V. Zwischenergebnis

Die Interventionswirkung bindet den Dritten ebenso wie die Hauptpartei an die Ergebnisse des Erstverfahrens, soweit eine vollständige Geltendmachung der Rechtsposition im Erstverfahren möglich war. Das ist bei der Hauptpartei aufgrund ihrer freien Stellung immer der Fall. Die prozessuale Handlungsfreiheit des Dritten ist durch das Interesse seiner Hauptpartei begrenzt, zu dem er sich nicht in Widerspruch setzen darf. Im Übrigen können konkrete Umstände belegen, dass er an einer ausreichenden Rechtsverfolgung gehindert war. Im Verhältnis zur Gegenpartei oder zu sonstigen Personen entfaltet die Intervention keine Wirkung. Stets ist die Herbeiführung des Interventionsverhältnisses durch einen formalen Initiativakt erforderlich.

C. Die Ausgestaltung der materiellen Rechtskraft

Nachfolgend sollen die nötigen Erkenntnisse über den Charakter der Rechtskraftbindung zusammengetragen werden, um einen Vergleich zum Institut der Nebenintervention zu ermöglichen. Zentrale Bedeutung kommt dabei der objektiven Reichweite der Rechtskraft zu, weil häufig bereits deren Ausgestaltung als hinreichende Begründung angesehen wird, um eine Wesensverschiedenheit von Interventions- und Rechtskraftwirkung zu belegen. Um einen Vergleichsmaßstab zu ermitteln, kommt es darauf an, welche Form der Bindungswirkung im gesetzlichen System angelegt ist und welche Aufgaben diese Bindungswirkung zu erfüllen hat. Soweit sich das Phänomen prozessualer Bindungswirkung in Gestalt der materiellen Rechtskraft in ein Konzept einordnen lässt, kann die weitere Frage gestellt werden, ob dieses Konzept auch die Bindungswirkungen der Intervention umfasst. Auf dieser Grundlage ließe sich beurteilen, inwieweit Interventions- und Rechtskraftwirkung auf ein gemeinsames Konzept zurückzuführen sind.[599]

Zunächst werden die Bindungswirkungen der Rechtskraft betrachtet. Dann sollen die anerkannten Ziele der Rechtskraftwirkung dargestellt werden. Die Hintergründe der heutigen Zweckbeschreibung werden ins Verhältnis zu den Zielen des historischen Gesetzgebers gesetzt. In das derart gewonnene Verständnis über die Ziele und Wirkungsweise der Rechtskraftbindung sollen schließlich die anerkannten Ausnahmen eingepasst werden, weil sich erst durch das Zusammenspiel von Regel und anerkannten Ausnahmen das tatsächlich wirkende Regelungskonzept erschließt.

I. Wortlautbetrachtung

Die gesetzlichen Regelungen zeichnen nur ein unvollständiges Bild materieller Rechtskraftwirkung. Die einschlägige Regelung findet sich in § 322 ZPO. Bezugnahmen finden sich in vielen Gesetzen über die gesamte Rechtsordnung verstreut.[600] Dass aus den gesetzlichen Vorschriften kein eindeutiges Bild zu gewinnen ist, zeigen schon der Umfang und die Heftigkeit, mit der über lange Jahre die Diskussion über Streitfragen der Rechtskraft geführt wird.[601]

---

[599] Im Rahmen dieser Arbeit ist eine vollständige Aufarbeitung der Diskussion um die Wirkungsweise der Rechtskraft weder erforderlich noch möglich. Bereits zu Zeiten der Entstehung der CPO hatte sich eine lebhafte Diskussion um das Wesen die Wirkungen der Rechtskraft entwickelt, die weder in subjektiver noch in objektiver Hinsicht zu einem Konsens geführt hat. Diese Arbeit will einen systematischen Zusammenhang zwischen der Interventions- und der Rechtskraftwirkung entwickeln. Zur Diskussion um die Ausgestaltung der materiellen Rechtskraft siehe die ausführlichen Nachweise bei *Leipold* in Stein/Jonas, § 322 Rn. 1 Fn. 1.

[600] Siehe z.B. §§ 705, 900 ZPO, §§ 3, 7, 115a, 118, 132, 145, 204 BRAO, § 66 JGG, Art. 313 EGStGB, § 1599 BGB, § 28 StVG, § 26 OWiG, § 45 WEG, § 103 UrhG, §§ 34, 40 GWB, § 16 HGB, Art. 225 EGBGB, § 19 EGZPO, § 127 InsO.

[601] Vgl. z.B. *BGH* NJW 1992, 1172 m.w.N.

Für die Frage nach der objektiven Reichweite der Rechtskraft bietet § 322 ZPO Ansatzpunkte. Der Wortlaut besagt, dass Rechtskraftwirkung anzunehmen ist, soweit „über den durch Klage oder durch die Widerklage erhobenen Anspruch entschieden ist". In Rechtskraft erwächst also nur der Rechtsfolgenausspruch über den jeweiligen Streitgegenstand. Man fasst die „Entscheidung" über den prozessualen Anspruch eng auf, indem man sämtliche Zwischenergebnisse, die auf dem Weg zu dieser Rechtsfolgenerkenntnis erzielt werden mussten, von der Bindungswirkung ausschließt.

Diese Auslegung gewinnt auch durch § 322 Abs. 2 ZPO für mögliche Einreden weiter an Form. Die Vorschrift legt fest, dass sich die Rechtskraft im Falle der Aufrechnung mit einem Gegenanspruch auch auf eine Abweisung eines solchen Gegenanspruchs beziehen kann. Ausdrücklich wird die Wirkung aber auf den Teil einer solchen Forderung beschränkt, der tatsächlich geltend gemacht wurde. Damit ist die Entscheidung über Gegenrechte in Form von Einreden grundsätzlich nicht als Teil des rechtskraftfähigen Streitgegenstandes zu betrachten.

Insgesamt bietet der offen gehaltene Wortlaut des § 322 ZPO wenig Anhaltspunkte für die konkrete Ausgestaltung der materiellen Rechtskraft. Die derzeit grundsätzlich anerkannte enge Fassung der Bindungswirkung findet sich in diesen Formulierungen wieder.

II. Historische Wurzeln der Rechtskraft

Aus historischer Sicht ist zu fragen, welche Leitgedanken den Gesetzgeber zu seiner Regelung bewogen haben. Grundsätzlich ist an den Wertungen festzuhalten, die der Gesetzgeber ehemals ins Gesetz geschrieben hat. Davon ausgehend sind Veränderungen zu rechtfertigen, die mit Rücksicht auf die nachfolgende Rechtsentwicklung anzuerkennen sein könnten.

Die Beratungen der Kommission sind in dem oben bereits beschriebenen Umfeld der gedanklichen Anlehnung an das antike römische und gemeine Recht zu sehen. Mit Blick auf die gemeinsame Entwicklung prozessualer Bindungswirkungen kann auf die obigen Ausführungen verwiesen werden.[602] Die Entwurfsbegründung der Reichstagsvorlage zur CPO gibt den Inhalt der Beratungen der Kommission detailliert wieder. Die für die historische Beurteilung des Zusammenhangs entscheidende Diskussion ist bei *Hahn*[603] wie folgt wiedergegeben:

> „§ 283 (K. B. § 283, S. § 293) beantragt Abg. Struckmann:
>
> Unter Streichung des § 243 die Absätze 1 und 2 des § 283 dahin zu ändern: [608]

---

[602] Vgl. dazu oben auf den S. 36 ff.
[603] Siehe *Hahn*, S. 607 ff.

"Urtheile sind der Rechtskraft in so weit fähig, als über den durch Klage, Einrede oder Widerklage erhobenen Anspruch und über das Bestehen oder Nichtbestehen des Rechtsverhältnisses, welches ganz oder Theilweise jenen Anspruch bedingt, entschieden ist."

und Abg. Dr. Bähr:

Streichung des Schlußsatzes: "Der Eintritt der Rechtskraft" u. S. w.

Abg. Struckmann: Sein Antrag bezwecke die Theorie Savigny's über die Rechtskraft der Urtheile zur Geltung zu bringen. Zwar habe diese Theorie im Gebiete des französischen und des preußischen Rechts keinen Anklang gefunden. Allein dieselbe sei die allein richtige und zweckmäßige. Es liege in der Natur der Sache, dass in jedem Prozesse nicht nur über den unmittelbaren Gegenstand der Klage, sondern auch über Präjudizialpunkte, ohne die der Gegenstand der Klage nicht zu beurtheilen sei, ein für alle mal entschieden werde. Dies entspreche in den meisten Fällen der Absicht der Parteien. Die Annahme der Savigny'schen Theorie liege auch im öffentlichen Interesse, insofern durch solche die Prozesse gemindert, widersprechende Urtheile verhütet und die Autorität des Richterspruches erhöht werde. Der Entwurf schlage einen Mittelweg zwischen der Theorie Savigny's und der französisch-preußischen Praxis ein; indem er die Feststellung eines präjudizierlichen Rechtsverhältnisses gestatte, wenn die Partei nach § 243 incidenter dieselbe beantrage. Diese Beschränkung scheine ihm reiner Formalismus, der im 2. Abs. des § 283 ganz besonders hervortrete. Durch Annahme des Antrages Bähr würde dieser Formalismus noch gesteigert werden. Er empfehle daher seinen Antrag zur Annahme, eventuell aber den Entwurf unter Ablehnung des Bähr'schen Antrages.

Abg. Dr. Bähr: Die Savigny'sche Theorie über Rechtskraft der Urtheile, welche allerdings vielfach die Praxis der deutschen Gerichte beherrscht habe, sei ihm im Laufe seiner praktischen Erfahrungen mehr und mehr bedenklich geworden. Vorredner selbst habe angeführt, dass die Partei wohl in den meisten Fällen sich bewußt sein werde, dass es darauf ankomme, über das ganze in den Streit gezogene Rechtsverhältniß eine ein für alle Mal bindende Entscheidung zu erzielen. Der Vorredner gebe damit selbst zu, dass es auch Fälle gebe, wo dieses nicht zutrifft. Und dann sei es eine große Härte, wenn der Partei unversehens eine res judicata in das Haus wachse. Es gelte das namentlich bei Kontumazialurtheilen. Ihm sei folgender Fall erinnerlich: Ein in seinen Vermögensverhältnissen nicht wohl geordneter Gutsbesitzer hatte einer bejahrten Person aufgrund Legats jährliche Reichnisse zu gewähren; er ließ sich alljährlich verklagen und kontumaziren und zahlte erst, wenn es zur Exekution kam. Nach dem Tode der bezugsberechtigten Person klagte deren Kind, ohne irgendwie dazu berechtigt zu sein, dieselben Reichnisse ein. Der Gutsbesitzer achtete nicht darauf, dass die Klage vom Kinde gestellt war, ließ sich kontumaziren und zahlte. Im nächsten Jahre wurde er wieder verklagt; dies mal bestritt er die Berechtigung der klagenden Partei. Nach Savigny's Theorie mußte er fort und fort verurtheilt werden zur Zahlung an die unberechtigte Person aufgrund der res judicata. Das werde Niemand für gerecht halten. Die Savigny'sche Theorie enthalte allerdings einen richtigen Gedanken. Es sei unverkennbar öfters das Bedürfniß vorhanden, ein in dem Rechtsstreit streitig gewordenes Rechtsverhältniß in seiner Gesammtheit zur Entscheidung zu bringen. Hierfür biete sich aber auch ein Mittel dar, welches das Bedürfniß weit besser befriedige, als die Savigny'sche Theorie. Das sei nämlich die Anerkennungsklage. Wahrscheinlich würde Savigny seine Theorie nicht aufgestellt haben, wenn dieses Mittel im Kreise seiner Anschauungen gelegen wäre. Dieses Mittel gewähre nun die Regierungsvorlage in § 243, womit auch § 447 in Verbindung stehe. - Was seinen eigenen Antrag betrifft, so sei unverkennbar, dass für den Sinn der Entscheidung die Entscheidungsgründe von Bedeutung sein können. Die Entscheidung selbst aber müsse in der Urtheilsformel vereinigt sein, sonst entstehe die größte Unklarheit und Unsicherheit.

Abg. Reichensperger führt praktische Erfahrungen gegen die Savigny'sche Theorie an, die er durch folgenden Fall illustriert: Fürst Metternich stellte als unbestrittener Besitzer eines sehr werthvollen Waldes die Negatorienklage gegen mehrere Bauern an, welche ein Holzrecht beanspruchten. Die Beklagten bestritten sein Eigenthum; dasselbe ward zum Beweis ausgesetzt, der Beweis mißlang, die Negatorienklage wurde abgewiesen. Die Bauern fahren fort, Holz zu schlagen. Der [609] Fürst verliert durch ein Versäumniß seiner Förster den Annalbesitz. Die demnächst angestellte Eigenthumsklage ist sodann durch exceptio rei judicatae für ausgeschlossen erklärt worden aufgrund der Savigny'schen Theorie. Das Endresultat sei gewesen, dass die Bauern, welche ursprünglich nichts Anderes, als ein Holzrecht beansprucht, den ganzen Wald gehabt hätten. Solche Ergebnisse seien geeignet, gegen die Theorie Bedenken zu erregen.

Abg. Becker: Die Savigny'sche Theorie führe zu juristischen und tatsächlichen Schwierigkeiten; zu juristischen: denn die Frage was eadem causa und eadem quaestio, sei oft sehr schwer zu lösen; zu thatsächlichen: weil im neuen Verfahren bei dem Mangel ausführlicher Akten oft schwer sei festzustellen, wieweit dieser oder jener Punkt Gegenstand eines früheren Prozesses gewesen sei.

Abg. Struckmann repliziert: Die vom Abg. Bähr geschilderten Gefahren des Kontumazialurtheils seien nur für denjenigen vorhanden, der in nachlässiger Weise seine Rechte versäume. In dem vom Abg. Reichensperger vorgetragenen Falle erblicke er nichts Unerhörtes. Für Savigny's Theorie habe sich außer anderen neueren Rechtslehrern namentlich Windscheid ausgesprochen. - Den 3. Abs. des § 283 verstehe er dahin, dass nur Entscheidungen über die dem Urtheil zu Grunde gelegten Rechtsverhältnisse, nicht aber Entscheidungen, die vielleicht ohne jede Veranlassung nebenher liefen, der Rechtskraft fähig seien.

Abg. Dr. Gneist erklärt sich gegen den Struckmann'schen Antrag und bemerkt zu Abs. 3 des Entwurfs, dass ihm derselbe bedenklich scheine, weil hiernach eine Vermengung des dispositiven Theils des Urtheils mit den Entscheidungsgründen vorkommen könne, die Unklarheiten im Gefolge habe. Durch Streichung des 3. Abs. würde man diese Bedenken erledigen.

Abg. Dr. Schwarze: Seine Erfahrungen in der sächsischen Praxis, welche nach Savigny's Theorie judizierte, hätten ihn zur Verwerfung dieser Theorie bestimmt. Er habe erlebt, dass man Berufung eingelegt nur um irgend einen Entscheidungsgrund in zweiter Instanz zu beseitigen, selbst wenn der Tenor nicht beschwerend gewesen sei. - Absatz 3 des § 283 scheine ihm aus dem vom Vorredner angeführten Grunde bedenklich. Entweder sei er überflüssig, weil er durch Absatz 1 schon gedeckt sei, oder er sage etwas Mehreres, nach der Fassung, und dann sei er gefährlich.

Abg. Bernards beantragt, um die gegen den 3. Absatz vorgebrachten Bedenken zu beseitigen, folgende Fassung des 3. Absatzes des § 283:

"Der Umfang der Rechtskraft ist nach den Entscheidungsgründen auszulegen".

Der Direktor im Reichskanzleramt von Amsberg: Bei der Vorbereitung des Entwurfs sei man im Zweifel gewesen, ob man die Lehre von der Rechtskraft des Urtheils, welche auf der grenze zwischen Zivil- und Prozeßrecht stehe, im Prozesse erledigen oder dem Zivilrechte vorbehalten solle. Die Erwägung aber, dass die Rechtskraft eines Urtheils schon vor Erlassung eines gemeinsamen Zivilrechts in ganz Deutschland gleichmäßig beurtheilt werden müsse, habe zur Aufnahme der betreffenden Bestimmungen in den Entwurf geführt. Ueber die Richtigkeit der angenommenen oder der Savigny'schen Theorie wolle er nicht diskutieren, nachdem die Gründe gegen letztere von den Vorrednern schon berührt seien. - Was den 3. Absatz des § 283 betreffe, so bezwecke derselbe, den Formalismus abzuschneiden, welcher in der Beschränkung der Rechtskraft auf dem räumlich von den Entscheidungsgründen getrennten Theil des Urtheils liegen würde. Regelmäßig werde der der Rechtskraft fähige dispositive Theil räumlich von den Entscheidungsgründen gesondert zur Erscheinung kommen. Aber auch das sei möglich, daß sich eine dispositive Entscheidung z.B. im Falle des § 243 in den Gründen befinde, und sie blos deswegen von der Rechtskraft zu eximiren, das hieße die Form doch allzusehr betonen.

Die Anträge Struckmann und Bernards werden abgelehnt; dagegen der Antrag Bähr auf Streichung des Schlußsatzes und der hiernach modifizierte § 283 angenommen.“

In der Entwurfsbegründung werden die maßgeblichen Erwägungen angesprochen, mit denen sich im Zuge der Beratungen des Gesetzentwurfs und schließlich im weiteren Gesetzgebungsverfahren die restriktive Ausgestaltung der Bindungswirkungen der Rechtskraft durchgesetzt hat. Gerade die objektive Reichweite der Bindungswirkung war Gegenstand besonderer Kontroversen.

Bereits im Vorfeld des Entwurfs war die Frage der Reichweite der Bindungswirkung der Rechtskraft für das preußische und das gemeine Recht umstritten.[604] Die Entwurfsbegründung stellt das in Literatur und Rechtsprechung bestehende Meinungsspektrum dar. Sie geht von den grundlegenden Arbeiten von *Savigny* und *Windscheid* aus, die ihre Wertungen aus dem System des römischen Rechts legitimieren. In einem umfangreichen Zitat werden die Aussagen *von Savignys* wiedergegeben.[605] Danach sollten alle Entscheidungen an der Bindungswirkung teilnehmen, die der Richter auf dem Weg der Entscheidung über den geltend gemachten Anspruch zu treffen hat.[606] Nach Ansicht von *Windscheid* sollten zudem notwendige Feststellungen über die tatsächlichen Grundlagen der Entscheidung in Rechtskraft erwachsen.[607]

Für die andere Seite des Meinungsspektrums wird ein Zitat von *Unger* vorgestellt, nach dem nur der Rechtsfolgenausspruch, d.h. weder die Klagetatsachen noch die Präjudizialpunkte in Rechtskraft erwachsen.[608] In diesem Sinne wird eine Entscheidung des Preußischen Obertribunals vom 16. Oktober 1848 angesprochen, die eine Rechtskraftbindung nur für solche Präjudizialpunkte einräumt, die von den Parteien „abgesondert instruiert“ waren.[609] Diese Entscheidung hatte in Literatur und Rechtsprechung erhebliche Kritik von den Stimmen erfahren, die für das preußische Recht von einer weitergehenden Rechtskraft ausgingen.[610]

Auf dieser Grundlage lassen sich die Erwägungen der Entwurfsbegründung einordnen: Für die Sichtweise *Savignys* wird als gewichtiger Vorteil anerkannt, dass derart das besonders wichtige Ziel der Vermeidung widersprüchlicher Urteile sehr weitgehend verwirklicht werde.[611] Demgegenüber begründet man die engere Fassung des Entwurfs mit dem Schutzbedürfnis der Parteien. Das Urteil dürfe keine Wirkungen erzeugen, deren sich die Parteien im

---

[604] Vgl. *Hahn,* S. 290.
[605] Vgl. *Hahn,* S. 290.
[606] Respektvoll wird auf die entsprechende Ansicht „angesehener Juristen“ verwiesen, wobei beispielhaft *Windscheid* erwähnt wird, *Hahn,* S. 290.
[607] Vgl. *Hahn,* S. 290.
[608] Vgl. *Unger,* S. 639 f., zitiert nach *Hahn,* S. 290.
[609] Vgl. *Hahn,* S. 290.
[610] Vgl. *Hahn,* S. 291.
[611] Vgl. *Hahn,* S. 291, wo es heißt, die Vermeidung widersprechender Urteile sei besonders wichtig, „weil diese im Volk als gewaltiges Übel empfunden würden“.

Laufe des Prozesses nicht bewusst geworden seien. Das wirtschaftliche Interesse, auf dessen Verteidigung sich die Parteien konzentrierten, werde durch die prozessualen Anträge beschrieben. Abseits dieser Interessen sei kaum mit der nötigen Aufmerksamkeit zu rechen. Nur im Rahmen dieser Disposition dürften deshalb Bindungswirkungen durch ein Urteil eintreten.[612]

Die Beschränkung der Bindungswirkung sah man als gerechtfertigt an, weil durch die im Gegenzug in § 243 des Entwurfs[613] eingeführte Zwischenfeststellungsklage eine Lösung geschaffen sei, die derjenigen von *Savigny* im wesentlichen entspreche. Als vorzugswürdig beurteilte man die Fassung des Entwurfs, weil bei grundsätzlich vergleichbaren Ergebnissen die Dispositionsbefugnis der Parteien beachtet bliebe.[614] Grundlegend war die Vorstellung, die Parteien werden in der Regel vom Instrument der Zwischenfeststellungsklage Gebrauch machen.[615]

Im übrigen hielt man den Wortlaut des § 283 CPO[616] für ausreichend klar.[617] Ebenso ging man selbstverständlich davon aus, für die Ermittlung des Entscheidungsinhalts könne auf die Begründung Bezug genommen werden.[618]

In der ersten Lesung des Entwurfs der CPO wurde ausführlich darüber diskutiert, ob dem Entwurf oder der *Savigny'schen* Theorie zu folgen ist. Die entscheidenden Passagen machen deutlich, dass man generell von einer Bindungswirkung ausging, die alle als erheblich erkannten Entscheidungselemente einbezog. Selbst von ihren Gegnern wurde der Theorie *Savigny's* als richtiger Gedanke das Bedürfnis zugute gehalten, regelmäßig „ein in dem Rechtsstreit streitig gewordenes Rechtsverhältniß in seiner Gesammtheit zur Entscheidung zu bringen“[619]. Ebenso wenig findet der Verweis auf die öffentlichen Interessen in Form der Vermeidung widersprechender Urteile und des Schutzes der richterlichen Autorität Widerspruch.

Mit Blick auf die Vermeidung von Prozessen im Sinne der Prozessökonomie wird eine vermehrte Belastung durch Rechtsmittelverfahren vorgebracht, ohne damit den grundsätzlichen Wert endgültiger Entscheidung über den Streitstoff zu leugnen.[620] Der Gesetzgeber ging da-

---

[612] Vgl. *Hahn,* S. 291.
[613] Entspricht dem heutigen § 256 Abs. 2 ZPO.
[614] Vgl. *Hahn,* S. 291 f.
[615] Im Zusammenhang mit der Notwendigkeit, durch gesonderten Antrag eine Zwischenfeststellungsklage zu erheben, ist in der Diskussion sogar davon die Rede, dies sei „reiner Formalismus“, siehe *Hahn,* S. 608,
[616] Entspricht dem heutigen § 322 ZPO.
[617] Vgl. *Hahn,* S. 292.
[618] Vgl. *Hahn,* S. 292.
[619] So die Aussage des Abgeordneten *Bähr* bei *Hahn,* S. 608.
[620] Vgl. *Hahn,* S. 609; nach *Gaul* entsprach es um die Jahrhundertwende allgemeiner Auffassung aller großen Zivilprozessrechtler, dass das öffentliche Interesse an der Autorität des Richterspruchs im Vordergrund der Zielsetzungen der materiellen Rechtskraft stand, FS für Henckel, S. 249 m.w.N.; in diesem Zusammenhang versteht sich die Aussage in RGZ 42, 372, 375 f., die ebenfalls an öffentliche Interessen anknüpft.

von aus, die Parteien würden in aller Regel die Bedeutung der Entscheidungselemente hinreichend erkennen. Gleichwohl befürchtete man Ausnahmefälle, in denen die Parteien überrascht werden könnten. Diese Ausnahmefälle wurden als dringend genug angesehen, um die Entscheidung über die Bindungswirkung Präjudizialpunkten nicht automatisch kraft Gesetzes eintreten zu lassen. Die Notwendigkeit eine Zwischenfeststellungsklage zu beantragen, wurde teilweise als „reiner Formalismus" abgelehnt. Zudem hielt man dem Konzept beschränkter Rechtskraft insoweit unwidersprochen entgegen, nur unsorgfältige Parteien bedürften des intendierten Schutzes.[621]

Den Ausschlag gaben die praktischen Erfahrungen, die man in der Gerichtspraxis in weiten Teilen Deutschlands mit der *Savigny'schen* Theorie gesammelt hatte. Der Umstand, dass beispielsweise in der sächsischen Praxis häufig trotz eines streitbereinigenden Tenors, der wohl von beiden Parteien akzeptiert war, Berufung eingelegt wurde, um die Rechtskraft in einem einzelnen Präjudizialpunkt abzuwenden, bedeutete ein schwerwiegendes Argument.[622]

Schließlich spiegelt die Gesamtdiskussion die Überzeugung wider, dass die Bindungswirkung immer dann eingreifen muss und darf, wenn die Parteien mit dem nötigen Ernst über eine Frage gestritten haben. Nur so erklärt sich die Befürchtung vor benachteiligenden Überraschungen. Deutlich wird der Gedanke in dem Einwand, häufig bereite es Schwierigkeiten, anhand der Akten nachzuvollziehen, ob über einen Präjudizialpunkt tatsächlich verhandelt worden sei.[623]

Der Verlauf der Diskussion offenbart, auf welchem Weg der Gesetzgeber zu der noch heute wirksamen engen Fassung der Rechtskraftwirkung gekommen ist. Es handelte sich nicht um die schlichte Umsetzung eines als von der Natur der Problematik vorgegeben angenommenen Ergebnisses. Vielmehr war die Frage schon damals heillos umstritten. Die weitgehende Bindung durch die Rechtskraft entsprechend der *Savigny'schen* Theorie spiegelte die verbreitete Praxis der Gerichte wider.[624] Der in dem Institut der Rechtskraft angelegte Sinn einer sehr weit reichenden Bindungswirkung ist grundsätzlich nie in Zweifel gezogen worden. Im Gegenteil wird sogar ausdrücklich betont, wie bedeutend die durch eine weit reichende Bindung geförderten Ziele einzuschätzen sind. Danach handelt es sich bei der Beschränkung um eine Besonderheit, die ihrerseits der Rechtfertigung bedurfte.

In diese Richtung weisen auch Aussagen, die über die materielle Rechtskraft im Zusammenhang der Beratungen zum Erlass des BGB gemacht wurden. Auch dort ging es darum, durch

---

[621] Vgl. *Hahn,* S. 608.
[622] Vgl. *Hahn,* S. 609.
[623] Vgl. *Hahn,* S. 609.
[624] Vgl. *Hahn,* S. 608 f.

endgültige Entscheidung einer Streitsache Rechtssicherheit zu schaffen.[625] Demgegenüber werden die Beschränkungen nicht auf Gesichtspunkte in der Natur der materiellen Rechtskraft zurückgeführt. Vielmehr rechtfertigt man die Einschränkung mit praktischen Erfahrungen und argumentiert mit als unbefriedigend empfundenen Einzelbeispielen, die vermieden werden müssten. Ausschlaggebend war die in Ausnahmefällen gesehene Gefahr von Überraschungsfolgen eines Prozesses, die die Parteien bei ihrer Auseinandersetzung nicht abgesehen hatten. Die Bindungswirkung sollte sich deshalb eng an den Anträgen orientieren, die entsprechend der Dispositionsbefugnis der Parteien über den Gegenstand des Streitverhältnisses den Streitstoff abstecken. Insoweit wurden die vorher erwähnten öffentlichen Interessen zugunsten des Schutzes der Parteien zurückgestellt. Diesen Nachteil sah man durch Schaffung der Zwischenfeststellungsklage als weitgehend kompensiert an. Von rational handelnden Parteien wurde ohnehin erwartet, sie seien in der Regel an der weitestgehenden endgültigen Klärung ihres Streitverhältnisses interessiert.

Die Einschränkung der Rechtskraft rechtfertigte sich also aus einem befürchteten Mangel des Verhandlungsgrundsatzes: Nicht in allen Fällen war die hinreichende Rechtsverteidigung in allen Präjudizialpunkten abgesichert. Eine Bindung, die ohne hinreichenden Streit um diese Fragen eingreifen sollte, wurde auch für die Ausnahmefälle als unzumutbare Härte angesehen. Daran zeigt sich auf der anderen Seite die Überzeugung, dass eine Rechtskraftbindung Streitstoff endgültig festlegen soll, sobald ernsthaft über diesen verhandelt wurde.[626]

Das heute vorherrschende Verständnis des Wortlauts korrespondiert mit dem Abwägungsergebnis, das der historische Gesetzgeber mit der Fassung des § 322 ZPO ins Gesetz schreiben wollte. Entscheidende Kriterien dieser Abwägung sind nach der historischen Betrachtung das öffentliche Interesse an der Vermeidung widersprechender Entscheidungen, das mit Blick auf die Parteiherrschaft über den Zivilprozess eingeschränkt wird, um den Schutz der Parteien vor überraschenden Bindungswirkungen zu gewährleisten.

III. Systematische Stellung

Im zivilprozessualen Kontext bieten sich über die Interventionswirkung hinaus keine funktional vergleichbaren Beispiele prozessualer Bindungswirkungen. Anderweitige Prozessordnun-

---

[625] Dort heißt es: „Der dem streitigen Rechtsverhältnis durch das Urtheil gegebene Austrag ist notwendig ein endgültiger, Prozeßzweck und Rechtspolitik erheischen die Unantastbarkeit des Urtheils. ... Das Urtheil nimmt indessen seine Kraft nicht aus der wahren und künstlichen Übereinstimmung mit der Wirklichkeit, sondern aus der ihm seitens des Staates beigelegten Autorität. Es gilt, weil der Richter, als das berufene Organ des Staates, es gesprochen hat und weil es im Interesse der unentbehrlichen Rechtssicherheit den endgültigen Austrag in sich tragen muß." *Mugdan*, I. Bd. (1899), S. 552 f.

[626] In diesem Sinne versteht sich auch der Hinweis auf die mangelhafte Dokumentation der behandelten Streitigkeiten in den Gerichtsakten, woran nach damaligen Vorstellungen nachvollzogen werden musste, ob bzw. in welcher Form eine Präjudizialfrage im Prozess gestreift worden war.

gen erlauben keine Rückschlüsse auf das Verständnis dieser zivilprozessualen Bindungswirkungen, weil sie entweder eigene Wege gehen, die den Besonderheiten der Gerichtsbarkeit geschuldet sind[627], oder sich ihrerseits an den im Rahmen der ZPO entwickelten Grundsätzen orientieren.[628]

IV. Teleologische Betrachtung

Besondere Bedeutung für die Einordnung der materiellen Rechtskraft hat die teleologische Betrachtung. Zunächst soll die Bedeutung der sog. Rechtskrafttheorien in diesem Zusammenhang geklärt werden, die in der Vergangenheit zum Teil mit erheblichem Aufwand verfochten wurden. Unabhängig von diesen Konzeptionen sollen die Informationen zusammen gestellt werden, die erforderlich erscheinen, um eine Vergleichsgrundlage zum Institut der Interventionswirkung zu schaffen.

1. Erkenntnismöglichkeiten aus den Rechtskrafttheorien

Häufig wird versucht, das Wesen der Rechtskraft anhand der Rechtskrafttheorien zu erklären.[629] Dieser Ansatz erscheint auf den ersten Blick auch für das vorliegend verfolgte Ziel vielversprechend. Eine bestimmte Aussage über das Wesen der Rechtskraft müsste eine geeignete Grundlage bieten, um über die Verwandtschaft zu sonstigen Formen prozessualer Bindungswirkung zu entscheiden. Deshalb sollen die Rechtskrafttheorien kurz dargestellt werden.

a) Prozessuale Rechtskrafttheorie

Die Bezeichnung als prozessuale Rechtskrafttheorien verdienen solche Ansichten, die durch den Akt richterlicher Erkenntnis grundsätzlich keine Änderungen im materiellen Recht verursacht sehen. Aufgabe des Zivilprozesses ist es danach, die materielle Rechtslage verbindlich festzustellen. Dabei kann es zum Auseinanderfallen der nach materiellem Recht über einen Lebenssachverhalt zu treffenden Entscheidung von der gerichtlich für verbindlich erklärten Entscheidung kommen. Die rechtskräftige Entscheidung bewirkt die Maßgeblichkeit der richterlichen Feststellung zwischen den Parteien.[630] In diesen Gedanken lassen sich auch Gestaltungsurteile ohne erhebliche Unstimmigkeiten integrieren. Es handelt sich um Sonderfälle, in

---

[627] Vgl. zum weiten Strafklageverbrauch nach den Regeln der Strafprozessordnung *Meyer-Goßner* in Kleinknecht/Meyer-Goßner, Einl. Rn. 171 m.w.N.

[628] Vgl. dazu das Beispiel der Verwaltungsgerichtsordnung, vgl. Kopp: § 121 Rn. 12; Redeker/Von Oertzen, § 121 Rn. 9; BVerwGE 12, 266.

[629] Vgl. Nachweise bei *Leipold* in Stein/Jonas, § 322 Rn. 19 ff.

[630] Vgl. dazu *Leipold* in Stein/Jonas, § 322 Rn. 19 m.w.N.

denen kraft materiellen Rechts der richterlichen Erkenntnis die rechtsverändernde Wirkung zugewiesen wird.[631]

Diese prozessuale Wirkung findet unterschiedliche Erklärungen. Einerseits sieht man das Wesen der Rechtskraft in der Bindung des Richters in seiner Entscheidungsfreiheit. Durch die rechtskräftige Entscheidung wird also nicht die erneute Verhandlung, wohl aber eine abweichende Entscheidung gehindert.[632] Andererseits sieht man das Wesen der Rechtskraft in dem Ausschluss jeder neuen Verhandlung und Entscheidung über die rechtskräftig festgestellte Rechtsfolge.[633] Nach dieser sogenannten *ne-bis-in-idem-Lehre* verhindert die materielle Rechtskraft im Sinne einer negativen Prozessvoraussetzung die Zulässigkeit jeder erneuten Verhandlung über eine derart erkannte Rechtsfolge.[634]

b) Materielle Rechtskrafttheorie

Nach materiellen Rechtskrafttheorien bewirkt die richterliche Erkenntnis mit Rechtskraft der Entscheidung einen notwendigen Gleichklang von prozessualer Feststellung und materieller Rechtslage. Die materielle Rechtslage wird im Falle eines Fehlurteils geändert.[635] Zum Teil wird angenommen, die rechtskräftige Entscheidung schaffe eine unwiderlegbare Vermutung für die festgestellte Rechtsfolge.

c) Stellungnahme

Vielfach wird in der Literatur aufgezeigt, die Bedeutung dieses Theorienstreits liege „nicht auf praktischem Gebiet".[636] Die nötigen Wertungen zur Entscheidung über subjektive und objektive Grenzen der Rechtskraft müssten aus den positivrechtlichen Festlegungen des Gesetzes abgeleitet werden. Demgegenüber verspreche die Verwerfung der jeweiligen theoretischen Ansätze wegen der zugehörigen Unstimmigkeiten keinen Erfolg.[637] Gleichwohl komme den Theorien als Erklärungsmodell Bedeutung zu.

Die Erklärungsversuche tragen zu der vorliegend verfolgten Aufgabenstellung nichts bei, weil sie keine Antwort auf die Frage geben können, aus welchem Grund es zu den beschriebenen Wirkungen kommt. Die Theorien beschäftigen sich damit, die anerkannten Wirkungen zu erklären. Demgegenüber erfordert die Untersuchung möglicher systematischer Zusammenhänge zu anderweitigen Bindungswirkungen, Aufgabenstellung und Lösungsmechanismen

---

[631] Vgl. allgemein zur Qualität von Gestaltungsurteilen *Vollkommer* in Zöller, Vor § 322 Rn. 4 m.w.N.
[632] Vgl. RGZ 160, 165; 167, 334; BGHZ 3, 85; *Arens/Lüke* Rn. 359.
[633] So *Leipold* in Stein/Jonas, § 322 Rn. 22 m.w.N.
[634] Vgl. BGHZ 34, 337; 35, 338; *BGH* NJW 1987, 371.
[635] Vgl. *Leipold* in Stein/Jonas, § 322 Rn. 24 m.w.N.
[636] So *Leipold* in Stein/Jonas, § 322 Rn. 26 m.w.N.
[637] So *Leipold* in Stein/Jonas, § 322 Rn. 26 m.w.N.

aufzuzeigen. Entscheidend können nur Wertungen sein, die im gesetzlichen Konzept als vorrangig gekennzeichnet wurden.

Zu den positiv-rechtlichen Grundlagen, aus denen die Bestimmungen abgeleitet werden sollen, gehört unter anderem der systematische Zusammenhang in einer auf dogmatische Geschlossenheit ausgerichteten Rechtsordnung. Deshalb müssen für die systematische Auslegung die Wechselwirkungen all jener Institute einbezogen werden, die nach ihrer Aufgabenstellung einem einheitlichen Konzept zuzuordnen sind. Lassen sich unterschiedliche Ausgestaltungen konzeptimmanent erklären, so müssen die einheitlich geltenden Leitideen erhebliches Gewicht bei der Entscheidung einzelner Auslegungsfragen haben. Demgegenüber greift eine Sicht zu kurz, die wirkungsäquivalente Phänomene im Widerspruch zu Hinweisen aus der historischen Entwicklung der Vorschriften als Wirkungen „eigener Art" nebeneinander stellt. Erforderlich ist ein Modell, das einsichtig macht, warum es zu dem prozessualen Phänomen der bindenden Wirkung richterlicher Erkenntnis gekommen ist. Dieses Modell muss zusätzlich eine plausible Erklärung der Ausgestaltung der konkret gewählten Bindung leisten.

Aus diesen Erkenntnissen ergeben sich Anhaltspunkte, um die Funktionsweise bzw. das Wesen der materiellen Rechtskraft im Sinne der Rechtskrafttheorien zu erklären. Umgekehrt versprechen diese Theorien jedoch keinen Erkenntnisgewinn. Auf die Rechtskrafttheorien und die daran anknüpfenden Diskussionen wird deshalb nicht detailliert eingegangen.

2. Ziele der Rechtskraftbindung aus Sicht der Literatur

Die mit der Rechtskraft verfolgten Ziele und der daraufhin gewählte Lösungsweg wird zumeist nicht als in der Natur der Sache vorgegeben, sondern als Ausfluss einer gesetzgeberischen Festlegung verstanden, die ebenso gut anders hätte erfolgen können.[638] Als wesentliche Aufgabe der materiellen Rechtskraft wird die endgültige Beilegung von Streitigkeiten angesehen.[639] Die endgültige Schaffung von Rechtssicherheit sei nicht allein eine Frage der Zweckmäßigkeit, sondern ein Gebot des Rechtsstaatsprinzips.[640] Damit diene die Rechtskraft der Förderung von Rechtssicherheit und des Rechtsfriedens.[641] Den rechtssuchenden Parteien müsse innerhalb angemessener Zeit eine verlässliche Entscheidung gegeben werden, nach der sie ihr weiteres Verhalten ausrichten könnten.[642] Ein wichtiges Ziel wird in der Vermeidung

---

[638] Vgl. *Gottwald* in MünchKommZPO, § 322 Rn. 77; *Leipold* in Stein/Jonas, § 322 Rn. 74, jeweils m.w.N.
[639] Vgl. *Schack,* NJW 1988, 865; *Mendelssohn-Bartholdy,* S. 371; *Vollkommer* in Zöller, § 322 Rn. 2; *Wieczorek* in Wieczorek, § 322 Kap. A; *Elmar Schäfer,* S. 1; *Musielak* in Musielak, § 322 Rn. 1; *Leipold* in Stein/Jonas, § 322 Rn. 30 mit einer eher privatschützenden Sicht.
[640] Vgl. *Gottwald* in MünchKommZPO, § 322 Rn. 2.
[641] Vgl. *Schwanecke,* S. 32; *Gottwald* in MünchKommZPO, § 322 Rn. 2; *Schwab,* ZZP 77 (1964), 124, 138; *Bienhold,* S. 8; *Elmar Schäfer,* S. 1; *Musielak* in Musielak, § 322 Rn. 1.
[642] Vgl. *Gottwald* in MünchKommZPO, § 322 Rn. 6 m.w.N.

widersprechender Entscheidungen gesehen, um die Autorität der Gerichte zu schützen.[643] Den Gerichten soll eine zweite Sachentscheidung erspart werden.[644] Dieses Ziel wird einerseits auf prozessökonomische Gründe gestützt.[645] Andererseits werden zusätzlich die Interessen der Parteien am Schutz vor wiederkehrenden Belastungen der Rechtsverteidigung für maßgeblich gehalten.[646] Teilweise wird ausdrücklich auf die allgemeinen Ziele des Zivilprozesses verwiesen, aus denen sich die Funktion der Rechtskraft ableiten müsse.[647]

Die Rechtskraft diene grundsätzlich nicht materiellrechtlichen sondern prozessualen Zwekken.[648] Demgegenüber liege in der Folgewirkung, einheitliche materiellrechtliche Zusammenhänge einheitlich zu entscheiden, lediglich ein Reflex.[649]

Die Gefahr von Entscheidungen, die mit der materiellen Rechtslage nicht im Einklang stehen, wird als notwendiges Übel Kauf genommen.[650] Darin liege keine unzumutbare Belastung, weil den Parteien zuvor mit dem rechtlichen Gehör die Chance gewährt wurde, eine richtige Entscheidung zu erstreiten.[651] Zudem könnten die Parteien durch ihre Anträge über die Reichweite der Rechtskraft bestimmen.[652]

Zum Teil wird der Gedanke der Gewährung rechtlichen Gehörs besonders betont. Den Parteien wird im Rahmen der Verhandlungsmaxime genau ein Mal die Möglichkeit gegeben, ihren Standpunkt zu vertreten.[653] Machen sie davon keinen Gebrauch, so liegt darin keine Ungerechtigkeit. Es gelte der Grundsatz des *iura vigilantibus sunt scripta,* nach dem sich die Parteien an den Folgen ihrer mangelnden Sorgfalt festhalten lassen müssen.[654] So erklärt sich auch der Grundsatz formeller Wahrheit bzw. der Beibringungsgrundsatz im Zivilprozess.[655]

---

[643] Vgl. *Schwanecke,* S. 32; *Bienhold,* S. 8; *Gottwald* in MünchKommZPO, § 322 Rn. 4, der darauf hinweist, dass dieser Schutz gegenüber rational handelnden Parteien überflüssig sei, weil diese durch eine Spruchpraxis der Richter, die sich an faktischen Präjudizwirkungen vorangegangener Entscheidungen orientieren dürfte, hinreichend beeinflusst seien. Das Gerichtssystem müsse jedoch auch Vorkehrungen gegenüber „prinzipiellen Rechthabereien" der Parteien treffen; *Leipold* in Stein/Jonas, § 322 Rn. 32, sieht dieses Ziel als nachrangig gegenüber dem Justizgewährungsanspruch der Parteien an.
[644] Vgl. *Gottwald* in MünchKommZPO, § 322 Rn. 2; *Schwab,* ZZP 77 (1964), 124, 127 erkennt darin das Hauptziel; *Elmar Schäfer,* S. 1.
[645] Vgl. *Gottwald* in MünchKommZPO, § 322 Rn. 3.
[646] Vgl. *Gottwald* in MünchKommZPO, § 322 Rn. 3; *Bienhold,* S. 8 f.; *Leipold* in Stein/Jonas, § 322 Rn. 32 legt den Schwerpunkt auf diesen diesen Gesichtspunkt.
[647] Vgl. *Leipold* in Stein/Jonas, § 322 Rn. 31.
[648] Vgl. *Schack,* NJW 1988, 865, 871.
[649] Vgl. *Schack,* NJW 1988, 865, 872; demgegenüber wird teilweise die Bindungswirkung der Rechtskraft auf den materiellrechtlichen Gesichtspunkt der Verwirkung zurückgeführt, dazu *Gaul,* FS für Henckel, S. 247.
[650] Vgl. *Prütting/Weth,* Rn. 60; *Schack,* NJW 1988, 865, 868.
[651] Vgl. *Prütting/Weth,* Rn. 60; *Schack,* NJW 1988, 865.
[652] Vgl. *Schack,* NJW 1988, 865.
[653] Vgl. *Elmar Schäfer,* S. 3; *Prütting/Weth,* Rn. 61, verweisen darauf, dass der Streit mündiger Bürger keine „Veranstaltung bevormundender risikoloser Sozialhilfe" sein kann, mit weiterem Nachweis auf *Dürig* in Maunz/Dürig, GG, Art. 103 Abs. 1 (Erstbearbeitung 1960), Rn. 6, 50.
[654] So *Bienhold,* S. 10.
[655] Vgl. *Prütting/Weth,* Rn. 65.

Gleichermaßen wird die Existenz der Vorschriften über das Versäumnisurteil und die Präklusion als Beleg für die Verantwortlichkeit der Parteien angesehen, ihre Rechte zu verfolgen; als Kehrseite müssten materiellrechtlich falsche Urteile hingenommen werden.[656]

Noch heute hält man in wesentlichen Punkten an ursprünglichen Überlegungen fest, die bereits bei den Beratungen zum Erlass der CPO von entscheidender Bedeutung waren. So sieht man eine weitgehende Bindungswirkung der Rechtskraft als grundsätzlich förderlich für die vorstehend genannten maßgeblichen Ziele an. Dem wird zugunsten einer engen Rechtskraftbindung entgegengesetzt, anderenfalls müsse mit „aufgeblähten" Streitigkeiten gerechnet werden, was eine rasche, prozessökonomische Erledigung erheblich gefährde.[657] Es handele sich um eine abwägende Wertung des Gesetzgebers, der diese Frage zugunsten eines Schutzes der Dispositionsbefugnis der Parteien entschieden habe.[658]

Weitere Hinweise werden aus Sonderfällen abgeleitet, in denen man ausnahmsweise eine Drittwirkung der Rechtskraft anerkennt.[659] Damit soll dem Autoritätsverlust der Gerichte insbesondere bei Gestaltungsurteilen und statuswichtigen Feststellungsurteilen vorgebeugt werden. Soweit die Rechtskrafterstreckung erkennbar war, ist diese kalkulierbare Wirkung zumutbar.[660] Weiter gehe es um die Sicherung des Prozesserfolges für den Kläger. Als wesentlicher Gesichtspunkt wird auch das Interesse des Beklagten angesprochen, in einer Sache nur einmal die Belastungen erdulden zu müssen, die mit der Verteidigung seiner Position verbunden sind.[661]

3. Ziele der Rechtskraftbindung aus Sicht der Rechtsprechung

Die Rechtsprechung sieht das Ziel der materiellen Rechtskraft hauptsächlich darin, die Autorität der Gerichte vor Schäden zu schützen, die durch widersprüchliche Entscheidungen entstehen. Zudem sollen Belastungen vermieden werden, die mit der wiederholten Entscheidung identischer Streitgegenstände verbunden sind. Die öffentlichen Interessen stehen eindeutig im Vordergrund. Demgegenüber spielen die positiven Auswirkungen für die Parteien nur eine untergeordnete Rolle.

---

[656] Vgl. *Prütting/Weth,* Rn. 65 f., unter Verweis auf den Regierungsentwurf eines Gesetzes zur Vereinfachung und Beschleunigung gerichtlicher Verfahren (Vereinfachungsnovelle), BT-Drucks. 7/2729, S. 39: „Eine Partei, die ihre Pflicht zur Förderung des Verfahrens verletzt, behindert so einschneidend die Rechtspflege zugleich zu Lasten anderer Rechtssuchender, dass sie sich auch mögliche materiellrechtliche Nachteile gefallen lassen muß".

[657] Vgl. *Gottwald* in MünchKommZPO, § 322 Rn. 77; *Leipold* in Stein/Jonas, § 322 Rn. 76 f.

[658] Vgl. *Prütting/Weth,* Rn. 84 m.w.N., die zudem auf die verfassungsrechtliche Zulässigkeit dieser Wertung nach der Spruchpraxis des BVerfG verweisen.

[659] Vgl. dazu *Schwab,* ZZP 77 (1964), 124, 138.

[660] Vgl. dazu *Schack,* NJW 1988, 865, 868, der in diesem Zusammenhang auf das Beispiel des § 325 ZPO verweist.

[661] Vgl. *Schack,* NJW 1988, 865, 868.

4. Zusammenfassende Stellungnahme

Im Einklang mit der h.M. in Literatur und Rechtsprechung sind die öffentlichen Interessen an der Vermeidung widersprüchlicher Entscheidungen und der wiederholten Belastung der Gerichte mit einer Entscheidung als wesentliche Ziele der Rechtskraftbindung anzusehen. Diese Auffassung kann sich bereits auf die historischen Wurzeln der materiellen Rechtskraft im römischen und gemeinen Recht stützen. Sie steht in engem Zusammenhang mit den anhand der Gesetzgebungsmaterialien dokumentierten Vorstellungen des historischen Gesetzgebers.[662]

Die enge Beschränkung der Bindungswirkung rechtfertigt sich für die materielle Rechtskraft mit der Gefahr für die Parteien, in möglichen Folgeverfahren überraschend mit Bindungen an Entscheidungselemente konfrontiert zu werden, über die nicht ernsthaft gestritten wurde, weil man sie im Erstverfahren nicht für erheblich hielt. Darin liegt die Gefahr, den Streitstoff des Erstverfahrens unnötig auszuweiten, weil bereits provisorisch – unabhängig vom konkret verfolgten Begehren – alle Präjudizialpunkte für die Zukunft ausgestritten werden müssen. Damit wären Rechtsmittelverfahren auch in Fällen angezeigt, in denen die Parteien zwar den Rechtsfolgenausspruch im Tenor nicht in Frage stellen, sich aber eine Beschwer aus der Bindung an irgendein Entscheidungselement ergibt. Diese Nachteile erscheinen umso weniger hinnehmbar, weil die Parteien es unproblematisch in der Hand haben, ihr Interesse an weitergehender Klärung des Streitstoffs zu befriedigen. Für alle möglicherweise später relevant werdenden Probleme mit dem behandelten Streitstoff, steht es ihnen frei, die Zwischenfeststellungsklage bzw. negative Zwischenfeststellungswiderklage zu gebrauchen, § 256 Abs. 2 ZPO.

Präjudizialverhältnisse sollen deshalb grundsätzlich nur im Rahmen eines Antrags nach § 256 Abs. 2 ZPO an der Bindungswirkung der Rechtskraft teilnehmen. Die Einschränkung der Rechtskraftbindung geht damit letzten Endes auf die Dispositionsmöglichkeiten der Parteien über den Streitgegenstand zurück. Erfolgt ein formaler Initiativakt in Form eines Zwischenfeststellungsantrags, so ist die Aufmerksamkeit der Parteien hinreichend auf mögliche Wirkungen des derart bezeichneten Streitstoffs gelenkt. Fehlt es an der Möglichkeit, den Streit über das eigentliche Interesse der Parteien am aktuellen Rechtsstreit hinaus zu erweitern – wie dies beim Drittbeteiligten der Fall ist -, so muss der Gefahr „aufgeblähter" Prozesse nicht durch eine beschränkte Bindungswirkung begegnet werden.[663] Wer keine Möglichkeit hat, den Streitstoff auszuweiten, auf den muss nicht eingewirkt werden, es zu unterlassen.

---

[662] Siehe dazu die Darstellung oben auf den S. 160 ff.

[663] Der Nebenintervenient kann unabhängig von der Reichweite der ihn treffenden Bindung keine Ausdehnung des Streitverhältnisses über den Bereich hinaus vornehmen, der aus der Stellung der Parteien vorgegeben ist. Die Bindung an die Interessen der unterstützten Partei bewirkt insoweit eine hinreichende Begrenzung.

V. Begrenzung/Erweiterung der materiellen Rechtskraft an Beispielen

Die sich im Rahmen der Diskussion um die Ausgestaltung der materiellen Rechtskraft stellenden Einzelprobleme sind ebenso zahlreich wie komplex. Die vielfältigen Diskussionen, die sich zum Teil bereits seit etlichen Jahren in Literatur und Rechtsprechung niedergeschlagen haben, bilden ein weites Feld für eigenständige Monographien. Diese Arbeit muss sich darauf beschränken, einzelne Fragestellungen herauszugreifen, an denen sich das Verhältnis zur Interventionswirkung ablesen lässt. Der Zweck dieser Untersuchung erfordert keine abschließende Untersuchung, sondern die beispielhafte Prüfung, ob sich die vorgestellten gedanklichen Hintergründe konsistent durchhalten lassen.

Die Durchbrechungen der Rechtskraft spielen als konzeptionelle Ergänzung der Bindung an rechtskräftige Entscheidungen eine erhebliche Rolle.[664] Daneben soll das oben bereits angesprochene Beispiel der Behandlung von Teilklagen[665] wieder aufgegriffen werden, weil dort potentiell Berührpunkte von Interventions- und Rechtskraftwirkung gegeben sind.

1. Rechtskraftdurchbrechungen

Als wesentliches Ziel der Rechtskraftbindung wird häufig die Schaffung von Rechtssicherheit in den Vordergrund gerückt, wobei Rechtssicherheit im Sinne der Schaffung von Rechtsfrieden durch dauerhaft abschließende Entscheidungen verwirklicht werden soll.[666] Ausgehend von diesem Gedanken erscheinen Ausnahmen höchst schädlich. In Übereinstimmung mit der Verantwortlichkeit der Parteien für die Wahrnehmung ihrer Chance zur Rechtsverteidigung wird das Risiko einer Fehlentscheidung grundsätzlich den Parteien zugewiesen.[667] Gleichwohl erfährt die Wirkung der materiellen Rechtskraft in Fällen evident unrichtiger und unvollständiger Urteilsgrundlagen eine Einschränkung.[668] Der *BGH* formuliert im Zusammenhang mit seiner Rechtsprechung zur Rechtskraftdurchbrechung nach § 826 BGB:

> „Die Rechtskraft muss zurücktreten, wenn es mit dem Gerechtigkeitsgedanken schlechthin unvereinbar wäre, daß der Titelgläubiger seine formelle Rechtsstellung unter Mißachtung der materiellen Rechtslage zu Lasten des Schuldners ausnutzt.“[669]

Diese Formulierung lässt eine qualitative Prüfung im pathologischen Falle der Rechtskraftbindung an eine Fehlentscheidung vermuten. Handelt es sich um eine „einfache“ Fehlentscheidung, so ist diese hinzunehmen. Treten jedoch qualifizierende Umstände hinzu, die auf

---

[664] Siehe zur Bedeutung dieser Ausnahmen für die vorliegende Untersuchung oben auf den S. 25 ff.
[665] Siehe oben auf den S. 150 ff.
[666] Vgl. obige Darstellung auf den S. 168 ff.
[667] Vgl. *Gottwald* in MünchKommZPO, § 322 Rn. 189.
[668] Vgl. *Prütting/Weth*, Rn. 93.
[669] So *BGH* NJW 1987, 3256, 3257.

besondere „Ungerechtigkeit“ hinweisen, so soll sich die belastete Partei von der Bindung befreien können.

Das Gesetz kennt Spezialtatbestände, in denen Rechtskraftdurchbrechungen ausdrücklich geregelt sind, §§ 578 ff. ZPO. Über diese eng gefassten Ausnahmebestimmungen hinaus hat die Praxis auf Grundlage der Generalklausel des § 826 BGB weitere Ausnahmetatbestände entwickelt.

a) Gesetzliche Rechtskraftdurchbrechungen

Das Gesetz sieht in engem Rahmen ausdrücklich Möglichkeiten vor, wie die Rechtskraftbindung aufgehoben werden kann. Zunächst können Nichtigkeits- und Restitutionsklage im Rahmen der §§ 578 ff. ZPO geltend gemacht werden, wenn besondere Mängel der rechtskräftigen Entscheidung evident werden. Durch die Abänderungsklage können unzutreffende Prognoseentscheidungen berücksichtigt werden, § 323 ZPO. Die Abänderung von Titeln über Unterhaltsrenten Minderjähriger ist nach § 655 ZPO zulässig. Im Falle eines öffentlich rechtlichen Versorgungsausgleichs kann über § 10a des Gesetzes zur Regelung von Härten im Versorgungsausgleich (VAHRG) eine Änderung erreicht werden. Bei nachträglicher höchstrichterlicher Entscheidung über die Zulässigkeit bestimmter Klauseln erlaubt § 19 ABGB eine Korrektur.[670] Durch die Wiedereinsetzung in den vorigen Stand kann die Rechtskraft bei unverschuldeter Versäumung gesetzlicher Notfristen ebenfalls durchbrochen werden, §§ 233 ff. ZPO.[671] Durch Verfassungsbeschwerden kann eine rechtskräftige Entscheidung ebenfalls wieder aufgehoben werden.[672] Diskutiert werden zudem Rechtskraftdurchbrechungen im Rahmen der Vollstreckungsabwehrklage, § 767 ZPO.[673]

Die gesetzlichen Rechtskraftdurchbrechungen sind eng gefasst und häufig an strenge zeitliche Grenzen gebunden.

b) Rechtskraftdurchbrechungen der Praxis

Als wesentliche Erweiterung der Regeln über die Rechtskraftdurchbrechung hat sich in der Praxis die Schadensersatzklage gegen einen rechtskräftigen Titel aus § 826 BGB erwiesen. Zeitweise war streitig, ob es sich um eine Rechtskraftdurchbrechung handelt, weil die Rechtsprechung konstruktiv nicht die rechtskräftige Erstentscheidung in ihrem Bestand verändert sah, sondern den Schadensersatzanspruch auf Herausgabe des Titels und Unterlassung der

---

[670] Vgl. Überblick bei *Musielak* in Musielak, § 322 Rn. 89.
[671] Vgl. die umfangreichen Nachweise in *BGH* NJW 1987, 327, 328; für „relativ unproblematisch“ hält diese Möglichkeit *Gottwald* in MünchKommZPO, § 322 Rn. 191.
[672] Vgl. dazu *Gottwald* in MünchKommZPO, § 322 Rn. 195 m.w.N.
[673] Dazu *Gottwald* in MünchKommZPO, § 322 Rn. 199 m.w.N.

Zwangsvollstreckung geben wollte.[674] Demgegenüber kann zwischenzeitlich als geklärt angesehen werden, dass die Rechtskraft des Ersturteils durchbrochen werden muss, um einen Schaden im Sinne des § 826 BGB feststellen zu können.[675]

Die Rechtskraftdurchbrechung anhand des § 826 BGB hält der *BGH* in Fortführung der Rechtsprechung des *RG* für unabdingbar, um den Missbrauch der formalen Rechtsposition zu verhindern, die ein rechtskräftiger Titel einräumt. Das Institut sei in Konkurrenz zu den Restitutionsvorschriften des Gesetzes für anwendbar.[676]

Die Zulässigkeit ist heftig umstritten und wird teilweise aus verfassungsrechtlichen Gründen abgelehnt.[677] Andererseits wird ein Bedürfnis für eine solche richterliche Rechtsfortbildung[678] grundsätzlich bejaht, weil die Gerichtspraxis eine flexible Generalklausel benötige.[679]

c) Folgerung im vorliegenden Zusammenhang

Die Diskussion braucht hier nicht aufs Neue geführt zu werden. Festzuhalten ist zur Bestimmung des Charakters der Rechtskraftbindung, dass Einschränkungen dieser Wirkung in Ausnahmefällen als notwenig anerkannt werden. Die materielle Rechtskraft bewirkt keine vollständige Endgültigkeit einmal gefällter Urteile. Man ist sich über die Notwendigkeit von Korrekturen im Klaren. Durch die enge Fassung der Ausnahmeregeln soll die Rechtskraftbindung vor einer weitgehenden Entwertung geschützt werden. Die Ausnahmeregeln sind im Bewusstsein der Bedeutung, die der Rechtssicherheit zukommt, sehr restriktiv gefasst. Die Diskussion bewegt sich auf der Ebene wertenden Ausgleichs zwischen dem Bedürfnis nach abschließender Verbindlichkeit und den negativen Folgen, die eine offensichtlich falsche Entscheidung im Einzelfall für die Rechtsordnung, die Rechtsuchenden und nicht zuletzt speziell für die mit der materiellen Rechtskraft verfolgten Ziele bedeutet. Dieser Ausgleich erscheint mit Blick auf die Aufgabe, das Ansehen der Rechtspflege in der Öffentlichkeit zu schützen, besonders wichtig. Die Verbindlichkeit besonders krasser Fehlurteile „um jeden Preis“ kann nicht auf Verständnis in der Öffentlichkeit hoffen.

2. Rechtskraftwirkung bei Teilklagen

Die vorgestellten Grundwertungen der materiellen Rechtskraft führen im Falle von Teilklagen

---

[674] Vgl. BGHZ 50, 115 ff.
[675] Vgl. *Musielak* in Musielak, § 322 Rn. 93; *Leipold* in Stein/Jonas, § 322 Rn. 201.
[676] Vgl. *Gottwald* in MünchKommZPO, § 322 Rn. 204.
[677] Vgl. den Überblick über die Entwicklung und den Streitstand bei *Prütting/Weth,* Rn. 123 ff.
[678] Vgl. *Gottwald* in MünchKommZPO, § 322 Rn. 204; einen Überblick mit umfangreichen Nachweisen über die gegenläufigen Meinungen gibt *Musielak* in Musielak, § 322 Rn. 93 Fn. 193.
[679] Vgl. *Gottwald* in MünchKommZPO, § 322 Rn. 204.

zu den oben bereits angesprochenen besonderen Problemen.[680] Es handelt sich um eine Situation, in der dem Laien ebenso wie dem mit der weitgehend anerkannten Praxis nicht vertrauten Juristen die auf den geltend gemachten Teilbetrag beschränkten Bindungswirkungen kaum verständlich zu machen sein werden.[681] Nicht nur der erste Blick auf die Problematik schürt den Verdacht, mit formal orientierten Differenzierungen würden widersprüchlich anmutende Urteile ermöglicht bzw. gerechtfertigt. Dieses Ergebnis scheint schwerlich mit dem aktuellen Anspruch der Rechtsanwendung vereinbar, gesetzliche Wertungen entsprechend ihren wesentlichen Zielen im Rahmen des im Gesetz zum Ausdruck Gebrachten zur Geltung zu bringen. Vor allem verwundert dieser Befund mit Blick auf die vorstehend benannten wesentlichen Ziele der Rechtskraftbindung. Sowohl die Vermeidung des Eindrucks widersprüchlicher Entscheidungspraxis in der Öffentlichkeit als auch das prozessökonomische Gebot, möglichst mehrfache Verhandlung über identischen Streitstoff zu vermeiden, sind grundlegend betroffen.

Außerhalb dieser Betrachtung stehen die Fälle objektiver Klagehäufung. Auch die Fälle individualisierter Geltendmachung von Teilforderungen bedarf keiner näheren Untersuchung. Dass insoweit von den Parteien die Konkretisierung zu fordern ist, welchen Streitstoff sie behandelt wissen wollen, erscheint schon mit Blick auf die Abgrenzung des gerichtlichen Prüfungsprogramms durch die Anträge unerlässlich, § 308 Abs. 1 ZPO. Hier soll es ausschließlich um einheitliche Forderungen gehen, die dennoch quantitativ begrenzt geltend gemacht werden.[682]

a) Streitstand zur Teilklagenbehandlung

In Rechtsprechung und Literatur hat sich eine deutlich vorherrschende Ansicht herausgebildet, die Teilklagen generell nur im Rahmen der Klageanträge Rechtskraftwirkung zubilligen.[683] Zwischen offenen und verdeckten Teilklagen werden keine Unterschiede mehr gemacht.[684] Ebenso wenig wird nach dem Erfolg der Klage differenziert.[685] Die weitere Darstellung orientiert sich an einem Beispiel:

---

[680] Siehe dazu oben S. 150 ff.

[681] Dieser Befund scheint mit Blick auf die vom historischen Gesetzgeber in den Vordergrund gerückten Wertungen besonders problematisch, weil dort wesentlich vom Eindruck die Rede war, den die Rechtspflegepraxis im „einfachen Volke“ hinterlässt, siehe dazu oben auf den S. 160 ff.

[682] Paradigmatisch sind hier Zahlungsforderungen auf einheitlicher Grundlage zu nennen: Der Kläger begehrt Zahlung des hälftigen Kaufpreises aufgrund eines einheitlichen Kaufgeschäfts über eine Kaufsache.

[683] Vgl. Überblick bei *Gottwald* in MünchKommZPO, § 322 Rn. 116 ff; *Leipold* in Stein/Jonas, § 322 Rn. 150 ff.; *BGH* NJW 1997, 1990, jeweils m.w.N.

[684] Vgl. *BGH* NJW 1997, 1990; *Gottwald* in MünchKommZPO, § 322 Rn. 119; *Zeiss*, Rn. 581; *Leipold* in Stein/Jonas, § 322 Rn. 160 m.w.N.; *Musielak* in Musielak, § 322 Rn. 73; a.A. *Jauernig*, S. 238.

[685] Vgl. *Lindacher*, ZZP 76 (1963), 451, 455 f.; *Batsch*, ZZP 86 (1973), 254, 282 ff.; *Baur/Grunsky*, Rn. 237, jeweils m.w.N:

Glaubt der Kläger aus einem Unfall einen Schadensersatzanspruch in Höhe von DM 100.000,-- zu haben, und macht er im Erstverfahren DM 65.000,-- geltend, so wird nach h.M. nur über diesen Betrag entschieden.[686] Nach rechtskräftigem Abschluss des Erstverfahrens kann mit Blick auf die restlichen DM 35.000,-- ein erneutes Verfahren angestrengt werden.

Das zweite Verfahren gilt grundsätzlich als unabhängig, weil es auf einen neuen prozessualen Streitgegenstand bezogen sei.[687] Eingeschränkt wird die Unabhängigkeit beider Verfahren allerdings auch von dieser Ansicht im Falle einer Abweisung im Erstverfahren. Dann soll im Zweitverfahren um den Restbetrag ein stattgebendes Urteil nur ergehen dürfen, wenn das Gericht insgesamt einen Anspruch in Höhe von DM 100.000,-- bejaht. Die Rechtskraft des Erstverfahrens erfordere, dass die Stattgabe auf den Betrag beschränkt werde, um den die festgestellte Forderung den rechtskräftig abgewiesenen Teil übersteigt.[688]

Diese Auffassung stellt den Betrachter mit Blick auf die oben entwickelten wertungsmäßigen Hintergründe der Rechtskraftwirkung vor drängende Fragen: Welchen Sinn macht die Zulassung eines komplett neuen Verfahrens über weitgehend identischen Streitstoff? Warum wird die Zulässigkeit der Teilklagemöglichkeit wie selbstverständlich angenommen? Wie lassen sich abweichende Ergebnisse mit der Grundidee des Schutzes der Autorität der Gerichte vor den negativen Folgen widersprechender Entscheidungen vermeiden? Warum darf nicht im Sinne der Prozessökonomie auf vormals verhandelte Ergebnisse zurückgegriffen werden? Warum wird dem Beklagten die erneute Verteidigung seiner Rechte zugemutet, dem Kläger die erneute Chance zur Darlegung seiner Rechtsposition eingeräumt?

Zumeist wird für eine enge Fassung der Rechtskraftwirkung auf den Wortlaut des § 322 Abs. 1 ZPO abgestellt.[689] Danach dürfe nur der Subsumtionsschluss der Erstentscheidung von der Bindung umfasst werden. Die Entscheidungskompetenz des Richters werde durch die Klageanträge bestimmt.[690] Die Dispositionsbefugnis der Parteien verbiete es, die so gesteckten Grenzen zu überschreiten. In dem Bestimmungsrecht der Parteien wird der Hauptgrund einerseits für die Teilklagemöglichkeit und andererseits gegen eine weitergehende Rechtskrafterstreckung gesehen.[691] Diese Feststellungen sucht man zum Teil durch den Verweis auf

---

[686] Vgl. zur allgemein anerkannten Zulässigkeit von Teilklagen *Röhl* in AK-ZPO, vor § 91 Rn. 37; *Klimke*, DB 1974, Beilage Nr. 4 zu Heft 7, S. 1, 3; *Lüke/Kerwer*, NJW 1996, 2121, 2124 m.w.N.
[687] Vgl. *Zeiß*, S. 581; *Eckhardt*, Jura 1996, 624, 626; *Lindacher*, ZZP 76 (1963), 451, 455 f.
[688] Vgl. *Gottwald* in MünchKommZPO, § 322 Rn. 117, der dieses Ergebnis für „unproblematisch" hält und als unstreitig beschreibt.
[689] Vgl. *Elmar Schäfer,* S. 86 unter Verweis auf die allgemeine Ansicht; *BGH* NJW 1997, 1990; einschränkend *Eckardt,* Jura 1996, 624, 627.
[690] Vgl. *Eckardt,* Jura 1996, 624, 626 f.; *Vollkommer* in Zöller, § 322 Rn. 47 m.w.N.
[691] Vgl. *Wolf,* FS für Gaul, S. 805, 807; *Zeiß*, NJW 1968, 1305; *Habscheid*, FamRZ 1962, 352, 353; *Lindacher*, ZZP 76 (1963), 451, 452; *Pohle*, ZZP 77 (1964), 98, 100.

die Zielvorstellungen des historischen Gesetzgebers zu stützen.[692] Soweit von „logischen Widersprüchen“ die Rede sei, müssten diese als Vorfragen außer Betracht bleiben, weil der Gesetzgeber sich nach reiflicher Überlegung mit § 322 Abs. 1 ZPO gegen die Relevanz von Vorfragen entschieden habe. Solche Widersprüche seien mithin vom Gesetz in Kauf genommen.

Abweichend von dieser Ansicht finden sich im Einzelnen stark differenzierende Stimmen, die abhängig von dem Erfolg des Klägers im Erstprozess[693] oder von der Qualität als offene oder verdeckte Teilklage[694] eine erweiterte Rechtskraftwirkung für erforderlich halten. Vor allem im Falle einer mindestens teilweisen Abweisung im Erstprozess will man heute in der Literatur zunehmend eine die Gesamtforderung umfassende Rechtskraftwirkung annehmen.[695] Vereinzelt wird darüber hinaus der stattgebenden Entscheidung des Erstprozesses eine Rechtskraftwirkung über den Grund beigemessen.[696]

b) Stellungnahme

Der Verweis auf den Wortlaut einer Vorschrift kann ebenso wenig wie eine ständige Rechtsprechung das Ergebnis einer methodengerechten Auslegung ersetzen.[697] Der Wortlaut des § 322 Abs. 1 ZPO besagt, dass Urteile der Rechtskraft nur insoweit fähig sind, als über den durch Klage oder Widerklage entschiedenen Anspruch entschieden ist. Maßgeblich ist also die Entscheidung über den prozessualen Anspruch. Oben wurde bereits festgestellt, dass der Wortlaut als solcher keine abschließende Wertung vorgibt.[698] Was unter den Begriffen des „durch Klage oder Widerklage erhobenen Anspruchs“ und der „Entscheidung“ in diesem Zusammenhang zu verstehen ist, kann sich folglich nur im Rahmen einer Auslegung ergeben, die auch sonstige Auslegungskriterien einbezieht. Bei der Lösung systematischer Unstimmigkeiten haben diejenigen Interessen zurückzutreten, denen nach gesetzlichen Wertungen die geringere Bedeutung beizumessen ist.

---

[692] Vgl. *Schäfer*, S. 86 unter Verweis auf *Hahn*, S. 291.
[693] *Leipold* in Stein/Jonas, § 322 Rn. 153; ders. ausführlich in FS für Zeuner, S. 438; *Zeiß*, S. 581; *Jauernig*, S. 238; *Zitelmann*, ZZP 8 (1885), 254, 266; *Musielak* in Musielak, § 322 Rn. 70, jeweils m.w.N.
[694] Vgl. dazu den umfangreichen Überblick bei *Batsch*, ZZP 86 (1973), 254, 260 ff.
[695] Vgl. *Leipold*, FS für Zeuner, S. 439 f.; *Fitting*, ZZP 2 (1880), 266, 271; *Zitelmann*, ZZP 8 (1885), 254, 256 ff.; *Jauernig*, S. 238; *Bruns*, Rn. 235 b; *Zeiss*, Rn. 581; *Musielak* in Musielak, § 322 Rn. 71.
[696] Vgl. zuletzt *Leipold* in Stein/Jonas, § 322 Rn. 151; ders., FS für Zeuner, S. 445 ff. mit Replik von *Eckardt*, Jura 1996, 624, 625 ff.
[697] Einschränkend ließe sich nur an die Möglichkeit denken, durch gewohnheitsrechtliche Festlegungen zu Beschränkungen zu kommen. Das Maß an Einvernehmen, das für eine Anerkennung von Gewohnheitsrecht aber erforderlich ist, kann für die Diskussion um Rechtskraftwirkungen nicht festgestellt werden. Dieser Bereich war und ist seit der Zeit vor dem Erlass der CPO höchst kontrovers diskutiert worden. Vgl. allgemein zu den Voraussetzungen gewohnheitsrechtlicher Anerkennung von Regelungen die Nachweise bei *Larenz/Canaris*, S. 176 ff.; *Bydlinski*, S. 214 ff.; mit Blick auf die Kostenersparnismöglichkeit durch die Teilklage sieht *Eckardt*, Jura 1996, 624, 630, die Rechtfertigung gewohnheitsrechtlich gegeben.
[698] Siehe oben auf den S. 159 ff.

(1) Funktion der Teilklagemöglichkeit

Um den Stellenwert der Vorteile einschätzen zu können, die dem Kläger mit der Teilklagemöglichkeit gewährt werden, kommt es auf die Gründe an, die die Existenz dieser Option für den Kläger legitimieren. Ob und wodurch die Teilklage als solche im deutschen Prozessrecht legitimiert wird, bedarf für die vorliegende Untersuchung keiner abschließenden Entscheidung. Zu entscheiden ist jedoch, ob die Teilklagemöglichkeit Ausdruck grundlegender Wertungen zugunsten des Klägers ist, die auch bei Abwägung sonstiger zivilprozessualer Systemüberlegungen nicht beschränkt werden dürfen. Konkret geht es um die Frage, ob es entscheidend gegen eine Verständnismöglichkeit sprechen kann, die Interventions- und Rechtskraftwirkung in Einklang bringt, wenn dabei der Wert der Teilklagemöglichkeit für den Kläger reduziert wird.

Dass im deutschen Zivilprozess wie selbstverständlich Teilklagen über einheitliche Streitgegenstände geltend gemacht werden können, ist als Eigenart der nationalen Entwicklung des Zivilprozessrechts zu sehen. Selbstverständlich ist diese Auffassung jedoch nicht. Das zeigt beispielsweise das als liberal anzusehende US-amerikanischen Zivilrecht, in dem ein grundsätzliches Verbot von Teilklagen gilt.[699]

(a) Begründungen der Zulässigkeit quantitativ beschränkter Teilklagen

Auch das deutsche Zivilprozessrecht kennt keine Regelung, die diese Möglichkeit ausdrücklich gewährt. Soweit überhaupt eine Begründung gegeben wird, wird auf die Dispositionsmaxime des Klägers über den Streitstoff verwiesen.[700] Ausgangspunkt ist die Überlegung, das deutsche Zivilprozessrecht kenne keinen Zwang, eine Forderung in einer Klage geltend zu machen.[701] Der Kläger habe ein schutzwürdiges Interesse daran, sein Kostenrisiko durch Beschränkung auf einen Teilbetrag zu minimieren.[702] Davon sei nur in Fällen abzusehen, in denen der Kläger sich durch Aufspaltung des Streitgegenstandes eine andere Zuständigkeit erschleicht oder anderweitigen vorrangigen Wertungen zuwiderhandelt.[703]

Grundlegend ist also die These, den Parteien und damit auch dem Kläger müssten alle Möglichkeiten eröffnet sein, soweit keine zwingenden prozessualen Vorschriften entgegenste-

---

[699] Vgl. dazu *Gottwald* in MünchKommZPO, § 322 Rn. 118 m.w.N.

[700] Vgl. dazu *Lüke/Kerwer*, NJW 1996, 2121, 2124; *Müther*, MDR 1998, 1335, 1337; *Diercks*, MDR 1995, 1099; *Kuschmann*, FS für Schiedermair, S. 364; *Wolf*, FS für Gaul, S. 807; *Habscheid*, FamRZ 1962, 352, 353, jeweils m.w.N.

[701] Vgl. dazu *Gottwald* in MünchKommZPO, § 322 Rn. 118.

[702] Vgl. dazu *Lüke/Kerwer*, NJW 1996, 2121, 2124; ebenso *Wolf*, FS für Gaul, S. 805; in diesem Sinne auch *Eckardt*, Jura 1996, 624, 630.

[703] Vgl. *Müther*, MDR 1998, 1335, 1337; *Lüke/Kerwer*, NJW 1996, 2121, 2124 unter Verweis auf die allg. Auffassung.

hen.[704] Da gesetzliche Vorschriften nicht existierten und die gerichtliche Überprüfung ausdrücklich an den Parteianträgen ausgerichtet sei, wird die Teilklage als zulässig angesehen.

Ohne weitere Differenzierung folgert man aus dieser Zulässigkeit die Notwendigkeit einer engen Beschränkung der Rechtskraftbindung auf den geltend gemachten Teilbetrag.[705] Es wird auf die Chancengleichheit zwischen den Parteien verwiesen, die in folgenden Punkten gewahrt bleiben müsste: Beschränkt auf die Höhe seines Antrages hat der Kläger die Chance eines obsiegenden Urteils. Entsprechend müsse auch sein Verlustrisiko begrenzt sein, weil Gewinn- und Verlustmöglichkeit sich die Waage halten müssten. Das ergebe sich vor allem aus den Kostenfolgen, weil diese sich an dem Teilbetrag orientierten. Probleme ergäben sich mit Blick auf den Grundsatz der Waffengleichheit[706] unter den Parteien, der durch eine ungleiche Verteilung des Kostenrisikos gestört sein könnte.[707] Demgegenüber sei die Möglichkeit des Klägers, sein Kostenrisiko durch eine Teilklage zu manipulieren, auf Seiten des Beklagten ausgeglichen, weil dieser im Wege negativer Feststellungswiderklage den Restbetrag in die endgültige Streitbeilegung einbeziehen könne. Aus dem Kostenargument folgert man also über den Gedanken der Waffengleichheit, dass die Bindungswirkung der Teilentscheidung sich ausschließlich auf den mit allen Gewinn- und Verlustrisiken „eingesetzten" Teilbetrag auswirken dürfe.[708]

Grundlegend ist damit ein Spiel- bzw. Tauschgedanke: Der Kläger macht von der legitimen Möglichkeit Gebrauch, sein Kostenrisiko zu minimieren. Dafür hat er Nachteile in Kauf zu nehmen.[709] Die Nachteile liegen in der weiterhin drohenden Verjährung für die nicht geltend gemachten Teilbeträge ebenso wie in der Offenheit der Entscheidung, die mit Blick auf den nicht anhängig gemachten Teilbetrag im Gegensatz zu dem zunächst erstrittenen Ergebnis erfolgen kann.

---

[704] Vgl. dazu *Lüke/Kerwer*, NJW 1996, 2121, 2124.
[705] Vgl. das eindrucksvolle Beispiel dieser Argumentation von *Pohle*, ZZP 77 (1964), 98, 103: „Solange die ZPO Teilklagen und eine Entscheidung über diese, die sich auf den eingeklagten Teilbetrag beschränkt, in ihren §§ 308, 322 anerkennt, und damit die Behandlung der Höhe eines Anspruchs im Prozeß besonders regelt, kann sie nicht gut durch die Hintertür der "Eigenschaft" eine über den Teilbetrag hinausgreifende Rechtskraft in den Prozeß hereinlassen. Diese Begründung der Rechtskrafterstreckung ist deshalb ebenfalls mit dem Recht der ZPO unvereinbar.". Es wird also ein untrennbarer Zusammenhang zwischen der Zulässigkeit der Teilklage und ihren ungeminderten Rechtsfolgen hergestellt.
[706] Vgl. zur Waffengleichheit im Zivilprozess jüngst *Schlosser*, NJW 1995, 1404 f.; der Grundsatz der Waffengleichheit resultiert vor allem aus Art. 3 GG, aber auch aus dem Rechtsstaatsprinzip und aus Art. 6 Abs. 1 EMRK, der Konvention vom 04.11.1950 zum Schutz der Menschenrechte und Grundfreiheiten (Gesetz vom 07.08.1952, BGBl. II, S. 685); *Stürner*, NJW 1979, 2337.
[707] Vgl. dazu *Redeker*, NJW 1973, 1153, 1160; *Herrmann*, S. 19; *Wolf*, FS für Gaul, S. 812.
[708] Vgl. dazu *Gottwald* in MünchKommZPO, § 322 Rn. 118.
[709] Deutlich wird dieser Gedanke vor allem bei *Lüke/Kerwer*, NJW 1996, 2121, 2125.

(b) Kritik

Die Reichweite der Rechtskraftwirkung bei Teilklagen sollte im Einklang mit den für die Rechtskraft als maßgeblich erkannten Auslegungskriterien ausgestaltet werden. Es geht um die wertende Einordnung dieses weithin praktizierten Instruments. Die grundlegende Untersuchung erfordert zunächst Klarheit über die Legitimation der Teilklage als solche. Daran anschließend ist zu fragen, welche Rechtsfolgen sich aus dieser Möglichkeit ergeben müssen.

Die Formulierung der Rechtskraftregeln sagt über die Zulässigkeit von Teilklagen nichts aus. Der Gesetzgeber hatte wie oben dargestellt[710] im Zusammenhang mit der eng gewählten Fassung der Rechtskraftvorschriften das Problem vor Augen, die mit Blick auf ein Klagebegehren getroffenen Feststellungen könnten zu überraschenden Ergebnissen für nachfolgende Streitigkeiten führen oder die Parteien könnten zur Vermeidung solcher Schwierigkeiten ihren Streit vorsorglich ausdehnen. In diesem Sinne läge es nahe, im Zweifel nur eindeutige Rechtskraftwirkungen anzunehmen, weil der Gesetzgeber Überraschungen für die Parteien bzw. deren Gegenmaßnahmen zu vermeiden suchte. Gerade verdeckte Teilklagen bergen jedoch ein Überraschungsmoment. Das Bemühen um Klarheit lässt vor diesem Hintergrund nicht den Schluss auf die Zulässigkeit von Teilklagen zu.

Entscheidend ist jedoch die Bewertung des gedanklichen Modells, das an die Situation bei Spiel und Wette erinnert: Waffengleichheit soll dann gegeben sein, wenn der aufs Spiel gesetzte Betrag demjenigen entspricht, der verloren oder gewonnen werden kann. Überschießende Gewinn- oder Verlustmöglichkeiten sind mit diesem Konzept unvereinbar. Es geht ausschließlich um ein Gleichgewicht zwischen den Parteiinteressen.

Diese Sichtweise erscheint indes überraschend, wenn man bedenkt, dass es bei der Frage, unter welchen Umständen eine Partei ein Gericht mit einer Frage befassen darf, stets wesentlich um das öffentliche Interesse an Prozessökonomie und Schutz vor Missbrauch von Rechtspflegeressourcen geht. Beispielsweise sieht die heute herrschende Auffassung den Zweck der Rechtskraftbindung[711] vorrangig im öffentlichen Interesse am Schutz vor Missbrauch und widersprüchlichen Entscheidungen. Der Gedanke der Prozessökonomie bedeutet in diesem Zusammenhang nichts anderes als die erneute Befassung eines Gerichts mit identischem Streitstoff. Genau darum geht es aber im Falle der hier fokussierten Teilklagemöglichkeiten. Dem Kläger wird eingeräumt, identischen Streitstoff beliebig oft zur Entscheidung eines oder mehrerer Gerichte zu stellen, indem er jeweils eine „Scheibe“ seines Streitverhältnisses durch seinen Antrag abtrennt. Diese Möglichkeit entfernt sich ganz erheblich von den Zielen der Prozessökonomie. Das gedankliche Modell ist demnach unvollständig, weil es das

---

[710] Siehe dazu oben S. 160 ff.

[711] Siehe oben auf den S. 168 ff.

öffentliche Interesse an prozessökonomischem Umgang mit Rechtspflegeressourcen und die Vermeidung widersprechender Entscheidungen übergeht.

Besonders augenfällig wird dieser Befund anhand einer Diskussion, die sich jüngst in der Literatur um die Zulässigkeit eventual erhobener Teilklagen entwickelt hat. Findige Prozessvertreter hatten im Falle eines unsicher erscheinenden Prozesses über einen sehr hohen Streitwert, der aus abgetretenem Recht unterschiedlicher möglicherweise berechtigter Personen begründet sein konnte, ein System gegenseitiger Eventualteilklagen entworfen.[712] Die Idee lag darin, einen Sockelbetrag unbedingt geltend zu machen. Weitere Teilbeträge sollten nur entschieden werden, falls das Gericht mit Blick auf den Sockelbetrag der Klage stattgeben wollte. Zu Recht sehen *Lüke/Kerwer* eine grundlegende Änderung der heute herrschenden Klagepraxis voraus, wenn man diese Form von Eventualanträgen für zulässig halten wollte. Jeder Prozessvertreter wäre zur Risikominimierung gehalten, auf diesem Weg zumindest größere Beträge einzuklagen.[713] Das anwaltliche Gebührenrisiko kann demgegenüber nicht als geeignetes Korrektiv angesehen werden[714]: Einerseits hat sich der Anwalt an den Interessen des Mandanten und nicht an den eigenen zu orientieren. Er hat den preiswertesten Weg der Rechtsverfolgung zu empfehlen. Sofern er mit geschäftserfahrenen Mandanten zu tun hat, wird er dazu ohnehin gezwungen. Schließlich geht der Verweis auf anwaltliche Gebühren ohnehin für größere Streitwerte an der Wirklichkeit vorbei, weil dort in der Regel Honorarvereinbarungen auf Basis von Stundensätzen gelten. Auf der Strecke bliebe einzig das öffentliche Interesse auf Zahlung der Gerichtskosten, die nur in Höhe der zuzusprechenden Teilbeträge anfielen. Dieses Ergebnis verändert das Konzept der Streitwertberechnung in erheblichem Umfang.

Die Entfremdung von den maßgeblichen Wertungen zur Bestimmung der Reichweite der Rechtskraft zeigt sich besonders treffend in der Argumentation, mit der versucht wird, die Zulässigkeit derartiger Eventualklagen zu verteidigen: Hier wird der prozessökonomische Vorteil ins Feld geführt, der darin liege, die eventual verbundenen Teilbeträge nach Möglichkeit in einem Verfahren zu entscheiden. Immerhin – so die Argumentation – sei die Zulässigkeit zeitlich nachfolgender Teilklagen unstreitig gegeben. Dann mache aber die Eventualbindung in einem Verfahren keinen Unterschied mehr. Vielmehr vermeide man so, mehrere Gerichte mit identischem Streitstoff zu befassen und reduziere die Gefahr widersprechender Entscheidungen.[715]

---

[712] Vgl. dazu *Lüke/Kerwer*, NJW 1996, 2121 ff. mit Gegendarstellung von *Wolf*, FS für Gaul, S. 803 ff.
[713] Vgl. dazu *Lüke/Kerwer*, NJW 1996, 2121, 2125.
[714] So aber *Wolf*, FS für Gaul, S. 813.
[715] Siehe dazu *Wolf*, FS für Gaul, S. 810.

Diese Aussagen verdienen ungeteilte Zustimmung insoweit, als sie die entscheidenden Ziele der materiellen Rechtskraft in den Vordergrund stellen. Zur Vermeidung widersprüchlicher Entscheidungen und Förderung der Prozessökonomie wäre die Verbindung von Teilklagen in einem Prozess also dringend geboten. Daran zeigt sich, zu welch merkwürdigen Auswüchsen die Teilklageentwicklung inzwischen geführt hat.

Dem steht die Vorstellung der ZPO gegenüber, die für den Aufwand, der potentiell mit der Erledigung einer Sache verbunden ist, an deren Streitwert anknüpft. Die Möglichkeit, eine Teilsumme aus einem einheitlich begründeten Anspruch zu titulieren, mag mit Blick auf die Dispositionsbefugnis der Parteien zu rechtfertigen sein; die auf diesem Wege bislang zu Lasten der Allgemeinheit gewährten Kostenvorteile bilden jedoch keinen durch Wertungen abgesicherten Besitzstand. Vor allem können diese Gesichtspunkte nicht als wesentliche Argumente eingreifen, wenn aus sonstigen zivilprozessrechtlichen Erwägungen eine Einschränkung geboten erscheint. Die Teilklagemöglichkeit spielte für die Abwägungen des Gesetzgebers über die Reichweite prozessualer Bindungswirkungen keine Rolle. Im Rahmen der Diskussion um die systematische Verbindung zwischen Interventions- und Rechtskraftwirkung ist ein Ausgleich anhand anderweitiger Wertungen zu begründen. Es kommt nicht darauf an, ob der Wert der Teilklagemöglichkeit für den Kläger reduziert wird.

Rechtfertigend lässt sich der Möglichkeit einer Teilklage zu Gute halten, dass sie gesetzlich nicht ausgeschlossen wurde und in der Praxis weit verbreitet ist.[716] Die Parteien haben die Möglichkeit zu bestimmen, in welchem Umfang ihre Rechte tituliert werden. Entscheidend für die aktuelle Diskussion ist jedoch festzuhalten, dass der Verteidigung des funktionalen Wertes der Teilklagemöglichkeit als Kostensparinstrument für die Parteien keine entscheidende Bedeutung zukommt.

(2) (Teil-)abgewiesene Teilklagen

Zunächst sollen die Fälle betrachtet werden, in denen im Erstprozess der Kläger ganz oder zum Teil mit seinem Begehren abgewiesen wurde. Für das obige Beispiel wird angenommen, der Kläger wäre im Erstprozess vollständig abgewiesen worden.

Der durch Klage und Widerklage erhobene Anspruch wird üblicherweise als der prozessuale Streitgegenstand verstanden.[717] Dieser orientiert sich eng an den gestellten Anträgen. Es geht nicht um die umfassende Klärung der Rechtsverhältnisse, sondern um die prozessual gestellte Frage, ob der Kläger seine Rechtsfolgenbehauptung bzgl. des beantragten Begehrens gegen-

---

[716] *Eckardt*, Jura 1996, 624, 630, spricht insoweit von einer gewohnheitsrechtlichen Anerkennung. Diese Anerkennung kann sich jedenfalls nur darauf beziehen, ob die Teilklage als solche zulässig ist. Mit Blick auf die Wirkungen der Teilklage fehlt es am nötigen Einvernehmen.
[717] Vgl. zum Streitgegenstand vgl. *Habscheid*, FS für Schwab, S. 181 ff; *Vollkommer* in Zöller, Einl. Rn. 60 ff.

über dem Beklagten hinreichend begründen kann. Der Streitgegenstand steckt die Grenzen der Entscheidung ab.[718]

Diese Auffassung scheint in der Lage, den Subsumtionsschluss des Urteils vollständig von den Fragen zu trennen, die für die Ermittlung dieser Folgerung eine Rolle gespielt haben. Die konkrete Untersuchung des Aussagegehaltes, der einer rechtskräftigen Entscheidung beigemessen werden muss, zeigt, dass diese allzu künstliche Sicht nicht durchgehalten werden kann.[719] Der Entscheidungssatz ist ohne den Bezug zum Sachverhalt und den damit verbundenen Anträgen ohne verwertbare Aussage.

Das wird vor allem mit Blick auf die abweisenden Entscheidungen deutlich. Es liegt auf der Hand, dass mit einer Bindung an die Aussage „Die Klage wird abgewiesen“ niemandem gedient ist. Soll die Rechtskraftbindung ihren Aufgaben gerecht werden, so muss mindestens der folgende Aussagegehalt zugestanden werden: „Der Kläger kann von dem Beklagten aus dem vorgelegten Lebenssachverhalt die Zahlung von DM 65.000,-- nicht verlangen“. Um einen sinnvollen Vergleichspunkt zu neuerlich rechtshängig gemachten Klagen zu haben, müssen mindestens Informationen über die Parteien und den betroffenen Lebenssachverhalt als Bezugspunkte bindend über die Grenze des Erstverfahrens Bedeutung haben. Anderenfalls ließen sich andere Streitgegenstände und Entscheidungen nicht abgrenzen. Soweit dieser Mindestinhalt interprozessual bedeutsamer Umstände betroffen ist, geht es also nicht um Vorfragen, die kraft gesetzgeberischer Entscheidung ausgeschlossen sein könnten. Anderenfalls wäre die gesetzgeberische Entscheidung für eine Regelung materieller Rechtskraft als perplex anzusehen.

Die vorgestellte Mindestaussage ist in ihrem Inhalt mit den rechtskraftfähigen Aussagen einer Zweitentscheidung ins Verhältnis zu setzen. Dabei darf es nicht zu Widersprüchen kommen.

Wird im Zweitprozess ebenfalls gegen den Kläger erkannt, so erscheint dies nur natürlich.[720] Kann der Kläger im Zweitprozess ein stattgebendes Urteil erstreiten, so muss diesem entsprechend obigen Ausführungen folgender Entscheidungsgehalt beigemessen werden: „Der Kläger kann von dem Beklagten aus dem vorgelegten Lebenssachverhalt die Zahlung von DM 35.000,-- verlangen“. Hier interessiert der Fall, in dem Lebenssachverhalt und Parteien in Erst- und Zweitprozess identisch sind. Dann müsste es vereinbar sein, einen Anspruch in Höhe von DM 65.000,-- zu verneinen, während ein Anspruch von DM 35.000,-- bejaht wird. Das ist nicht der Fall. Nur wenn man die Aussagen als Antworten auf betragsbezogene Fragen

---

[718] Diese Bedeutung macht § 308 Abs. 1 ZPO besonders deutlich.
[719] Vgl. dazu bereits *Zitelmann*, ZZP 8 (1885), 254, 266 f.
[720] Entsprechend geht man regelmäßig davon aus, das Gericht wird im Zweitprozess versuchen, sich im Einklang mit der Erstentscheidung zu halten, vgl. *Arens/Lüke,* Rn. 364; siehe auch *Gottwald* in MünchKommZPO, § 322 Rn. 4.

verstehen will, ließe sich dies bejahen. So könnte man argumentieren, wenn ein Anspruch in Höhe von DM 35.000,-- besteht, dann besteht eben kein Anspruch in Höhe der vormals geforderten DM 65.000,--. Nimmt man den Ausgangspunkt in Form einer engen Anlehnung an die Parteianträge beim Wort, so müssen diese hier den Ausschlag geben.

Eine derart formalistische Interpretation geht aber offensichtlich an dem zivilprozessual in den Anträgen ausgedrückten Willen der Parteien vorbei. Der Antrag des Klägers erfasst gleichermaßen die Feststellung eines Weniger, sollte die Richtigkeit der Rechtsfolgenbehauptung mit Blick auf das volle Begehren nicht zugesprochen werden. Bezieht man diese Aussage über die klägerischen Anträge mit ein, so müsste die gerichtliche Antwort, die in Form der Erstentscheidung gegeben wird, wie folgt präzisiert werden: „Der Kläger kann von dem Beklagten aus dem vorgelegten Lebenssachverhalt keine Zahlung von DM 65.000,-- und auch keinen geringeren Betrag verlangen".

Zu dieser Feststellung steht aber eine Entscheidung in unauflösbarem Widerspruch, die für dasselbe Verhältnis einen Anspruch in Höhe von DM 35.000,-- bejaht. Das erkennt man ansatzweise auch von Seiten der h.M. an, indem für die Zweitentscheidung gefordert wird, es dürfe nur die Summe zugesprochen werden, die die Abweisung im Erstprozess übersteigt.[721] Dabei übersieht man jedoch, dass die vorgestellte Auslegung des Klageantrags dem Gericht ein Entscheidungsprogramm vorgibt, das demjenigen einer eventualen Teilklagehäufung entspricht. Unbedingt wird zunächst nur der Teilbetrag von DM 65.000,-- zur Entscheidung gestellt. Soweit das Gericht zu der Erkenntnis kommt, der geltend gemachte Anspruchsteil sei unbegründet, so wird der Antrag gleichwohl erst abgewiesen, wenn aus dem vorgetragenen Lebenssachverhalt insgesamt kein Anspruch in beantragter Höhe resultiert. Also beschäftigt sich das Gericht unter dieser Bedingung mit einer Streitsumme in Höhe von DM 100.000,--.

Wie vor diesem Hintergrund von einem beschränkten Klageantrag an das Gericht gesprochen werden kann, erscheint nicht einsichtig. Diese Problematik hat auch nichts mit der Bindung an Entscheidungselemente zu tun. Um das beantragte Urteil – in diesem Falle durch den Beklagten – aussprechen zu können, muss das Gericht notwendig den Streitstoff durchverhandeln, der in der nachfolgenden Teilklage erneut verhandelt werden muss. Dass diese Überprüfung stattgefunden hat, ist aus dem Tenor der Entscheidung erkennbar, ohne dass es auf Entscheidungselemente ankäme. Es widerspricht der Grundidee der Rechtskraftbindung, den ausstehenden Teilbetrag erneut zum Gegenstand eines gerichtlichen Verfahrens zu machen. Für eine Ausnahme ist kein Grund ersichtlich.

Die Einschränkung der Rechtskraft im Sinne der h.M. findet auch in der historischen Auslegung keine Stütze. Die Verweise auf die Materialien verfehlen deren Aussage. Zum einen

[721] Vgl. RGZ 172, 125 f.; *Leipold*, FS für Zeuner, S. 442.

vermögen auch Erwägungen des historischen Gesetzgebers kein perplexes Konzept zu begründen. Zum anderen sah der historische Gesetzgeber eine auch Vorfragen erfassende Rechtskraftbindung sogar als vorteilhaft und in gewissem Sinne in der Natur der Rechtskraft liegend an. Einzig der Schutz der Parteien vor unliebsamen Überraschungen und die Vermeidung unnötiger Streitigkeiten um Präjudizialpunkte haben zu einer Einschränkung anhand der Parteianträge geführt, die man nach Schaffung der Zwischenfeststellungsklage für insgesamt unbedenklich hielt.[722] Eine besondere Formalisierung sollte damit jedoch nicht erreicht werden.

Die historische Zielvorstellung erfordert die einschränkende Behandlung der Teilklagen nicht. Hintergrund der befürchteten Nachteile durch die kraft Gesetzes zunächst eintretende Rechtskrafterstreckung auf Präjudizialpunkte war die mögliche Bindung an Aspekte, die wegen ihrer marginalen Bedeutung im Erstverfahren nicht ernsthaft von den Parteien untersucht werden. Mit Blick auf diese Punkte hat keine vollwertige Austragung des Streits im Sinne des kontradiktorischen Konzepts stattgefunden. Diese Situation findet sich bei Teilklagen nicht wieder.

Dem wird die Situation einer Teilklage auf einen verschwindend geringen Teil der Forderung entgegengehalten, gegen die sich der Beklagten nur mit reduziertem Aufwand verteidigen werde.[723] Anschließend könne die gesetzlich befürchtete Überraschungssituation eintreten, wenn ausgehend von der Entscheidung über den kleinen Teilbetrag die Gesamtsumme geltend gemacht werde.[724] Diese Situation lässt sich jedoch mit derjenigen nicht vergleichen, die der Gesetzgeber vor Augen hatte. Wie sollte bei Geltendmachung eines Bruchteils der Forderung dem Beklagten entgehen, dass weitere Forderungen drohen können? Vor allem zeigt das Gesetz in den §§ 66 ff. ZPO, dass bereits faktische Präjudizwirkungen eine besondere Bedeutung zukommt. Darin liegt eine hinreichende Warnung für den Beklagten, demgegenüber ein Teilanspruch geltend gemacht wird. Der Kläger hat keine Möglichkeit, die Frage nach dem Bestehen einer Haftung dem Grunde nach als Nebensächlichkeit im Erstprozess zu übersehen. Für Erst- und Zweitprozess spielen dieselben Gesichtspunkte eine entscheidende Rolle. Die Gefahr wegen andersartiger Prüfungsschwerpunkte einen Aspekt aus dem Auge zu verlieren, kann nicht entstehen. Aus historischer Sicht ist die eng verstandene Rechtskraftbindung im Falle von Teilklagen also nicht zu rechtfertigen.

Sucht man nach systematischen Hinweisen in vergleichbaren Regelungskonstellationen, so fällt die bereits angesprochene Behandlung von Eventualanträgen ins Auge. Im Falle von Eventualanträgen billigt man zu Recht sowohl der Entscheidung über den Hauptantrag, wie auch den Entscheidungen über sämtliche Hilfsanträge Rechtskraftwirkung zu. Das entspricht

---

[722] Vgl. dazu die ausführliche Darstellung oben auf den S. 160 ff.
[723] So *Eckardt,* Jura 1996, 624, 630.
[724] Vgl. *Eckardt,* Jura 1996, 624, 630.

der Verhandlung und Entscheidung über sämtliche Haupt- und Hilfsanträge, die erfolgen muss, bevor die abweisende Entscheidung erfolgen darf.[725] Die Fragestellung des Klägers diktiert das Prüfungsprogramm des Gerichts und fokussiert die Aufmerksamkeit der Parteien auf den gesamten Anspruch. Soweit ein Teil zuzusprechen ist, darf die vollständige Abweisung nicht mehr erfolgen. Das Argument des Kostenrisikos kann entsprechend den oben gemachten Ausführungen nicht von entscheidender Bedeutung sein.

Schließlich sind teleologische Aspekte einzubeziehen. Im Einklang mit den Intentionen des historischen Gesetzgebers stellt man heute vornehmlich die Schaffung von Rechtssicherheit und die Vermeidung widersprechender Entscheidungen als Ziel der Rechtskraft in den Vordergrund. Daneben werden prozessökonomische Ziele genannt. Hauptsächlich in zweiter Linie werden die privaten Interessen der Parteien am Schutz vor wiederholter Inanspruchnahme bzw. in der Bewährung ihrer materiellen Rechte gesehen.[726] Den Gewinn an Rechtssicherheit und die Förderung der übrigen Ziele erreicht man durch Vermeidung wiederholter Verhandlungen.

Durch die widersprüchlichen Teilurteile werden diese Ziele konterkariert. Das leuchtet unmittelbar ein, wenn man mit dem historischen Gesetzgeber die Vermeidung widersprüchlicher Entscheidungen deshalb als besonders wichtig ansieht, weil sie „im Volke als schlimmes Übel empfunden werden".[727] Es macht keinen Sinn, die Autorität der Gerichte in den Augen „des Volkes" schützen zu wollen, indem man mit Differenzierungen arbeitet, die nur wenigen Experten begreiflich zu machen sind. Aber auch wenn man sich von dieser historisch geprägten Vorstellung distanzieren möchte, sprächen das allgemein anerkannte Ziel prozessökonomischer Verfahrensgestaltung und die Interessen der Parteien an einer schnellen und sicheren Entscheidung für eine weniger formalistische Sichtweise.

Demgegenüber ist keine gesetzgeberische Wertung erkennbar, die eine Beschränkung auf den zunächst geforderten Teilbetrag rechtfertigen könnte. Der Wortlaut ist wie dargelegt auslegungsbedürftig. Die gesetzliche Wertung im Sinne der Abwägung zwischen Schutz der Parteien auf der einen und weitreichender Rechtskraftbindung im Sinne der übrigen Interessen auf der anderen Seite verlangt die Ausweitung. Eine formalistische Betrachtung machte auch keinen Sinn, weil dadurch keine erheblichen Gewinne an Rechtssicherheit im Vergleich zu der erweiterten Sichtweise erzielt werden könnte. Die Reichweite der Rechtskraft lässt sich in jedem Fall unproblematisch feststellen. Im übrigen funktioniert eine solche Praxis in vielen anderen Rechtsordnungen.[728]

---

[725] In diesem Zusammenhang erörtert auch *Eckardt,* Jura 1996, 624, 630, das Verständnis von Hilfsanträgen.
[726] Vgl. zu den Zielen der materiellen Rechtskraft die ausführliche Darstellung oben auf den S. 168 ff. m.w.N.
[727] Vgl. *Hahn,* S. 291.
[728] Vgl. *Leipold,* FS für Zeuner, S. 432 f.; *Kerameus,* AcP 167 (1967), 241, 242 f., der auf ein weiteres Verständ-

Als Zwischenergebnis bleibt damit festzuhalten: Eine (teil-)abweisende Teilklage schafft auch mit Blick auf den nicht geltend gemachten Teilbetrag materielle Rechtskraft.

(3) Stattgegebene Teilklage

Auch die Fälle einer stattgegebenen ersten Teilklage sollen anhand einer Abwandlung des obigen Beispiels betrachtet werden: Der Kläger hat im Erstprozess ein stattgebendes Urteil auf die begehrten DM 65.000,-- erstritten. Im Zweitprozess verlangt er die Zahlung der restlichen DM 35.000,-- vom Beklagten.

Nach Auffassung der h.M. ist im Zweitprozess insgesamt neu und ohne Beschränkungen aus dem Erstprozess zu verhandeln.[729] Dabei kann es zur Klageabweisung kommen. Mit Blick auf die Höhe des Anspruchs erscheint dieses Ergebnis unabhängig von den Feststellungen des Erstverfahrens nachvollziehbar.[730] Abweichende Erwägungen werden nur mit Blick auf eine Haftung dem Grunde nach angestellt.[731] Wollte man hier die Rechtskraft auf die Rechtsverhältnisse beziehen, die die Haftung dem Grunde nach getragen haben, so wäre ein Ergebnis erreicht, das die Parteien mit Hilfe der Zwischenfeststellungsklage im Erstprozess jedenfalls hätten erreichen können.[732]

Ansatzpunkt müssen wiederum die nach der Formulierung des § 322 Abs. 1 ZPO maßgeblichen gerichtlichen Entscheidungssätze sein. Die Erstentscheidung besagt: „Der Kläger kann vom Beklagten aus dem vorgelegten Lebenssachverhalt die Zahlung von DM 65.000,-- verlangen". Folgt man der völlig unabhängigen Betrachtungsweise für beide Prozesse, so besagt die Zweitentscheidung: „Der Kläger kann vom Beklagten aus dem vorgelegten Lebenssachverhalt nicht die Zahlung von DM 35.000,-- oder eines geringeren Betrages verlangen".

Diese Aussagen widersprechen sich auffällig, wenn man sie völlig unabhängig voneinander betrachten will. Eine Korrektur muss die Entscheidung über den rechtskräftig behandelten Teilbetrag einbeziehen. Dann müsste man für die Zweitentscheidung formulieren: „Der Kläger kann vom Beklagten aus dem vorgelegten Lebenssachverhalt nicht die Zahlung von weiteren DM 35.000,-- oder eines geringeren Betrages verlangen". Damit wäre der Widerspruch bereinigt, weil sich die Zweitentscheidung antragsgemäß nur auf den überschießenden Betrag erstreckt. Damit steht gleichermaßen fest, dass die „Entscheidung" im Sinne des § 322 Abs. 1

---

nis verweist, das sich allgemein durchweg in den zivilisierten Rechtsordnungen bewähre.

[729] Vgl. Überblick bei *Gottwald* in MünchKommZPO, § 322 Rn. 116 ff; *BGH* NJW 1997, 1990, jeweils m.w.N.

[730] Dass der überschießende Betrag nicht tituliert wird und auch nicht in Rechtskraft erwächst, entspricht allgemeiner Überzeugung, vgl. nur Überblick bei *Gottwald* in MünchKommZPO, § 322 Rn. 116 ff; *Leipold* in Stein/Jonas, § 322 Rn. 150 ff.; *BGH* NJW 1997, 1990, jeweils m.w.N.

[731] Vgl. dafür *Leipold*, FS für Zeuner, S. 445 ff. m.w.N.

[732] Diesen Zusammenhang betont *Eckardt*, Jura 1996, 624, 631.

ZPO im Zweitverfahren nicht ohne Beachtung des Aussagegehalts der rechtskräftigen Entscheidung im Erstverfahren getroffen werden kann.

Stellt man sich auf einen stark formal orientierten Standpunkt, ist damit aber über die Haftung dem Grunde nach nichts gesagt. Es ließe sich zwischen „oberen“ und „unteren“ Forderungsteilen differenzieren, denen jeweils unabhängig voneinander ein juristisches Schicksal zugeschrieben wird.[733] Diese Unterscheidung erscheint jedoch nur mit Blick auf hier nicht problematisierte, separat individualisierte Forderungsteile angemessen. Die Zweitentscheidung versteht sich als Antwort auf die Frage, ob es einen Anspruch gibt, der über den bereits eingeklagten Teil hinausgeht. Die rechtskräftig entschiedene Frage hinsichtlich des ersten Teils soll und darf nicht erneut geprüft werden. Zudem handelt es sich bei der Feststellung, dass eine Haftung dem Grunde nach zu bejahen ist, um eine Vorfrage, die ausweislich der gesetzgeberischen Erwägungen bei Erlass des heutigen § 322 Abs. 1 ZPO nicht automatisch in Rechtskraft erwachsen sollte. Gemessen an formalen Gesichtspunkten ist der h.M. deshalb zuzustimmen, wenn sie hier die Haftung dem Grunde nach nicht als rechtskräftig festgestellt ansieht, soweit keine Zwischenfeststellungsklage über den Grund entschieden wurde.

In diesem Stadium dürfen die Überlegungen jedoch nicht stehen bleiben. Vielmehr ist wie sonst auch anhand teleologischer Auslegung bzw. Rechtsfortbildung Unstimmigkeiten abzuhelfen, die gesetzlich nicht ausreichend berücksichtigt sind. Entscheidend kann am Ende nur sein, die maßgeblichen Wertungen optimal im Sinne des Gesetzgebers zur Geltung zu bringen. Oben wurde bereits festgestellt, dass im Gesetz keine allgemeine Wertung dahin zu finden ist, eine formale Trennung zwischen Entscheidungstenor und Entscheidungsbegründung vorzunehmen, die etwa aus Gründen der Rechtsklarheit um jeden Preis aufrecht zu erhalten sein sollte.[734] Vielmehr geht es um den Schutz der Parteien vor der Bindung an Feststellungen eines vorangegangenen Urteils, um die nicht hinreichend gestritten wurde, weil man sie nicht für relevant halten musste.[735] Ebenso sollen negative Folgeerscheinungen vermieden werden, die im exzessiven Streit um Präjudizialpunkte liegen können, die erst in späteren Verfahren bei geänderten Prüfungsschwerpunkten eine bedeutende Rolle spielen können. Soweit diese Ziele nicht betroffen sind, muss der allgemeine Zweck der Rechtskraft bestmöglich zur Geltung gebracht werden. Alles andere stünde in einem schwer hinzunehmenden Wertungswiderspruch zu der besonderen Bedeutung, die der Gesetzgeber den Zielen der Rechtskraftwirkung beigemessen hat.[736]

---

[733] In diesem Sinne zuletzt *Eckardt,* Jura 1996, 624, 630.
[734] Vgl. die obigen Ausführungen zur Entstehungsgeschichte der CPO auf den S. 160 ff.; die Aufrechterhaltung einer formalen Trennung wird im übrigen auch von den Verfechtern einer strengen Auslegung nicht in Anspruch genommen.
[735] Vgl. *Elmar Schäfer,* S. 86; *Martens,* ZZP 85 (1972), 77, 93.
[736] Vgl. dazu oben auf den S. 160 ff.

Die vorliegende Teilklagenkonstellation unterscheidet sich wesentlich von denjenigen Prozesssituationen, die der Gesetzgeber vor Augen haben konnte. Die Teilklagemöglichkeit wird in den Materialien nicht erwähnt. Die Risiken, vor denen man die Parteien durch Begrenzung der Rechtskraft schützen wollte, betrafen ausschließlich die Entscheidung von Vorfragen, die in Erst- und Zweitprozess eine unterschiedliche Bedeutung hatten. Im Gegensatz dazu konzentriert sich der Streit im Falle eines einheitlichen Haftungsgrundes notwendig auf dessen Bestehen.[737] Darüber hinaus ging der Gesetzgeber schon für den Regelfall davon aus, rational handelnde Parteien würden in einem Verfahren (rechtzeitig) durch die Zwischenfeststellungsklage die Ergebnisse des Erstprozesses sichern, um nicht erneut um dieselben Umstände streiten zu müssen.[738] Man glaubte sich im Ergebnis nicht allzu weit von der Lösung *Savigny's* entfernt.[739] Dann musste für den speziellen Fall einer teilweisen Geltendmachung eines einheitlichen Anspruchs, wenn man ihn überhaupt für möglich hält[740], von einer einheitlichen Behandlung des Gesamtverhältnisses ausgegangen werden. Die hier behandelte Situation unterscheidet sich folglich wesentlich von derjenigen, die der Gesetzgeber bei seiner Regelung vor Augen hatte.

Im Sinne der Interessen, die der Gesetzgeber grundsätzlich mit dem Institut der materiellen Rechtskraft verbunden hat, erscheint eine Bindung erforderlich. Es bedarf besonderen Fachwissens, um zu verstehen, wie die unterschiedliche Würdigung von Erst- und Zweitentscheidung zu rechtfertigen ist. Der Eindruck widersprüchlicher Entscheidungen wird „im Volke" kaum zu vermeiden sein, wenn in einem einheitlichen Rechtsverhältnis zunächst ein Betrag zugesprochen wird, um anschließend den Restbetrag abzuerkennen, weil bereits dem Grunde nach keine Haftung gegeben sei. Zwar kann dieser Gedanke für sich genommen nicht viel austragen, weil die Möglichkeit widersprüchlich begründeter Entscheidungen vom Gesetzgeber zum Teil hingenommen wird.[741] Er bedeutet aber im Zusammenspiel mit sonstigen Hinweisen ein starkes Indiz für einen nicht hinnehmbaren Wertungswiderspruch.

Pointiert ausgedrückt werden sogar die Nachteile widersprüchlicher Entscheidungen kulminiert: Im derzeitigen System steht zur Überzeugung beider Parteien mit Sicherheit fest, dass *jede* von ihnen Opfer eines Justizirrtums geworden ist. Ein großzügigeres Verständnis der Rechtskraftwirkung könnte diesen Eindruck zumindest auf *eine* der Parteien beschränken. Es ist für jedermann verständlich ausgeschlossen, auf Grund des identischen Sachverhalts die

---

737 Vgl. in diesem Sinne *Zeuner,* S. 44.
738 Vgl. *Hahn,* S. 609.
739 Vgl. *Hahn,* S. 609 f.
740 Anders z.B. heute im anglo-amerikanischen Rechtskreis, wo bereits die Möglichkeit einer Teilklage verneint wird, vgl. *Gottwald* in MünchKommZPO, § 322 Rn. 118.
741 Siehe dazu oben im Zusammenhang mit der Auseinandersetzung um die Ziele der Nebenintervention, insbesondere ob es bei der Nebenintervention darum gehen muss, widersprüchliche Entscheidungen über denselben Streitstoff bei Alternativverhältnissen zu verhindern, bei denen die Widersprüchlichkeit besonders deutlich zu Tage tritt, S. 87 ff.

Haftung dem Grunde nach zu unterteilen. Diese offenkundigen Widersprüchlichkeiten könnten nur in Kauf genommen werden, wenn sehr erhebliche Wertungsgesichtspunkte dies verlangten.

Im übrigen streiten sämtliche weiteren Ziele, denen die materielle Rechtskraft zu dienen bestimmt ist, für eine großzügigere Handhabung: Der Prozessökonomie und einer verminderten Belastung der Parteien mit einem erneuten Streit über identische Sachfragen käme dies zugute. Im Gegensatz zu diesen wertungsorientierten Argumenten dreht sich die Diskussion häufig um die Begrifflichkeiten des § 322 ZPO, ohne dass dies gesetzlich zwingend vorgegeben wäre. Insoweit erscheint es mindestens methodengerecht vertretbar, auch im Falle einer stattgebenden Erstentscheidung die Rechtskraft über den zunächst geforderten Betrag hinaus auf die gesamte Haftung dem Grunde nach auszudehnen.

Der Kern der Problematik wird regelmäßig in der Dispositionsbefugnis des Klägers gesehen.[742] Wenn dieser nur einen Teil eingeklagt habe, dann sei der Streitgegenstand und damit auch die Grundlage der Rechtskraftbindung beschränkt.[743] Dieser Hinweis ist nur insoweit richtig, als das Gericht nicht von sich aus Entscheidungen treffen kann, die ihm nicht durch die Parteien vorgelegt wurden. Der Kläger hat aber gerade eine Entscheidung über den gesamten Streitstoff für den Fall eines abweisenden Teilurteils verlangt. Im Bewusstsein der Bedeutung seines Prüfungsauftrags für den Fall einer (Teil-) Abweisung hat der Kläger seinen Antrag gestellt. Er wollte also, dass das Gericht den vorgetragenen Streitstoff ausschöpft, bis der Klageantrag gedeckt ist. Was der Kläger nicht wollte, ist die vollen Kosten zu bezahlen, die normalerweise für die Prüfung einer solchen Streitsache angefallen wären. Wollte man den Konflikt mit der Dispositionsmaxime für entscheidend halten, dann müsste genau dieser Wille des Klägers geschützt sein. Dafür lässt sich aber weder aus § 308 Abs. 1 ZPO noch aus § 322 ZPO etwas gewinnen. Die dem Kläger eingeräumte Dispositionsbefugnis bezieht sich nicht auf die Kostenfolgen, die sein Prüfungsauftrag nach den gesetzlichen Vorschriften nach sich zieht.

Gegen eine abschließende Entscheidung über den Anspruchsgrund im Erstverfahren spricht auch nicht die Möglichkeit, die Parteien könnten von dieser weitergehenden Wirkung überrascht werden. Soweit eine erhebliche Nachforderung droht, ist diese Möglichkeit für den Beklagten in der Regel ohne weiteres ersichtlich. Das zeigt sich anhand der Diskussion um die Unterscheidung zwischen offener und verdeckter Teilklage sehr deutlich. Die Annahme, in dem Klageantrag liege stets der Vorbehalt einer weitergehenden weiteren Forderung[744],

---

[742] Vgl. den umfangreichen Überblick bei *Batsch*, ZZP 86 (1973), 255, 255 f.
[743] Vgl. *Habscheid*, FamRZ 1962, 352, 353.
[744] So *BGH* NJW 1997, 1990.

beinhaltet die Aussage, der Beklagte müsse grundsätzlich damit rechnen, aus einem Rechtsverhältnis erneut in Anspruch genommen zu werden.

Die Ablehnung einer weitergehenden Rechtskraftbindung kann sich danach allein auf das bereits angesprochene Kostenargument stützen.[745] Soweit Kostenregelungen angeführt werden, dürfen diese aber nicht entscheidend für die Interessenabwägungen im Zusammenhang mit der Reichweite prozessualer Bindungswirkungen sein. Sollten Unstimmigkeiten auftreten, wären sie im Kostenrecht zu bereinigen.[746]

Im übrigen erscheint es keineswegs selbstverständlich, den Parteien die Kostenersparnis zu Lasten der Allgemeinheit zu garantieren. Der Streitwert war ursprünglich als Indikator für den durchschnittlichen Aufwand gedacht, der für eine Sache getrieben wird. Es entspricht nachvollziehbaren wirtschaftlichen Realitäten, bei der Entscheidung über enorme wirtschaftliche Werte mehr Ressourcen einzusetzen als bei Bagatellverfahren. Werden die aus dieser Überlegung resultierenden Gebührenforderungen als übertrieben angesehen, so wäre der Hebel bei der Gebührendegression, nicht aber bei den Abwägungen der materiellen Rechtskraft anzusetzen. Beispielsweise könnte der Anstieg der Gerichtskosten bei zunehmenden Streitwerten ab einer bestimmten Summe wesentlich stärker vermindert werden. Insgesamt sind den gesetzgeberischen Wertungen keine Grenzen gesetzt, die Gebühren in Übereinstimmung mit der Auffassung über den Wert einer Sache zu bestimmen. Finanzmathematische Verfahren, um diese Regelungen zu beschreiben, finden sich in jeder Form und sind im Zeitalter moderner elektronischer Kostenberechnungshilfen einsetzbar.

Schließlich bleibt zu bedenken, ob eine Ausweitung der Rechtskraftbindung mit dem Grundsatz der prozessualen Chancengleichheit in Einklang zu bringen ist. Dem wird entgegengehalten, Gewinn- und Verlustmöglichkeiten müssten sich entsprechen: Nur soweit dem Kläger ein Anspruch rechtskräftig zuerkannt werden könne, dürfe er auch Gefahr laufen, Ansprüche rechtskräftig aberkannt zu bekommen.[747] Zunächst handelt es sich um eine Argumentation, die stark an die Gesetzmäßigkeiten des Glückspiels erinnert. Dies kann für die vorliegend zu würdigenden zivilprozessualen Wertungen nicht letztentscheidend wirken. Denn das Gebot prozessualer Chancengleichheit ist eine Ausprägung des auch im Zivilprozess wirkenden Willkürverbots, Art. 3 Abs. 1 GG.[748] Gefordert ist keine blinde Gleichbehandlung. Vielmehr kann gerade eine unterschiedliche Behandlung entsprechend der als entscheidend erkannten Wertungen sachgerecht sein. Die Argumentation, dem Kläger müsste seine Forderung vollständig zugesprochen werden können, wenn er sie ebenso vollständig verlieren kann, vermag

---

[745] Siehe oben auf den S. 180 ff.
[746] Vgl. *Leipold* in Stein/Jonas, § 322 Rn. 153; ders., FS für Zeuner, S. 448; a.A. *Eckhardt,* Jura 1996, 624, 630.
[747] Vgl. *Eckardt,* Jura 1996, 624, 630.
[748] Vgl. *Prütting/Weth,* Rn. 303 f. m.w.N.

nicht zu überzeugen. Es bedeutet ein besonderes Entgegenkommen der Prozessordnung, dem Kläger eine beschränkte Geltendmachung nach seinem Belieben zu gestatten. Es steht dem Kläger frei, im Rahmen der allgemeinen Regeln auch später noch den Restbetrag der Höhe nach zur Entscheidung zu stellen. Dieser Entscheidungsmöglichkeit entspricht die Beschränkung des Ausspruchs mit Blick auf die Anspruchshöhe.

Der Gesichtspunkt der Chancengleichheit ließe sich eher als Hinweis auf eine umfassende Feststellungswirkung des Ersturteils deuten. Oben wurde gezeigt, dass der Antrag im Erstverfahren, jedenfalls eventual für den Fall einer (Teil-)Abweisung, den Gesamtanspruch zur Entscheidung durch das Gericht stellt.[749] Will man den Gesichtspunkt der Chancengleichheit in dem Sinne verstehen, dass den Verlustmöglichkeiten entsprechende Gewinnaussichten gegenüberstehen müssen, wäre die vom Kläger gewählte Beschränkung aufgegeben. Naheliegend wäre aber, die klägerische Beschränkung des Antrags als Verzicht auf eine gerichtliche Entscheidung zu verstehen, soweit es ihm möglich ist. Damit könnte er bewirken, dass nur ein Teilanspruch tituliert wird. Eine Entscheidung über den Haftungsgrund hätte er gleichwohl beantragt. Aus dem Argument der Chancengleichheit könnte man deshalb folgern, auch die positive Entscheidung über den Haftungsgrund müsse ihn vollständig begünstigen.

(4) Behandlung verdeckter Teilklagen

Weiter fragt sich, ob die soeben angestellten Überlegungen gleichermaßen auf verdeckte Teilklagen angewandt werden können. Eine differenzierende Behandlung erfordert tragfähige Unterscheidungsmerkmale. Charakteristisch für verdeckte Teilklagen wirkt einzig, dass der Kläger den Beklagten nicht ausdrücklich darüber aufklärt, den geltend gemachten Anspruch womöglich höher beziffern zu können.

Welche Bedeutung diesem Umstand beizumessen ist, ergibt sich mit Blick auf die betroffenen Interessen der Parteien und der Öffentlichkeit. Einerseits ist von dem Grundsatz auszugehen, dass jedem Kläger Rechtsschutz gewährt wird, solange er sein Rechtsschutzbegehren in einem zulässigen Antrag hinreichend von bereits entschiedenen Begehren abgrenzen kann. Für den Beklagten steht das Interesse im Vordergrund, sich nur einmalig prozessual verteidigen zu müssen. Dieses Interesse wiegt nicht schwer gegen das Interesse des Klägers, weil der Beklagte es stets in der Hand hat, durch eine negative Feststellungswiderklage den Streitstoff vollständig im Erstverfahren auszuschöpfen. Vom Beklagten kann erwartet werden, dass er sich eigenständige Gedanken über die Risiken weitergehender Streitverhältnisse macht.[750]

---

[749] Siehe oben auf den S. 184 ff.
[750] Vgl. *BGH* NJW 1997, 1990.

Auch das öffentliche Interesse kann insoweit keinen entscheidenden Unterschied machen. Denkbar erscheint zwar eine geänderte Urteilsformel, die bei ausdrücklichen Teilklagen die Beschränkungen aufzeigt. Gleichwohl ergeben sich die möglichen Inhalte bereits aus dem oben aufgezeigten Zusammenhang des Tenors mit den Anträgen.[751] Das öffentliche Interesse an vermehrter Klarheit und Rechtssicherheit ist folglich nicht beeinträchtigt. Auch das Interesse, nicht mehrmals mit identischem Streitstoff konfrontiert zu werden, vermag kein anderes Ergebnis nahe zu legen. Die Grundentscheidung liegt darin, überhaupt Teilklagen zuzulassen. Damit ist die Prozessökonomie beschnitten. Ob dies offen oder verdeckt geschieht, macht demgegenüber keinen entscheidenden Unterschied mehr.

Zu Recht geht man heute überwiegend von der Gleichbehandlung aller Teilklagen aus. Für die Fälle einer (teil-)abgewiesenen Teilklage sind keine Ansatzpunkte für eine Unterscheidung erkennbar. Die wesentlichen Wertungen lassen keinen Ansatzpunkt erkennen, der eine Differenzierung erlauben könnte.

Eine Unterscheidung ließe sich auch im Falle der stattgebenden Erstentscheidungen nur insoweit andenken, als es um die oben angesprochene Zielvorstellung des historischen Gesetzgebers geht, die Parteien vor Überraschungen zu bewahren. Es könnte darauf ankommen, ob der Beklagte hinreichend gewarnt ist, um sich vor drohenden Nachforderungen zu schützen.[752] Dieser Gedanke greift aber – wie oben bereits angesprochen[753] - zu kurz. Das für die Beschränkung der Rechtskraftbindung erhebliche Überraschungsmoment bezieht sich auf die Verlagerung von Prüfungsschwerpunkten. Fragen, die im Erstverfahren nicht den Schwerpunkt der Prüfung bildeten, binden gleichwohl für nachfolgende Verfahren, in denen sie von zentraler Bedeutung sein können. Diese Situation kann sich im untypischen Fall der Teilklage nicht ergeben. Die Prüfungsprogramme beider Teilklageprozesse entsprechen sich mit Blick auf die Haftung dem Grunde nach notwendig. Deshalb ist keine Bindung an Entscheidungselemente zu befürchten, die erst im Zweitverfahren zu überraschender Bedeutung avancieren.

c) Die Behandlung von Grundurteilen

Den soeben vorgestellten Überlegungen ließe sich entgegenhalten, es würden Ergebnisse angenommen, die nach dem gesetzgeberischen Konzept nur im Falle eines Grundurteils eintreten könnten.

Die Möglichkeit eines Grundurteils entspricht funktional derjenigen eines Zwischenurteils: Nach Belieben der Parteien soll das Gericht weitere rechtskräftige Feststellungen treffen. Die Besonderheit im Falle des Grundurteils liegt darin, dass im Ermessen des Gerichts, d.h. unab-

---

[751] Siehe oben auf den S. 180 ff.
[752] Dieser Gesichtspunkt klingt an bei *Eckardt*, Jura 1996, 624, 630.
[753] Siehe oben auf S. 180 ff.

hängig von einem entsprechenden Antrag der Parteien, zunächst eine Entscheidung über den Haftungsgrund getroffen wird, bevor womöglich langwierige Auseinandersetzungen über die Höhe der Haftung geführt werden. Es handelt sich um ein prozessuales Instrument im Dienste der Prozessökonomie, dessen Wert allerdings sehr nüchtern eingeschätzt wird. Einerseits kann zusätzlicher Aufwand vermieden werden, weil die Fragen der Haftungsausfüllung obsolet werden, wenn später der Haftungsgrund verneint wird. Andererseits kann sich der Weg zu einer rechtskräftigen Entscheidung derart wesentlich verlängern, weil zunächst durch alle Instanzen über den Haftungsgrund gestritten wird, bevor entsprechende Auseinandersetzungen über die Haftungshöhe folgen. In der Praxis wird aus diesen Gründen sehr restriktiv von dieser Möglichkeit Gebrauch gemacht.

Es ergeben sich also keine anderen Gesichtspunkte, als sie bereits im Zusammenhang mit der Zwischenfeststellungsklage aufgezeigt wurden. Zu bemerken ist lediglich, dass der Gesetzgeber mit dem Grundurteil die Notwendigkeit anerkannt hat, im öffentlichen Interesse auch unabhängig von den Anträgen der Parteien rechtskräftige Entscheidungen über Vorfragen eines Streitverhältnisses herbeizuführen. Es gibt also keinen Grundsatz, nach dem die Rechtskraft keinesfalls unabhängig von den Parteianträgen veränderbar sein dürfte.

d) Zwischenergebnis

Die Untersuchung des Streitstandes im Zusammenhang mit der objektiven Reichweite der Rechtskraft bei Teilklagen hat gezeigt, dass hier Wege offen stehen, die vorher erarbeiteten Ergebnisse im Wege methodengerechter Auslegung in ein stimmiges System umzusetzen. Die derzeit herrschende enge Beschränkung der Rechtskraftbindung auf den Antrag im Erstprozess führt im Falle einer (teil-)abweisenden Erstentscheidung zu nicht hinnehmbaren Wertungswidersprüchen. Der dagegen vorgebrachte Verweis auf den Gesetzestext verfehlt seine Wirkung. Historische und teleologische Auslegungskriterien zeigen andere Wertungen auf. Die Wertungsunstimmigkeiten im Falle stattgegebener Teilklagen sind weniger offensichtlich. Gleichwohl führt nur eine weitere Erstreckung der Rechtskraftbindung auf eine Haftung dem Grunde nach zu einem insgesamt stimmigen Konzept. Diese Lösung empfiehlt sich mit Blick auf historische, systematische und teleologische Auslegungskriterien. Insoweit ist – selbst wenn man einen entgegenstehenden Wortlaut des § 322 Abs. 1 ZPO unterstellen wollte – eine teleologische Korrektur zulässig und geboten.

D. Vergleich von Rechtskraft- und Interventionswirkung

Interventions- und Rechtskraftwirkung sind zwei Ausprägungen prozessualer Bindungswirkungen. In unterschiedlicher objektiver Reichweite hindern sie einen nachfolgend erkennenden Richter daran, von Ergebnissen abzuweichen, die bereits zwischen den Beteiligten ausgestritten wurden. Ausgehend von diesem oberflächlichen Befund drängt sich die bereits einleitend gestellte Frage[754] auf, in welchem Verhältnis diese Wirkungen zueinander stehen.

1. Stand bisheriger Betrachtungen

Das Meinungsspektrum beginnt einerseits bei der Auffassung, es handele sich bei Interventions- und Rechtskraftwirkung um vollständig unterschiedliche prozessuale Phänomene.[755] Begründet wird diese Auffassung in der Regel kurz mit dem Verweis auf unterschiedliche Voraussetzungen und Rechtsfolgen der Institute.[756] Vereinzelt findet sich die Feststellung, die Interventionswirkung wäre als Rechtskraftwirkung anzusehen, wenn sie nicht mit den Einschränkungen des § 68 Hs. 2 ZPO versehen wäre.[757] Zum Teil wird ohne nähere Untersuchung festgestellt, Interventions- und Rechtskraftwirkung dienten unterschiedlichen Zwecken; teilweise entnimmt man dieses Ergebnis den unterschiedlichen Rechtsfolgen.[758] Andere wollen in der endgültigen Entscheidung eines Streitverhältnisses den maßgeblichen Unterschied erkennen: Die Rechtskraftwirkung sichere eine endgültige Entscheidung über ein Streitverhältnis ab, wohingegen die Interventionswirkung notwendig eine Titulierung des Anspruchs in einem Folgeverfahren voraussetze.[759] Die systematische Stellung außerhalb der Vorschriften über die Rechtskraft ebenso wie historische Argumente aus den Norddeutschen Protokollen sprächen gegen die Einordnung als eine Form der Rechtskraft.[760]

Andererseits finden sich Stimmen, die beide Bindungswirkungen zwar für ähnlich halten[761], jedoch wegen erheblicher tatsächlicher Unterschiede keine gemeinsame Würdigung von Auslegungsproblemen vornehmen.[762] Die Formulierungen betonen mal mehr die Unterschiede,

---

[754] Siehe oben auf der S. 22.
[755] Vgl. Rosenberg/Schwab/*Gottwald*, S. 270.
[756] Vgl. *Vollkommer* in Zöller, § 68 Rn. 9; *Weth* in Musielak, § 68 Rn. 3; *Hellwig*, Rechtskraft, S. 32; RGZ 44, 376; 55, 236, 239; BGHZ 36, 212, 214; 8, 72, 82; interessant ist in diesem Zusammenhang die funktional orientierte Abgrenzung im Rahmen der Anerkennung ausländischer Urteilswirkungen, die sich ausschließlich an der Stellung des Dritten im Erstverfahren orientiert, vgl. dazu *Mansel* in Wieczorek, § 68 Rn. 29 mit umfangreichem Überblick über Literatur und Rechtsprechung.
[757] Vgl. *Wach*, S. 645.
[758] Vgl. *Schwanecke*, S. 129 f. m.w.N.
[759] Vgl. *Schwanecke*, S. 129 f. m.w.N.
[760] Vgl. *Peter Schäfer*, S. 128 f.
[761] Vgl. *Häsemeyer*, ZZP 84 (1971), 179, 191, spricht von einer Wesensgleichheit der Institute im Sinne einer Aufgabenteilung.
[762] Vgl. *Putzo* in Thomas/Putzo, § 68 Rn. 1.

mal mehr die Gemeinsamkeiten.[763] Teils lässt man das Verhältnis zwischen Interventions- und Rechtskraftwirkung schlicht offen.[764] Um den Unterschieden gerecht zu werden, geht man für die Interventionswirkung teilweise von einer Bindungswirkung „eigener Art“ aus.[765]

In auffälligem Widerspruch zu dieser Vorsicht findet man in der älteren Literatur und Rechtsprechung die selbstverständliche Gleichsetzung von Interventions- und Rechtskraftwirkung.[766] Differenzierungen erfolgen im Ausnahmefall ausschließlich, um bestimmte – außerhalb dogmatischer Erwägungen liegende – Ziele zu verwirklichen.[767]

Schließlich ist von einer „verfahrensübergreifenden prozessualen Bindungswirkung“ die Rede.[768] Demgegenüber sollten terminologische Fragen keine entscheidende Rolle spielen.[769] Vielmehr finde eine Erstreckung der aus dem Erstprozess resultierenden Bindung auf das Folgeverfahren statt.[770]

2. Stellungnahme

Die bisherigen Entwicklungen haben die wesentlichen Strukturmerkmale von Interventions- und Rechtskraftwirkung hervortreten lassen. Wichtig ist zunächst die Trennung der prozessualen Bindungswirkung von ihrer häufig nicht unterschiedenen Entstehung durch eine Möglichkeit zur Rechtsverteidigung. Insoweit ergeben sich entscheidende Unterschiede. Die Rechtskraftbindung knüpft an die Möglichkeit an, als Partei eines Streitverfahrens seine Rechte endgültig zu klären.[771] Demgegenüber geht es bei der Intervention um die Beteiligung des Dritten in einem fremden Verfahren zum Schutz eigener Interessen.[772] Damit ist über den Charakter der jeweils anknüpfenden Bindungswirkung noch nichts gesagt.

Interventions- und Rechtskraftwirkung wurzeln in denselben prozessualen Grundgedanken: Der Zivilprozess dient den Parteien zur Verwirklichung ihrer Rechte. Jedem Rechtssubjekt muss eine effektive Möglichkeit zur Rechtsverteidigung zugebilligt werden. Wer von dieser Möglichkeit keinen Gebrauch macht, kann sich grundsätzlich nicht auf die eigene Nachläs-

---

763 Vgl. z.B. *Schäfer*, S. 186, der von „Schwesterinstituten“ spricht.
764 Vgl. *Werres*, NJW 1984, 208, 209 Fn. 26.
765 Vgl. *Schilken* in MünchKommZPO, § 68 Rn. 6; *Weth* in Musielak, § 68 Rn. 3.
766 Vgl. *Mendelssohn-Bartholdy*, S. 377 ff.; *Schultze*, ZZP 2 (1880), 20, 93; mit Einschränkungen bzgl. der Einwendungen *Wach*, S. 645; *Wetzell*, S. 597; RGZ 130, 297, 200; 77, 360, 363; 45, 353, 355, wo das *RG* unter Verweis auf die positiv rechtlichen Vorgaben feststellt, „Der Grundsatz des § 293 ZPO [heutiger 322] findet hier nicht unbedingt Anwendung.“; 79, 83, 84 f.; 151, 210, 213.
767 Vgl. dazu die ausführliche Darstellung der Entwicklung oben auf den S. 72 ff.
768 Vgl. in diesem Sinne *Mansel* in Wieczorek, § 68 Rn. 9 und 83 a; Anklänge finden sich bei *Häsemeyer*, ZZP 107 (1994), 228, 234; *Wolfgang Lüke*, S. 347; *Putzo* in Thomas/Putzo, § 68 Rn. 1.
769 Vgl. *Mansel* in Wieczorek, § 68 Rn. 9; ähnlich *Zeuner*, S. 50.
770 Vgl. *Zeuner*, S. 51.
771 Siehe oben auf den S. 168 ff.
772 Siehe oben auf den S. 114 ff.

sigkeit berufen und von der Allgemeinheit erneut die Auseinandersetzung mit seinem Problem verlangen. Im öffentlichen Interesse an der Schaffung von Rechtsfrieden und einer effektiven, prozessökonomisch funktionierenden Rechtsordnung ist es den Rechtssuchenden verwehrt, erneut mit identischen Sachfragen vor die Gerichte zu ziehen. Dass dabei mittelbar die Interessen der konkreten Prozessbeteiligten verwirklicht werden sollen, steht außer Frage. Durch die geeignete Konzeption des Prozesssystems wird jedoch primär das abstrahierte Gemeininteresse betroffen.

Interventions- und Rechtskraftbindung knüpfen einheitlich an die Möglichkeit effektiver Rechtswahrnehmung in einem staatlichen Prozess an. Die Bindung ist notwendige Folge der gewährten Schutzmöglichkeit in einem fairen Verfahren.

Ausgehend von dieser gemeinsamen Grundlage lassen sich die Unterschiede zwischen den Instituten zwanglos im Einklang mit den Aussagen des historischen Gesetzgebers[773] erklären. Der Ausschluss sämtlicher Präjudizialfragen von der Rechtskraftbindung hat seinen Grund im Schutz der Dispositionsbefugnis der Parteien. Die Parteien sollten in den befürchteten Ausnahmefällen nicht von Bindungswirkungen überrascht werden, die sich aus verschobenen Prüfungsschwerpunkten in späteren Verfahren ergeben konnten. Die umfangreichere Bindung an Vorfragen für mögliche Folgeverfahren wurde als grundsätzlich prozessökonomisch zweckmäßig erkannt. Eine weitgehende Bindung im Sinne *Savignys* an rechtliche Fragen sah man jedoch mit Hilfe der Zwischenfeststellungsklage als im Regelfall durch die rational agierenden Parteien gewährleistet an. Man ging davon aus, die Parteien müssten an einer umfassenden Klärung ihres Streitverhältnisses interessiert sein. Für den Fall einer kraft Gesetzes eintretenden umfassenden Bindung an Entscheidungselemente sah man die Gefahr sinnlos ausgedehnter Streitverfahren, weil mit Blick auf nebensächliche Präjudizialfragen die Rechtsmittelgerichte angerufen werden könnten, obwohl dem Klagebegehren stattgegeben war.

All diese Probleme entfallen mit Blick auf die fehlende Dispositionsbefugnis des Dritten im Erstverfahren. Der Dritte ist in seiner prozessualen Stellung im Erstverfahren auf die Unterstützung der Hauptpartei beschränkt. Er hat keine Möglichkeit, den Prozessstoff aufzublähen, um seine Interessen zu verteidigen. Dazu besteht von seiner Seite auch kein Anlass: Entspricht die Prozessführung nicht seinen Interessen, so liegt es an ihm, seinen Widerspruch hinreichend zu dokumentieren und damit die Interventionswirkung im Folgeverfahren über § 68 Hs. 2 ZPO auszuschließen.

Andererseits bedarf der Dritte auch mit Blick auf überraschende Bindungen an Vorfragen der Erstentscheidung keines Schutzes. Der Gesetzgeber ging für das angesprochene Schutzbe-

---

[773] Siehe oben auf den S. 52 ff. und 160 ff.

dürfnis von Ausnahmesituationen aus, in denen die Vorfragen für die Erstentscheidung nur von marginaler Bedeutung sein konnten, im Zweitprozess aber die Entscheidung vorwegnehmen mussten. Derartige Gefahren sind im Falle des Dritten schwerlich vorstellbar, weil ihm gegenüber die Bindungswirkung in zweifacher Hinsicht konkretisiert eingreifen kann. Das Recht zur Intervention hängt für den Dritten von einem konkret zu bezeichnenden Interesse ab. Auf dieses Interesse bezieht sich auch die Bindungswirkung. Zudem binden ihn ausschließlich tragende Entscheidungselemente des Erstverfahrens. Durch den notwenigen Formalakt der Drittbeteiligung erfolgt ein Hinweis für den Dritten, der demjenigen eines Zwischenfeststellungsantrags für die Parteien vergleichbar ist. Die relevanten Streitpunkte werden für den Dritten also notwendig herausgestrichen.

Für dieses Erklärungsmodell sprechen die Ausnahmen, die man von der materiellen Rechtskraft macht. Bereits im gesetzgeberischen Konzept der CPO hielt man die Aufrechterhaltung einer rechtskräftigen Entscheidung „um jeden Preis" für unerträglich. Bei evidenten und besonders schwerwiegenden Fehlurteilen sah man die Schäden im Verhältnis zu den positiven Wirkungen der Rechtskraft als überwiegend an. Es handelte sich um Fälle, in denen der betroffenen Partei in unverschuldeter Weise die Möglichkeit genommen war, ihren Standpunkt wirksam zu vertreten. Die engere Beschränkung auf außergewöhnliche Fallgestaltungen liegt auf der Hand, weil die unbeschränkte Stellung der Partei im Regelfall jede Möglichkeit eröffnet, ihre Position zu verteidigen.

Über diese gesetzlichen Möglichkeiten hinaus hielt man vor allem in der Praxis eine weitergehende Rechtskraftdurchbrechung für erforderlich, um „offensichtlichen Ungerechtigkeiten" abzuhelfen. Daran zeigt sich, dass der Unterschied zwischen materieller Rechtskraft und Interventionswirkung nicht durch die Ausnahmen des § 68 Hs. 2 ZPO im Sinne eines unterschiedlichen Maßes an Endgültigkeit bzw. Verlässlichkeit erklärt werden kann. Leitend wirken dieselben Überlegungen. Auch die Ausnahmen des § 68 Hs. 2 ZPO sollen die Bindung an Entscheidungen verhindern, gegen die eine ausreichende Verteidigung nicht möglich war. Unterschiede der Regelungen liegen in der Natur der verschiedenen Möglichkeiten zur Rechtswahrnehmung – einmal als Partei, das andere Mal als Dritter in einem fremden Verfahren - begründet.

Auch die Bindung an tatsächliche Umstände passt sich zwanglos in dieses Konzept ein. Die mit prozessualen Bindungswirkungen verfolgten Interessen werden bestmöglich verwirklicht, wenn jede Entscheidung, die in einem Verfahren getroffen wird, nicht erneut überdacht, verhandelt und entschieden werden muss. Damit liegt es grundsätzlich nahe, auch die tatsächliche Bindung im Sinne der Lehre von *Windscheid* anzunehmen, der insoweit das System *Savignys* erweitert hatte. Da die Gesichtspunkte, die den Gesetzgeber zu der Einschränkung im Rahmen der Diskussion um die Reichweite der materiellen Rechtskraft bewogen haben, für die Interventionswirkung keine Rolle spielen, spricht alles dafür, die effektivste Bindung anzunehmen.

Davon abgesehen darf man nicht aus den Augen verlieren, dass die Bestimmung der Reichweite der Interventionswirkung erst nachträglich durch das *RG* erfolgte. Der Gesetzgeber hatte bei Verhandlung der Interventionsvorschriften vorrangig mit den Kontroversen um die Bestimmung der Stellung des Dritten im Erstverfahren zu kämpfen. Die Interventionswirkung wurde insoweit weder in der Entwurfsbegründung noch in den Reichstagsberatungen eingehend problematisiert. Wollte man an dieser Stelle Unstimmigkeiten entdecken, so läge es auf Seiten des Rechtsanwenders, diese vom Gesetzgeber offen gelassenen Fragen zu harmonisieren.[774]

3. Zwischenergebnis

Interventions- und Rechtskraftwirkung resultieren aus einem einheitlichen System prozessualer Bindungswirkungen. Die grundlegende Wertung lässt sich wie folgt formulieren: Eine Bindung soll grundsätzlich die wiederholte Erkenntnis über identischen Streitstoff ausschließen, um die damit verbundenen Gefahren für die Öffentlichkeit ebenso wie die Belastungen für die Parteien zu minimieren. Als widerstreitende Wertung ist die Gefahr überraschender Rechtskraftbindungen und unnötiger „Aufblähung" des Streitstoffs zu berücksichtigen. Soweit solche Gefährdungen drohen, haben die Interessen an einer kraft Gesetzes eintretenden weitgehenden prozessualen Bindungswirkung zurückzustehen. Den Parteien sind die Mittel an die Hand gegeben, weitergehende Bindungen herbeizuführen. Fehlt es bereits abstrakt an Gefahren, die mit Blick auf die Dispositionsbefugnis der Parteien gegen einen weiten Bindungsautomatismus sprechen könnten, so müssen die grundlegenden Wertungen im Sinne einer weitergehenden Bindung zur Geltung gebracht werden.

Interventions- und Rechtskraftwirkung sind als Teile eines einheitlichen Konzepts miteinander systematisch in Einklang zu bringen. Für die jeweils streitigen Einzelfragen ist dieser Zusammenhang einzubeziehen.

---

774 Will man die Erstreckung der Interventionswirkung auf tatsächliche Feststellungen als gewohnheitsrechtlich anerkannt betrachten, so könnte dies gleichwohl konzeptionell keinen erheblichen Einwand bedeuten. In den hier angestellten Überlegungen soll nach einem geschlossenen Gesamtkonzept gesucht werden, das die gesetzgeberischen Wertungen zur Geltung bringt, die für prozessuale Bindungswirkungen ins Zivilprozessrecht eingeflossen sind. Sollten sich im Laufe der Zeit Entwicklungen verfestigt haben, die mit den ursprünglichen Wertungen unvereinbar sind, so könnte dies nichts am ursprünglichen Konzept und dessen Legitimation ändern, solange keine förmliche Änderung des Gesetzes vollzogen wurde.

4. Beispiel: Auswirkungen der systematischen Verbundenheit auf die Teilklageproblematik

Die bisherigen Ergebnisse belegen einen systematischen Zusammenhang zwischen Interventions- und Rechtskraftwirkung. Die Probleme im Bereich der Rechtskraftwirkung sind vielschichtig und umfangreich diskutiert. Dem systematischen Argument kommt vor dem Hintergrund des Anspruchs, der hinter der Suche nach dogmatischer Geschlossenheit der Rechtsordnung steht, als Auslegungskriterium erhebliche Bedeutung für die Entscheidung von Einzelproblemen zu. Diese Bedeutung soll hier am Beispiel der bereits angesprochenen Teilklageproblematik[775] vorgestellt werden.

Die Behandlung von Teilklagen bietet ein deutliches Beispiel für das Ineinandergreifen der prozessualen Bindungswirkungen, weil diese Wirkungen nach herkömmlichem Verständnis in den oben bereits angesprochenen Drittbeteiligungsverhältnissen aufeinandertreffen.

Als Ausgangspunkt soll folgendes Beispiel dienen:

Die Hauptpartei klagt im Erstverfahren gegen die Gegenpartei einen Teil einer nicht individualisierten, einheitlichen Forderung auf Zahlung ein. Trotz Beitritts des Dritten, der als Vertreter der Gegenpartei am Kaufvertragschluss beteiligt war, unterliegt die Hauptpartei im Erstverfahren rechtskräftig. Gestützt auf die Interventionswirkung nimmt die Hauptpartei den Dritten aus § 179 BGB als Vertreter ohne Vertretungsmacht in Anspruch.

Geht man von den oben dargestellten Ansichten der h.M. aus, so bliebe der Hauptpartei jedenfalls die Chance auf den nicht rechtskräftig abgewiesenen Teilbetrag gegen die Gegenpartei. Schon diese Möglichkeit bedeutet einen wirtschaftlichen Wert, der der Hauptpartei zufällig aus prozessualen Ungereimtheiten zuwächst. Zudem ist vorstellbar, dass die Hauptpartei gestützt auf neue Beweismittel im Zweitprozess gegen die Gegenpartei ein stattgebendes Urteil erstreitet. Damit hätte sie den begehrten Kaufpreis mehr als einmal erhalten. Soll für diese offensichtlich falsche Zuordnung eine Durchbrechung der Rechtskraft eingreifen? Geht man m.E. zutreffend davon aus, die Interventionswirkung müsse auch positive Wirkungen erzeugen[776], so käme es bei wiederholter Beteiligung des Dritten auch im zweiten Teilprozess zu widersprechenden prozessualen Bindungswirkungen. Diese Situation bedeutet einen schwerwiegenden konzeptionellen Mangel, der mit Blick auf die im Zusammenhang prozessualer Bindungswirkungen maßgeblichen Wertungen bereinigt werden muss.

Die Korrekturmöglichkeiten liegen nach den obigen Ausführungen zur Teilklage[777] auf der Hand: Die Abweisung der Hauptpartei im Erstverfahren bedeutete notwendig eine Abweisung

[775] Siehe dazu oben auf den S. 150 ff. und 176 ff.
[776] Siehe dazu oben die ausführliche Begründung auf den S. 143 ff.
[777] Siehe oben auf den S. 176 ff.

des Gesamtanspruchs. Damit ist der Gleichklang der prozessualen Bindungswirkungen hergestellt. Das gilt ebenso für den Fall einer stattgegebenen Teilklage im Erstverfahren. Dann bedeutet die Interventionswirkung mit Blick auf die maßgeblichen Fragen der Haftung dem Grunde nach, dass die Hauptpartei insgesamt keinen Regressanspruch gegen den Dritten auf den fraglichen Sachverhalt stützen kann. Das entspricht der Rechtskraftbindung im Verhältnis zwischen Haupt- und Gegenpartei mit Blick auf die Haftung dem Grunde nach im Erstprozess. Über den ausstehenden Teilbetrag war nicht gestritten und auch keine Entscheidung gefällt worden. Im übrigen deckt die Entscheidung über die erste Teilklage das Streitverhältnis vollständig ab. Vor allem macht eine Beschränkung der Rechtskraftbindung zum Schutz vor Überraschungen bzw. den Vorsichtsmaßnahmen der Parteien keinen Sinn, weil es im Sonderfall solcher Teilklagen bereits abstrakt an der Möglichkeit entsprechender Überraschungen fehlt.

Damit ist ein insgesamt interessengerechtes Ergebnis erreicht, das ohne Gefährdung erheblicher Interessen zu einer schnellstmöglichen Beilegung des Streitverhältnisses zwischen den Parteien führt. Diese Lösung bringt die für prozessuale Bindungswirkungen maßgeblichen Wertungen bestmöglich zur Geltung.

E. Zusammenfassung in Thesen

Als zentrales Ergebnis dieser Untersuchung ist festzuhalten: Interventions- und Rechtskraftwirkung gehen auf ein einheitliches Konzept zivilprozessualer Bindungswirkungen zurück. Die Leitideen dieser Konzeption müssen für eine systemgerechte Entscheidung einzelner Streitfragen die Auslegung beeinflussen.

Im einzelnen sind folgende Punkte hervorzuheben:

Der Wortlaut der Interventionsvorschriften bietet keine hinreichenden Anhaltspunkte, um den Charakter der Interventionswirkung zu bestimmen. Die nötigen Hinweise sind sonstigen Auslegungskriterien zu entnehmen.

Die von den Interventionsvorschriften zu lösenden Probleme wurden erstmals im antiken römischen Recht als regelungsbedürftig erkannt. Ausgangspunkt war die von einem Zweiparteiensystem ausgehende Aufspaltung von Streitstoff auf mehrere gerichtliche Verfahren. Zu Lasten eines Dritten, der am zunächst verhandelten Verfahren nicht teilgenommen hatte, erkannte man nachteilige Wirkungen der Erstentscheidung: Die Autorität eines rechtskräftig entschiedenen Urteils präjudizierte in erheblichem Umfang das nachfolgende eigene Verfahren. Diese hauptsächlich auf tatsächlicher Ebene gesehene Bindungswirkung beeinträchtigte den Dritten in schutzwürdigen Belangen. Er wurde durch missbräuchlich mangelhafte Prozessführung der Parteien des Erstverfahrens als gefährdet angesehen, die darauf vertrauen konnten, sich in nachfolgenden Prozessen zu seinen Lasten erholen zu können. Dem Dritten sollte geholfen werden, indem man ihm das Recht zur Beteiligung im Erstverfahren zugestand.

Die Interventionswirkung geht auf eine eigenständige Erklärung zurück. Die Bindung an die Ergebnisse des Erstverfahrens erklärt sich aus den Möglichkeiten des Dritten, seine Rechtsposition zu verteidigen. Erkannte man das faktische Präjudiz bereits ohne die Teilnahme am Erstverfahren als stark gegen den Dritten, so ging man erst recht von seiner Bindung an das Verfahrensergebnis aus, soweit es von ihm selbst erstritten worden war. Dem Dritten war im antiken römischen Recht eine weitgehend freie Stellung im Erstverfahren eingeräumt. Konnte er im Erstverfahren keine günstige Entscheidung für die Hauptpartei und damit auch für sich erstreiten, so durfte er das Ergebnis in aller Regel nicht erneut in Frage stellen, weil es entweder als Ausdruck „objektiver Gerechtigkeit“ oder als Ergebnis mangelnder eigener Sorgfalt angesehen wurde.

Die Streitverkündung resultierte aus vertraglichen Vertragsstrafeversprechen, die im frühen römischen Recht zwischen dem Veräußerer und dem Erwerber einer Sache für den Fall vereinbart wurden, dass eine andere Person die Sache unter Verweis auf bessere Rechte vom Erwerber herausverlangte. Für den Fall des erfolgreichen Herausgabeverlangens wurde regelmäßig der doppelte, teilweise auch der drei- bis vierfache Kaufpreis als Entschädigung versprochen. Für den Veräußerer resultierte daraus die Gefahr, diesen Forderungen ausgesetzt zu sein, nachdem der Erwerber zunächst – womöglich in kollusivem Zusammenwirken mit der herausverlangenden Person – ohne seine Kenntnis im Erstverfahren unterlegen war. Gleichzeitig sah man keine lauteren Gründe dafür, den Veräußerer nicht zum Erstverfahren beizuziehen.

Um den Gefahren für den Veräußerer vorzubeugen, wurde regelmäßig die Pflicht des Erwerbers vereinbart, dem Veräußerer den Streit zu verkünden. Im Laufe der Rechtsentwicklung erreichten diese Grundsätze unabhängig von ihrer vertraglichen Absicherung Geltung und führten im Falle ihrer Verletzung zum Verlust der Regressansprüche des Erwerbers. Beteiligte sich der Veräußerer trotz Streitverkündung nicht am Erstverfahren, so galt gleichwohl der Verdacht unlauteren Verhaltens des Erwerbers als widerlegt. Ungeachtet einer erfolgten Streitverkündung konnte der Veräußerer den schwierigen Weg beschreiten, konkrete Umstände mangelhafter Prozessführung zu beweisen, um das Präjudiz des Erstverfahrens zu erschüttern. Hatte der Dritte jedoch am Erstverfahren teilgenommen, so war er an dessen Ergebnis gebunden. Diese Grundsätze waren im antiken römischen Recht auf die beschriebenen Fälle der Eviktion beschränkt.

Die Aufgabe der Interventionsregeln bestand einheitlich im Schutz des Dritten vor den Folgen einer präjudizierenden Erstentscheidung, auf die er keinen Einfluss nehmen konnte. Die Interventionswirkung resultierte aus Sicht des antiken römischen Rechts aus der Natur der Mitwirkung an der Entscheidungsfindung im Erstverfahren. Als positiver Effekt dieser Drittbeteiligung wurde die Vermeidung widersprechender ebenso wie wiederholter Entscheidung desselben Streitstoffs anerkannt.

Eine systematische Unterscheidung der Interventions- von der Rechtskraftwirkung fand im römischen Recht nicht statt.

Vom germanischen Recht gingen keine erheblichen Einflüsse auf die heutigen Regelungen prozessualer Bindungswirkungen aus.

Im 17. Jahrhundert begann die Ausweitung des Anwendungsbereichs der Streitverkündung über die Eviktion hinaus auf sonstige Fälle drohender Nachteile durch ein Erstverfahren.

Mit Beginn des 19. Jahrhunderts wurden Rechtswissenschaft und Praxis durch die Quellen des antiken römischen Rechts bestimmt, denen häufig eine verbindliche Autorität beigemessen wurde. Die Entwürfe und schließlich die CPO selbst gehen wesentlich auf wissenschaftliche Untersuchungen zum römischen Recht zurück.

Mit wenigen Änderungen wollte man römisch-rechtliche Ideen der Interventionsregeln im Entwurf der gesamtdeutschen CPO zur Geltung bringen. Die Änderungen beziehen sich vor allem auf die Erweiterung des Anwendungsbereichs der Streitverkündung und eine Verstärkung der Abhängigkeit des Dritten im Erstverfahren.

Die Interventionswirkung wurde zur Schaffung von Rechtseinheit und Rechtsklarheit in der CPO festgeschrieben. In Abhängigkeit von den Beschränkungen seiner Stellung im Erstverfahren wurden zum Schutz des Dritten weitergehende Einschränkungen seiner Bindung an die Erstentscheidung normiert.

Eine Unterscheidung zwischen Interventions- und Rechtskraftwirkung wird ausschließlich in den Beratungen zum Norddeutschen Entwurf angesprochen. Sie diente dem Zweck, die Interventionswirkung als ein prozessuales Phänomen zu kennzeichnen, um die Regelungskompetenz im Rahmen des Entwurfs für die geplante gesamtdeutsche Zivilprozessordnung abzusichern. Nachdem in den Beratungen die Auffassung durchgesetzt war, dass wegen des engen thematischen Zusammenhangs auch Regelungen über die als materiellrechtlich angesehenen prozessualen Bindungswirkungen aufgenommen werden sollten, wurde diese Unterscheidung fallen gelassen.

Auch nach Inkrafttreten der CPO verstand man Interventions- und Rechtskraftwirkung zunächst als wesensverwandte Phänomene. Abgegrenzt wurden diese Wirkungen nur in zwei Einzelentscheidungen des *RG*, um den Anforderungen im Einzelfall zu genügen. In der weiteren Entwicklung der Rechtsprechung des *BGH* fand ohne Auseinandersetzung mit den Grundlagen der Rechtsinstitute eine grundlegende Unterscheidung zwischen Interventions- und Rechtskraftwirkung statt.

Systematisch sind die Vorschriften über Nebenintervention und Streitverkündung, §§ 66 bis 74 ZPO, als einheitlicher Regelungskomplex ausgestaltet worden. Die einfache Nebenintervention bildet den Grundfall. Die Verweistechnik zeigt, dass der Unterschied zur Nebenintervention ausschließlich in dem Umstand gesehen wurde, auf wessen Initiative die Drittbeteiligung zustande kam. Entsprechend beschränkt sich der eigenständige Regelungsgehalt für die Streitverkündung darauf, den Zeitpunkt des tatsächlichen Beitritts durch denjenigen der Streitverkündung zu ersetzen.

In diesem Sinne sind die Aussagen der Gesetzgebungsmaterialien zur Streitverkündung zu verstehen, die insbesondere nicht belegen können, die Streitverkündung solle die Interessen der Hauptpartei schützen.

Aus den Vorschriften des Prätendentenstreits, §§ 75 bis 77 ZPO, und der Hauptintervention ergeben sich keine Hinweise auf das Verständnis der Interventionsvorschriften. Die Anerkennungspraxis ausländischer Bindungswirkungen orientiert sich an der prozessualen Stellung, die der Dritte im Erstverfahren eingenommen hat. Darin liegt ein Hinweis auf die allgemeine Charakterisierung von Interventions- und Rechtskraftwirkung.

Die Vorschrift des § 841 ZPO, in der zum Schutze des Vollstreckungsschuldners in der Zwangsvollstreckung eine Pflicht des Gläubigers zur Streitverkündung normiert wird, wenn dieser eine Forderung des Vollstreckungsschuldners gegen einen Drittschuldner einklagt, offenbart ein Verständnis der Streitverkündung als Schutzinstrument in Diensten des Dritten.

Bei methodengerechter Auslegung der Interventionsvorschriften sind die Ziele der Initiativrechte im Schutz des Dritten vor tatsächlichen Beeinträchtigungen zu sehen, die diesem durch eine rechtskräftige Entscheidung in einem fremden Prozess drohen. Diese Zielbestimmung gilt einheitlich für Nebenintervention und Streitverkündung.

Die Interventionswirkung steht mit dieser Zielsetzung nur mittelbar in Verbindung. Die Bindungswirkung resultiert in erster Linie aus der Möglichkeit für den Dritten, seine Rechte im Erstverfahren wirksam zu verteidigen. Dieser Zusammenhang geht auf einen Ausgleich privater Interessen an der Rechtsverfolgung und öffentlicher Interessen an Prozessökonomie und der Vermeidung widersprüchlich begründeter Entscheidungen zurück. Soweit der Dritte hinreichend Gelegenheit zur Verteidigung seiner Rechte hatte, soll den öffentlichen Interessen an einmaliger gerichtlicher Entscheidung über identischen Streitstoff der Vorrang eingeräumt werden.

Die Interventionswirkung erstreckt sich über die alternierenden Voraussetzungen der Erstentscheidung hinaus auf alle tragenden Entscheidungselemente. Mehrfachbegründungen und vergleichbare Sachverhalte werden von der Bindung nicht erfasst.

Dem Dritten steht es frei, seine Beteiligung am Erstverfahren aufzugeben bzw. bei Vorliegen der sonstigen Voraussetzungen der bisherigen Gegenpartei beizutreten. Macht er von dieser Möglichkeit Gebrauch, so richtet sich der Umfang der Bindungswirkung an der ihm tatsächlich eröffneten Interventionsmöglichkeit im Erstverfahren aus.

Die Interventionswirkung ist grundsätzlich von Amts wegen zu berücksichtigen. Sie entfaltet im Verhältnis zur Gegenpartei keine Wirkung.

Die Interventionswirkung entfaltet über den Wortlaut der §§ 68, 74 ZPO hinaus Wirkung zu Gunsten des Dritten.

Interventionswirkungen, die sich aus Teilklagen ergeben, sind nicht auf den im Erstverfahren geltend gemachten Anspruchsteil beschränkt, sondern binden Hauptpartei und Dritten insgesamt mit Blick auf alle tragenden Entscheidungsteile.

Der Wortlaut des Gesetzes gibt mit § 322 ZPO keine hinreichende Ausformung der Rechtskraftbindung vor. Der historische Gesetzgeber hielt zwar eine umfangreiche Bindungswirkung für vorteilhaft im Interesse der Vermeidung widersprechender Entscheidungen und der Prozessökonomie. Dennoch entschied er sich für eine enge Begrenzung der Rechtskraftbindung unter Ausschluss von Entscheidungselementen. Dadurch sollten die Parteien vor Überraschungen geschützt werden, die sich im Einzelfall aus der Bindung an Vorfragen ergeben konnten, denen im Erstverfahren wenig Aufmerksamkeit geschenkt worden war, obwohl sie für nachfolgende Verfahren zentrale Entscheidungen vorgeben. Man befürchtete unnötige Streitigkeiten trotz Einigkeit über das Interesse des Erstverfahrens, die die Parteien über Vorfragen austragen müssten, um sich gegen Überraschungen abzusichern. Die Ziele der Rechtskraftbindung sind im Einklang mit den historischen Quellen in der endgültigen Streitbeilegung im Sinne der Vermeidung widersprechender Entscheidungen und der Prozessökonomie zu sehen.

Die anerkannten Durchbrechungen der Rechtskraftbindung zeigen, dass eine endgültige Bindung an das Ergebnis eines Streitverfahrens nur als zumutbar angesehen wird, wenn dem Betroffenen die Möglichkeit eröffnet war, seine Rechte wirksam zu vertreten.

Für die Ausnahmefälle von Teilklagen ist von einer Rechtskraftbindung auszugehen, die über den geltend gemachten Teilbetrag hinausreicht: Im Falle einer (teil-)abgewiesenen Teilklage ist über den gesamten Anspruch rechtskräftig entschieden. Wurde dem Klageantrag im Erstverfahren vollständig stattgegeben, so verlangt eine wertungsgerechte Auslegung, die Rechtskraftwirkung auf die Entscheidung über den Haftungsgrund zu erstrecken. Offen bleibt in diesem Fall die Entscheidung über den nicht beantragten Anspruch der Höhe nach.

Der Vergleich von Interventions- und Rechtskraftwirkung führt zu der obigen Feststellung, dass es sich um Ausprägungen eines einheitlichen Konzepts prozessualer Bindung handelt. Die Bindung resultiert aus dem Verbrauch des Anspruchs, ein Streitverhältnis vor staatlichen Gerichten klären zu lassen. Die unterschiedliche Ausgestaltung steht im Einklang mit den Erwägungen, die den Gesetzgeber zur engen Fassung der Rechtskraftbindung und der unterschiedlichen Ausgestaltung der prozessualen Stellung von Partei und Streithelfer bewogen haben. Die Rechtskraftbindung ist eng begrenzt, um die Parteien vor unzumutbaren Überraschungen zu schützen und von Vorsichtsmaßnahmen abzuhalten, die zu unnötiger Belastung der Rechtspflege führen müssten. Diese Beschränkung wurde als unproblematisch angesehen, weil man damit rechnete, rational handelnde Parteien würden die Nachteile einer solchen Lösung durch den Gebrauch der Zwischenfeststellungsklage auffangen.

Soweit die konkreten Gründe nicht eingreifen, die zur Beschränkung der Bindungswirkung im Falle der Rechtskraft geführt haben, bringt eine möglichst weitgehende Bindung an die bereits vollständig gerichtlich überprüften Streitfragen die maßgeblichen gesetzlichen Ziele prozessualer Bindungswirkungen am besten zur Geltung. Im Falle des Streithelfers können die Gefahren, die man im Rahmen der Rechtskraftdiskussion gesehen hat, nicht auftreten, weil dem Dritten die Dispositionsbefugnis über den Streitgegenstand fehlt. Er ist durch den formalen Akt der Drittbeteiligung hinreichend vor Überraschungen geschützt. Die unterschiedlichen Rechtsfolgen von Interventions- und Rechtskraftwirkung leiten sich folglich konsequent aus dem einheitlichen Rechtsgedanken prozessualer Bindungswirkungen ab.

Literaturverzeichnis

Ausschuß der Anwaltskammer in Celle: Gutachten über den Entwurf erster Lesung einer allgmeinen deutschen Civilprozeßordnung, mit besonderer Berücksichtigung der Hannoverschen Bürgerlichen Prozeßordnung, Verlag der Schulze'schen Buchhandlung, Celle 1866
zitiert: *Ausschuß Celle*, S. …

Austmann, Andreas: Rechtsfragen der Nebenintervention im aktienrechtlichen Anfechtungsprozeß, ZHR 158 (1994), 495 ff.

Baier, Erwin: Kostenrisiko und Grundgesetz, Diss., Erlangen-Nürnberg 1975
zitiert: *Baier*, S. …

Batsch, Karlludwig: Zur materiellen Rechtskraft bei "Teilklagen" und zur Repräsentationswirkung des Klageantrags, ZZP 86 (1973), 254 ff.

Bienhold, Heinrich: Ueber die Grenzen der subjektiven Rechtskraft nach der neuen Civilprozessordnung und dem Bürgerlichen Gesetzbuche, Hannover 1899
zitiert: *Bienhold*, S. …

Brauer, W.: Ueber die Grundlage und den Umfang der Nebenintervention, AcP 24 (1841), 423 ff.

Bruns, Rudolf: Die Erweiterung der Streitverkündung in den Gesetzgebungsarbeiten zur Novelle der deutschen Zivilprozeßordnung, Festschrift für Hans Schima, S. 111 ff., 1969,
zitiert: *Bruns*, FS für Schima, S. …

Bydlinski, Franz: Juristische Methodenlehre und Rechtsbegriff, 2. Auflage, Springer Verlag, Wien 1991
zitiert: *Bydlinski*, S. …

Calavros, Constantin: Urteilswirkungen zu Lasten Dritter, Verlag Ernst und Werner Gieseking, Bielefeld 1978
zitiert: *Calavros*, S. …

Deubner, Karl G.: Aktuelles Zivilprozeßrecht, JuS 1999, 270 ff.

Diercks, Kerstin: Ist eine Teilklage kostengünstig?, MDR 1995, 1099 ff.

Dimaras, Nikolas: Anspruch "Dritter" auf Verfahrensbeteiligung, Centaurus-Verlagsgesellschaft, Pfaffenweiler 1987
zitiert: *Dimaras*, S. …

Eagly, Alice H.; Chaiken, Shelly: The Psychology of Attitudes, Harcourt Brace Jovanovich College Publishers, London, New York 1993
zitiert: *Eagly/Chaiken*, S. …

Eckardt, Diederich: Die "Teilklage"- Nachforderungsmöglichkeit und Rechtskraftbindung bei Klagen auf einmalige und wiederkehrende Leistungen, Jura 1996, 624 ff.

Eibner, Josef-Adolf: Möglichkeiten und Grenzen der Streitverkündung, Diss., Erlangen-Nürnberg 1986
zitiert: *Eibner*, S. ...

Esser, Josef: Grundsatz und Norm in der richterlichen Fortbildung des Privatrechts, 4. Auflage, J.C.B. Mohr, Tübingen 1990
zitiert: *Esser*, S. ...

Feurich/Braun: Kommentar zur Bundesrechtsanwaltsordnung, 4. Auflage, München 1999
zitiert: *Feurich/Braun*, § ... Rn. ...

Gaul, Hans Friedhelm: Rechtskraft und Verwirkung, Festschrift für Wolfram Henckel zum 70. Geburtstag, 1995,
zitiert: *Gaul*, FS für Henckel, S. ...

Gottwald, Peter: Münchener Kommentar zur Zivilprozeßordnung, C.H. Beck`sche Verlagsbuchhandlung, München 1992
zitiert: *Gottwald* in MünchKommZPO, § ... Rn. ...

Greger, Reinhard: Zöller Kommentar zur Zivilprozessordnung und zum Gerichtsverfassungsgesetz, 21. Auflage, Verlag Dr. Otto Schmidt, Köln 1999
zitiert: *Greger* in Zöller, § ... Rn. ...

Grunsky, Wolfgang: Stein/Jonas, Kommentar zur Zivilprozeßordnung, Band 5, 21. Auflage, J. C. B. Mohr (PaulSiebeck), Tübingen 1994
zitiert: *Grunsky* in Stein/Jonas, § ... Rn. ...

Habscheid, Walther H.: Probleme der Teilklage, FamRZ 1962, 352 ff.

Hahn, Carl: Die gesamten Materialien zur Civilprozeßordnung und dem Einführungsgesetz zu derselben vom 30. Januar 1877, R. v. Decker's Verlag Marquardt & Schenck, Berlin 1880
zitiert: *Hahn*, S. ...

Häsemeyer, Ludwig: Anmerkung zu BGH VIII ZR 222/92, ZZP 107 (1994), 228 ff.

ders.: Die Interventionswirkung im Zivilprozeß - prozessuale Sicherung materiellrechtlicher Alternativverhältnisse, ZZP 84 (1971), 179 ff.

Hellwig, Konrad: Wesen und subjektive Begrenzung der Rechtskraft., A. Deichert'sche Verlagsbuchhandlung Nachf. (Georg Böhme)., Leipzig 1901
zitiert: *Hellwig*, Rechtskraft, S. ...

ders.: System des Deutschen Zivilprozeßrechts, A. Deichert'sche Verlagsbuchhandlung Nachf., Leipzig 1912
zitiert: *Hellwig*, System, S. ...

Herget, Kurt: Zöller Kommentar zur Zivilprozessordnung und zum Gerichtsverfassungsgesetz, 21. Auflage, Verlag Dr. Otto Schmidt, Köln 1999
zitiert: *Herget* in Zöller, § ... Rn. ...

Herrmann, Arnd: Probleme des Prozeßkostenrisikos unter besonderer Berücksichtigung des Armenrechts, Diss., Kiel 1973
zitiert: *Herrmann*, S. ...

Hirte, Heribert: Streitwert ade! Ein Vorschlag im Rahmen der Justizreform, ZRP 1999, 182 ff.

Kerameus, Konstantin: Die Rechtskraftwirkung der Entscheidungsgründe nach gemeinem und partikularem Recht, AcP 167 (1967), 241 ff.

Kittner, Thomas: Streithilfe und Streitverkündung, JuS 1985, 703 ff.

Kleinknecht, Theodor; Meyer-Goßner, Lutz: Strafprozeßordnung, 44. Auflage, C.H. Beck'sche Verlagsbuchhandlung, München 1999
zitiert: *Kleinknecht/Meyer-Goßner*, § ... Rn. ...

Klimke, Manfred: Die unterschiedliche Rechtsstellung der Parteien und die Verteilung des Kostenrisikos im Prozess, DB 1974, Beilage Nr. 4 zu Heft 7, S. 1 ff.

Kommission zur CPO des Norddeutschen Bundes: Protokolle der Kommission zur Ausarbeitung des Entwurfs einer civilprozeßordnung für die Staaten des Norddeutschen

Bundes, Band 1, Neuauflage, Keip Verlag, Frankfurt a.M. 1985
zitiert: Norddeutscher Entwurf, S. ...

Königlich Preußisches Justiz-Ministerium: Entwurf einer Deutschen Civilprozeßordnung nebst Begründung, Verlag der Königlichen Geheimen Ober-Hofbuchdruckerei (R. v. Decker), Berlin 1871
zitiert: Entwurf, S. ...

Kuschmann, Horst: Die materielle Rechtskraft bei verdeckten Teilklagen in der Rechtsprechung des Bundesgerichtshofs, C.H. Beck'sche Verlagsbuchhandlung, München 1976, FS für Gerhard Schiedermair zum 70. Geburtstag
zitiert: *Kuschmann*, FS für Schiedermair, S. ...

Larenz, Karl; Canaris, Claus-Wilhelm: Methodenlehre der Rechtswissenschaft, 3. Auflage, Springer Verlag, Berlin, Heidelberg, New York, Tokyo 1995
zitiert: *Larenz/Canaris*, Methodenlehre, S. ...

Leipold, Dieter: Stein/Jonas, Kommentar zur Zivilprozessordnung, Band 4, 21. Auflage, J. C. B. Mohr (Paul Siebeck), Tübingen 1998
zitiert: *Leipold* in Stein/Jonas, § ... Rn. ...

Leipold, Dieter: Teilklagen und Rechtskraft, Festschrift für Albrecht Zeuner zum 70. Geburtstag, J.C.B. Mohr (Paul Siebeck), Tübingen 1994, S. 431 ff.
zitiert: *Leipold*, FS für Zeuner, S. ...

Lindacher, Walter F.: Individualisierte und nichtindividualisierte Teilklagen, ZZP 76 (1963), 451 ff.

Lotz, Michael: Die "greifbare Gesetzeswidrigkeit" eine den Wertentscheidungen des Grundgesetzes Rechnung tragende Rechtsschöpfung des BGH?, NJW 1996, 2130 ff.

Lüke, Gerhard; Kerwer, Christof: Eine "neuartige" Klagenhäufung, NJW 1996, 2121 ff.

Lüke, Wolfgang: Die Beteiligung Dritter im Zivilprozeß, J. C. B. Mohr (Paul Siebeck), Tübingen 1993
zitiert: *Wolfgang Lüke*, S. ...

Mangoldt, Herrmann; Klein, Friedrich; Starck, Christian: Das Bonner Grundgesetz, Band 1, 4. Auflage, Verlag Franz Vahlen, München 1999
zitiert: *Starck* in Mangoldt/Klein/Starck, § ... Rn. ...

Mansel, Heinz-Peter: Gerichtsstandsvereinbarung und Ausschluß der Streitverkündung durch Prozeßvertrag, ZZP 109 (1996), 61 ff.

Mansel, Heinz-Peter: Wieczorek/Schütze, Kommentar zu Zivilprozeßordnung und Nebengesetze, Band 1, 3. Auflage, Walter de Gruyter, Berlin, New York 1994
zitiert: *Mansel* in Wieczorek, § ... Rn. ...

Maxen, J.: Die sogenannte accessorische Intervention im Civilproceß., Ferber'sche Universitäts-Buchhandlung (Emil Roth.), Gießen 1864
zitiert: *Maxen*, S. ...

Mendelssohn-Bartholdy, Albrecht: Grenzen der Rechtskraft, Verlag von Duncker & Humblot, Leipzig 1900
zitiert: *Mendelssohn-Bartholdy*, S. ...

Musielak, Hans-Joachim: Zum Teilurteil im Zivilprozeß, 1997, Festschrift für Gerhard Lüke zum 70. Geburtstag, C. H. Beck'sche Verlagsbuchhandlung, München 1997, S. 561 ff.
zitiert: *Musielak*, FS für Lüke, S. …

Musielak, Hans-Joachim: Kommentar zur Zivilprozeßordnung, Verlag Franz Vahlen GmbH, München 1999
zitiert: *Musielak* in Musielak, § … Rn. …

Müther, Peter-Hendrik: Prozeßtaktik im Zivilprozeß, MDR 1998, 1335 ff.

Nogratnig, Gerhard: Die Streitverkündung auf dem Prüfstand des Europäischen Zivilprozeßrechts, Mag., Saarbrücken 1997
zitiert: *Nogratning*, S. …

Oechsler, Jürgen: Gerechtigkeit im modernen Austauschvertrag, J.C.B. Mohr, Tübingen 1997
zitiert: *Oechsler*, S. ...

Pawlowski, Hans-Martin: Methodenlehre für Juristen, 3. Auflage, C.F. Müller Verlag, Heidelberg 1999
zitiert: *Pawlowski*, S. ...

Pohle, Rudolf: Erstreckung der Rechtskraft auf nicht vorbehaltene Nachforderungen des siegreichen Klägers?, ZZP 77 (1964), 98 ff.

Prütting, Hanns; Weth, Stefan: Rechtskraftdurchbrechung bei unrichtigen Titeln, 2. Auflage, Verlag Dr. Otto Schmidt, Köln 1994
zitiert: *Prütting/Weth*, S. ...

Prütting, Hanns; Weth, Stephan: Teilurteil zur Verhinderung der Flucht in die Widerklage?, AcP 98 (1985), 131 ff.

Ress, Hans-Konrad: Der Arrestgrund der Auslandsvollstreckung nach § 917 II ZPO und das gemeinschaftsrechtliche Diskriminierungsverbot - EuGH, EuZW 1994, 216, JuS 1995, 967 ff.

Rimmelspacher, Bruno: Zur Prüfung von Amts wegen im Zivilprozeß, Verlag Otto Schwartz & Co., Göttingen 1966
zitiert: *Rimmelspacher*, S. ...

Röhl, Klaus F.: Alternativkommentar zur Zivilprozessordnung, Luchterhand, Neuwied, Darmstadt 1987
zitiert: *Röhl* in AK-ZPO, § ... Rn. ...

Rüßmann, Helmut: Die Streitgegenstandslehre und die Rechtsprechung des EuGH - nationales Recht unter gemeineuropäischem Einfluß?, ZZP 111 (1998), 399 ff.

Rüßmann, Helmut: Möglichkeit und Grenzen der Gesetzesbindung, Rechtsdogmatik und praktische Vernunft, Symposion zum 80. Geburtstag von Franz Wieacker, S. 35 ff.
zitiert: *Rüßmann*, Symposium für Wieacker, S. ...

Schack, Haimo: Drittwirkung der Rechtskraft?, NJW 1988, 865 ff.

Schaefer, Hans-Georg: Drittinteresse im Zivilprozeß, Diss., München 1993
zitiert: *Hans-Georg Schaefer*, S. ...

Schäfer, Elmar: Nebeninterventionswirkung und materielle Rechtskraft, Diss., Heilbronn 1959
zitiert: *Elmar Schäfer*, S. ...

Schäfer, Peter Wilhelm: Nebenintervention und Streitverkündung, Von den römischen Quellen bis zum modernen Zivilprozeßrecht, Diss., Köln, 1990
zitiert: *Peter Schäfer*, S. ...

Schlosser, Peter: EMRK und Waffengleichheit im Zivilprozeß, NJW 1995, 1404 ff.

Schlößer, Ralf W.; Mucke, Jörg: Die Verweisung auf eine Teilklage im PKH-Verfahren, MDR 1998, 755 ff.

Schmidt: Über die Streitverkündung im Falle des § 72 der Deutschen Civilprozeßordnung, ZZP 1 (1879), 104 ff.

Schmidt-Bleibtreu, Bruno; Klein, Franz: Kommentar zum Grundgesetz, 9. Auflage, Luchterhand, 1999
zitiert: *Schmidt-Bleibtreu/Klein*, § ... Rn. ...

Schneider, Egon: Über die Interventionswirkung im Folgeprozeß, MDR 1961, 3 ff.

Schneider, Egon; Herget, Kurt: Streitwertkommentar für den Zivilprozeß, 11. Auflage, Verlag Otto Schmidt KG, Köln 1996
zitiert: *Schneider/Herget*, § ... Rn. ...

Schultze, Aug. Sig.: Die rechtliche Stellung des sogenannten Nebenintervenienten im Rechtsstreit, ZZP 2 (1880), S. 20 ff.

Schumann, Ekkehard: Fehlurteil und Rechtskraft. Eine dogmengeschichtliche Auseinandersetzung mit den Leugnern des Fehlurteils, Festschrift für Eduard Bötticher zum 70. Geburtstag, Duncker & Humblot, Berlin 1969, S. 289 ff.
zitiert: *Schumann*, FS für Bötticher, S. ...

Schumann, Ekkehard: Stein/Jonas, Kommentar zur Zivilprozessordnung, Band 3, 21. Auflage, J.C.B. Mohr (Paul Siebeck), Tübingen 1997
zitiert: *Schumann* in Stein/Jonas, § ... Rn. ...

Schwab, Karl Heinz: Rechtskrafterstreckung auf Dritte und Drittwirkung der Rechtskraft, ZZP 77 (1964), 124 ff.

Schwanecke, Hans-Joachim: Nebenintervention und Rechtskraftwirkung, Diss., Heidelberg 1975
zitiert: *Schwanecke*, S. ...

Skonietzki, Richard, Gelpke, Max: Zivilprozeßordnung und Gerichtsverfassungsgesetz für das Deutsche Reich nebst den Einführungsgesetzen und den Preußischen Ausführungsgesetzen, Verlag von Franz Dahlen, Berlin 1911
zitiert: *Skonietzki/Gelpke*, S. ...

Smid, Stefan: Münchener Kommentar zur Zivilprozeßordnung mit Gerichtsverfassungsgesetz und Nebengesetzen, Band 3, C.H. Beck'sche Verlagsbuchhandlung, München 1992
zitiert: *Smid* in MünchKommZPO, § ... Rn. ...

Stahl, Walter E.: Beiladung und Nebenintervention, Diss., Duncker & Humblot, Berlin 1972
zitiert: *Stahl*, S. ...

Stahlberg, Dagmar; Frey, Dieter: Sozialpsychologie, 2. Auflage, Springer-Verlag, Berlin, Heidelberg 1992
zitiert: *Stahlber/Frey*, Sozialpsychologie, S. ...

Steiner, Anton Franz: Wieczorek/Schütze, Zivilprozeßordnung und Nebengesetze, Band 1, 3. Auflage, Berlin, New York 1994
zitiert: *Steiner* in Wieczorek, § … Rn. …

Stroebe, Wolfgang; Jonas, Klaus: Sozialpsychologie, 2. Auflage, Springer-Verlag, Berlin, Heidelberg 1992
zitiert: *Stroebe/Jonas*, S. ...

Unger, Joseph: System des Österreichischen allgemeinen Privatrechts, Band 2, 4. Auflage, 1876
zitiert: *Unger*, S. …

Vollkommer, Max: Zöller Zivilprozeßordnung, , 21, Carl Heymanns Verlag, Köln 1999
zitiert: *Vollkommer* in Zöller, § … Rn. …

Wach, Adolf: Handbuch des Deutschen Civilprozessrechts, Band 1, Duncker & Humblot, Leipzig 1885
zitiert: *Wach*, S. …

Walsmann, Hans: Die streitgenössische Nebenintervention, A. Deichert'sche Verlagsbuchhandlung Nachf. (Georg Böhme), Leipzig 1905
zitiert: *Walsmann*, S. …

Weth, Stephan: Musielak, Kommentar zur Zivilprozeßordnung, Verlag Franz Vahlen GmbH, München 1999
zitiert: *Weth* in Musielak, § … Rn. …

Wetzell, Georg Wilhelm: System des ordentlichen Civilprozcesses, 3. Auflage, Verlag von Bernhard Tauchnitz, Leipzig 1878
zitiert: *Wetzell*, S. …

Wieczorek, Bernhard: Zivilprozeßordnung und Nebengesetze, Band 2, 2. Auflage, Walter de Gruyter, Berlin, New York 1976
zitiert: *Wieczorek* in Wieczorek, § …Rn. …

Wieser, Eberhard: Die Interventionswirkung nach § 68 ZPO, ZZP 79 (1966), 246 ff.

Windel, Peter A.: Zur prozessualen Stellung des einfachen Streithelfers (§§ 67, 71 Abs. 3 ZPO), ZZP 104 (1991), 321 ff.

Wolf, Manfred: Die Zulässigkeit unechter Eventualklagen, insbesondere bei Teilklagen, Verlag Ernst und Werner Gieseking, Bielefeld 1997, FS für Hans Friedhelm Gaul, S. 805 ff.
zitiert: *Wolf*, FS für Gaul, S. …

Wolst, Dieter: Musielak Kommentar zur Zivilprozessordnung, Verlag Franz Vahlen, München 1999
zitiert: *Wolst* in Musielak, § … Rn. …

Zeiss, Walter: Rechtskrafterstreckung bei Teilklagen, NJW 1968, 1305 ff.

Zitelmann, Ernst: Rechtskraft bei Theilforderungen, ZZP 8 (1885), 254 ff.

Saarbrücker Studien zum Privat- und Wirtschaftsrecht

Herausgeber:
Johann Paul Bauer, Michael Martinek und Helmut Rüßmann

Band 1 Susanne Jaschinski: Die Haftung von Schwestergesellschaften im GmbH-Unterordnungskonzern. Ein Beitrag zum Konzernverfassungsrecht. 1997.

Band 2 Roman Sascha Ahnert: Die *actio individualis*. Ein Beitrag zur verfassungsrechtlichen Fundierung der Aktionärsklage bei sogenannten Aktien-Interessenverbänden. 1997.

Band 3 Torsten Peters: Der Cateringvertrag. Rechtstatsachen, Rechtsnatur und Rechtsprobleme eines modernen Dienstleistungsvertrags. 1998.

Band 4 Michael Meissner: Persönlichkeitsschutz juristischer Personen im deutschen und US-amerikanischen Recht. Eine rechtsvergleichende Untersuchung des allgemeinen Persönlichkeitsrechts juristischer Personen. 1998.

Band 5 Thomas Tegen: Joint Venture-Vertrag und Projektträgergesellschaft im amerikanischen und deutschen Recht. 1998.

Band 6 Gerhard Wolter: Treuhandrecht im Umbruch? Ein Blick nach Frankreich, Luxemburg, in die Schweiz und in den Libanon sowie auf das Haager Trust-Übereinkommen. 1999.

Band 7 Thomas Dehlfing: Das Recht der irreführenden Werbung in Deutschland, Großbritannien und Frankreich. 1999.

Band 8 Hanno Dornseifer: Börsentermingeschäfte und Börsentermingeschäftsfähigkeit. Zur börsengesetzlichen Behandlung von finanzwirtschaftlichen Festgeschäften, Options- und Optionsscheingeschäften. 1999.

Band 9 Patrick Lenz: Absatzförderung durch *zinssubventionierte* Darlehen. Eine wettbewerbs- und kartellrechtliche Studie zur Zulässigkeit von Niedrigzins-Kreditangeboten unter besonderer Berücksichtigung des Automobilmarktes. 1999.

Band 10 Mansur Pour Rafsendjani: Der Goodwill-Ausgleichsanspruch des Franchisenehmers. Ein Vergleich des deutschen, französischen und US-amerikanischen Franchiserechts. 1999.

Band 11 Jörg Hartmann: Juristische und ökonomische Regelungsprobleme des Insiderhandels. Eine rechtsvergleichende Darstellung USA – Deutschland. 1999.

Band 12 David Altmeier: Rückstellungsbilanzierung in Deutschland und Frankreich. Eine vergleichende Untersuchung der französischen Rückstellungsbilanzierung aus der Perspektive des deutschen Bilanzrechts. 1999.

Band 13 Barbara Günther: Aktivische Bilanzierungshilfen im deutschen und französischen Bilanzrecht. 1999.

Band 14 Bernhard Glasow: Vertikale Preisbindung, Wettbewerbstheorie und Wettbewerbsrecht in den USA, Deutschland und Europa. Bestandsaufnahmen, Kritik und Zukunftsperspektiven. 2000.

Band 15 Dorota Nowak-James: Der Börsenzugang für Anleger in Deutschland und Polen. Eine rechtsvergleichende Untersuchung zum deutschen Finanzkommissionsgeschäft und zum polnischen Brokerauftragsvertrag. 2000.

Band 16 Mathias Queck: Der Nießbrauch am Anteil einer offenen Handelsgesellschaft. Eine Form der (un-)mittelbaren Unternehmensbeteiligung. 2000.

Band 17 Ina Roth: Umweltbezogene Unternehmenskommunikation im deutschen und europäischen Wettbewerbsrecht. 2000.

Band 18 Jörg Preiss: Die Anwendung des markenrechtlichen Erschöpfungsgrundsatzes auf Dienstleistungsmarken. 2000.

Band 19 Kevin M. McDonald: Der Begriff der Dienstleistung im europäischen Binnemarkt und WTO-System (GATS). 2001.

Band 20 Carolin Opgenhoff: Die europäische Fusionskontrolle zwischen Wettbewerbsrecht und Industriepolitik. 2001.

Band 21 Susanne Schäfer: Die Deliktsfähigkeit juristischer Personen. Eine rechtsvergleichende Untersuchung. 2001.

Band 22 Kay Diedrich: Die Interventionswirkung – Ausprägung eines einheitlichen Konzepts zivilprozessualer Bindungswirkung. 2001.

Band 23 Michael Fröhlich: Zentrale Institutionen des deutschen Urheberrechts und des französischen Droit d'auteur auf dem Prüfstand der elektronischen Netzwerke. 2001.

Gerhard Ring (Hrsg.)

Gewerblicher Rechtsschutz in der Praxis

Tagungsband des 1. Freiberger Seminars zur Praxis des Gewerblichen Rechtsschutzes

Frankfurt/M., Berlin, Bern, New York, Paris, Wien, 1999. XIV, 102 S.
ISBN 3-631-34258-6 · br. DM 39.–*

In einem Überblick werden die Leistungsangebote des Deutschen Patentamtes dargestellt. Die gerichtliche Durchsetzung von Schutzrechten sowie die verfahrensrechtlichen Besonderheiten in Patentstreitsachen werden erörtert. Der Bereich Intellectual Property Management, mit dem Ziel, die entsprechenden Leistungen eines Unternehmens durch das jeweils geeignete Schutzrecht abzusichern, steht im Mittelpunkt eines weiteren Beitrags.

Aus dem Inhalt: Leistungsangebote des Deutschen Patentamtes · Durchsetzung von Schutzrechten · Einführung in den Gewerblichen Rechtsschutz · Ergänzender wettbewerblicher Leistungsschutz nach § I UWG

Printed by
CPI books GmbH, Leck

Kolibri 360 GmbH
Ferdinand-Jühlke-Straße 7
99095 Erfurt, Deutschland
produktsicherheit@kolibri360.de